KÖNIGIN OLGA VON WÜRTTEMBERG

Detlef Jena

Königin Olga von Württemberg

Glück und Leid einer russischen Großfürstin

Verlag Friedrich Pustet
Regensburg

Bibliografische Information der Deutschen Nationalbibliothek
Die Deutsche Nationalbibliothek verzeichnet diese Publikation
in der Deutschen Nationalbibliografie; detaillierte bibliografische
Angaben sind im Internet über http://dnb.d-nb.de abrufbar.

www.pustet.de

ISBN 978-3-7917-2228-3

Gesamtherstellung: Friedrich Pustet, Regensburg
Printed in Germany 2009

Inhalt

Kapitel III
Die Kronprinzessin – Suche nach Selbstbehauptung und Glück

Kapitel IV
Politische Lehrjahre – Verpasste Chancen

Kapitel V
Die Königin – Illusion der schönen Jugendträume

Kapitel VI
Schlag auf Schlag – bis in den Tod

Anhang

Vorwort

Im Jahre 2003 hat der Pustet Verlag eine Biografie über Katharina Pawlowna, russische Großfürstin und Königin von Württemberg herausgegeben. In dem Buch wurde das Leben dieser bemerkenswerten Persönlichkeit in den Kontext der europäischen Politik gestellt und beschrieben, wie sich Katharina während der Kriege gegen Napoleon persönlich und politisch entwickelt hat. Katharina beendete ihr Leben in Württemberg auf tragische Weise. Ein Vierteljahrhundert nach Katharinas Ableben heiratete die russische Großfürstin Olga Nikolajewna den württembergischen Kronprinzen Karl, 1864 bestiegen beide den Thron.

Die Zeiten hatten sich grundlegend verändert. Europa erlebte nach 1846 neue Kriege, Revolutionen, das Industriezeitalter, sich wandelnde Mächtekoalitionen und die Gründung des Deutschen Reichs. Die Versuchung war verlockend: Würde sich die russische Großfürstin Olga ähnlich ihrer Vorgängerin Katharina verhalten? Wie stellte sich die Tochter eines autokratischen Herrschers den Herausforderungen einer neuen Zeit? Welches persönliche Schicksal wurde ihr in Russland, Europa und Württemberg zuteil? Besaß sie einen starken eigenen Charakter und Willen wie Katharina oder fühlte sie sich eher der konservativen Tradition der russischen Selbstherrschaft verpflichtet? Welche Belastungen musste ihre Ehe aushalten, welche Gefühle und Gedanken motivierten Olgas Handlungen?

Die beiden Königinnen werden im vorliegenden Buch nicht im wertenden Sinne miteinander verglichen. Jede stand für sich selbst und leistete einen eigenen und unverwechselbaren Beitrag zur europäischen, deutschen und württembergischen Geschichte. Die beiden Großfürstinnen aus dem Hause Romanow konnten in ihren Seelen, Gedanken und Handlungen kaum unterschiedlicher sein. Nach dem Buch über Katharina Pawlowna musste über Olga Nikolajewna eine eigene Biografie geschrieben werden!

Jeder Historiker, der ein Lebensbild über die Großfürstin und Königin Olga schreibt, ist dem umfassenden Lebenswerk des württembergischen Historikers und Archivars Paul Sauer zu besonderem Dank verpflichtet. Bei dem vorliegenden Buch hat der Autor vielfältig persönliche Hilfe und Unterstützung erfahren, für die er sich hier besonders bei Frau Regina

Keyler vom Hauptstaatsarchiv Stuttgart und Herrn Eberhard Fritz vom Archiv des Hauses Württemberg, sowie bei den Mitarbeitern des Hauptstaatsarchivs Weimar und des Staatsarchivs Altenburg herzlich bedankt. Frau Irmgard Reeg aus Bad Soden besitzt entscheidenden Anteil an der Übersetzung der hier erstmals veröffentlichten Briefe des russischen Diplomaten und Politiker Gortschakow an Olga. Für die Diskussion inhaltlicher Probleme zur politischen Rolle der Fürstenhäuser in der deutschen Geschichte im 19. Jahrhundert konnte sich der Autor stets auf den Historiker Gerhard Müller aus Jena verlassen.

Das Buch möchte einen breiten Leserkreis erreichen. Darum ist das Prinzip bewusst angewandt worden, lediglich direkte Zitate mit Fußnoten zu belegen. Einzelne Ausnahmen bestätigen die Regel. Aus dem gleichen Grund hat der Autor auf die für jeden Leser erreichbare, gekürzte und durchaus nicht unkritisch zu bewertende deutsche Fassung der Kindheits- und Jugenderinnerungen Olgas zurückgegriffen.

Besonderer Dank gilt dem Pustet Verlag für die Ausstattung und Veröffentlichung des Buches sowie der Verlagslektorin Frau Heidi Krinner-Jancsik, die alle bisherigen Publikationen des Autors in diesem Verlag einfühlsam, gewissenhaft und mit Sachkenntnis begleitet hat.

Schkölen/Rockau
im Mai 2009 Detlef Jena

Prolog: Memoiren, Memoiren …

Katharina II., Russlands berühmteste Kaiserin, schrieb über Jahrzehnte hinweg an ihren Lebenserinnerungen. Nach der jeweiligen Macht- und Interessenlage fügte sie einem Entwurf den nächsten hinzu, stets auf der Suche nach glaubwürdiger Rechtfertigung für die eigenen Handlungen in einem autokratischen System, zu dessen Merkmalen Glanz, Ruhm, Korruption und Intrige zählten. Niemals erschien ihr das Bild, das sie von sich selbst für die Ewigkeit vorzeichnete, vollkommen genug. Die „Mutter des Vaterlands" wollte als Idealpersönlichkeit einer mildtätigen und aufgeklärten Herrscherin in die Geschichte eingehen. Das Volk, das sie regierte, erwähnte Katharina mit keinem Wort. Ihre Gefühle, Wünsche oder Sehnsüchte fanden nur insofern Platz, als sie dem Ruhm in der Geschichte dienen konnten.

Katharina beschrieb die Petersburger Hofgesellschaft, die kaiserliche Politik und das Spinnennetz der Diplomatie so realistisch und geradezu ernüchternd, dass die ihr auf dem Thron nachfolgenden Erben das Konvolut der Manuskripte nach eingehendem Selbststudium wohlweislich in geheimste Archive wegschlossen. Nur ganz wenige Auserwählte vom Range eines Alexander Puschkin (der es sich nicht nehmen ließ, eigenhändig Abschriften anzufertigen) erhielten Einsicht in die kompromittierenden Texte. Nicht etwa simulierte Prüderie gegenüber den vermuteten geheimen erotischen Schilderungen trieben Paul I., Alexander I. oder Nikolaus I., die Papierbündel zu sekretieren. Geheime erotische Leidenschaften besaßen die männlichen Thronerben selber zur Genüge.

Die entlarvende und schamlose Offenheit der Kaiserin bei den Berichten über diverse intrigante Machtspiele am russischen Hof widersprach dem konservativen Kodex autokratischen Herrschaftsverständnisses. Man war von Gott gesandt und gesalbt! Die geschlossene Gesellschaft der Romanow-Dynastie duldete keinen freien Blick in ihr Innerstes. Katharina II. hatte ein Tabu gebrochen. Jedes Mitglied der kaiserlichen Familie sollte für alle Zeiten beachten, dass über der Selbstsucht und allgewaltigen Machtfülle des einzelnen Monarchen die Bastion der Dynastie stand, gestützt von der heiligen Mutter Kirche.

Als der in London lebende russische revolutionär-demokratische Dissident Alexander Herzen am Ende der 50er-Jahre des 19. Jahrhunderts Seite um Seite der Memoiren las, blickte er in einen Abgrund: „Nachdem man allmählich alle zarten Gefühle der jungen Frau beleidigt und verletzt hat, beginnt man, sie systematisch zu verderben. Die Kaiserin (Elisabeth) sieht etwas Ungebührliches darin, dass sie (Katharina) keine Kinder hat ... gibt ihr zu verstehen, dass man seine Bedenken fahren lassen müsse, wenn es sich um das Wohl des Staates handle ..."* Herzen, der Philosoph, Publizist und Aufklärer, der ohne Zweifel den Sturz der Autokratie in Russland anstrebte, begriff, dass Glanz und Elend Katharinas II. auch Jahrzehnte später den Alltag der Monarchie charakterisierten. Hatte nicht Katharinas Enkel, Kaiser Nikolaus I., die freimütigen Tagebücher seiner Mutter Maria Fjodorowna samt und sonders verbrennen lassen? Tagebücher, die u. a. Aufschlüsse über die Verstrickung der Familie in die Ermordung Kaiser Pauls I. im Jahre 1801 geben konnten! Herzen hielt nach dem Tode Nikolaus' I. die Zeit für reif genug. Er veröffentlichte Katharinas Memoiren und bot der europäischen wie der russischen Öffentlichkeit ein ebenso spannendes wie erschreckendes Bild aus dem Innenleben der Romanow-Dynastie – nicht um des prickelnden nostalgischen Voyeurismus willen, sondern weil Russland nach seiner Ansicht nur eine Zukunft besaß, wenn es das durch Nikolaus I. verknöcherte System Katharinas abstreifte.

Herzens mutige Publikation schlug wie eine Bombe ein. 1843 hatte der französische Marquis Astolphe de Custine einen in ganz Europa verbreiteten Bestseller veröffentlicht: „La Russie en 1839". Custine betrachtete Russland aus persönlicher Erfahrung als einen Polizeistaat, ein Reich der Angst, eine grandiose Kaserne, in der Furcht und Terror, Traurigkeit und Stille, Falschheit und Verstellung, Korruption und Willkür herrschten. Schweigen sei besser als Reden, Denken werde als nationaler Verrat betrachtet. Die Russen seien dank ihrer Lebensverhältnisse das unglücklichste Volk unter der Sonne. Custine lieferte mit dem Buch der in Westeuropa grassierenden Russophobie die wichtigste ideologische Munition. Die Memoiren Katharinas II. schienen Custines Thesen nur zu bestätigen. Die gleiche dumpfe Angst, die auf dem Volk lastete, quälte auch die Eliten bis hinein in die allerhöchsten Schichten der Aristokratie. Russlands Niederlage im Krimkrieg hatte 1856 die eklatanten Schwächen des Riesenreichs bestätigt. Alexander Herzen goss mit Katharinas Memoiren vom Ausland her zusätzlich Öl in die russische Glut damals aktueller innerer Konflikte.

In jenen für die Autokratie kritischen Jahren trat in Russland mit der Presse eine sich verbreiternde öffentliche Meinung hervor, genährt durch private Gesprächskreise, die sich im Adel wie im intellektuellen Untergrund den Zukunfts- und Schicksalsfragen des Vaterlands zuwandten. Herzens Publikationen beflügelten vom Ausland her die eigene kritische Sicht, ließen den Ruf nach Reformen schärfere inhaltliche Konturen annehmen. Herzen forderte die Familie Romanow heraus, aber die schwieg. Zumindest nach außen. Sie wahrte das unumstößliche Tabu. Die Familie war jedoch nicht blind. Wie Alexander Herzen sahen die Romanows, dass Katharinas Memoiren die landesweiten und grenzüberschreitenden Debatten um Russlands Zukunft beeinflussen konnten.

Mit dem Krimkrieg ging die Ära Nikolaus' I. zu Ende. Nach der Thronbesteigung Alexanders II. im Jahre 1855 setzte in Russland eine vom Zaren und der Regierung begleitete vorsichtige Reformbewegung ein, deren Inhalte an die Grundfesten der Dynastie rütteln konnten. Die Regierung verfolgte nach wie vor jeden öffentlichen Vorstoß zu einer Liberalisierung. Aber im Sommer 1857 trafen sich im Schwarzwälder Wildbad Mitglieder der kaiserlichen Familie, Berater des Kaisers und russische Aristokraten. Sie berieten dort in geheimen Treffen jene Probleme, die vier Jahre später in die Aufhebung der Leibeigenschaft und in die nachfolgenden großen Reformen mündeten.

Als Katharinas Memoiren 1859 erschienen und die Ergebnisse der Beratungen in Wildbad bereits konkrete rechtswirksame Formen annahmen, lebte Olga, die Tochter Kaiser Nikolaus I., bereits anderthalb Jahrzehnte als Gemahlin des Kronprinzen Karl von Württemberg in Stuttgart. Bis Wildbad war es nur ein Katzensprung. Sie hielt sich zum fraglichen Zeitpunkt 1857 dort auf. Ihre Teilnahme an den Gesprächen bleibt jedoch leider fraglich und gilt eher als unwahrscheinlich. Die bildschöne Tochter aus kaiserlichem Hause, die es auf reichlich verzwickten Wegen in die schwäbische Provinz verschlagen hatte, gab den Menschen Zeit ihres Lebens – im bildlichen Vergleich – so manche Nuss zu knacken. Olgas Schicksal ist von zahlreichen Rätseln hinsichtlich ihrer Rolle in der Politik Russlands, Deutschlands und Württembergs, aber auch in ihrem ganz privaten und persönlichen Dasein begleitet.

Olga, seit 1864 Königin von Württemberg, ist nach Katharina II. die zweite Frau aus der Dynastie Romanow-Holstein-Gottorf gewesen, die selbstständig und aus eigenem inneren Antrieb umfangreiche Lebenserinnerungen geschrieben und hinterlassen hat. Als Olga das Manuskript ihrer Erinnerungen 1883 nach zweijähriger Arbeit beendete, setzte sie eine ausdrückliche Begründung an den Schluss: „Die Niederschrift dieser Erinnerungen an meine Jugendzeit war eine wohltuende Zerstreuung für mich; sie half mir zwei Jahre zu durchleben, die die schmerzlichsten meines Lebens waren, erfüllt vom Leid der Seele wie des Körpers, das mich Schlag auf Schlag getroffen hat. So viel Seiten ich schrieb, so viel schmerzfreie Stunden empfing ich. Ich durchlebte von neuem die Jahre meiner Jugend, wo ich in der Fülle des Seins stand, wo alles mir gut schien und wie durchleuchtet von den Farben des Himmels. Ich wünsche, dass meine kleinen Herzensnichten Olga und Elsa nicht weniger Glück in ihrer Kindheit und Jugend erfahren möchten, wie mir es geschenkt war, damit sie wie ich einst aus solchem Erinnerungsschatz Trost und Freude für ihr späteres Leben gewinnen möchten."**

Katharina, die deutsche Prinzessin auf dem Zarenthron, memorierte ein Leben lang über ihre eigenen Ruhmestaten an einem wahrlich brutalen Hof in St. Petersburg. Katharinas russische Urenkelin schreibt gegen Ende Ihres Lebens über die traumhafte Kindheit in einer durch und durch harmonischen und liebevollen russischen Kaiserfamilie – aus Verzweiflung über die schweren Schicksalsschläge und Enttäuschungen, die sie am Hof in Württemberg erdulden musste! Welch ein Widerspruch! Oder ging es in Stuttgart vielleicht grausamer zu, als Katharina II. es sich in und für Petersburg ausmalen konnte? Erlaubt ist auch die Frage: Lagen die wirklichen Ursachen für Olgas Kummer tatsächlich in Württemberg oder besaß die unglückliche Ehe mit König Karl lediglich eine Katalysatorenfunktion? „Schlag auf Schlag" – schmerzlich an Körper und Seele, so begründet Olga ihre Niederschrift: Könnte es nicht sein, dass die Ermordung Kaiser Alexanders II. im März 1881 ein wesentlich stärkeres Motiv für Olgas Verzweiflung war? Oder der als katastrophal empfundene Verlust monarchischer Souveränitätsrechte im Jahre 1871 oder eigene Krankheiten?

Katharina besaß gewiss keine Skrupel, ihre Memoiren eines Tages der Öffentlichkeit vorzustellen. Olgas Aufzeichnungen trugen ursprünglich den rein privaten Charakter eines pädagogisch wertvollen Lehrstücks für die Enkel Olga und Elsa, die Töchter der von Königin Olga adoptierten Großfürstin Wera Konstantinowna. Die Niederschrift sollte auch ein innerer Befreiungsschlag sein. Württembergs Königin besaß jedoch wie ihre Urgroßmutter den Rang einer öffentlichen und politisch relevanten Persönlichkeit. In einer Zeit, in der das Leben an den Fürstenhöfen und besonders das komplizierte und verschlungene Netzwerk dynastischer Ehen die politischen Geschehnisse nicht mehr so entscheidend beeinflussten wie das rege Treiben der mit den Höfen verbundenen Regierungen und Kabinette, musste ein königliches Manuskript, das die strahlende Schönheit einer Jugend am Zarenhof dem leidvollen Dasein in der württembergischen Residenz entgegenstellte, selbst zum Politikum werden.

Nahezu vier Jahrzehnte nach ihrer Vermählung mit Württembergs Kronprinz Karl und ein Jahrzehnt vor dem eigenen Tod zog Olga das Fazit ihres Daseins und offerierte ihren Mitmenschen eine persönlich ebenso ehrlich empfundene wie politisch und historisch fragwürdige Erkenntnis: Die Persönlichkeit, die Politik und die Wirkung des kaiserlichen Vaters Nikolaus I. von Russland galten ihr auf immer und ewig als Maß aller Dinge des Lebens. So war sie erzogen worden, diese Überzeugung trug sie im Kopf und im Herzen. Nach dem väterlichen Muster beurteilte Olga den Ehemann Karl, Württemberg, Deutschland – aber auch die sich wandelnde Heimat Russland und vor allem ihre eigenen Denk- und Handlungsweisen in der Sphäre des europäischen Adels. Ihre schwersten persönlichen Krisen erlebte sie dort, wo dieses statische Bild ins Wanken geriet.

Olgas Erinnerungen an die Kindheit und Jugend, diktiert von sehr individuellen Gefühlen, reizen angesichts der realen russischen und deutschen Geschichte zum Widerspruch. Vielleicht hat Olga selbst die Widersprüchlichkeit nicht einmal empfunden. Nikolaus I., der autokratisch regierende „Gendarm Europas", der jeglichen Gedanken an eine Publizierung der Enthüllungen Katharinas II. empört von sich gewiesen hatte, galt Olga als idealer Vater und Selbstherrscher, dessen Lebensmaxime sie Kindern vermittelte, die sich im deutschen konstitutionell-monarchischen Nationalstaat sowie unter begrenzten württembergischen Souveränitätsrechten und einem ständig größer werdenden sozialen Spannungsfeld entwickeln sollten.

Die Dramatik und die Spannung einer Biografie über die Königin Olga bestehen jedoch primär nicht darin, dass sie gegen den Abend ihres Lebens verklärende nostalgische Rezepte für nachfolgende Generationen vermittelte. Olga hatte selbst stets nach den in den Erinnerungen niedergeschriebenen Normen zu leben versucht. Dadurch und durch die konkreten Lebensumstände in Deutschland geriet Olga ständig in neue Konflikte und geradezu auswegslose Situationen. Mit den Erinnerungen hat sie sich in eine Scheinwelt zurückgezogen. Weil sie niemals bekommen konnte, was sie gerne haben wollte – eine glückliche Familie, eigene Kinder, eine unangefochtene Herrschaft, ein mit paternalistischem Wohlwollen erfülltes Dasein – hat sie alle unerfüllten Wünsche in die Kindheit zurückprojiziert und dieser einen Glanz vermittelt, den sie nie besessen hat. Im 21. Jahrhundert werden die Menschen sagen: Um zu überleben, hat sich die Königin Olga an eine Lebenslüge geklammert. Aber im 19. Jahrhundert haben die Monarchen weder gedacht noch gehandelt wie nachfolgende Generationen.

Olgas Lebenserinnerungen sind einer ähnlich kritischen Analyse würdig wie jene Katharinas, denn auch sie bieten ein Spiegelbild der „Göttlichen Komödie“ ihrer Zeit. Dass sich beide Frauen von ganz unterschiedlichen Gefühlen leiten ließen, darf als selbstverständlich angenommen werden. Überdies: Jeder wahre Württemberger erkennt mit vollem Recht Olgas soziale Leistungen an und sieht in ihr ein Stückchen positiver Württemberger Geschichte. Olgas Rolle in der Geschichte hat sich nicht darauf beschränkt und das hat ihr nicht immer zum Vorteil gereicht.

Manche Historiker vertreten die These, nach den glänzenden Jahren Katharinas II. und der europäischen Befreiermission Alexanders I. symbolisierte Kaiser Nikolaus I. den letzten wirklichen Höhepunkt in der langen Geschichte der Romanow-Dynastie. Gilt diese Annahme, darf Olgas gesamtes Leben, dürfen besonders aber ihre Lebenserinnerungen als ein Versuch betrachtet werden, das System Nikolaus über die Zeiten zu retten. Das wäre ein untauglicher Versuch, noch dazu am falschen Ort gewesen. Olgas Lebensmotto, übernommen von Maria Pawlowna in Weimar (Olga nannte sie die „Tante Weimar“), lautete: „man muss immer, selbst von ferne, für Russland arbeiten“.*** Wie sollte sich Olga mit dem Beharren auf den autokratischen Traditionen an verantwortlicher Position in den komplizierten Prozess der deutschen Nationalstaatsbildung hineinfinden? Aber ihr völlig unspektakulärer Heroismus war bewunderungswürdig, zumal sie nicht die einzige Persönlichkeit war, die einem Irrtum erlegen und dennoch in die Geschichtsbücher eingegangen ist – auch darin ähnelte sie, zumindest in gewisser Weise, ihrer Urgroßmutter Katharina II. Und die Frage wird zur Forderung: Wie verlief das wirkliche Leben Olgas, der russischen Großfürstin und Königin von Württemberg, in einem Russland, Deutschland und Europa, in denen das politische Prinzip dynastischer Beziehungen von Jahrzehnt zu Jahrzehnt mehr an Bedeutung verlor?

* Katharina II. Memoiren, Bd. I, Leipzig 1986, S. 362.
** Podewils, Sophie Dorotee v., Traum der Jugend goldener Stern, S. 250 f.
*** Uhland, Roland (Hg.), Das Tagebuch der Baronin Eveline von Massenbach, S. 173.

Kapitel I

Eine Kindheit nach dem Wunsch des Zaren

Am 30. August (11. September nach dem damals in Russland geltenden Julianischen Kalender) 1822 brachte Großfürstin Alexandra Fjodorowna eine vom ersten Tag an sanfte und fügsame Tochter zur Welt – Olga Nikolajewna. Die junge Mutter Alexandra, die geborene Prinzessin Friederike Louise Charlotte Wilhelmine von Preußen, zählte vierundzwanzig Lenze. Sieben Jahre zuvor hatte sie den russischen Thronfolger Nikolaus Pawlowitsch geheiratet. Die Ehe passte gut in das politische Konzept von Hohenzollern und Romanows und basierte obendrein auf der Zuneigung und Liebe beider Partner. Russland und Preußen bildeten neben Österreich die Stützen der 1815 proklamierten „Heiligen Allianz". Nach dem Sieg über den letztlich so glücklosen Emporkömmling Napoleon festigte die Allianz noch einmal die Herrschaft der alten Monarchien über Teile Europas. Eheschließungen zwischen den regierenden Häusern leisteten dabei nützliche Hilfestellungen. Sie entsprachen zugleich den lang wirkenden Traditionen des europäischen Adels, besaßen aber nicht in jedem Fall unmittelbare politische Ursachen oder Auswirkungen. Kabinettsminister dirigierten nicht selten politische Prozesse bereits intensiver als ihre Monarchen. Auf Russland traf dies freilich im Jahre 1822 nicht zu.

Der Vater, Großfürst Nikolaus, 1796, geboren, offenbarte nicht erst zum Zeitpunkt der Geburt Olgas merkwürdig zwiespältige Erscheinungen und Wesenszüge. Seine Mutter, die Kaiserinwitwe Maria Fjodorowna und der um zwanzig Jahre ältere Bruder, Kaiser Alexander I., verwöhnten den hübschen kleinen Nachkömmling von Anfang an, maßen seiner Erziehung und Bildung jedoch keine besondere Bedeutung bei. Für die Thronfolge kam er zunächst nicht in Frage – der Kasernenhof und das Paradefeld genügten als Lebensschule. Als Nikolaus 1817 die nicht minder ansehnliche Tochter der Königin Louise von Preußen heiratete, beurteilten Zeitgenossen das geistige Niveau Nikolaus' als weit unterhalb seiner körperlichen Größe rangierend. Der Großfürst besaß allerdings eine stattliche Länge. Die kleine Gemahlin Alexandra, liebreizend und anschmiegsam, nannte den Gemahl nur „Mon chevalier si bien aimé"[1] und konnte ihrem so sehr geliebten Ritter nicht genug kluge Worte von den Lippen ablesen, um diese dann voller Anmut und ohne eigene geistige Zugaben weiter zu verbreiten. Die Turteltauben wähnten sich in einer Idylle ohne Ende: Diszipliniert erfüllten sie ihre dynastischen Pflichten. 1818 kam der erwartete potenzielle Thronfolger Alexander (Sascha) zu Welt. 1819 folgte die Tochter Maria (Mary) und 1822 – Olga (Olly).

Die raue Wirklichkeit hielt für Nikolaus und Alexandra herbe Überraschungen bereit. Kaiser Alexander I. ermattete nach seiner Befreiermission in den Kriegen gegen Napoleon sichtlich. Er gab sich nahezu ausschließlich religiös-mystischen Schwärmereien hin und überließ die harte Politik vor allem dem brutalen General und Politiker Graf Alexei Andrejewitsch Araktschejew, der die Bauern bis aufs Blut reizte und der aufgeklärte Offiziere und Intellektuelle dazu trieb, ernsthaft über eine radikale Umgestaltung Russlands im Sinne konstitutioneller Ideen nachzudenken. Die Träume von einer reformerischen Modernisierung Russlands, die einst nicht nur der inzwischen vom Hof verbannte Politiker Michail Speranski, sondern sogar der junge Alexander im Kopf und im Herzen hatte, blieben vorerst unerfüllt. Alexander I., dessen Ehe mehr schlecht als recht dahinsiechte, kümmerte sich höchstens um die Außenpolitik und ließ sich mit Vorliebe auf den Friedenskonferenzen der „Heiligen Allianz" als der große rettende Engel Europas feiern. Der Kaiser sonnte sich im verblassenden Glanz vergangener Tage und hing seinen längst von der politischen Wirklichkeit verdrängten Träumen nach.

Aber die Thronfolgeregelung duldete keinen Aufschub. Alexander I. rechnete nicht damit, dass aus seiner Ehe mit Elisabeth Alexejewna, der von seiner Untreue und seinem Desinteresse gezeichneten Prinzessin aus Baden, weitere gesunde Kinder hervorgehen würden. Zwei Töchter starben nach dem jeweils ersten Lebensjahr. Als präsumtiver Thronfolger kam Alexanders Bruder Konstantin in Frage. Konstantin residierte als kaiserlicher Statthalter und Vizekönig in Warschau, benahm sich ungehobelt, lebte von seiner Frau Anna Fjodorowna, einer Prinzessin aus dem Hause Sachsen-Coburg, getrennt. Nur die Scheidung zog sich hin. In Warschau heiratete er nach seiner Trennung von der Coburgerin die polnische Gräfin Johanna (Jeanne) Grudzinska, die den russischen Titel und Namen der Durchlauchtigsten Fürstin Lowitsch erhielt.

Konstantin kam durch diese morganatische Ehe nicht mehr für die Thronfolge in Frage – wenn sich die Familie an die durch Paul I. wieder eingeführte natürliche Erbfolge hielt. Peter der Große hatte die Primogenitur abgeschafft und allein dem herrschenden Kaiser die Ernennung eines Thronfolgers vorbehalten. Die Folge: Russland erlebte eine Reihe von Palastrevolten und unrechtmäßigen Throneroberungen. Damit sollte Schluss sein. Die Romanows kehrten in die geordneten Bahnen einer Erbmonarchie zurück.

Außerdem wollte Konstantin die Krone nicht tragen. Also musste die Wahl zwangsläufig auf Nikolaus, den nächstfolgenden männlichen Erben fallen. Es spielte keine Rolle, dass Nikolaus erhebliche charakterliche Mängel aufwies. In der eigenen Familie betrug er sich als fröhlicher, verständnisvoller und gütiger Mensch. Sobald er aber den schützenden Ring dieser Familie verließ, starrten die Augen kalt und bleiern ins Leere. Der hübsche Mund verkniff sich zu einem schmalen Spalt. Körper und Stimme wirkten schroff, unnahbar, zynisch und gewalttätig. Niemals gestand er eine Schuld ein, kein fremdes Versagen fand seine Nachsicht. Die Offizierskameraden fürchteten und mieden den Großfürsten, von dem schon bald nach dem Wiener Kongress 1815 das Gerücht umging, er würde wohl der nächste Selbstherrscher werden. Selbst unter den im Krieg abgehärteten Offizieren griff Furcht um sich: Würde Russland in einen Exerzierplatz mit Soldaten in preußischen Uniformen verwandelt werden, auf dem die russischen Traditionen nichts galten? Würde das Vaterland wie zu Zeiten Pauls I. einem irrationalen Despoten ausgeliefert werden? Hatte der russische Soldat sein Blut auf den Schlachtfeldern Europas umsonst vergossen? Die Sorge blieb vorerst unbegründet. Noch herrschte Europas „Befreier-Engel" Alexander I.

Im Lande und besonders unter den Offizieren grassierte zwar die Enttäuschung über Russlands Verzicht auf westliche gesellschaftliche Modernisierungen. Aber eine Revolte wie jene gegen Paul I. im Jahre 1801, die dessen propreußischem Drill und der Annäherung an Napoleon gegolten hatte, schien vorerst ausgeschlossen. Es gab in den Jahren 1817/18 weder eine Frau noch einen Mann in der Familie Romanow, die gewaltsam auf den Thron drängten und zu diesem Ziele Interna aus der Dynastie an unzufriedene Gardeoffiziere weitertrugen.

Alexander I. musste die Thronfolgeregelung 1817 vernünftigerweise mit der Eheschließung seines Bruders Nikolaus verbinden. Der Zar weihte insgeheim den preußischen Kronprinzen Friedrich Wilhelm ein, zögerte aber konkrete Schritte hinaus. Als Nikolaus' Ehefrau Alexandra im Jahre 1818 einem Sohn das Leben schenkte und angesichts des gesunden Babys selber vom künftigen Herrscher Russlands orakelte, harmonierten Wunsch und Wirklichkeit plötzlich auf wundersame Weise miteinander.

Erst 1819 fasste der Kaiser endgültig einen Entschluss. Im Januar 1819 starb seine Schwester Katharina, Königin von Württemberg. Katharina, eine politisch ambitionierte Dame, hatte heimliche Hoffnungen auf den Titel einer „Katharina III. von Russland" in sich genährt. Alexander und die Familie in Petersburg förderten diese Illusionen zwar nicht, es gab auch keine rechtlichen Grundlagen für derartige Phantasien, aber der Kaiser besaß nicht den Mut, seiner Schwester, seinem „süßen Äffchen" vergangener Jahre, die Hoffnungen direkt auszureden.[2] Weder Katharina I. noch Katharina II. hatten den Thron mit legalen Mitteln erobert. Warum sollte sich der friedfertige, unentschlossene und überaus fromme Alexander dem Machthunger einer III. Katharina als Opferlamm darbieten?

Alexander I. verfiel nach Katharinas Tod in tiefe Depressionen. Er wollte einmal mehr vorzeitig abdanken und raffte sich um seiner selbst willen zu einer definitiven Entscheidung auf. Im Sommer 1819 besuchte er Nikolaus und Alexandra in Krasnoje Selo, unweit St. Petersburg. Dort stand das von Nikolaus bei Paraden malträtierte Ismailow-Garderegiment. Alexander lobte den Bruder für die treue Pflichterfüllung in der Garde, „denn auf ihn würde eines Tages die Bürde der Verantwortung fallen". Alexandra hat die Szene beschrieben: „Er hielt ihn (Nikolaus) für die Person, die sein Nachfolger werden sollte. Dies würde sich viel rascher ereignen, als irgendjemand es sich heute vorstellen könne, denn es würde noch zu seinen Lebzeiten eintreten. Wir saßen wie zwei Statuen da, mit offenem Mund und ganz benommen. Der Kaiser fuhr fort: Ihr scheint erstaunt, aber lasst mich euch erklären, dass mein Bruder Konstantin, der sich nie um den Thron gekümmert hat, fest entschlossen ist, ihn abzulehnen, er ist deshalb bereit, seine Rechte an seinen Bruder Nikolaus und dessen Kinder abzutreten. Was mich betrifft, so habe ich mich entschlossen, mich meiner Pflichten zu entledigen und mich von der Welt zurückzuziehen ... Als er sah, dass wir den Tränen nahe waren, versuchte er uns zu trösten und versicherte uns, es würde sich nicht sofort ereignen und es könne vielleicht noch einige Jahre dauern, bis er seinen Plan durchgeführt habe. Dann ließ er uns allein, und man kann sich vorstellen, in welchem Gemütszustand wir uns befanden."[3]

So arg kann der emotionale Schock nicht gewesen sein. Weder Alexander noch Nikolaus unternahmen in den folgenden Jahren ernsthafte Schritte, den auserwählten Thronfolger in die Staatsgeschäfte einzuführen. Nikolaus erzählte oft und gern, dass er nun bald herrschen würde, aber neben den Exerzier- und Truppenübungsplätzen widmete er den politischen Feldern seiner künftigen Tätigkeit keine gesteigerte Aufmerksamkeit – ein merkwürdiger Kontrast zur peniblen Akribie seiner späteren Amtsführung. Der einjährige Besuch bei den preußischen Verwandten in den Jahren 1821/22 schien Lebens- und Herrschaftsschule genug. Drei gesunde Kinder, einschließlich der im Sommer 1822 geborenen Olga, erfüllten ihn und seine Gemahlin mit aufrichtiger Freude. Das nächste Kind, Alexandra (Adini) wurde erst im Sommer 1825 geboren. Nikolaus spielte ganz zufrieden mit den Kleinen. Den künftigen Aufgaben sah er gelassen entgegen: Was ich nicht weiß, macht mich nicht heiß! Die Prinzipien, nach denen er herrschen würde, musste er nicht erst aus trockenen Akten schöpfen. Bereits 1815 hatte er mit seinen 19 Lebensjahren stolz und überzeugt verkündet: „Ich habe mir niemals vorstellen können, dass irgendein System besser sein könnte als das, in dem Könige von der Vorsehung berufen werden, über die Massen zu herrschen."[4] Er besaß weder die Bildung noch den Charakter noch den Verstand oder den Willen, seine Wertvorstellungen an der europäischen Erfahrung zu überprüfen. Im Gegenteil, die „Heilige Allianz" bestärkte ihn. Nikolaus wollte an den Geist Pauls I., seines Vaters, anknüpfen.

Nikolaus präsentierte sich als überzeugter Autokrat, bevor er überhaupt den Thron bestieg Den Rest erledigten die Brüder. Konstantin verzichtete 1820 formal auf den Thron. Alexander legte den Thronverzicht Konstantins und die Thronfolge Nikolaus' in einem geheimen Schreiben fest, das er nur einem seiner engsten Vertrauten zur Kenntnis und dem Metropoliten von Moskau zur Verwahrung übergab. So geheim das Schreiben behandelt wurde, die Familie war bestens informiert. Die in Personalfragen entscheidende Kaiserinwitwe Maria Fjodorowna, Alexanders Mutter, und die Geschwister, sogar der preußische König wussten, Nikolaus wird der nächste Zar und Kaiser von ganz Russland.

Als die kleine Olga im Spätsommer 1822 zur Welt kam, fand sie ohne ihren Einfluss und ihr Wissen Regelungen vor, die ihr ganzes Leben prägten: Soweit zu sehen war, machte niemand aus der Dynastie dem Vater den sicheren Arbeitsplatz streitig – wann hat es das im Hause Romanow je gegeben! Der große Krieg lag weit zurück. Es drohten keine neuen Volksaufstände nach der Art Jemljan Pugatschows aus den Jahren 1773/74, der seinerzeit das Russland Katharinas II. an den Rand einer Staatskrise führte.

Vater und Mutter genossen in schöner preußisch-russischer Harmonie ihr eigenes und das Glück ihrer gesunden Kinder – der Thronfolger Alexander Nikolajewitsch gedieh prächtig und damit bereits die nächste Generation der Familie auf dem Thron. Weitere Erben und Prätendenten würden sicher folgen. Der Vater verfügte über ein unumstößliches autokratisches Selbstwertgefühl, in dem er Russland, das Haus Romanow und die engere Familie führen würde – als Herr über Leben und Tod, der keinem irdischen Wesen Rechenschaft ablegen musste. Dennoch trieb ihn die traditionelle Furcht der Zaren: In Russland war noch kein Romanow auf den Thron gelangt, ohne rivalisierende Konkurrenten niederkämpfen zu müssen. Noch saß Nikolaus nicht auf dem Thron, es konnte viel geschehen, während er mit seiner Familie im Anitschkow-Palais am Petersburger Newski-Prospekt wohnte. Durfte er wirklich jedem Familienmitglied trauen, vor allem dem windigen Konstantin im fernen Warschau?

In dem Anitschkow-Palais kam Olga zur Welt: so überstürzt, dass die großfürstlichen Hoheiten samt ihrer Dienerschaft kopflos umherrannten, Bett, Windel und Wäsche improvisieren mussten, als wäre Olga das erste Kind in der Familie. Mit dem traditionellen Kanonendonner und Glockenklang als Begrüßungsmusik für die kleine Erdenbürgerin beruhigte sich der Hof langsam. Als Kaiser Alexander I. vom Friedenskongress in Verona zurückkehrte, brachte er nicht nur einen hübschen Emailpokal als Taufgeschenk mit. Er fand würdige Worte, die nur einem russischen Selbstherrscher gebührten: „Wenn je einer von euch den andern im Stich ließe, wäre es nicht zu verzeihen. Glaubt mir, es gibt nur ein wahres Glück. Hütet es mit heiliger Kraft."[5] Der Satz entsprach ganz den Traditionen des Hauses Romanow.

Die kleine Olga hat davon noch nichts mitbekommen. Ein ganz normales Kind, an dem selbst die glückselige Großmama Maria Fjodorowna noch keine überirdische Schönheit oder Grundzüge späterer Genialität erkennen konnte. Die allein auf den Machterhalt orientierte Familie bot dem Mädchen Schutz und Heim und die Familie besaß eine für jedes Mitglied, gleich welchen Alters, überschaubare Ordnung. Der große, liebe und strenge Vater regelte das Dasein. So sah es die Autokratie vor – in der Dynastie, dem festen Sockel der Herrschaft, der nicht erschüttert werden durfte, und auch im ganzen Russischen Reich. Olga verstand das noch nicht, aber in diese Regeln wuchs sie vom ersten Tage an hinein.

Erste Eindrücke: Familienstreit und Rebellion

Erst im Jahre 1825 ereigneten sich genügend aufregende Dinge, die das Leben der Dreijärigen so beeinflussten, dass nachhaltige Wirkungen und Erinnerungen haften blieben. Zum ersten Mal nahm Olga die Tante Helene wahr – Großfürstin Jelena Pawlowna, geborene Prinzessin Charlotte Marie Friederike von Württemberg, die 1824 den Großfürsten Michail Pawlowitsch geheiratet hatte. Helene muss dem Mädchen rein gefühlsmäßig imponiert haben, durch ihre Schönheit, Freundlichkeit und ihren verbindlichen Charme. Helene sprach sanft und zutraulich mit der Kleinen. Trotz des Altersunterschieds – Helene war sechzehn Jahre älter als Olga – sollten sich ihrer beider Lebenswege über die Jahre hinweg immer wieder begegnen – und auseinanderlaufen.

Weit eindringlicher als die erste Bekanntschaft mit Tante Helene berührte die Geburt der Schwester Alexandra (Adini) Olgas kindliche Wahrnehmungen. Die Eltern hatten sich 1825 über Monate hinweg in Deutschland, namentlich im Ostseebad Doberan und in Berlin aufgehalten. Vor der Niederkunft kehrten sie nach Russland zurück. Olga freute sich, endlich wieder bei Mama und Papa zu sein. Im Juni kam die kleine Schwester in Zarskoje Selo zur Welt. Nach Sascha, Mary und Olly nun also Adini. Die Geschwister waren nicht weniger aufgeregt als die Eltern – die Kinderstube begann sich zu füllen.

Allein, die Freude über das gesunde und besonders hübsche kleine Mädchen überlagerten bald Ereignisse höchster staatspolitischer Dramatik. Alexander I. besuchte die Familie in Zarskoje Selo, bestaunte Adini, spielte mit den Kindern und informierte seinen Bruder, dass er mit seiner Frau Elisabeth in den Süden reisen wollte. Die kleine Olga schaute den großen Mann verhalten an. Der kam und ging, gab sich freundlich, wirkte aber leidend und nicht besonders anziehend auf das Mädchen. Die Eltern hatten ihr beigebracht, dass sie Alexander als einem ganz besonderen Mitglied der Familie ehrfürchtig begegnen sollte.

Das Kaiserpaar reiste nach Taganrog und für die Kinder änderte sich gar nichts, bis am 27. November 1825 die Nachricht vom Tod des Kaisers eintraf. Wie üblich in Russland, waberten sofort wilde Gerüchte um das Ableben des Monarchen durch das Land, die Menschen gerieten in helle Aufruhr. Vielleicht war er überhaupt nicht gestorben? Die Familie Romanow musste sehr schnell handeln, eine Entscheidung über die Thronfolge treffen und sich nicht das Heft des Handelns aus der Hand nehmen lassen. Jeder Tag, an dem sich das Volk ohne Herrscher wähnte, vergrößerte die Gefahr für die Dynastie, man könnte ihr die Macht entreißen. Ein Sturz würde die Kinder nicht verschonen.

Eigentlich aber bestand gar kein Grund zur Aufregung. Alles schien für Nikolaus geregelt – einschließlich des Einverständnisses der Kirche und mehrerer hoher Aristokraten, die dem Thron nahestanden. Nachdem die Todesnachricht eingetroffen war, versammelte sich die ganze Familie mit ihren Kindern in der Kapelle des Winterpalais. In dieser entscheidenden Stunde sollten plötzlich alle Absprachen keine Gültigkeit mehr besitzen. An diesem Tag begann nämlich eine zweiwöchige Posse, die in der ganzen Entwicklung der Romanow-Dynastie Einmaligkeitswert besaß und als „Großmutstreit" in die Geschichte eingegangen ist. Das Schaustück hatte jedoch einen sehr ernsten Hintergrund und der Begriff „Großmutstreit" diente eher dem Mythos einer Sympathie heischenden Legendenbildung.

Nikolaus verweigerte die Krone. Er proklamierte Konstantin zum Kaiser, schwor dem Bruder die Treue und ließ die mit seiner überraschenden Aktion einverstandenen Mitglieder des Hofs, der Administration, der Geistlichkeit sowie der Garderegimenter auf Konstantin vereidigen. Konstantin lehnte von Warschau aus in mehreren Briefen die Krone ab. Kuriere jagten hin und her. Die Kaiserinmutter Maria Fjodorowna pochte auf Alexanders Beschluss, während andere Familienmitglieder ins Feld führten, dass Paul I. in seinem Dekret 1797 eindeutig die Primogenitur festgelegt hatte. Vordergründig wägten die verschiedenen Hofparteien das Für und Wider einer Thronbesteigung Konstantins oder Nikolaus' ab. Im Kern stritten sie um die Macht, um die Sicherung künftigen Einflusses auf den Monarchen sowie um das grundlegende Selbstverständnis der traditionellen russischen Autokratie: War der Monarch irgendwelchen Regelungen, Ordnungen oder Dekreten seiner Vorgänger unterworfen oder folgte er allein seinem eigenen Willen? Der von Gott gesandte und gesalbte Kaiser entscheidet ganz allein über das Schicksal aller Russen – selbst in der eigenen Familie! Pauls Dekret stand angesichts der realen Situation zur Disposition – musste man sich überhaupt an Paul orientieren? Alexander I. hatte immer betont, nach dem Geist und den Gesetzen Katharinas II. zu regieren!

Diese Grundsatzfrage erhielt ihre besondere Würze durch die mit jedem Tag wachsende und selbst für die Kinder erkennbare Angst Nikolaus', er könnte bei seiner Thronerhebung ebenso gestürzt werden wie Peter III. oder der eigene Vater Paul I. Nikolaus schwankte in seinen Entschlüssen. Hier standen sich nicht mehr wie in früheren Zeiten lediglich rivalisierende Hofparteien oder Familien gegenüber. In der eigenen Dynastie gab es unterschiedliche Ansichten über die Wege zur Macht. Nikolaus testete mit seiner Verweigerung aus, auf wen er sich in der Familie verlassen konnte und wem er misstrauen musste.

Darum beriet er sich in den kritischen Tagen mit zwei Persönlichkeiten mit höchst unterschiedlichen Ansichten über die Selbstherrschaft. Er sprach mit Michail Speranski, dem bedeutendsten Reformpolitiker Russlands am Beginn des 19. Jahrhunderts, der sich sogar 1808 beim Erfurter Fürstentag mit Napoleon über theoretische und praktische Fragen der modernen Gesetzgebung und des Konstitutionalismus unterhalten hat – und dafür in Russland zeitweilig verbannt wurde. Nikolaus unterhielt sich ebenso mit dem Reichshistoriker Nikolaus Karamsin, einem der besonders orthodoxen und konservativen Verfechter des autokratischen Prinzips.

Karamsins Ansichten gaben den Ausschlag. Nichts stand über der autokratischen Tradition. Gesetzliche Erbfolgeregelungen hatten für Russlands Krone mehr Verdruss als Nutzen gebracht. Als Nikolaus am 12. Dezember 1825 sichere Nachrichten erhielt, in der Armee gäbe es geheime Offiziersbünde, deren Ziele in eine konstitutionelle Monarchie mündeten, die ganz Russland reformieren und die autokratische Macht des Zaren beseitigen wollten, handelte er. Die Offiziere wollten tatsächlich die Unentschlossenheit der Regierung und der kaiserlichen Familie zum Aufstand nutzen. Die Erhebung sollte anlässlich der Truppenvereidigung auf den neuen Kaiser am 14. Dezember stattfinden.

Nikolaus agierte plötzlich sehr schnell, kühl und präzise, eingedenk der Überzeugungskraft Karamsins, der bereits 1812 Alexander I. zum entschlossenen Kampf gegen Napoleon getrieben hatte. Nikolaus dachte daran, dass Elisabeth und Katharina II. durch Gardeoffiziere an die Macht gelangten. Wenn er die Verschwörung der Offiziere niederschlug, würde es kein Familienmitglied und kein Aristokrat oder Politiker mehr wagen, seine Autorität als Autokrat in Frage zu stellen oder ihm mit dem Dekret Pauls aus dem Jahre 1797 in der Hand gegenüberzutreten. Nach den ersten Informationen ging Nikolaus von einem Putschversuch einzelner Garderegimenter wider den Zaren aus. Er begriff jedoch sehr schnell, dass er es mit einer Verschwörung zu tun hatte, die sich in ihrem Charakter und der Zielsetzung erheblich von den Palastrevolten vergangener Jahre unterschied.

Nikolaus nahm die Krone an und schlug am 14. Dezember 1825 an der Spitze der ihm ergebenen Soldaten die Erhebung der Dekabristen nieder. Die dynastische und die Staatskrise fanden ein jähes Ende – Kaiser Nikolaus I. verließ den Platz als Sieger. Die Dekabristen ließ er grausam bestrafen. Sein Gefühl und die Ratschläge so unterschiedlicher Wegbegleiter wie Speranski oder Karamsin sagten ihm, dass der Monarch nicht nur die „Bösen" bestrafen dürfe, sondern Entwicklungen verhindern müsse, die eine Wiederholung des Aufruhrs provozierten. Er ließ die Ursachen des Aufstands gründlich untersuchen. Politiker wie den im Volke denkbar unbeliebten General Araktschejew entließ der Kaiser. Künstler wie den großen Alexander Puschkin, der unter Alexander I. verbannt worden war, nahm Nikolaus wieder in Gnaden auf. Michail Speranski gelangte unter Nikolaus zu hohen Ehren. Das russische Volk gewann den Eindruck: Die starke Herrschaft des jungen Kaisers würde die Rivalen am Hof zum Schweigen bringen, dem Staat Stabilität verleihen und für bessere Lebensverhältnisse sorgen. Die aufständischen Dekabristen bedrohten auch die physische Existenz der Familie Romanow. Diese Gefahr forderte den besonderen Zorn Nikolaus' heraus. Nur ein reiner Zufall verhinderte die Verhaftung der Frauen und Kinder durch rebellierende Soldaten. Ergebene Wachsoldaten brachten Olga mit den Geschwistern und Frauen am 14. Dezember aus dem Anitschkow-Palast in das Winterpalais. Auf dem Wege dorthin zogen sie unerkannt an der Militäreinheit vorbei, die sie arretieren sollte. Obwohl das Winterpalais näher am Ort des Geschehens lag, schien es sicherer.

Die Kinder fanden notdürftig auf Sofas und Stühlen Platz, eingehüllt in wärmende Decken. Sie mussten warten. Die nur spärlich beleuchteten hohen Räume wirkten bedrohlich. Selbst diesen kleinen Wesen, der Thronfolger zählte immerhin bereits sieben Jahre, teilte sich die Angst, die Unruhe und Aufgeregtheit der Erwachsenen mit. Der junge Kaiser suchte seine Kinder trotz der dramatischen Ereignisse mehrfach auf. Seine äußere Ruhe vermittelte ein Vertrauen, das sich besonders der kleinen Olga tief einprägte.

Natürlich liebte Nikolaus seine Kinder und er schützte sie in diesen kritischen Stunden. Der Nachwuchs bildete einen festen Bestandteil des Herrschaftssystems. Nikolaus I. kannte keinen Unterschied zwischen väterlicher Pflicht und kaiserlicher Last. Kinder garantierten die Zukunft der Dynastie und standen unter dem besonderen Schutz des Kaisers. Unter seinem Schirm und in den Grenzen seiner Interessen genossen sie alle erdenklichen Freiheiten, eine zielorientierte Ausbildung und die Aussicht auf eine möglichst glückliche Ehe, in der die Traditionen der Dynastie fortwirkten.

Im 19. Jahrhundert ging die Zarenfamilie mit ihren Kindern sorgfältiger um, als z. B. Katharina II. mit dem Babykaiser Iwan VI. oder ihrem eigenen Sohn Paul. Maria Fjodorowna, die zweite Gattin Pauls I., entdeckte nach der großen Revolution in Frankreich, dass ein reicher Kindersegen gute Voraussetzungen schuf, den Einfluss der Romanow-Dynastie in Deutschland und Europa zu festigen. Das gut erzogene und gebildete Kind als politische Waffe! Die Kaiserin sorgte dafür, dass ihre elf Söhne und Töchter das dynastische Band um die „Heilige Allianz" schlangen und Ehen mit Prinzessinnen oder Prinzen aus Österreich, Württemberg, Hessen-Darmstadt, Baden, Sachsen-Weimar, Sachsen-Coburg, Mecklenburg-Schwerin oder Preußen eingingen. Es gab keinen Grund, nach dem Sieg über Napoleon von dieser Praxis abzugehen. Russland fühlte sich nach wie vor als konservative Schutzmacht für kleinere und mittlere Staaten. Nikolaus I. nahm diese Aufgabe sehr ernst. Er erwog nicht nur im Innern vorsichtige Reformen, um die Autokratie sicherer mit der Gesellschaftsentwicklung zu verzahnen. Gestützt auf die Lehren, die ihm die Dekabristen vermittelt hatten, sah Nikolaus sich als wackerer Ritter wider alle revolutionären Unruhen im Namen nationaler oder liberaler Freiheiten. In diesem Sinne führte er Russland, die Familie und die Erziehung der eigenen Kinder. Sie würden dereinst den Glauben an die unerschütterliche Kraft der Autokratie weiter in Europa verbreiten. Der Kaiser dachte, lebte und wirkte in dieser Überzeugung.

Olga lernte aus den Ereignissen vom 14. Dezember 1825: Der Vater beschützte ihr Leben. Der Hof raunte respektvoll: Ein Kaiser ist hervorgetreten, der des Thrones würdig ist! Es gab an diesem Tag zwar nichts zu essen, aber Olga blickte mit den Geschwistern voller Ehrfurcht auf den Vater. Nur gut, dass sie ihre Ängste begrub, als nach wenigen Tagen wieder die gewohnte Ordnung in das Familienleben einkehrte.

Was Wunder, dass nach den Tumulten der Dezembertage die feierliche Beisetzung Alexanders I. im Januar 1826 mit all ihrer majestätischen Würde, getragenen Trauermusik und frommen Gebeten Olga wesentlich stärker beeindruckte als die kurzen und gehetzten Begegnungen mit den Eltern während der Kaiserproklamation und des Aufstands. Der Gedanke, dass derartige Situationen bei Menschen ihres Standes öfter vorkamen, erreichte sie selbstverständlich erst sehr viel später.

Selbst als Olga – nun bereits vierjährig – im August 1826 mit zu den Krönungsfeierlichkeiten nach Moskau fahren musste, nahm sie nur einzelne Impressionen von den glänzenden Veranstaltungen wahr. Sie sah die Eltern selten, von Ferne und in der überirdischen Pracht des Krönungsornats. Aber man bezog das kleine Mädchen bereits in alle Formen des höfischen Lebens ein und ließ es wissen: Das ist Deine Welt, in der Du Dich behaupten musst! Dieser Gedanke kam Olga zum ersten Mal in ihr kindliches Bewusstsein, als im September 1827 der Bruder Konstantin geboren wurde. Sie besaß keine eigenen Vergleichsmöglichkeiten. Aber die Kinderfrauen und die Gouvernanten, von den Eltern ganz abgesehen, vermittelten den Eindruck, dass Konstantins Geburt nach Alexanders gesunder Entwicklung ein ganz besonderes Ereignis für die Familie war. Ein zweiter möglicher Thronerbe hatte das Licht der Welt erblickt. Die Erwachsenen wiesen auf einen weiteren wesentlichen Unterschied hin: Sascha, Mary, Olly und Adini waren als Kinder eines Großfürstenpaars geboren worden. Konstantin erschien als das erste echte Zarenkind in der Familie. Daraus erwuchsen zwar rechtlich keine Konsequenzen, aber am Hof betonte man die neue Qualität des nachfolgenden Thronerben gegenüber den kaiserlichen Töchtern.

Zur Taufe Konstantins zog man die Kinder besonders hübsch an. Olga bekam ein Lockenköpfchen frisiert. Sie trug ein ausgeschnittenes Kleid, weiße Schuhe, Perlenketten. Wegen des herausragenden Feiertags sollte sie an der Schulter das Band des Katharinen-Ordens tragen. Olga fand sich sehr chic. Aber der Vater besaß das letzte Wort zur Kleiderordnung. Er schrieb im Reich vor, welchen Anzug die Untertanen bei welcher Gelegenheit zu tragen hatten. Warum sollte er in der eigenen Familie eine Ausnahme zulassen?

Als Nikolaus seine herausgeputzten Kinder sah, geriet er in Wut und verlangte mit drohender Stimme, den „Affenputz" zu entfernen. Olga unterwarf sich dem Vater, widerwillig zunächst, aber sie zeitigte schon zu diesem frühen Zeitpunkt einen Charakterzug, der für ihr Leben bestimmend werden sollte: Papa hat immer recht. Er will nur mein Bestes und ich folge seinen Weisungen, ohne überflüssige Fragen zu stellen. Sparsamkeit und schlichte Eleganz sind die wahrhaft fürstlichen Tugenden!

Märchenwelt der Paläste

Die kleine „Olly" galt allgemein als freundlich, still zurückhaltend und eher als Friedensstifter bei kindlichen Spielen, denn als Streithammel. Sie genoss die allgemeine Sympathie der Eltern, der Erzieher und der Geschwister. Die Kinder blieben sich niemals selbst überlassen, stets waren sie von Kinderfrauen, aufmerksamen Höflingen und vor allem ihren Gouvernanten umgeben. Die Eltern lebten nicht ständig in Petersburg oder in den umliegenden Schlössern von Zarskoje Selo, Peterhof, Pawlowsk oder Gatschina. Politik, Diplomatie, Repräsentation und das Militär zwangen zu vielen Reisen – die Kinder blieben in der Regel zu Hause.

1828, mit Beginn eines neuen Krieges gegen die Türkei, reisten der Kaiser und seine Gattin auf den südlichen Kriegsschauplatz. Die Kinder blieben in Pawlowsk unter der Obhut ihrer Großmutter Maria Fjodorowna zurück. Der Krieg, die Orientalische Frage oder Russlands „heilige Mission", Europa vor nationalen Revolutionen zu bewahren und auf dem Kontinent zu herrschen – derartige Begriffe und Ziele erschlossen sich den Kindern noch nicht und doch besaßen sie ihren Platz in diesem „Nikolaustischen System". Olga lernte von ihrer englischen Kinderfrau spielerisch deren Muttersprache. 1828 bestimmte bereits die schwedische und protestantische Gouvernante Charlotte Dunker jeden Schritt Olgas – streng und zielbewusst. Mit sechs Jahren las und schrieb Olga nach eigenen Angaben in drei Sprachen: Französisch, Englisch und Russisch. Nur mit der Musik haperte es zunächst. Madame Dunker verzweifelte. Aber die Familie Romanow verfügte über eine sendungsbewusste Musenexpertin. Seit 1804 lebte die Schwester des Kaisers, Maria Pawlowna, in Weimar an dem kunstsinnigen Hof, der Goethe und Schiller, dem Musiker Hummel oder dem Kunsthistoriker Meyer zur Heimstatt geworden war. Maria Pawlowna komponierte und musizierte seit ihrer Kindheit mit Hingabe, einigem Talent und der Hilfe geschickter Lehrer. Bei ihren Besuchen in Petersburg beobachtete sie Olgas dilettierende Ernsthaftigkeit am Klavier und bemerkte deren kindlichen Ehrgeiz. Tante Maria Pawlowna versuchte es mit einem pädagogisch fragwürdigen Trick und stichelte: Das Kind besitzt kein musikalisches Talent, das Klavier kann weggeschlossen werden! Die Provokation gelang: In jahrelanger Schweißarbeit und mit zunehmender Freude erspielte sich Olga eine ansprechende Virtuosität am Fortepiano, die sogar Weimars Musenwächterin überzeugte. Die Episode bestätigte Olgas Fleiß und Ernsthaftigkeit. Auch der Lehrer und Dichter Wassili Shukowski, beauftragt, den Thronfolger zu unterrichten, bestätigte in dieser Zeit mit der ihm eigenen Höflichkeit: „Olga Nikolajewna ist sehr fleißig. Sie nimmt einmal in der Woche auch an meinem Unterricht teil und ist dabei immer sehr, sehr aufmerksam. Besonders zu erwähnen ist, dass sie das, was sie einmal gelernt hatte, nicht wieder vergisst. Sie weiß bereits jetzt, was ein Punkt und was eine Linie ist, und sie kann erklären, was eine Parallele und sogar, was ein Zentrum und was ein Kreis ist; über solche Fragen sprechen wir mit ihr in Russisch oder Französisch. Ich bedaure es, dass ich nicht noch mehr Zeit dafür habe, denn es ist ein wahres Vergnügen, sie zu unterrichten."[6]

1828 blickte Olga zunächst sehr misstrauisch drein. Tante Marias sechzehnjährige Tochter Augusta schien ihr den Rang abzulaufen. Geistreich und voller origineller Ideen, erregte Augusta besonders bei der Kaiserinwitwe Maria Fjodorowna Aufsehen: Kein Wunder, Augusta sollte den preußischen Prinzen Wilhelm heiraten und das letzte Wort sprach dabei Russlands Kaiserhof! Doch Olga beruhigte sich schnell. Sie lernte aus den Gesprächen der Erwachsenen, dass der Kaiser seinen Nachwuchs aus politischen und dynastischen Gründen gerne mit deutschen Höfen verheiratete, obwohl deren Mitglieder am großen Petersburger Hof in keinem besonders hohen Ansehen standen. Man hielt die neuen

Verwandten aus Weimar, Darmstadt, Altenburg oder Schwerin für kleingeistige Philister, allzu servil, die ihre Provinzialität hinter einer gezierten Rethorik und affektierten Gesten verbergen wollten. Der Gedanke, dass sie vielleicht eines Tages ihr Leben an einem kleinen deutschen Provinzhof fristen müsste, kam Olga natürlich nicht. Außerdem gab es deutliche Unterschiede: Mama stammte aus Berlin und die Großmama gar aus dem fernen Württemberg. In diesen Fällen stellte das Mädchen keine Fragen, ließ sie abfälligen Bemerkungen keinen Raum. Aber das generelle Vorurteil gegen die kleinen deutschen Höfe nahm sie unbewusst in sich auf.

Der Großmama gehörte die ganze positive Aufmerksamkeit der Kinder. Maria Fjodorowna galt als Ikone. Sie hatte in ihrer Jugend Katharina II. Paroli geboten und deren Sohn Paul moralisch aufzurichten versucht, indem sie ihm die Treue hielt – allerdings nicht bis in den Tod. Ihre Rolle bei Pauls Ermordung war 1801 ebenso zwiespältig wie jene Alexanders I. Frauen traten in der autokratischen Monarchie nicht als politische Entscheidungsträger auf – das lernte Olga aus den Geschichten der Großmama, in denen sie den Kindern vom vergangenen Kampf gegen Napoleon, über die Eroberungen Katharinas II. am Schwarzen Meer oder über den großen Fürsten Potemkin berichtete. Olga besaß ein Gefühl dafür, dass die Großmama ihre Kinder und Enkel liebte – sie alle lebten ja in dieser Welt von Politik und Krieg.

Im Oktober 1828, russische Soldaten eroberten gerade die Donaufürstentümer und kämpften den Weg nach Konstantinopel frei, erkrankte Maria Fjodorowna. So ernsthaft, dass der Kaiser unverzüglich vom Kriegsschauplatz in die Hauptstadt eilte. Die Kinder hielten den Atem an. Die Ereignisse überschlugen sich: Papa kam nach Hause – aber die Großmama starb bereits am 24. Oktober 1828.

Maria Fjodorowna hatte vier russische Kaiser erlebt. Zwischen 1796 und 1828 galt sie als die zentrale Persönlichkeit der Dynastie Romanow-Holstein-Gottorf. Sie zog nicht nur hinter den Kulissen politische Fäden, regelte nicht nur alle innerfamiliären Probleme, sondern betrieb selber Politik – bis hin zu Empfehlungen über die Ausrüstung und Bewaffnung der russischen Armee.[7] Nikolaus I. muss handfeste Gründe besessen haben, die Tagebücher seiner Mutter zu verbrennen. Natürlich widmeten sich die Nachrufe ausschließlich ihren positiven Lebensleistungen in Kunst, Kultur und Wissenschaft. An der Spitze aller Würdigungen stand das vorbildliche Wirken in der öffentlichen sozialen Wohlfahrt. Alle in das Ausland verheirateten Töchter, sei es Maria in Weimar, Katharina in Stuttgart oder Anna in Den Haag, versuchten, das Modell der Stiftungen, Schenkungen oder Förderungen, das ihre Mutter für Russland entwickelt hatte, in den jeweiligen Ländern anzuwenden beziehungsweise den Landesbedingungen anzupassen.

Nach Maria Fjodorownas Ableben fiel die ganze Last der Verantwortung für das weitgespannte Netz öffentlicher Wohltätigkeit auf Olgas Mutter. Für die Kinder bedeutete das zunächst eine weitere Einschränkung des liebevollen Beisammenseins mit ihrer Mama. Später bezog Alexandra ihre Töchter direkt in die Arbeit für Krankenhäuser, Stifte, Waisenhäuser, Industrieschulem und dergleichen mit ein. Aber die Zeit, die sie ihren Kindern widmete, blieb immer karg bemessen.

Reisen in den Süden, nach Warschau oder in das heimatliche Preußen zogen sich über Monate hin. Höchstens der Zarewitsch Alexander durfte die Eltern begleiten. Die kleineren Geschwister blieben meistens unter der Regentschaft des Fürsten Alexander Golizyn in einem der Petersburger Schlösser zurück. Golizyn erfreute sie mit phantastischen Geschichten und skurrilen Anekdoten, über die sie sich vor Lachen ausschütteten. Der Fürst besaß das absolute Vertrauen des Kaisers. Der einfühlsame geistige und geistliche Ratgeber war der einzige Mensch, dem Alexander I. direkt sagte, dass er Nikolaus zum Thronerben ernannt hatte. Getreulich schickte Golizyn jede Woche einen ausführlichen Bericht über das Leben der Kinder an den Kaiser und der quittierte die Papiere mit aufmerksamen Bemerkungen. Die Geschwister verstanden: Papa weiß alles und wacht über uns!

Golizyn erheiterte die Kinder, der speziell für Alexander angestellte Prinzenerzieher Karl Karlowitsch Moerder öffnete ihre Herzen und Hirne. Lediglich zu den abstrakten Weisheiten des großen russischen Dichters Shukowski fanden sie keinen Zugang. Olga lernte dessen romantische Poesie erst später schätzen, als sie fern der Heimat leben musste. Vorerst gefiel es ihr, auf der kleinen Insel, die der Vater den Kindern bei Peterhof im Finnischen Meerbusen geschenkt hatte, mit den Geschwistern in dem eigens für sie errichteten Holzhäuschen zu spielen.

Der Sommer 1829 verging, Herbst und Winter zwangen zur Umsiedlung in das Winterpalais. Olga erkrankte an Keuchhusten. Man isolierte sie und nichts drang zu ihr durch, nicht der Abschluss des Friedens von Adrianopel, der Russland im September 1829 die Donaufürstentümer und die freie Durchfahrt durch den Bosporus sicherte. Wie hätte sie sich auch dafür interessieren sollen? Mama und Papa lebten wieder einmal in der Hauptstadt, das genügte ihr. Zudem schloss sich an den Krieg eine schier endlose Kette von Empfängen, Bällen oder Konzerten und Theaterereignissen an. Russlands Kaiser feierte den Sieg über die Türken und alle feierten mit – selbst die kleinen Töchter, die ihren Vater selten so entspannt gesehen haben. Aber die Freude über den russischen Erfolg auf dem Balkan verflog schnell.

Es traten politische Ereignisse ein, deren Wirkungen Olga unmittelbar und wesentlich bewusster als den Aufstand von 1825 erlebte. Mit dem Ausbruch der Polnischen Revolution im Herbst 1830 kehrte nach einigen ruhigen Jahren die Angst um den Machterhalt in das Haus Romanow zurück. Die ganze Familie ergriff ein Gefühl der Bedrohung. Die russischen Soldaten wurden der Aufständischen nicht Herr. Zudem breitete sich 1831 in der Armee die Cholera aus. Russlands Vizekönig in Polen, Großfürst Konstantin, dem Nikolaus seit dem „Großmutstreit" misstraute, starb im Juni 1831 auf der Flucht aus Polen an der Cholera.

Olga kannte den Onkel Konstantin kaum und machte sich nach den Gesprächen der Erwachsenen in ihrer Phantasie ein Bild von ihm, das ein wenig an die Geschichten vom Baron Münchhausen erinnerte: ein schneidiger Allerweltskerl, erfindungsreich und lebenslustig, jedoch ohne den sittlichen Ernst, der ihren Vater auszeichnete. Olga ahnte nicht einmal, mit welcher unmenschlichen Grausamkeit die russischen Soldaten auf Befehl ihres sittlichen Papas in den Jahren 1831/32 die polnischen Patrioten massakrierten. Europa entsetzte sich über die Grausamkeiten, aber Nikolaus wandte sich befriedigt dem unschuldigen Spiel seiner Kinder zu. Der in Polen gescheiterte Bruder Konstantin galt fortan als Märtyrer. Die Kaiserin Alexandra vertrat allerdings die Ansicht, der Verräter Konstantin hätte nicht die Cholera, sondern den Strick verdient. Ähnlich dachte sie über ihren Schwager, Großfürst Michail und dessen Gemahlin Helene, die sie verdächtigte, in Opposition zum Kaiser zu stehen. Diese boshafte Meinung verbarg sie offenbar nicht einmal vor ihren Kindern. Olga entwickelte für die kluge und intelligente Tante Helene keinerlei Zuneigung.

In Polen wüteten die Soldaten des russischen Kaisers – in Russland wütete die Cholera. Die Krankheit erreichte Petersburg, aber die Kinder freuten sich, weil eine strikte Quarantäne für den Hof die Ferien im sonnigen Peterhof verlängerte. Olga und ihre Geschwister schlossen sich um Cécile Fredericks, eine ganz sympathische Hofdame mit preußischen Wurzeln, zusammen, weil die dank ihrer eigenen vielen Kinder Verständnis dafür besaß, dass die Zarenkinder mit Vorliebe das spielten, was den Traditionen des russischen Zarenhofs besonders nahe kam: Verschwörungen organisieren und abwehren!

Der Cholera-Sommer von 1831 führte Olga in Peterhof mit den fünf

Kindern des Grafen Wielhorski zusammen. Die gemeinsamen Spiele erschlossen ihr eine bis dahin unbekannte Welt. Die Familie Wielhorski kam aus dem Ausland, die Cholera hielt sie in Peterhof fest. Der Graf liebte die Kunst, sammelte begabte Schriftsteller, Maler oder Musiker um sich und gehörte den Freimaurern an. Wielhorski pflegte in Peterhof die geistvolle Unterhaltung der in den kleinen deutschen Residenzen so beliebten Musenhöfe – einer allgemein beachteten Form der deutschen höfischen Adelskultur im 18. und 19. Jahrhundert. Die gerade verstorbene Kaiserinwitwe Maria Fjodorowna hatte in ihren jungen Jahren in Pawlowsk ähnliche kulturelle Interessen aktiv verfolgt. Vielleicht fand die Kaiserin Alexandra den Umgang mit dem Grafen deshalb so angenehm. Er hielt sie über die neuesten künstlerischen Entwicklungen in Westeuropa auf dem Laufenden. Der freundliche Kontakt griff auf die Kinder über, die sich anfreundeten, obwohl Olga die stetige strenge Aufsicht durch die Gräfin Wielhorski, eine geborene Prinzessin von Kurland aus der Familie Biron, als lästig empfand.

Strenge, Zucht und Ordnung befahl der Vater ohnehin genug. Selbst wenn die Kinder mit ihresgleichen ausgelassen umhertoben durften, keine Hüte und Handschuhe tragen mussten oder als wilde Bande durch das Gestrüpp des großen Parks streiften, stets stand dahinter die kontrollierende und lenkende Hand des Vaters. Nikolaus wusste durchaus die Sensibilität seiner Kinder zu beurteilen. Gegen kindlichen Ungehorsam protestierende Gouvernanten beschied er: „Lasst sie Kinder ihres Alters sein, bald genug werden sie die Abgeschiedenheit von anderen empfinden lernen müssen."[8]

In Wirklichkeit reflektierten derartige großzügige Momente einen Teil des Erziehungsprogramms, das die Kinder im Geiste des väterlichen Verständnisses von der Autokratie erzog. Nikolaus überließ in der Familie nichts dem Zufall. Hinsichtlich der Bildungsinhalte und Repräsentationspflichten gab es deutliche Unterschiede zwischen dem künftigen Thronfolger Alexander und den anderen Geschwistern, zwischen Jungen und Mädchen, zwischen Älteren und Jüngeren. Alle gemeinsam aber sollten die Pflicht zum Machterhalt der Familie verstehen lernen – durch die Selbstdisziplin der Eltern, durch die Bildungsprogramme und durch das Heer an devoten Kinderfrauen, Gouvernanten, Hofmeistern, Oberhofmeistern und durch die vielen Bediensteten, die zu jeder Stunde und an jedem Ort bereitstanden, den Kindern das Bewusstsein zu vermitteln, welche Ausnahmestellung sie im Russischen Reich genossen.

Trotz des diszipliniert einzuhaltenden Rahmens blieben Sascha, Mary, Olly und Adini vorerst junge Menschen, die noch jede Lücke in dem nur scheinbar undurchdringlichen Aufsichts- und Erziehungsnetz fanden und ganz selbstbewusst ausnutzten. Olga galt als Muster an Pflichtbewusstsein, dabei still und beinahe ängstlich. Ihre Schwester Mary zankte dagegen gerne, ärgerte die Geschwister und trieb ihren Schabernack mit der gutmütigen Kinderfrau Baranowa. Madame Baranowa überwachte die täglichen Hausaufgaben und wirkte dabei gänzlich überfordert. Mary besaß keinen Respekt vor dieser liebenswerten Frau, legte alle höfliche Zurückhaltung ab und so gab es immer wieder einmal Ärger, auch Stubenarrest, unter dem dann alle Kinder leiden mussten. Sie trugen wie in jeder Familie ihre kleineren und größeren Konflikte mit- und gegeneinander aus – Zank und Streit um Puppen, Spielzeug oder bunte Tücher –, bis sie sich wieder vertrugen. So gingen die Kindertage dahin, deren Außergewöhnlichkeit die Normalität bildete und so von den Kindern empfunden wurde.

1832 zählte Olga zehn Jahre. Einerseits fühlte sie sich noch ganz der von ihr als glücklich betrachteten Kindheit verbunden. Andererseits erlebte sie in der weitläufigen Verwandtschaft, dass Prinzessinnen bereits mit 12 oder 13 Jahren von ihren Eltern auf dem Heiratsmarkt angeboten wurden – hilflose und ohnmächtige Geschöpfe. Olga gab sich darüber allerdings noch keinen ernsteren Gedanken hin. Sie setzte ganz auf den Entscheidungswillen des Vaters. Ihm vertraute Olga nahezu blind, so, wie sie an der Liebe ihrer Mutter keinerlei Zweifel hegte.

Der Zar unternahm gemeinsam mit seiner Frau vorsichtige Schritte, Olga langsam an die Welt der Erwachsenen heranzuführen – in seine Welt. Das geschah durch Gespräche und durch Olgas allmähliche Beteiligung an repräsentativen Veranstaltungen, die ihr Gefühl für die Erhabenheit der Monarchie besonders ansprechen sollten. Während die Niederschlagung des polnischen Aufstands in den Gesprächen mit den Eltern kaum eine Rolle spielte, unterhielt man sich über die Ereignisse der französischen Julirevolution von 1830 schon ausführlicher. Vor allem das Schicksal des Königs und der mit dem Haus Romanow verwandten oder verbundenen Persönlichkeiten erregte in Petersburg mitleidvolle Aufmerksamkeit und Abscheu. Die Bourbonen mussten abdanken! Welch ein Schrecken, als die Nachricht eintraf, dass Großfürstin Anna, die Gemahlin des niederländischen Thronfolgers Wilhelm (II.), die Schwester Nikolaus I., im Zuge der belgischen Unabhängigkeit ihr schönes Schloss in Brüssel räumen musste. Das glich einem Skandal, denn die russische Kaiserfamilie hatte ihr die gesamte teure Einrichtung des Petersburger Michail-Palastes anvertraut. Der gewaltige Verlust drückte die Familie nieder!

Russland führte in den Jahren 1826/28 einen für Nikolaus I. siegreichen Krieg gegen Persien. 1831 kam endlich eine repräsentative persische Gesandtschaft an den Petersburger Hof und huldigte dem Kaiser aller Reussen. Die Kinder durften mit den Großen des Reichs auf den Thronstufen stehen, die demütige Unterwerfung der Perser entgegennehmen und mit staunenden Augen sehen, welche Kostbarkeiten der Orient bot. Olga erinnerte sich noch nach einem halben Jahrhundert an eine vierreihige Perlenkette, ein Geschenk des Schahs an Kaiserin Alexandra. Eine wunderschöne Kette. Olga hat sie geerbt!

Die Gesandtschaft reiste wieder ab, der Alltag kehrte mit den Spielen der Kinder, neuen Schwangerschaften der Kaiserin und dem üblichen Einerlei im langweiligen Hofalltag zurück. Das Grollen der Revolution im Westen und die gewaltsame Vernichtung des Königreichs Polen, dessen Unterwerfung unter das Russische Reich und die Russifizierungspolitik, das alles interessierte den Kaiser, die Minister, die Geheimpolizei und das Militär, aber nicht die Kinder des Kaisers, allenfalls den ältesten Sohn Alexander.

Olga und die Schwester Adini erkrankten im Winter 1832 an Grippe und mussten längere Zeit das Bett hüten. Zeichnen und das Ausschneiden von Papierpuppen ersetzten den strengen Schulunterricht. Im ungesunden Petersburger Klima, so urteilten die Hofärzte, würde eine Genesung lange dauern. Das beste Beispiel wäre die Kaiserin Alexandra, die nicht nur wegen ständig neuer Schwangerschaften permanent unpässlich war. Sie empfahlen für alle drei Mädchen eine Kur im mecklenburgischen Doberan an der Ostseeküste unter der Obhut mecklenburgischer Verwandter. Olga wollte sich überhaupt nicht von der Familie trennen. Doch der väterliche Befehl galt wieder als Gesetz. Nikolaus I. begleitete die Töchter auf einem Dampfschiff bis Reval. Dort erfuhr er, dass in Doberan die Cholera grassierte. Er änderte den Plan und enttäuschte Olga. Es ging nicht sofort wieder nach Hause. Der Kaiser ließ die Töchter im Schloss Katharinenthal bei Reval zurück, natürlich wohl beaufsichtigt durch Wassili Dolgoruki, einen Fürsten aus ältestem russischem Adel. Nach der Eingewöhnung in das fremde Schloss, das zudem nicht besonders gut aufgeräumt war, erkannten die Kinder schnell, dass eine eigene kleine Hofhaltung, fern von Petersburg, gewisse Reize besaß. Daheim achtete Papa auf schlichte Kleidung und zurückhaltendes Auftreten in der Öffentlichkeit. Hier durfte man ein wenig großzügiger sein.

In Katharinenthal gab es einen großen Park, in dem an den Wochenenden eine Musikkapelle spielte und die Revaler flanierten. Mary, Olly und Adini zogen ihre hübschesten Kleider an, setzten die mit rosa Musseline gefütterten Kapotthüte auf und präsentierten sich der staunenden Menge: Drei kleine Grazien unter uralten Kastanien, die Peter der Große gepflanzt haben soll. Sie hielten regelrecht Hof, empfingen regionale Würdenträger, man veranstaltete ein allgemeines Volksfest, Stadtbesichtigungen in Reval und Militärparaden – alles zu Ehren der Kinder und vor allem natürlich des nicht anwesenden Kaisers.

Dem Genesungsaufenthalt folgte ein langer Sommer in Reval, nur vereinzelt durch Begegnungen mit den Eltern unterbrochen. Erst Ende August kehrten die Kinder nach Zarskoje Selo zurück und bald darauf bezog die Familie wieder ihr Quartier im Winterpalast von St. Petersburg. Kaiserin Alexandra stand erneut vor einer Entbindung. Nach Konstantin (Kosty, 1827) und Nikolaus (1831, Nisi) brachte sie im Oktober 1832 Michail, ihr letztes Kind, zur Welt.

In Olgas Selbstverständnis erschienen die Brüder Nikolaus und Michail als Nachkömmlinge, denen gegenüber sie sich schon ein wenig erwachsen fühlen durfte. Sieben Kinder zählte die Familie! Die mehrmonatige Trennung hatte zumindest den positiven Aspekt mit sich gebracht, dass die heranwachsende Olga nun schärfer und bewusster auf das Leben in der Familie und am Hof blickte. Sie bildete erste wertbeständige Urteile und überprüfte dabei ihre eigenen Denk- und Handlungsweisen.

Ob Olga in jenen Monaten der Jahre 1832/33 wirklich ganz konkret so dachte, wie sie es nach 1881 niedergeschrieben hat, erscheint allerdings zweifelhaft. Der eigene, vorwiegend pessimistisch beurteilte Lebensweg, dürfte Akzente in der Rückerinnerung gesetzt haben, denen mancher objektive Tatbestand zum Opfer gefallen ist. Da Olga später sowohl eine glückliche Familie als auch eigene Kinder entbehren musste, galten ihr die Leistungen ihrer Mutter als besonders wertvoll. Alexandra Fjodorowna reichte jedoch niemals an das politische Niveau und das Durchsetzungsvermögen ihrer Schwiegermutter Maria Fjodorowna heran. Als Gemahlin des russischen Kaisers folgte sie in allen Entscheidungen blind dessen autokratischem Sendungsbewusstsein – selbst in der Familie. Nach dem Willen ihres Mannes und aus eigenem Selbstverständnis ist sie als liebende, gütige und verständnisvolle Frau und Mutter in die Geschichte eingegangen. Im Vergleich zu allen vorausgegangenen Zarinnen Russlands, mit Ausnahme Maria Fjodorownas, ist das eine glänzende Leistung gewesen. Keine Skandale, kein Ehebruch, keines ihrer Kinder fiel einer Palastrevolte zum Opfer – nur die Pflichterfüllung gegenüber dem Reich und dem Volk erfüllte diese Frau. Dass ihre und Nikolaus' Auffassungen über die russische Reichsidee von Zeitgenossen im In- und Ausland kritisch beurteilt wurden, störte das Herrscherpaar wenig.

Für Olga bedeutete Alexandra das Ideal einer Mutter schlechthin. Zu ihr gingen alle Geschwister mit jedem noch so kleinen Kummer. Alexandra bewies Verständnis, Ausdauer und Milde bei der Erziehung ihrer Kinder – natürlich im Rahmen der höfischen Ordnung, die für den Umgang der Eltern mit ihrem Nachwuchs feste Regeln vorschrieb. Wenn Olga ihre Mutter beschreibt, glaubt der Leser, ein Engel schwebe durch den Raum – weiß gekleidet, schön, lächelnd, einfach vollkommen – aber niemals als Erzengel Michael! Olga fiel auf, dass ihre Mutter nicht gerade eine Frau von blendendem Geist war. Aber die liebende Mutter und die liebende Gattin wogen alle Mängel auf, verkehrte diese gar in Vorteile.

Je farbiger Olga das Bild ihrer unvergleichlichen Mutter ausschmückte, umso greller gerieten die Farben: Eigentlich hat sich die Mama recht selten mit ihren Kindern beschäftigt – darin lag ja gerade das Beispielhafte ihrer Allgegenwart! Und: Erst in ihrer eigenen Ehe ist Olga klar geworden, Mama benötigte keine pädagogischen Exkurse oder didaktischen Hilfsmittel. Sie war einfach da und den Kindern erschien ihre Welt vollkommen! Es genügte ihnen, bei endlosem Hofzeremoniell bisweilen durch die Tür einem langweiligen Defilee zuzuschauen und sich heimlich über die aufgeputzten Damen und Herren lustig zu machen. Immerhin, das natürliche Hineinwachsen der Kinder in die Sitten und Gebräuche des Hofes führte dazu, dass sie darin die Normalität ihres künftigen Lebens erkannten.

Natürlich erlebten die Kinder auch die lustigen und entspannten Seiten der Etikette: im Theater bei französischen Komödien; bei Bällen im Glanz tausender Kerzen oder bei Ausfahrten in die malerische Umgebung der vielen Schlösser rund um Petersburg. Die Mutter gewährte den Kindern im „Roten Kabinett" des Winterpalastes ein Refugium, das sie selbst ausschließlich für besinnliche Stunden nutzte, wenn sie sich ausruhen oder ganz einfach ungestört sein wollte. Alexandra bewahrte in diesem besonderen Kabinett Gegenstände auf, die ihr am Herzen lagen: Portraits Kaiser Alexanders I. und Maria Fjodorownas, kostbar ausgestattete Bibeln und Kreuze oder ganz einfache Gebrauchsartikel ohne höheren Sachwert, aber von großer Bedeutung für das persönliche körperliche Wohlbefinden im Alltag.

Die Mädchen schlichen sich mitunter heimlich und neugierig in das Kabinett. Selbst die Angst, entdeckt und ausgeschimpft zu werden, hielten sie im Vergleich zu dem kleinen Glück, ihrer Mutter in diesem Zimmer besonders nahe zu sein, für unbedeutend. Die intime Atmosphäre des Raums disharmonierte eigentlich mit dem eher nüchternen Geist protestantischer Traditionen, welche die Mutter pflegte und die auch die protestantischen Erzieher den Kindern vermittelten. Das Rote Kabinett erschien ihnen unbewusst wie eine geistige Brücke zwischen der preußischen und der russischen Welt.

Die russisch-orthodoxe Welt verkörperte der Vater. Während Olga in ihrer Mutter stets ein Sinnbild für Wärme, Vertrautheit, Verständnis und Schönheit sah, bot der Vater den spartanischen Asketen dar, der ganz im Dienst an seinen Untertanen aufging. Von ihrem Vater besaß Olga ein ebenso ideales Bild wie von der Mutter – nur in anderen Farben und Schattierungen, aber leider ebenso romantisierend abgehoben von der Wirklichkeit. Es entsprach sicherlich den Tatsachen, dass Nikolaus I. auf einem Feldbett mit Strohmatratze schlief, sich nur mit einem Mantel zudeckte, äußerst karge Mahlzeiten zu sich nahm und in jeder Situation zum Ausdruck brachte, dass das Militär die einzige Leidenschaft seines Lebens war. Das Militär auf dem Paradeplatz und im diszipliniert organisierten Manöver. Wenn er seine Frau in ihren Zimmern besuchte, trug Nikolaus einen alten, abgeschabten Militärmantel – sein Lieblingskleidungsstück, von dem er sich bis zu seinem Tode nicht trennte. Der alte Mantel und die an den Ärmeln durchgewetzte Uniform bildeten die äußeren Markenzeichen des Kaisers – ebenso wie die Marotte, stets frische Seidenstrümpfe tragen zu müssen. Im Falle Nikolaus' I. entsprachen die einfache Kleidung und Nahrung seinem schlichten Weltverständnis, eingeteilt nach undifferenziertem Gut und Böse. Zu Menschen, denen er vertraute, besonders zu seiner Frau und den Kindern, war der Kaiser freundlich, herzlich und offen, ohne nur einen Millimeter von seinem militärischen Verständnis uneingeschränkter Autokratie abzuweichen. Illoyalität, Unzuverlässigkeit oder Unehrlichkeit riefen wahrhaftig Gallenkoliken hervor. Der Kaiser befand sich täglich 24 Stunden im Dienst und erwartete diese Grundhaltung von jedem Untertanen im Reich. Von den eigenen Kindern ohnehin.

Olga pointierte die verschiedenen Charaktermerkmale ihrer Eltern sehr scharf. In der Erinnerung späterer Jahre sah sie in der Mutter immer noch eine Persönlichkeit, die sie selbst gerne gewesen wäre. Im Wesen des Vaters erkannte sie alle jene Eigenschaften, die sie sich bei ihrem Ehemann Karl vergeblich wünschte. Die typischen Verhaltensweisen beider Eltern übten den unmittelbarsten und besonders tief gehenden Einfluss auf die Erziehung und Bildung Olgas aus. Darin lag der Schlüssel für das Verständnis ihres Lebens: Olga wollte immer unter Bedingungen leben, die sie aus ihrem Elternhaus kannte, wenn sie schon nicht bis ans Ende ihrer eigenen Tage in diesem Elternhaus leben durfte. Der Gedanke einer Rebellion oder geistigen Emanzipation lag ihr bereits in der Kindheit völlig fern, obwohl sie in den pubertären Jahren durchaus nach einem eigenen Profil suchte.

Olga glich ihren Schwestern Mary und Adini weder in punkto Fröhlichkeit noch Lebenslust oder Unternehmungsgeist. Mary verspottete und ärgerte die jüngere Olga, die aber vermochte sich nicht zu wehren, weinte, zog sich zurück und suchte ein seelisches Ventil, indem sie sich einbildete, sie wäre als Baby vertauscht worden und kein richtiges Kind von Mama und Papa. Der Kummer stieg ins Uferlose, die Kinderfrauen Dunker und Baranowa fanden in ihrer Nervosität kein Mittel zur Beruhigung Olgas. Allein Saschas Erzieher, General Moerder, erklärte Olga überzeugend, dass ihre Unsicherheit lediglich Ausdruck eines Wandels zum Erwachsenen und einer sensiblen Seele sei. Nachfolgende Maßnahmen wie die Tanzstunde oder die altersbedingte Umsiedlung Marys in eigene Zimmer taten ein Übriges, Olgas psychische Konstitution zu festigen. Als sie zum 11. Geburtstag im November 1833 nach alter Tradition ein russisches Nationalkleid aus rosa Samt und bestickt mit weißen Schwänen erhielt und so herausstaffiert erstmals am großen Hofball zum Geburtstag des Vaters erscheinen durfte, kannte ihr Glück kaum Grenzen.

Selbst die Tatsache, dass dieser erste Auftritt in der Hofgesellschaft sofort mit einer politischen Aufgabe verbunden wurde, schreckte Olga nicht. Man wies ihr den Großkammerherrn Juli Pompejewitsch Litta, einen aus Italien geflohenen Malteserritter und Mitglied des Staatsrats, als Tanzpartner zu. Der Graf leitete eine Kirchenbaukommission und Olga folgte gehorsam dem strikten Befehl des Vaters, mit dem Mann über die Förderung von Kirchenbauten zu sprechen. Sie verstand zwar nichts von der Materie, aber der Großkammerherr wird sich nicht die Blöße gegeben haben, der Großfürstin dieses Nichtwissen vor Augen zu führen. Um neun Uhr begann der eigentliche Ball. Olga durfte sich zurückziehen und zu Bett gehen – verfolgt von aufmerksamen Blicken einzelner anwesender Herren.

Der Gesellschaftsreigen war eröffnet. Bereits zum Karneval tanzten Mary und Olly in orientalischer Tracht ungeniert durch den Saal. Das Motiv für den Ball „Aladin und die Wunderlampe" entsprach der politischen Mode. Wenige Monate zuvor, im Juli 1833 haben Russland und die Türkei das Defensivbündnis von Unkias Skelesi geschlossen, in dem sich die Hohe Pforte verpflichtete, die Meerengen am Bosporus im Kriegsfall zu schließen. Der Vertrag heizte die in Westeuropa schwelende Russophobie an, aber Nikolaus I. störte das wenig. Im September und Oktober 1833 vereinbarte er in den Konventionen von Münchengrätz und Berlin die einvernehmliche Aufteilung der europäischen Türkei zwischen Russland und Österreich. Beide Mächte erneuerten die Heilige Allianz. Olga musste beim Karneval in Petersburg nicht fürchten, dass irgendein böser Geist aus Aladins Wunderlampe entweichen würde. Daran glaubte sie ohnehin nicht mehr. Ein neues Gefühl tauchte auf: Sie wäre so gerne noch ein umsorgtes Kind geblieben, aber langsam begann die nächste Lebensetappe – die Bälle deuteten nach den Regeln des Hoflebens darauf hin.

Eine Chance zur Alternative

Olgas Bruder Sascha erreichte nach dem Hausgesetz der Romanows mit sechzehn Jahren die Volljährigkeit. Der Kaiser erhob den Sohn offiziell zum Thronfolger. Der freundliche und gutherzige kleine Sascha mauserte sich zum Zarewitsch Alexander Nikolajewitsch. Unter der strengen Hand des Vaters arbeitete er sich systematisch und zielbewusst in die Staatsgeschäfte ein. Nikolaus wiederholte die Fehler, die Alexander I. bei der Thronfolgeregelung begangen hatte, nicht. Die konservative Primogenitur siegte endgültig über den Reformwillen Peters des Großen.

Saschas neue Verantwortung berührte zwar den hierarchischen Status der kleineren Schwestern nicht, aber das Beispiel des Bruders spornte an. Olga interessierte sich jetzt ebenfalls mehr für Probleme, die außerhalb der abgeschirmten Familienidylle und der kleinen Kinderfreuden sowie des Ballsaals lagen. Sie bemerkte plötzlich, dass der Vater nicht nur den ganzen Tag mit Akten, offiziellen Empfängen oder Paraden verbrachte, sondern die in seiner Jugendzeit versäumte Bildung nachholte und ernsthafte Überlegungen anstellte, das Land drückende, grundlegende sozialpolitische Probleme zu lösen. Sie verstand noch keine inneren Zusammenhänge zwischen den Begriffen Autokratie, Leibeigenschaft, Orthodoxie und Patriotismus. Es blieb völlig offen, ob sie sich jemals mit dem Zwang des Landes zur Modernisierung beschäftigen würde, ob sie überhaupt den Willen aufbringen könnte, politische und gesellschaftliche Fragen zu durchdenken. Aber ihr Interesse war durch den Lern- und Reifeprozess beim Thronfolger geweckt.

Sie nahm mit ihren zwölf Jahren ebenso aufmerksam wahr, dass im Umfeld des Kaisers immer häufiger ein schöner, selbstbewusster und kritisch denkender Mann mit ausdrucksvollen Augen auftauchte: Pawel Dmitijewitsch Kisseljow. Olga schwärmte für diesen stolzen Menschen und bemerkte, dass der autoritäre Vater durchaus auf Kisseljows Rat hörte. Sie ahnte nicht, welche Energie Kisseljow aufwenden musste, um dem Kaiser allererste Maßnahmen abzuringen, die das Land der Lösung eines seiner Kernprobleme näherbrachten – der Aufhebung der Leibeigenschaft. Kisseljow besaß maßgebenden Anteil daran, dass in den Jahren 1838/39 die ersten, noch vagen und in der Praxis kaum wirksamen Reformgesetze zugunsten der Staatsbauern erlassen wurden.

Olga bemühte sich leider nicht besonders ernsthaft darum, das Wesen der Dinge zu verstehen. Sie begriff nur, dass ihr Vater jegliche Erschütterung im Innern des Reichs – wie in der eigenen Familie – vermeiden wollte. Papa handelte nach Olgas Ansicht vollkommen richtig. An Kisseljow bewunderte sie dessen Mut, Kühnheit, Schönheit und dass der Vater ihn respektierte. Olga bemerkte, dass Kisseljow in der kaiserlichen Familie eigentlich nur von der Großfürstin Helene aktive Unterstützung erhielt. Welche Rolle die Tante Helene damals in der russischen Politik und im Geistesleben spielte, wusste Olga nicht, obwohl sie die notwendigen Kenntnisse bei etwas Eigeninteresse hätte erwerben können. Es bestand sogar die reale Chance, dem Vorbild Helenes zur eigenen Emanzipation zu folgen. Aber wollte sie das überhaupt?

Helene – Jelena Pawlowna – eroberte sich in wenigen Jahren einen festen Platz in der Familie Romanow. Ihr Vater, Prinz Paul von Württemberg, der in permanenter und wütender Opposition zu seinem regierenden Vater Friedrich I. und dem Bruder König Wilhelm I. stand, hatte seine Tochter teilweise in Paris erziehen und zum katholischen Glauben konvertieren lassen. Die Ehe Helenes mit dem russischen Großfürsten Michail hatte einmal mehr die Kaiserinmutter Maria Fjodorowna arrangiert. Allerdings gegen den Willen ihres Sohnes Michail! Die Staatsraison ging vor. Württemberg spielte im Deutschen Bund nach 1815 keine unwesentliche Rolle. Preußen und Österreich besaßen ein Interesse daran, Württemberg enger an Russland zu binden. Die Häupter der Heiligen Allianz legten keinen Wert auf eine starke Fraktion deutscher Mittelstaaten. Die Württembergerin musste 1823 den Weg nach Russland antreten. Fast hätten die Hohenzollern das Mädchen den Romanows noch abspenstig gemacht: Prinz Wilhelm von Preußen verliebte sich in sie. Er musste seine Leidenschaft zügeln und Augusta, die Tochter Maria Pawlownas aus Weimar, heiraten. Aber zwischen Wilhelm und Helene blieb eine lebenslange Freundschaft bestehen, die das deutsch-russische Verhältnis noch nach Jahrzehnten positiv beeinflusste.

Am Petersburger Hof erregte Helene durch Charme, Klugheit und Esprit Aufsehen: „Je sens que j'entre dans une patrie."[9] Das schöne Wort, ihr Vaterland betreten zu haben, steigerte sie bei der Familie Romanow zur realen Gewissheit, als sie bescheiden und höflich, unter geschicktem Einsatz russischer Redewendungen, z. B. mit Karamzin über die russische Geschichte sprach: sachkundig und gut vorbereitet – gleich Katharina „der Großen" in deren Jugendtagen am Petersburger Hof.

Wie Katharina II. musste Helene erkennen, dass ihre Zwangsehe mit Michail ein Fehlgriff werden könnte. Sie unterwarf sich allen notwendigen Ritualen, schloss im Februar 1824 mit Michail feierlich den Bund fürs Leben und – entließ ihren Gemahl zur Inspektion seines Garderegiments. Michail ähnelte im Wesen seinem Bruder Nikolaus. Beide hatte man für den militärischen Dienst regelrecht abgerichtet. Beide behandelten untergebene Offiziere und Soldaten hart, ungerecht und grausam. Beide Brüder änderten ihr Verhalten, sobald sie die abgeschirmte Geborgenheit der Familie spürten. Mit den nächsten Angehörigen gingen sie rücksichtsvoll um. Die innerfamiliäre Gutmütigkeit bildete durchaus eine Basis, auf der sich auch Michail und Helene näherkamen, wenngleich diese Gutmütigkeit Grenzen besaß.

Sie respektierte sein militärisches Engagement und er versuchte, sich möglichst wenig von ihr zu trennen. Helene brachte in den folgenden neun Jahren fünf Töchter zur Welt. Die ständigen Schwangerschaften untergruben ihre ohnehin sehr labile Gesundheit, stärkten jedoch die Zuneigung und das Vertrauen zwischen den Eheleuten. Außerdem erkannten Michail und Helene, dass sie in der romanowschen Familienhierarchie ganz am Ende standen und sich gegen die älteren Geschwister und deren Anhang nur behaupteten, wenn sie eine eigene Souveränität und ein gemeinsames Selbstbewusstsein demonstrierten. Noch im ersten Ehejahr bezogen sie das eigens für sie errichtete Michail-Palais, das an Prunk und Glanz die Heimstatt Nikolaus', das Anitschkow-Palais, weit übertraf. Der Neid der Schwägerin, Alexandra Fjodorowna, die ihre Familie in preußischer Kargheit hielt, war ihnen gewiss.

Alexandra stichelte beim Kaiser über Michail und Helene. Aber sie verhinderte deren Aufstieg nicht. Das Paar hatte während des Großmutstreits und des Dekabristenaufstands fest zu Nikolaus gestanden. Mit dem Ableben Maria Fjodorownas 1828 und dem tragischen Tod des Großfürsten Konstantin 1831 erbten Michail und Helene nicht nur Schlösser und ein größeres Vermögen. Sie kletterten in der Familienhierarchie auf die zweite Stufe. Der Kaiser übertrug ihnen zahlreiche offizielle und repräsentative Aufgaben. Helene musste sich fortan im

Bereich der Sozialpolitik und der öffentlichen Wohltätigkeit bewähren, Felder, auf denen sie zur engen Kooperation mit der Kaiserin und deren heranwachsenden Töchtern verpflichtet war, ohne dass daraus ein Problem erwachsen wäre.

Die Aufsicht und Förderung in Bildungseinrichtungen, Kranken- oder Waisenhäusern fielen ihr trotz der eigenen schwachen Gesundheit nicht schwer, weil die Menschen merkten, dass sich diese Großfürstin über den konkreten Betreuungsauftrag hinaus ernsthaft um soziale Problemlösungen bemühte und nicht nur eine paternalistische Pflicht erfüllte. Helene besaß ein großes Allgemeinwissen, fand schnellen Kontakt zu Menschen unterschiedlichster Herkunft, interessierte sich für die Geschichte, Kultur und Wissenschaft. Helene lieh sich z. B. bei Puschkin ein Exemplar der Memoiren Katharinas II. aus und las die Manuskripte, ohne in Ohnmacht zu fallen, aber mit erheblichem Wissenszuwachs über das Innenleben der herrschenden Dynastie.

Für Nikolaus' Kinder und deren Erziehung wäre Tante Helene ein idealer Partner gewesen. Der Kaiser achtete ihre Fähigkeiten und nutzte sie dort, wo er selbstkritisch seine eigenen Schwächen oder Vorbehalte erkannte, und es als politisch nützlich erachtete. Adolphe de Custin erhielt für seine Analysen über die russische Gesellschaft des Kaisers Empfehlung, sich an „le savant de notre famille", an Helene, „den Gelehrten der Familie" zu wenden. Leider hat sich Custine nicht an die klugen Ratschläge Helenes gehalten. Die „Gelehrte" riet nach der französischen Julirevolution von 1830 und dem Abfall der südlichen Provinzen der Niederlande sowie der Proklamation des Königreichs Belgien dem russischen Kaiser von dem Abenteuer einer militärischen Intervention in Westeuropa ab. Nikolaus I. schickte sie in diplomatischer Mission nach England. Aber Helene verhinderte die Unabhängigkeit Belgiens trotz ihres Geschicks nicht. Ein ernsthafter diplomatischer Erfolg im Sinne der russischen Reichspolitik war durch eine isolierte Einzelmission ohnehin nicht zu erreichen.

So nützlich Helene für die kaiserliche Familie agierte, ihr intellektueller Aufruhr rief in der Sphäre geistiger Reglementierungen Misstrauen hervor. Sie passte nicht so recht in das konservativ-orthodoxe Familienschema. Selbst ihr Ehemann, der ohnehin nicht durch herausragendes strategisches Denken brillierte, schreckte vor dem Ernst der Reformvorstellungen seiner Frau zurück. Olga scherte aus dem Unbehagen in der Familie über Helenes Freigeist ebenfalls nicht aus. Sie bemerkte nicht einmal, dass der brüderliche Thronfolger Alexander Helenes Ideen für Russlands Zukunft interessant fand.

Olga erkannte auch nicht, welche Bildungschancen sie sich entgehen ließ, wenn sie – abermals gemeinsam mit den Geschwistern – den Umgang mit Dorothea von Lieven durch alberne Dummheiten und Kinderstreiche störte. Dabei hätte allein der Name Lieven gespannte Aufmerksamkeit bei den Zarenkindern hervorrufen müssen. Frau von Lieven besaß in Russland eine interessante Vergangenheit und gehörte zu den herausragenden Persönlichkeiten in der europäischen Diplomatie und Politik der ersten Hälfte des 19. Jahrhunderts. Dorotheas Schwiegermutter Charlotte hatte die Kinder Pauls I. erzogen. Ihr Sohn Christoph, der Ehemann Dorotheas, diente Paul I. seinerzeit als Kriegsminister. Mutter und Sohn waren mit an Sicherheit grenzender Wahrscheinlichkeit in die Verschwörung zur Ermordung Pauls I. verwickelt. Alexander I. ernannte Lieven zum russischen Gesandten in London, aber die Gesandtschaft leitete faktisch die Gemahlin Dorothea, die sich nicht scheute, als Geliebte Metternichs selbst gegen den russischen Kaiser Intrigen zu spinnen. 1827 ernannte die russische Kaiserin die Lieven zu ihrer Ehrendame und 1834 erhielt sie den Auftrag, den Thronfolger in politischer Konversation zu unterrichten. Dorothea von Lieven, die diplomatische „Sibylle Europas"[10], zuhause in allen bedeutenden Salons, eine Frau, die über den Rahmen einer disziplinierten Diplomatengattin hinauswuchs, eine Meisterin politischer und höfischer Intrigen, kapitulierte vor dem kindlichen Unwillen der Zarenkinder, ihr in die faszinierende Welt der Diplomatie zu folgen: Dorothea von Lieven schwärmte von Talleyrand, und die Kinder, einschließlich des Thronfolgers, rannten wie eine wilde Horde weg und versteckten sich kichernd.

Olga fand es weit spannender und aufregender, dass die Schwester Mary den Status einer Erwachsenen erhielt, eine eigene Wohnung mit kleinem Hofstaat bezog und damit in den Augen der kleineren Schwester eine Welt betrat, in der sie alle Zwänge ablegen und ihre Leidenschaften ausleben durfte. Welch eine romantische Illusion Olgas, genährt zwischen Puppen, Schulheften, der Hofmoral und der väterlichen Autorität! Aber niemand in der Familie stieß sich daran. Olga verkleidete sich noch immer gerne, forschte neugierig nach Vorzügen und Nachteilen neuer Hofdamen, lauschte dem aufregenden Hofklatsch und freute sich, wenn die lieben Verwandten aus allen Teilen Europas zu Besuch kamen, wie z. B. im Sommer 1835 Tante Louise, eine Schwester Mamas, mit ihrem Gemahl, dem Onkel Fritz, aus den Niederlanden. Man musizierte gemeinsam, veranstaltete fröhliche Spiele und unternahm Ausflüge in die Umgebung. Die üblichen Gewohnheiten eines geselligen Hoflebens.

Auslandsreise: Kalisch – Teplitz – Prag

Bei dem unfreiwilligen Ausflug nach Katharinenthal hatte Olga noch eine gehörige Scheu vor der Fremde geplagt. Als 1835 erste Informationen über eine bevorstehende Auslandsreise auftauchten, betrachtete sie diese Möglichkeit bereits wesentlich optimistischer. Im Vorjahr hatte der Kaiser zum Andenken an die Befreiungskriege gegen Napoleon auf dem Palastplatz in St. Petersburg die Alexander-Säule errichten lassen. Preußens König Friedrich Wilhelm III. musste eine Teilnahme an der Einweihung aus Altersgründen absagen. Er schlug seinerseits vor, die große preußisch-russische Familie sollte sich in Erinnerung an das Bündnis von 1813 in Kalisch, in der preußischen Provinz Posen treffen. Der Deutsche Zollverein veränderte die Wirtschaftsstrukturen und den deutschen Außenhandel; in Österreich herrschte nach dem Tode Kaiser Franz' I. der geistesschwache Ferdinand I., gestützt auf eine Kabinettsregierung, die Staatskonferenz. Bereits diese beiden Politikfelder lieferten genug Gründe für ein großes preußisch-russisches Familientreffen, auf dem man über Politik und Wirtschaft, aber auch über die Verwandten oder die neueste Mode plaudern konnte. Und man durfte ungeniert die aktuellen wie künftigen Angebote und Nachfragen auf dem standesgemäßen Heiratsmarkt ebenso taxieren wie katalogisieren. Das Treffen in Kalisch, organisiert als ein großes Heerlager der preußischen und russischen Armee, sollte jedoch mehr sein: ein Symbol für die militärische und politische Stabilität Europas in der Ära nach dem Sieg über Napoleon und eine Demonstration preußisch-russischer Einmütigkeit.

Die dreizehnjährige Olga verließ Kalisch am Ende allerdings enttäuscht und mit gehörigen Irritationen. Die Paraden, Empfänge, Bälle oder das abschließende Feuerwerk – alles wirkte durchaus beeindruckend. Preußens König und Russlands Kaiser schwelgten in Erinnerungen an vergangene Kriegstage und klopften sich wohlwollend wie achtungsvoll auf die Schultern: Es lebe die Heilige Allianz! Abseits der Monarchen und ihrer Gespräche, in den Schwärmen der deutschen Hofbediensteten und Politiker, vor allem jedoch in der lärmenden Bande zahlreicher junger Prinzessinnen und Prinzen brachte man den „Russen" nur Verachtung, Herablassung und bestenfalls Spott entgegen. Tatsächlich reagierten im Gegenzug selbst preußische Offiziere und Beobachter erschreckt auf die brutalen und despotischen Umgangsformen in den russischen Regimentern.

In Kalisch, ausgeschlossen von den politischen Verhandlungen, sah Olga im September 1835 wohl den relativen Eigenwert dynastischer Verbindungen am Verhalten ihrer Altersgefährten, verstand ihn aber nicht. Traurigkeit bemächtigte sich des Mädchens, Weltschmerz und ein diffuser Zorn, dass die eigenen Verwandten hinter dem Rücken des Vaters so schlecht über Russlands Kaiser und ihr Heimatland sprachen. Wenn sie nur ein wenig mehr von der Politik verstanden hätte, wäre ihr aufgefallen, dass das offiziell so hoch gelobte Schauspiel von Kalisch ein Relikt der Vergangenheit war und den Beginn einer langsamen Entfremdung zwischen Preußen und Russland ankündigte. Aber die persönlichen negativen Eindrücke haben sich Olga tief eingeprägt.

Das Mädchen benötigte dringend ein positives Erlebnis, um wieder zu sich selbst zu finden. Die Kaiserin besuchte mit Olga die „Tante Marianne" in Fischbach bei Hirschberg im Riesengebirge. An Tante Marianne richtete sich Olga wieder auf. Diese Tante war eine Prinzessin von Hessen-Homburg und die Gemahlin des Prinzen Friedrich Wilhelm Karl von Preußen, des Bruders von König Friedrich Wilhelm III. – also die Schwägerin der Königin Luise von Preußen und damit eine Großtante Olgas! Fischbach gehörte ursprünglich zu Hessen und kam nach Mariannes Hochzeit zu Preußen. Die Dame galt als Muster positiver preußischer Tugenden: gebildet, tolerant, diszipliniert und konsequent, adelsstolz und außerdem von schöner Gestalt. Olga hörte andächtig zu, wenn Marianne mit leiser und tiefer Stimme sprach. Die Tante beeindruckte – im Gegensatz zu ihren vier Kindern, denen sich Olga an Rang und Reife weit überlegen fühlte.

Der Aufenthalt währte nur einige Tage, dann ging es weiter nach Teplitz im schönen Elbtal. Teplitz hatte in den Befreiungskriegen große Tage und große Namen gesehen. Der Kurort galt zeitweilig als ein Zentrum der antinapoleonischen Allianz und die Monarchen wollten daran zwei Jahrzehnte später mit einem Denkmal in Kulm erinnern. Olga fand, dass ihr Papa das Gottesgnadentum der Zaren prächtig demonstrierte, interessierte sich im Übrigen aber mehr für das Kartoffelpüree und die Johannisbeeren zum Rehbraten. Welche politischen Themen die Minister Nesselrode und Metternich hinter den Kulissen verhandelten, darüber hat selbstverständlich niemand Olga informiert. Sie merkte nicht einmal, in welch starkem Maße sie vom großen Kanzler Metternich aufmerksam hofiert wurde.

Olga langweilte sich, doch nach und nach trafen weitere Prinzessinnen etwa gleichen Alters ein, mit denen sie sich unterhalten und an denen sie sich selbst überprüfen konnte: Wer ist die Schönste, wer weiß sich besonders artig zu benehmen, wer besitzt die beste Bildung? Olga befand sich eindeutig für zu kindlich und bekam Minderwertigkeitskomplexe: Zwar hoch aufgeschossen, aber ein Gesicht wie der Vollmond; blonde Wimpern und ein einfacher Zopf; kaum Schmuck und schlichte Kleider. Schrecklich! Aber die anderen Mädchen glänzten auch nicht gerade: Prinzessin Maria aus Altenburg z. B. zählte zwar schon 17 Jahre, besaß ein frisches Gesicht, war immer fröhlich und gutmütig. Aber einen Makel musste sie doch besitzen. Olga fand den Mangel: keine Würde, keinen Stolz – eine echte deutsche Prinzessin aus der finsteren Provinz!

Die Mädchen beobachteten sich untereinander. Sie gehörten alle in die Kategorie „heiratsfähige Töchter", angepriesen auch hier in Teplitz. Es gab natürlich Momente, wenn sie unter sich blieben, in denen sie schwatzten und gackerten und sich mit kindlicher Albernheit über Gott und die Welt lustig machten. Dann vergaßen sie für einen Augenblick ihren Konkurrenzneid.

In eine solche blaue Stunde platzte Olgas würdevolle Tante Maria Pawlowna aus Weimar. Sie richtete an die Mädchen, die nicht rechtzeitig verschwanden, eine Ansprache über die Werte des Lebens, so ganz allgemein, aber mit tiefem Ernst. Olga musste sich zwingen, nicht lauthals loszuprusten und strafte den Abschiedssatz der Tante Lügen: „Meine Nichte ist aber sehr schüchtern."[11] Aber dieser Gedanke setzte sich bei Maria Pawlowna fest, denn sie besaß mit Carl Alexander einen Sohn, der über kurz oder lang eine standesgemäße Braut in das nachklassische Weimar heimführen sollte.

Kaum entfernte sich die Tante, kehrten die Mädchen aus ihren Verstecken zurück und lachten, lachten, lachten, bis der Abend kam und sie sich zum Tanze rüsten mussten. Olga ließ nichts aus. Ihre Lieblingstänzer kamen nicht zufällig und nicht unbeabsichtigt aus den Häusern Hohenzollern und Habsburg, aus der dynastischen Ebene, in der sich Olga zu Hause fühlte. Näherte sich ihr ein hübscher Prinz aus dem nicht ganz unbedeutenden Coburg, rümpfte sie das Näschen und wies ihn als steif und langweilig zurück: deutscher Kleinstaatenprinz!

Wer beeindruckte das Mädchen bei der Fürstenschau von Teplitz überhaupt? Eigentlich immer nur der eigene Vater, die Mutter ebenfalls und dann die Geschwister des Vaters: Anna Pawlowna, Kronprinzessin der Niederlande – eine zänkische, hässliche und aufdringliche Dame, die niemand leiden konnte und die Papa überhaupt nicht ähnelte. Und Maria Pawlowna: bereits etwas schwerfällig, aber gütig und von jedermann geachtet. Persönlichkeiten, die nicht aus dem Hause Romanow stammten, nahm Olga nur wahr, wenn sie aus Österreich oder Württemberg stammten. Preußen hatte offensichtlich keine für sie beachtenswerten Vertreter entsandt und Friedrich Wilhelm III. war bereits so alt, dass er für Olga ohne Interesse blieb. Aristokraten, die Olgas ungeteilte Achtung gefunden hätten, waren offenbar auch nicht aus Wien oder Stuttgart angereist. Es war ja verständlich, dass sie sich nicht für den armen Kaiser Ferdinand I. interessierte, der ohnehin nur mit Mühe seinen jeweiligen Gesprächspartner erkannte.

Olga hätte doch ein wenig aufmerksamer sein sollen beziehungsweise die Eltern hätten das Mädchen gezielter auf Metternichs Rankküren hinweisen können. Fürst Metternich beobachtete Olga tatsächlich sehr genau und verfolgte jeden ihrer Schritte. Er schrieb an seine Frau: „Ich muss mich damit unterhalten, verliebt zu sein, meine liebe, gute Frau, und der Gegenstand dieser Verliebtheit ist die kleine Großfürstin Olga. Das ist eine reizende kleine Person, dreizehn Jahre alt, die ihrem Vater ähnelt wie ein entzückendes Spiegelbild. Sie ist ganz der Kaiser Nikolaus, nur durch einen verkehrten Gucker gesehen. Da findest Du alle seine Züge in zartere umgewandelt. Sie ist ausgezeichnet erzogen, einfach, natürlich und höflich. Jeder Vater wäre glücklich, eine Tochter wie sie zu besitzen, was ich dem Zarenpaar auch gesagt habe."[12] Metternich bekräftigte noch einmal:„Ich bin in die Kleine verliebt, und um in Ordnung zu bleiben, habe ich Vater und Mutter davon unterrichtet, die damit äußerst zufrieden zu sein scheinen."[13]

Metternich besaß vielleicht Gefallen an dem jungen Ding. Sein Hang zu schönen jungen Damen bildete ohnehin kein Geheimnis Aber der Kanzler tat in Teplitz keinen unbedachten Schritt. Er umschwärmte nicht nur Olga, sondern auch deren Mutter. Einst, auf dem Wiener Kongress 1814/15, hatten extreme Spannungen zwischen Alexander I. und Metternich die Atmosphäre vergiftet. Metternich suchte Russland damals an den politischen Rand Europas zu drücken. 1835, die Heilige Allianz bekämpfte jede revolutionäre Bewegung in Frankreich, Polen oder auf dem Balkan, erkannte Metternich, dass der russische Bündnispartner für Österreich existenzielle Bedeutung besaß. Er wusste, dass Nikolaus I. besonderes Augenmerk auf eine liebevolle Behandlung seiner Frau und Kinder legte. Metternich handelte politisch zielstrebig, wenn er Alexandra und Olga mit Komplimenten und Geschenken umgarnte. Russlands Kaiser zeigte sich für den Augenblick zufrieden und fühlte sich selbst umschmeichelt. Nur Olga verstand nicht, dass für Metternich lediglich ihre Anwesenheit in Teplitz ein Politikum darstellte. Zehn Jahre später lernte sie ihn von einer ganz anderen Seite kennen.

Außerdem: Für Metternich, der im Jahre 1813 schon Olgas Tanten Maria und Katharina Pawlowna bei deren Reisen durch Böhmen und nach Wien durch seinen Geheimdienst hatte beobachten lassen, war jede Information aus dem Hause Romanow wichtig. Warum nicht aus dem Munde der hübschen Kaisertochter? Man fuhr ja von Teplitz weiter nach Prag und plauderte noch oft miteinander ...

In Prag lebte Olga all' ihre romantischen Träume aus: Sie blickte vom Hradschin hinab in die Goldene Stadt. Ihr Blick glitt über die Karlsbrücke und erfasste die Spitzen der Theinkirche am Altstädter Ring. Kalisch, Teplitz, Prag und Wien, an diesen Orten haben ihre leiblichen Verwandten von Alexander I. bis zu Maria Pawlowna europäische Geschichte geschrieben. Mit ihren 13 Jahren besaß Olga noch kein Gefühl für ausgewogene Urteile über Vergangenheit und Gegenwart. So schwankten ihre Gedanken zwischen der abstrakten großen historischen Mission der slawischen Solidarität und dem kulturellen Erbe, das die Paläste österreichischer Aristokraten in Prag repräsentierten. Olga wähnte in ihrer Phantasie den Geist Moskaus zu spüren und machte dem Überschwang vaterländischer Gefühle Luft, indem sie ein noch kindliches Idealbild von der Habsburger Monarchie zeichnete. Ihre Begegnungen mit dem schwerkranken Ferdinand I. vergaß sie dabei.

Nichts schien so recht durchdacht, aber voller romantischer Klischees. Sie entdeckte plötzlich ihre Affinität zu Österreich und vor allem zu den Persönlichkeiten des Hauses Habsburg. Es hätte ihrem Vater wohl kaum gefallen, aus dem Munde seiner schönen Olga ein Lob auf die Ungebundenheit und den Freigeist der Erzherzöge zu hören, wenn diese Hymne mit einer Kritik an den steifen preußisch-russischen Militärtraditionen verbunden worden wäre. Andererseits hätten solche Äußerungen den Kaiser sicherlich nicht zu sehr beunruhigt, denn Olga kehrte mit ihrer Mutter über Fischbach und Warschau bald wieder nach Petersburg zurück. Am heimatlichen Petersburger Herd durfte sie unter seiner Ehrfurcht gebietenden Hand zur reinen Liebe für das wahre Vaterland zurückkehren, von der sie sich ohnehin lediglich aus jugendlicher Schwärmerei etwas abzuheben drohte.

Puschkins Tod und seelische Zwiespälte

Olgas russischer Alltag kehrte wieder ein. Die temperamentvolle ältere Schwester Mary ließ ihre mutwilligen Launen an Olgas Erzieherin Charlotte Dunker aus. Julia Baranowa setzte sich bei den Kindern noch immer nicht durch. Olga mochte die ewigen Streitereien zwischen den Schwestern und ihren Erzieherinnen überhaupt nicht leiden und sonderte sich von den Geschwistern etwas ab. Ihr Ehrgeiz trieb sie, den

Wissensrückstand zur älteren Mary aufzuholen – Mary bemerkte die Fortschritte Olgas und stichelte ganz abscheulich gegen die Streberin. In den Kinderzimmern der Petersburger Paläste brodelte es jetzt unaufhörlich. Niemand, weder die Erzieher noch die Eltern oder deren Berater, besaßen das pädagogische Geschick, an und für sich normale Entwicklungsprobleme junger pubertierender Menschen überlegen einordnen zu können. Am Ende entschied immer und allein der Vater – der Autokrat – mit einem radikalen Machtwort. Mary intrigierte derart hässlich gegen Charlotte Dunker, dass diese die Nerven verlor. Die selbst noch junge Erzieherin schrie und weinte und wusste weder ein noch aus. Im August 1836 entließ der Kaiser Frau Dunker. Der Rauswurf erschien Olga sehr hart. Aber Papa hatte entschieden, Papa handelte immer zum Besten des Reichs und der Familie. Da besaß Olga keinerlei Zweifel. Die Mutter versüßte Olga den Abschied von Charlotte Dunker durch besondere Zärtlichkeit und schenkte ihr einen Hund, Dandy, von dem sich Olga in den folgenden zehn Jahren nicht wieder trennte. Auf bessere Weise kann man wohl kaum ein sensibles Kinderherz gewinnen.

Der Vater erhob Anna Alexejewna Okulowa im Dezember 1836 zu Olgas Gouvernante. Madame Okulowa diente seit vielen Jahren als anerkannte Hofdame, die ihre Bildung, ihren Verstand und ihr Taktgefühl ohne Fehl und Tadel im Interesse der Selbstherrschaft einsetzte. Sie erhielt den Rang einer Ehrendame, einen Wagen, eine Loge im Theater und die besondere Hofkleidung in den Farben Gold und Blau. Madame Okulowa war eine warmherzige und verständnisvolle Persönlichkeit im Herrschaftssystem Nikolaus' I. Genau eine solche Frau benötigte Olga an ihrer Seite, wenn sie den Weg als gläubige Tochter ihres Vaters weitergehen wollte.

Frau Okulowa arbeitete freundlich und resolut. Sie empfahl Olga, ein Tagebuch zu schreiben. Das Mädchen sollte seine Gefühle und Gedanken notieren. Dann würde ihr die etwas gehemmte mündliche Kommunikation leichter fallen. Die Gouvernante behandelte alle Zarenkinder gleich, erzählte aus ihrem eigenen Leben, las aus Büchern vor und sie unternahmen gemeinsame Ausflüge. Dadurch trug sie viel zur Entspannung zwischen den oft miteinander zankenden Geschwistern bei.

Anna Okulowas psychologische Fähigkeiten mussten sehr schnell eine ernste Probe bestehen. Zu den bedeutendsten russischen Dichtern zählte auch bei den Zarenkindern Alexander Puschkin. Puschkin musste seinen Freigeist während der Herrschaft Alexanders I. in der Verbannung büßen. Nikolaus I. befreite den genialen und ebenso undisziplinierten Dichter und förderte ihn, wo er dies in den Grenzen seines autokratischen Selbstverständnisses für möglich hielt. Ein russischer Dichter vom geistigen und literarischen Format Puschkins passte in die Vorstellung von der nationalen Größe und Geschlossenheit, die Nikolaus für Russland verwirklichen wollte. Aber Nikolaus' persönlichem Wohlwollen und sogar Zuneigung standen die bürokratische Verknöcherung des Reichs und die repressive Zensur gegenüber. Sie fesselten einen Geist wie Puschkin und verliehen ihm keine Flügel.

Für Olga und deren Geschwister gab es keinerlei Zweifel: Puschkins Verse und Prosastücke gehörten zu ihrer Lieblingslektüre. Im Januar 1837 schwirrten erst vage Gerüchte durch die Petersburger Paläste und Salons und dann erfuhr man die traurige Wahrheit: Der Gardeoffizier Georges-Charles d'Anthès hatte Puschkin in einem Duell so schwer verwundet, dass der Dichter am 29. Januar starb – als Opfer einer Hofintrige. Nikolaus I. ließ d'Anthès und die Initiatoren der Intrige um Puschkins Ehefrau durch General Benkendorff, den Chef der „Dritten Abteilung Seiner Majestät höchsteigenen Kanzlei" – der Geheimpolizei – ermitteln und bestrafen. Die kaiserliche Familie trauerte um Puschkin. Dessen Werke „Mazeppa", „Die Fontaine von Bachtschissarai", „Die Hauptmannstochter" oder „Boris Godunow" gehörten nicht nur zur schulischen Pflichtlektüre der Zarenkinder, sondern zu den begeistert gelesenen und rezitierten Dichtungen russischer Nationalliteratur. Olga las wie ihre Geschwister Lermontow, Shukowski oder Turgenjew. Sie gehörte auf ganz natürliche Weise zu der Generation junger russischer Menschen, die den Mythos des die Zeiten überragenden Genies Puschkin begründeten.

Puschkins tragischer Tod förderte bei der fast fünfzehnjährigen Olga das Interesse zu ernsthafter Beschäftigung mit der Kunst. Diese Tendenz konnte durchaus positive Wirkungen für ihr Verhalten bei der schulischen Ausbildung nach sich ziehen, wenn sie einfühlsam unterstützt und nicht sogleich in ein kontrolliertes Fördersystem eingespannt wurde. So geschah es jedoch. Olga hörte gerne Konzerte von Beethoven und Mozart. Sofort wies man sie einem musikalischen Trio zu. Ein Komponist erhielt den Auftrag zur weiteren Ausbildung und schrieb gleich Variationen über die russische Kaiserhymne, die Olga dann zu Mamas Geburtstag im Familienkreis auf der Geige intonieren durfte. Abends ging Olga lieber mit den Schwestern auf einen Ball. Dort herrschten ebenfalls strenge Regeln, aber sie durften sich bunt verkleiden und schier endlos tanzen, inmitten einer Schar fröhlicher junger Menschen, die das Leben genießen wollten.

Das Jahr 1837, das mit Puschkins Tod so traurig begann, nahm für die russische Kaiserfamilie einen ganz und gar nicht unglücklichen Verlauf. Man verreiste wieder: Der Thronfolger besuchte Sibirien und stellte sich seinen künftigen Untertanen vor. Die Eltern fuhren nach Gatschina zu den jährlichen Manövern und anschließend auf die Krim. Mary nahmen sie mit. Das Kind verliebte sich in Gatschina auf den ersten Blick in den Herzog Maximilian von Leuchtenberg und wollte ihn auf der Stelle heiraten, spontan, wie es ihrem Charakter entsprach. Olga, die in Petersburg aus regelmäßigen Briefen vom Verlauf der Reise erfuhr, hielt das für eine der verrückten Ideen Marys. Sie freute sich sehr, als ihr die Mutter zum fünfzehnten Geburtstag schrieb, Nikolaus hätte der Kaiserin auf der Krim ein Stück Land (Oreanda) geschenkt, auf dem sie nun nach den Plänen Karl Friedrich Schinkels einen Palast erbauen lassen wollte.

Der überraschende Heiratswunsch ihrer Schwester beschäftigte Olga. Sie beneidete Marys körperliche Schönheit, unbeschwerte Lebenslust, geistige Beweglichkeit und die Fähigkeit, einen Streit schnell vergessen zu können. Olga störten Marys unüberlegte Entschlüsse, mangelndes Pflichtbewusstsein und die stets zur Schau getragene Dominanz. Zurückhaltende Menschen wie Olga litten unter Marys starkem Selbstbewusstsein, fühlten sich unterlegen und ohne Kraft. Mary wollte den Herzog von Leuchtenberg? Olga äußerte sich dazu nicht, das würden die Eltern entscheiden. Aber sie begriff immerhin, Mary hegte da einen brisanten Wunsch. Der Vater des Herzogs von Leuchtenberg hieß einst Eugène Beauharnais – Stiefsohn Napoleon Bonapartes! Ein Herzog aus kleinem Hause, ein Emporkömmling und noch dazu ein Protegé des verhassten Bonaparte! Eine solche Verbindung würde der Vater doch wohl nicht dulden. Oder würde er sich tolerant verhalten? Sie ließ sich von den mit ihr in Zarskoje Selo zurück gebliebenen Betreuern ausführlich das Schicksal der Schwestern des Vaters erzählen. Tante Maria aus Weimar kannte sie persönlich, ebenso Tante Anna aus den Niederlanden. Alexandra Pawlowna hatte 1799 den Erzherzog Joseph von Österreich geheiratet, war aber 1801 gestorben. Nicht anders war es Jelena Pawlowna ergangen. Sie hatte 1799 Friedrich Ludwig Erbherzog von Mecklenburg-Schwerin geehelicht und war 1803 gestorben. Katharina Pawlowna schaffte es bis zur Königin von Württemberg, starb jedoch ebenfalls sehr früh, mit nur einunddreißig Jahren.

Olga betrachtete diese Schicksale eher nüchtern und sah in ihnen keine schlechte Bilanz für das Haus Romanow. Gewiss, Mecklenburg-Schwerin war klein, aber ehrenhaft und traditionsreich. Weimar, die Stadt Goethes und Schillers, Herders und Wielands, galt in Petersburg als kulturelles Kleinod Europas. Habsburg und die Niederlande waren per se aller Ehren wert. Württemberg galt dank Großmama Maria Fjodorowna als eine Art zweite Heimat. Olga begriff, Leuchtenberg fiel aus dem Rahmen! Ob sie selbst wohl später einmal der Last dieser Traditionen gewachsen sein würde? Für ein fünfzehnjähriges Mädchen waren das erstaunliche Fragen oder sogar Erkenntnisse.

Eine gewisse Unruhe ergriff sie. Im Moment wusste niemand zu sagen, wie Marys Hochzeitsidee enden würde, aber schon kursierte unter den Hofbediensteten das Gerücht, Olga würde als nächste Großfürstin im folgenden Jahr verheiratet werden. Das Mädchen wies das Gerede weit von sich. Sie wiegelte leichten Herzens ab. Olga fühlte sich bei ihren Eltern sehr wohl aufgehoben und sie hatte ja noch nicht einmal ihre schulische Grundausbildung vollendet.

In der Musik machte sie Fortschritte und ihr zeichnerisches Talent förderte der deutsche Maler Sauerweid aus Dresden. Selbstverständlich stand Olga sofort ein perfekt eingerichtetes Atelier zur Verfügung. Sie durfte Bilder aus der Eremitage kopieren und fand die Ergebnisse ihrer Malversuche recht beachtlich. Musik, Malerei und die um Mary kreisenden Gedanken schärften Olgas Blick auf die gesamte Ausbildung. Seit Jahren genoss sie mit ihren Geschwistern einen vorzüglichen Schulunterricht. Sie nahm die Sprachen, Geschichte oder Mathematik als notwendige Bildungselemente brav in sich auf. Jetzt erst differenzierte Olga ihr Urteil über den Lehrstoff und dessen Vermittlung. Ihr fiel auf, dass der Schweizer Lehrer Gilles die Geschichte vor allem vom Standpunkt Frankreichs und Englands aus betrachtete, während er die deutsche Geschichte, mit der das Haus Romanow viel enger verbunden war, nur insoweit behandelte, wie es ihm für das Verständnis der Vergangenheit Frankreichs und Englands notwendig erschien.

Olga lächelte ein wenig verlegen, wenn sie daran dachte, wie genau der Englischlehrer Warrand ihre Bequemlichkeit durchschaute. Wenn sie keine Lust zur Arbeit hatte und dafür die schlecht geschnittenen Schreibfedern verantwortlich machte, sagte der stets gutmütige und korrekte Mann der Großfürstin ins Gesicht: Schlechte Arbeiter haben immer etwas an ihrem Werkzeug auszusetzen!

Beim Deutschlehrer Oertel bediente Olga das in Russland gängige Klischee über „die Deutschen“: Sehr gründlich, sehr systematisch, sehr umständlich! Sie lernte die kompliziertesten Satzkonstruktionen („Das ist eine um die Mausefalle herumschleichende Katze“).[14] Bei dieser Art der Ausbildung wundert es nicht, dass Olga die deutsche Umgangssprache erst später in Württemberg richtig erlernte.

Großen Respekt besaß Olga vor dem Französischlehrer Cournaud.

Viele Lehrer und Erzieher bemühten sich erfolglos darum, dass sie ihre stille Zurückhaltung aufgab, sich öfter und lebhafter an Gesprächen beteiligte. Cournaud gelangen Anfangserfolge. Ihren Charakter veränderte er nicht. Sie würde wohl auch in Zukunft lieber still für sich lesen, gerne traurig sein, sich leiten und lenken lassen, sich unterordnen und die häusliche Geborgenheit bevorzugen. Aber das schloss eine geist- und sinnvolle Kommunikation nicht aus und vor allem – Olga erkannte an der Schwelle zwischen Kindheit und Erwachsensein ihre individuellen Stärken und Schwächen. Ob sie aus der Selbsterkenntnis Schlussfolgerungen für die eigene Lebensgestaltung ableiten würde, blieb abzuwarten. Es schien jedoch, dass sie im Einklang mit der Unterordnung unter die Autorität des Vaters den Maximen ihres Russischlehrers Pletnjow folgen würde, der, gebildet, geistvoll und eloquent auf die Zarenkinder einwirkte, im späteren Leben Russlands nationale Größe auf jedem Posten zu verteidigen und zu erweitern.

Die Vermutung, dass Pletnjows Unterricht neben der religiösen Unterweisung und dem väterlichen Vorbild entscheidende geistige Grundlagen für Olgas Weltsicht, für ihre politischen und gesellschaftlichen Grundhaltungen legte, ist nicht von der Hand zu weisen. Sie betonte selbst, dass Pletnjow ihr den Blick dafür geöffnet habe, dass in Russland jede liberale Reform, geschweige denn rebellischer Nihilismus, fehl am Platze ist. Der Weg in die individuelle Freiheit der Persönlichkeit führe in Russland über die zarische Selbstherrschaft. Diese Überzeugung zerstörte selbst der pedantische und überstrenge Lehrer für russische Geschichte, Timajew, durch seinen langweiligen Unterricht nicht. Im Alter von 15 bis 16 Jahren bildete Olga jene Ansichten und Überzeugungen aus, die sie ihr Leben lang vertreten sollte.

Politik, Geschichte, Religion – Olga liebte ebenso die Stunden, in denen sie sich mit mathematischen Aufgaben sowie physikalischen und chemischen Experimenten beschäftigen durfte. Sie interessierte sich für die Naturwissenschaften, merkte aber auch, dass sie damit sehr leicht die Aufmerksamkeit des Vaters errang. Der Kaiser suchte stets nach neuen Erkenntnissen, die er in der Industrie und in der Militärtechnik anwenden ließ.

Moskau – Unterricht in Autokratie

Olgas Überlegungen zur sittlichen und politischen Ordnung erhielten neue Nahrung, als sie Ende 1837 mit den Eltern nach Moskau fahren durfte. Sie sah die alte russische Hauptstadt bereits mit ganz anderen

Augen, bewusster und überzeugter als bei den Krönungsfeierlichkeiten von 1826. Hier hatte Iwan IV. Grosny ein modernes Staatsverständnis begründet, Peter der Große die alte Rus abgestreift, Michail Fjodorowitsch als erster Zar aus der Romanow-Dynastie die Krone empfangen. Der Kreml, die erhabenen Kirchen und Klöster oder das nach dem großen Brand von 1812 wiedererstandene Adelsnest Moskau atmeten noch immer den Geist und die Tradition des alten Russland. Neben Olgas schwärmerische Begeisterung für den Glockenturm „Iwan Weliki", die Maria-Himmelfahrt-Kathedrale oder das Neue-Jungfrauenkloster trat für sie die aktive Pflicht. Die Kaiserin nahm ihre Tochter zu den Visiten in Waisenhäusern, Bildungsinstituten oder allgemeinen Schulen mit und erläuterte die künftigen sozialen Aufgaben für die Großfürstin. Die junge Olga lebte in der Regel in den stillen, abgesonderten Privaträumen großer Paläste, umgeben von bekannten und vertrauten Menschen. In Moskau stürzte eine Flut von Eindrücken auf sie ein, die ausschließlich an das Gefühl für eine von Gott gewollte autokratische Ordnung appellierten. Olga, auf der Suche nach sich selbst, geriet unter psychischen Druck ohnegleichen und suchte nach einem moralischen Halt. Sie fand ihn abermals in der Person des Kaisers und dessen historischer Einmaligkeit. Olga verlieh ihm im Rausch des Augenblicks geradezu dämonische Züge: Nur ein Mensch mit gutem Gewissen darf es wagen, dem Blick des Vaters zu begegnen oder gar standzuhalten!

Es wäre untypisch für die ruhige und gelegentlich recht nüchterne fünfzehnjährige Olga gewesen, wenn sie sich vollständig in einen Trance-Zustand gesteigert hätte, der jeden sachlichen Blick auf die realen Abläufe verstellte. Ihr fiel auf, dass das Leben in Moskau wesentlich stärker als in Petersburg nach traditionellen und rituellen Regeln ablief. Olga entdeckte in jenen Tagen des Jahres 1837 sogar zum ersten Mal in ihrem Leben das große russische Thema: Moskau und St. Petersburg – Russland und Europa. Bislang hatte sie das Problem nur in der familiären Sphäre erkannt: Wie ging es der Tante Maria in Weimar? Wie sah die Heimat von Großmama in Württemberg aus? Bei den Besuchen in Kalisch und Teplitz hatte sie die preußischen Verwandten erlebt. Der Besuch in Moskau offenbarte ihrem noch der Kindheit verhafteten Denken zumindest in Ansätzen die innerrussischen Konflikte um das große Dilemma, ja Drama einer dauerhaften Gestaltung der Beziehungen zwischen West- und Osteuropa.

Olga beobachtete scharf: Der konservative Moskauer Adel blickte aus seinen nach dem Brand von 1812 mit kaiserlicher Hilfe wiedererrichteten Stadtpalästen voller Abscheu, Verachtung und Ironie auf die kaltherzigen Petersburger Bürokraten herab. Die alten Familien der Apraxin, Golizyn oder Tolstoi pflegten eine beschauliche Lebensart, förderten die russische Kunst und spotteten über Petersburg, diese Warze am gesunden Körper Russlands, wie Nikolai Gogol spöttisch schrieb. Der Moskauer Adel stand fest zur Autokratie. Er hatte sich tapfer, bisweilen verbissen, gegen die modernisierenden Reformen Peters des Großen gestemmt. Selbst Katharina II. betrat Moskau nur mit Zittern und Zagen. Alexander I. hatte Moskau während seiner liberalen Phantasien über Jahre hinweg gemieden. Erst als mit Napoleon der Feind bereits im Lande stand, wagte er sich aus Furcht vor dem eigenen Untergang wieder nach Moskau. Der Moskauer Adel und die Moskauer Kaufleute retteten Russland. Ein Kaiser wie Nikolaus I., der die konstitutionellen Schwärmer 1825 geschlagen hatte, durfte sich jederzeit in Moskau sehen lassen. Europa kam nur bis Petersburg – Moskau lag in Russland. Diese Überzeugung trugen Nikolaus und der Moskauer Adel fest in sich und Olga übernahm sie für ihr künftiges Leben.

Diese Weltsicht artikulierte das Mädchen natürlich nicht in theoretischen Reden, sondern in ihrem normalen alltäglichen Leben. Es erschien Olga selbstverständlich, dass der Vater seinen Kindern buchstäblich jeden Schritt, jede Geste, jedes Wort vorschrieb. Bei Bällen durfte Olga nur mit älteren Generälen oder Adjutanten tanzen, vor der mitreißenden Mazurka schickte man sie ins Bett. Die Konversation lief nach den vorgegebenen Themen ab, denen sogar die Generäle folgen konnten. Olga erhielt detaillierte Schilderungen über die Schlachten von Borodino 1812 oder Leipzig 1813.Wenn der Kaiser sprach, hatten ohnehin alle Anwesenden zu schweigen.

Da ging es in den geselligen Runden, bei denen die Kaiserin präsidierte, lustiger zu. Man plauderte ungezwungen, musizierte, las vor oder inszenierte kleine Theaterstücke. Es fiel Olga auf, dass neben ihrer Mutter vor allem die Tante Helene zu den besonders einfallsreichen Teilnehmern der Gesellschaft zählte. Olga zog geistigen Gewinn aus den Gesprächen und ließ sich anregen, Madame de Staëls Buch über Deutschland zu lesen. Zumindest aus diesem Buch lernte sie, dass die anhaltenden Vorurteile am Petersburger Hof über die deutschen Mittel- und Kleinstaaten und deren Provinzialität angesichts der kulturellen Leistungen, die von den kleineren Fürstentümern ausgingen, keinen rechten Grund besaßen.

Zunächst ging die Lektüre über das geistige und politische Deutschland zwangsläufig in dem Überangebot Moskauer historischer Traditionen unter. Olga und ihre Geschwister ließen tatsächlich keine Gelegenheit aus und besuchten alle Paläste, Museen, Galerien oder Klöster, die sie entdeckten. Dazu lasen sie Bücher über die russische Geschichte und glichen so – unter der sorgsamen Leitung des Vaters – den für den Moskauer Aufenthalt ausgesetzten Schulunterricht aus.

Auf den Einfluss der Eltern ging selbstverständlich Marys Idee zurück, in Moskau „Patriotische Schulen" zu gründen. Der Vorschlag besaß drei für das Wesen der zarischen Familienpolitik charakteristische Gesichtspunkte. 1817 hatte Maria Pawlowna aus eigenen Mitteln in Weimar mit dem „Patriotischen Institut der Frauenvereine" eine zentrale Wohltätigkeitsorganisation gegründet, die mit ihren umfassenden sozialpolitischen Aktivitäten der Stärkung des monarchischen Prinzips diente und den Traditionen russischer paternalistischer Wohltätigkeit entsprach. Mary wollte Maximilian von Leuchtenberg heiraten und ein Beispiel ihrer Fähigkeit erbringen, im Kaiserhaus Verantwortung zu übernehmen. Schließlich: Die Schwestern sollten die Mittel für die „Patriotischen Schulen" aus ihren eigenen Ersparnissen aufbringen.

Nikolaus I. hielt seine Kinder in finanzieller Hinsicht sehr kurz. Für alle mit Kosten verbundenen Lebenssituationen, einschließlich der täglichen Mahlzeiten, existierten sparsam bemessene Budgets. Sogar der Finanzrahmen für die Geschenke zu Weihnachten oder zu den Namenstagen war sehr knapp gehalten und durfte in keinem Fall gesprengt werden. Nikolaus I. wurde nicht etwa vom Geiz getrieben. Sein Credo, das ihn in seinem Arbeitszimmer auf einem Feldbett mit Strohschütte schlafen ließ, schloss die Familie ein: Die herrschende Dynastie hatte um seiner Berufung willen Askese zu üben! Nur für die Schönheit seiner Frau opferte der Monarch gelegentlich ein Stückchen seiner Prinzipien. Allerdings unterwarf sich nicht die gesamte große Familie Romanow der Sparsamkeit des Kaisers. Der Bruder Konstantin hatte es sich zu Lebzeiten in Warschau hübsch gemütlich gemacht und Großfürstin Helene zog sich lieber in ihren Salon oder nach Paris zurück, als im Winterpalais mit dem Kaiser dünnen Tee zu schlürfen oder welke Salzgürkchen zu schleckern.

Die Kinder des Zaren kannten es nicht anders. Angesparte Gelder dienten nicht dem eigenen Vergnügen, sondern mussten öffentlichkeitswirksam für wohltätige Zwecke ausgegeben werden. Marys Vorschlag folgte keinem spontanen humanistischen Reflex, sondern wohl bedachtem Kalkül. Es mangelte Moskau vor allem an Elementarschulen für Mädchen. Dem Spendenaufruf der Zarentöchter folgten alsbald die zur Autokratie stehenden Moskauer Kaufleute und Adligen. Binnen Jahresfrist arbeiteten in der Stadt zwölf „Patriotische Schulen", deren Zöglinge bereitwillig das Hohelied auf die gütigen Zarenkinder sangen.

Die schönen und moralisch prägenden Wochen in Moskau gingen zu Ende. Olga wusste sich in die großen Traditionen der Zarenfamilie eingeschlossen. Sie spürte die Überzeugung, dass das Leben, an dessen Schwelle sie stand, von ihr niemals etwas anderes fordern würde, als den Dienst am Volke in der Art und Weise, wie ihn der eigene Vater verstand und lebte. Trotz dieser erhabenen Gedanken war und blieb sie noch ein Kind in der Obhut ihrer Eltern.

Rückkehr in die Kindheit

Anfang Dezember 1837 reiste die Familie bei 20 Grad Kälte nach Petersburg zurück. Die Residenzstadt empfing den Kaiser mit einem ungewollten Feuerwerk. Eine Woche nach der Ankunft, am späten Abend des 17. Dezember, die Kinder gingen gerade zu Bett, stürzte der Kaiser mit gezogenem Degen, als würde er von Attentätern verfolgt, in ihr Zimmer. Die Geschwister mussten sich sofort anziehen, man würde sie in das Anitschkow-Palais bringen. Ein Kammerlakai schrie aufgeregt: „Es brennt, es brennt." Die Mädchen rannten neugierig zu den Fenstern und rissen die Vorhänge zur Seite. Tatsächlich loderten aus den Fenstern des großen Festsaals helle Flammen.

Man stopfte Olga, die in aller Eile noch einen bunt bemalten Porzellanhund aus ihrem Arbeitszimmer rettete, mit den kleinen Brüdern Michail und Nikolaus in einen Wagen und brachte sie über den Newski-Prospekt zum Anitschkow-Palais. Mama saß derweilen im Theater. Sie erfuhr erst nach der Vorstellung von dem Unglück. Sie fuhr nachts um zwei Uhr zu ihren Kindern und fand die noch immer in heller Aufregung vor. Kaiser Nikolaus leistete mit der Feuerwehr und den Soldaten des Preobrashenski-Garderegiments alles nur Mögliche, um die Gebäude, deren Kunstschätze und Einrichtungen zu retten. Generäle kommandierten die Hilfsgruppen. Ein Großteil der unersetzlichen Bilder, Möbel, Skulpturen und Teppiche wurde herausgetragen. Das Palastgebäude selbst ging in Flammen auf.

Derweil saß Olga mit den Geschwistern im Anitschkow-Palais und freute sich insgeheim. Weit entfernt, den Schaden überhaupt ermessen zu können, hielt sie allein die Rückkehr in jene Umgebung für wichtig, die sie mit dem Gefühl einer glücklichen Kindheit verband. Die Eltern berücksichtigten, dass Olly und Mary eigentlich schon fast erwachsen waren. Die Mädchen erhielten separate Zimmer, die sie sich nach ihrem

Geschmack mit eigenen Möbeln, aber dennoch spartanisch, einrichten durften. Olga bekam einen Raum, von dessen Fenstern aus sie unbemerkt dem großstädtischen Treiben auf dem Newski-Prospekt zusehen konnte. Im Zimmer stand u. a. ein Schreibtisch, ein kleines Liegesofa (das Olga später mit nach Württemberg brachte), ein Raumteiler, eine Stehlampe mit rosa Schirm und selbstverständlich ein Betpult mit einem großen Heiligenbild darüber.

Ebenso selbstverständlich erschien es ihr, dass der Vater im Anitschkow-Palais neue finanzielle Pflichtsätze für die Essensrationen anordnete. Außergewöhnliche Umstände erforderten besondere Maßnahmen! Jedem Kind wurden 25 Silberrubel für die Mahlzeiten zugebilligt: „ein Gang für das Frühstück, vier Gänge für das Diner um drei Uhr und zwei für das Nachtmahl um acht Uhr. Am Sonntag ein Gang mehr, aber weder Bonbons noch Eis."[15] Selbst die Beleuchtung der Zimmer hielt sich in Grenzen: zwei Lampen und jeweils sechs Kerzen – zwei Kerzen mussten davon noch für die Erzieherin abgezweigt werden.

Entgegen dieser drakonischen Sparsamkeit durften die Mädchen auf ausreichendes Dienstpersonal rechnen, das dem öffentlichen Ansehen von Zarentöchtern Rechnung trug: Kammerdiener, Lakaien, Heizer, Meldereiter, Kutscher und natürlich ein Hofmeister, ganz abgesehen von den Gouvernanten, Lehrern und Erzieherinnen, standen zur ständigen Verfügung. Bei allen diesen Pädagogen, dienstbaren Geistern und Höflingen legte der Kaiser persönlich das Salär fest – stets verbunden mit dem Prinzip Hoffnung: Wenn du deine Aufgaben brav erfüllst, kann es sein, dass du später einmal den gleichen Geld-Betrag als Rente erhältst!

Besonders karg bemessen blieben die Mittel für Kleidung und Wäsche. Wenn die Mutter oder Tanten den Mädchen nicht hin und wieder ein paar aufwändigere Kleidungsstücke geschenkt hätten, wären sie alle Tage in einfachen Musselinekleidern umhergelaufen. Am Essen konnte Olga ganz gut sparen. Aber schön sein wollte sie wie jedes junge Mädchen ihres Alters.

Ganz anders verhielt sich der Kaiser, wenn er Gelder für Spenden und Almosen zuwies. Olga erhielt jährlich 5000 Silberrubel, die sie bei den verschiedensten Gelegenheiten an bedürftige Menschen oder Institutionen verteilen durfte. Die Verantwortung für alle Fragen der öffentlichen Wohltätigkeit lag seit den Zeiten Pauls I. in den Händen der Kaiserin. Die Töchter nahmen an der Wahrnehmung der damit verbundenen Pflichten teil. Schritt für Schritt übertrug ihnen die Kaiserin eigene Projekte – die Moskauer „Patriotischen Schulen" lieferten dafür ein anschauliches Beispiel.

Die strenge Rationierung aller Ausgaben für den persönlichen Bedarf bedeutete nicht, dass die Zarentöchter zu den Armen des Reichs zählten. Nach den Festlegungen im Hausgesetz erhielten sie von der Geburt an Jahr für Jahr hohe fünfstellige Zuwendungen, die, gut verzinst, auf ein Sparkonto gelegt und im Falle der Verheiratung als persönlicher Besitz in die Mitgift einbezogen wurden. Nikolaus I. überprüfte einmal im Jahr höchstpersönlich alle Besitzstände und Geldbewegungen jedes seiner Kinder. Er kontrollierte die regelkonforme Umsetzung seiner eigenen Anweisungen.

Olga betonte immer wieder, dass die schlichte Einrichtung ihres Zimmers und der von Sparsamkeit geprägte Alltag nahtlos mit der Lebensweise und dem häuslichen Umfeld ihres Vaters korrespondierten. Diese Sicht entsprach ihrer Grundüberzeugung von der Vorbildrolle des Kaisers, bedeutete jedoch nicht, dass es im Anitschkow-Palais keine prächtig eingerichteten Zimmer gegeben hätte: „Das Schlafzimmer war mit Utrechter Samt in himmelblauer Farbe ausgeschlagen, die Möbel im Empirestil und vergoldet. Das Toilettezimmer weiß ohne Teppich, mit Stuckatur an Wänden und Decke. Ein riesiger Spiegel auf Sockeln von Lapislazuli nahm eine ganze Wand ein. Er stammte noch aus der Zeit der Kaiserin Katharina. Vor dem Kamin der Toilettetisch. Ein breites Sofa stand über der in den Fußboden versenkten Badewanne, sonst [gab es] nur einige Mahagonischränke und an den Wänden Ölgemälde, Mitglieder der preußischen Familie darstellend. Das Kabinett war grün tapeziert, die Decke stellte einen gestirnten Himmel mit zwölf Frauengestalten dar, Symbole für die zwölf Monate des Jahres. Ein doppelter Schreibtisch, mit dem Spitznamen ‚zweischläfrig', ein Fauteuil, am Kamin ein zweiter Fauteuil für Papa und ein Paravent, bemalt mit Szenen aus der Ilias. … Ein riesiger Ofen, fast wie ein Sarkophag geformt, erhob sich mehrmals aufgetürmt und ganz bedeckt mit Vasen aus Alabaster, Lampen und Statuetten. … Dann noch ein Klavier, Etageren, voll mit bemalten Tassen (…), mit kleinen antiken Vasen, etruskischen Gegenständen und anderem. Schöne alte und moderne Bilder hingen an den Wänden …“[16]

Olga bewunderte die Pracht der Zimmer – die Welt ihrer Kindheit – und sie ließ keinen Zweifel aufkommen, dass sie sich gerne in diesen Räumen aufhielt, jedoch keineswegs aus Neid, weil sie so bescheiden möblierte Räume bewohnte. Dort war sie den Eltern nahe. Deren Räume verkörperten die Größe der autokratischen Tradition, von deren Moskauer Wurzeln sie gerade zurückgekehrt war. Das Anitschkow-Palais hielt für einen Augenblick die Kindheit fest und stieß gleichzeitig eine neue Tür auf: Olga durfte im Winter 1837/38 zum ersten Mal offiziell an der Ballsaison mit ihren unzähligen Tanzveranstaltungen teilnehmen.

Das Mädchen erging sich nicht in abgehobenen oder euphorischen Ausbrüchen über das Glück, in der Familie des Zaren, in Russland und in den Petersburger Palästen leben zu dürfen. Sie neigte von Kindesbeinen an nicht zur Extrovertiertheit. Bei Olga endeten die Gedanken und Gefühle über ihr eigenes Sein immer wieder beim Vater. Nikolaus I. hat seine Kinder geliebt. Vielleicht hat er nicht einmal gewusst, in welch starkem Maße Olga seine Handlungen zum Maß ihres eigenen Verhaltens wählte, weit stärker, als alle ihre Geschwister. In der Familie bestimmte der Kaiser jeden Schritt. Bei den Bällen oder Empfängen der laufenden Saison blickte Olga nur darauf, wie er sich bewegte, welche Tänze er wahrnahm und mit welchen Damen er tanzte. Dem Vater verzieh Olga alles. Seine Geliebte Warwara Nelidowa erschien ihr als die beste Freundin der ganzen Familie und voller Hingabe schwärmte sie sogar: „Es war so schön an Papas Wesen, dass er die Menschen immer nach sich selbst einschätzte! Seiner selbst sicher, setzte er Vertrauen in die anderen, ohne Egoismus, ohne Pharisäertum, und so zog er seine Mitwelt unwillkürlich zu sich empor."[17] Der Kaiser hatte zumindest die Tochter Olga vollständig in seinen Bann gezogen und ohne böse Absicht zu einer unkritischen Bewunderin seiner Erhabenheit degradiert. Von seinen politischen Leistungen besaß Olga nur höchst marginale Kenntnisse. Mit der Abhängigkeit vom Vater ging selbstverständlich das bereits unverrückbare Selbstbewusstsein einher, einer auserwählten Elite anzugehören.

Dieses Bewusstsein besaßen auch Olgas Tanten Maria in Weimar und Katharina in Stuttgart. Der Unterschied lag darin, dass diese beiden das Wissen um den Sturz des ermordeten Vaters Paul I. mit sich trugen, in den Kriegen gegen Napoleon reiften und in jungen Jahren selbst politische Verantwortung übernehmen mussten. Sie verstanden früh, dass sie im Ausland die Interessen Russlands und der Romanow-Dynastie vertraten. Olga ahnte noch nicht einmal, was auf sie einstürmen könnte, falls sie eines Tages einen Prinzen aus einem der zahlreichen deutschen Fürstentümer heiraten müsste. Sie schloss lieber mit der jungen Prinzessin Maria Barjatinski Freundschaft. Das gleichaltrige Mädchen entsprach Olgas Wesen: sehr religiös, voller Träume und Ideale, verschwiegen, in sich gekehrt und mit wenig Verständnis für die reale Welt, aber voller aristokratischer Würde. Man glich sich äußerlich und demonstrierte das – gar nicht feinsinnig, sondern eher kindlich – durch bewusst arrangierte parallele modische Accessoires. Noch nach Jahrzehnten schwelgte Olga in den Erinnerungen: „Ich, die ich mich nicht für die große Welt geschaffen fühlte, fand in Maria das Echo, die Ergänzung, die ich immer ersehnt hatte. Gut war die Zeit dieser vierjährigen Freundschaft."[18] Maria starb 1842 unter einem qualvollen Fieber. Sie blieb ein anhaltender Mythos, ihr früher Tod nährte in späteren Jahren den eigenen Kummer Olgas.

Die intimsten Lesestündchen mit Maria Barjatinski änderten nichts daran, dass Olgas Leben voranschritt und bestimmte Sorgen auf sie eindrangen. Die ganze Familie beobachtete mit wachsender Aufregung die gesundheitliche Anfälligkeit der Kaiserin Alexandra Fjodorowna. Atmungsorgane und Magen der Kaiserin schienen angegriffen, die deutschen Leibärzte Marcus und Rauch standen vor einem Rätsel. Wohl oder übel bezogen sie den als ebenso tüchtig wie eigensinnig beleumdeten Leibarzt der Großfürstin Helene, Martin Wilhelm Mandt, in die Ausarbeitung der Diagnosen über Alexandras Gesundheitszustand ein.

Kein Familienmitglied sah voraus, dass mit Mandt eine Persönlichkeit in ihren Kreis trat, die nicht nur die Leiden der Kaiserin erfolgreich behandelte. Mandt beeinflusste den Weg Olgas in die Ehe mit dem Kronprinzen Karl von Württemberg. Er löste in der Familie Romanow heftige Kontroversen unter Eltern und Kindern aus. Mandt hinterließ der Welt obendrein ein drastisches Sittengemälde über die inneren Zustände am Petersburger Hof, das seinesgleichen sucht. Gewiss, Mandts Aussagen über das Leben in der Familie Romanow sind subjektiv gefärbt. Aber allein die Tatsache, dass seine Handlungen bei Olga Abscheu auslösten – obwohl er doch die so sehr geliebte Mama von ihren Leiden kurierte – charakterisiert die Realitätsnähe seines Blicks.[19]

Zeit der Unruhe

Mandt musste über Jahre hinweg darum kämpfen, die Kaiserin so behandeln zu dürfen, wie es seinem ärztlichen Wissen und Ethos entsprach. Der Widerstand gegen seine Heilmethoden beruhte bei den Fachkollegen auf medizinischen Argumenten – und auf deren Furcht, beim Kaiser in Ungnade zu fallen und damit erwerbslos zu werden. Olga steigerte sich in ein weit schwieriger zu meisterndes Problem. Der Vater unterwarf sich den Weisungen eines fremden deutschen Arztes: „Er, sonst so kraftvoll und bestimmt, begegnete hier vielleicht einem noch stärkeren Willen, als es der seine war, und er wurde unsicher, ängstlich, ja schüchtern. Mandt malte ihm Mamas Zukunft in schwärzesten Farben vor. Seine Methode war, Angst einzuflößen, um sich dann unentbehrlich zu machen."[20] Olga unterstellte Mandt eine Motivation, die sie aus ihrem Umfeld kannte. Niemand wagte es, die Autorität des Zaren derart brüsk in Frage zu stellen! Dieser Arzt verstieß gegen Olgas Weltbild, er bedeutete Gefahr, denn der Kaiser ordnete sich einem Menschen unter, der ihm lediglich zu dienen hatte. Nicht nur Olga dachte in diesen Bahnen. Ihre Schwester Mary, die Mandt dank seiner Heilmethoden nur Gutes zu verdanken hatte, verfolgte den Arzt in ihrer Impulsivität mit offenem Hass und zettelte Intrigen gegen ihn an.

Dabei verordnete der Arzt nur Mittel, die bereits vom gesunden Menschenverstand aus gesehen ganz vernünftig erschienen: kein Kaffee, keine scharfen Suppen, dafür Kartoffelbrei, viel Obst und Gemüse oder Milchprodukte und mageres Roastbeef. Der entscheidende Streitpunkt lag in Mandts apodiktischer Forderung, die Kaiserin müsste sich einer mehrmonatigen Kur in Salzbrunn oder Kreuth unterziehen. Auf den Widerspruch des Kaisers entgegnete Mandt unbeeindruckt: „Sie, Majestät, gehen inzwischen nach Teplitz und heilen Ihr Schlüsselbein, während wir die Kaiserin pflegen, und das wird von Mai bis September sein."[21]

Abermals folgte der Kaiser brav dem ärztlichen Rat und ging tatsächlich nach Teplitz, allerdings nicht, um das Schlüsselbein zu heilen. Olgas Empörung über die Fügsamkeit des Vaters hätte sich in Grenzen gehalten, wenn sie gewusst hätte, dass dringende politische Geschäfte den Kaiser von Russland nach Böhmen riefen. Seit Jahren schwelte im Orient eine politische Krise und drohte, die europäischen Großmächte in einen offenen Konflikt zu ziehen. Der osmanische Statthalter in Ägypten, Mehmed Ali, beanspruchte Syrien gegen den Willen seines Herrn, Sultan Mahmud II., für sich und erstrebte die Unabhängigkeit vom Osmanischen Reich. Der Sultan rüstete die Streitkräfte mit preußischer Hilfe auf – wobei sich der damals junge Offizier Helmuth Graf von Moltke, der spätere Generalfeldmarschall, als besonders tüchtig auszeichnete. Nikolaus I. interessierte sich für die inneren Streitigkeiten im Osmanischen Reich nicht besonders intensiv. Aber die Freiheit der Seefahrt auf dem Schwarzen Meer und in den Meerengen zum Mittelmeer hütete er wie seinen Augapfel. Im Sommer 1838 drohte Mehmed Ali zum ersten Mal mit seiner Unabhängigkeit. Sofort versetzte Nikolaus die Schwarzmeerflotte sowie drei Armeekorps in Sewastopol und Cherson in Alarmbereitschaft. Sie konnten jederzeit gegen den Bosporus ausrücken.

Nikolaus eilte nach Teplitz. Da die preußischen Verwandten das Osmanische Reich unterstützten, wollte er sich mit dem österreichischen Kanzler Metternich verständigen. Wie im Europa der Großen Kabinettspolitik üblich, schien der Fall politisch sehr verworren und diplomatisch nur schwer lösbar: Preußen unterstützte den Sultan in Konstantinopel. Frankreich orientierte sich auf Mehmed Ali. Russland wollte sich der österreichischen Unterstützung bei einem möglichen bewaffneten Schutz der Meerengen versichern. Metternich erstrebte, die bereits existierende gemeinsame russisch-österreichische Bestandsgarantie für das Osmanische Reich in ein gesamteuropäisches Abkommen umzuwandeln. Frankreich und England sollten dem entsprechenden Vertrag von Münchengrätz beitreten.

Seit 1833 trafen sich die Herrscher und leitenden Politiker Russlands, Preußens und Österreich in mehr oder weniger regelmäßigen Abständen. Das Treffen zwischen Nikolaus und Metternich im Juli 1838 erweckte daher in der Öffentlichkeit keine besondere Aufmerksamkeit, obwohl es einer unmittelbar drohenden gefährlichen Krise entgegenwirken sollte. Russlands Kaiser und Österreichs Kanzler einigten sich in Teplitz, England und Frankreich in eine gemeinsame Politik zur Lösung der Orientkrise einzubeziehen. Russland blieb jedoch gegenüber den Westmächten misstrauisch und wollte auf keinen Fall zulassen, dass England und Frankreich bei dieser Gelegenheit die von Russland auf dem Balkan und in den Meerengen erreichten strategischen Positionen in Frage stellten.

Im Sommer 1838 veränderte sich das militärische und diplomatische Wechselspiel immer schneller – um den Bestand des Osmanischen Reichs, um die Unabhängigkeit Ägyptens, um das Kräfteverhältnis zwischen den Großmächten auf dem europäischen Kontinent: Russland, Österreich, Frankreich, England und Preußen – jede Regierung wollte das eigene Gewicht verstärken, an Einfluss gewinnen, Beute machen und die Konkurrenten aus dem Felde schlagen. Nikolaus I. und Außenminister Nesselrode wollten Preußen sofort über die Gespräche und Abkommen von Teplitz informieren. Das sollte möglichst unverfänglich im Rahmen eines Familientreffens erfolgen. Für Olga, die mit den politischen Hintergründen der Orientalischen Krise nicht vertraut war, kam im August aus Berlin der Befehl ihres Vaters, sich sofort nach Deutschland, nach Berlin und Potsdam, in Marsch zu setzen.

Die Weisung kam für Mary und Olly sehr überraschend. Man hatte ihnen gesagt, es wäre nicht gut, wenn sie als junge Damen im heiratsfähigen Alter zu wahllos in der Öffentlichkeit erschienen. Das sähe marktschreierisch aus und stünde Zarentöchtern nicht an. Olga gefiel es ganz und gar nicht, dass die Familie immer wieder auseinandergerissen wurde: Der Vater pendelte mitunter sehr spontan zwischen zahlreichen europäischen Städten, die Mutter weilte zur Kur, der Thronfolger absolvierte eine Bildungsreise durch Europa und die kleine Adini, die man bei den Großeltern in Berlin abgegeben hatte, schrieb plappernde, drollige Brieflein an die traurig in Peterhof sitzende Schwester. Mary ging allerlei lautstarken Vergnügungen nach und fand in der gemeinsamen Unterhaltung ständig neue Freunde. Olga spielte am liebsten Klavier oder las Bücher mancherlei Art.

Mary und Olga mussten sich am 30. August 1838 in Potsdam einfinden. Der Grund: König Friedrich Wilhelm III. von Preußen wünschte seine Enkelinnen zu sehen! Ein Sturm auf der Ostsee und ein Mastbruch hielten die „Herkules" auf, aber die verspätete Ankunft in Potsdam wurde verziehen, man war froh, die Kinder heil bei sich zu haben. Zur Belohnung für ihr tapferes Verhalten durften sie mit der Mama in dem Zimmer schlafen, in dem Friedrich der Große 1786 gestorben war. Ein denkwürdiges Erlebnis: Sogar Friedrichs Wanduhr hing noch an alter Stelle und zeigte die Todesstunde des großen Monarchen, der auch als Meister der Eheanbahnungen zwischen deutschen Höfen und den Romanows in die Geschichte eingegangen ist. Das war keine Legende: Solange er regierte, gab es keine dynastische Verbindung zwischen Deutschland und Russland, in die Friedrich II. nicht arrangierend eingegriffen hätte.

Für Olga vergingen die Tage und Nächte von Berlin und Potsdam in lustiger Geselligkeit. Man pendelte ständig zwischen den Schlössern Charlottenburg und Sanssouci. Alle Damen, von der russischen Kaiserin bis zur kleinen Adini, lebten ausgelassen in den Tag hinein. Ein harmloses und traditionelles Familientreffen! Über die heraufziehende Orientalische Krise sprachen die Herren mit den Kindern nicht. Es schien, als sollten die Mädchen ihren Spaß haben, es schien, als wollten die Damen Möglichkeiten ausloten, wie man in dieser bedrohlichen Zeit die deutsch-russischen Reihen durch dynastische Ehen fester schließen konnte. Selbst die zurückhaltende Olga durchschaute dieses Spiel spätestens, als sie bei einem Tanznachmittag im Schloss Charlottenburg an den Kronprinzen Maximilian von Bayern geriet.

Preußens Kronprinzessin Elisabeth, eine Wittelsbacher Prinzessin, hatte ihren Neffen Max, den späteren bayrischen König Maximilian II. Joseph, bewusst eingeladen. Sie wollte dessen Vermählung mit einer russischen Großfürstin. Ob mit Mary oder Olga, das blieb abzuwarten. Max, der bereits im 27. Lebensjahr stand, folgte dem Willen der Tante und visierte Olga gehorsam als Heiratskandidatin an. Wenn er doch nur eine ganz kleine Ahnung vom Wesen, vom Charakter, den Wünschen und Absichten der Angebeteten gehabt hätte! Max schmachtete Olga an, er hätte in dem bayrischen Schloss Hohenschwangau das Bild einer Schlossfrau gesehen und deren Portrait sähe Olga ja so verdammt ähnlich! Max erzählte in seinem erheiternden bayrischen Französisch von der Wunderwelt der Berge, von den Gämsen und Murmeltieren, davon, dass sein Vater ihn nicht verstünde oder dass er gerne eine Familie gründen wollte. Olga fragte sich verwirrt, was der Herr eigentlich wollte. Sie, eine Großfürstin des Kaisers aller Reussen, interessierte sich doch nicht dafür, ob ein kleiner bayrischer Prinz in den heimatlichen Alpen Gamsböcke jagte! Sie besaß eine Familie, die sie nicht verlassen wollte. Warum sprach er nur über sich selbst und seine eigenen Wünsche? Max erkannte nicht, dass er bei Olga von einem Fettnapf in den anderen trat. Jede Anspielung auf eine mögliche Verbindung erschreckte Olga und stärkte ihre Abwehrhaltung. Niemals würde sie diesen Bayern heiraten! Ihre Mutter lachte nur. Ihre kleine Olga, die so sehr an den Eltern hing! Zunächst sollte erst einmal Mary unter die Haube kommen und da stand ein konkreter Kandidat vor der Tür: Maximilian von Leuchtenberg, der Mary bei den Manövern in Gatschina so ausnehmend gut gefallen hatte. Es schadete jedoch nicht, dass Olga auch schon einmal erfahren hatte, wie es sein kann, von einem deutschen Prinzen umworben zu werden. Es war ein ‚Testlauf', der negativ abgebrochen werden musste und dennoch Erfahrungen für die Zukunft vermittelte.

Während Alexandras Badeaufenthalt in Kreuth hatte Maximilian von Leuchtenbergs Mutter, Prinzessin Auguste von Bayern, Schwester des Königs Ludwig I. von Bayern, beharrlich für eine Verbindung ihres Sohnes mit dem russischen Kaiserhaus geworben. Nikolaus I. und Alexandra standen Marys Wunsch im Grunde positiv gegenüber. Die Herkunft des jungen Herzogs erlaubte jedoch trotz der Begeisterung Marys keine einsame Entscheidung. Maximilians Verbindung zur Familie Bonapartes würde zahlreiche Kritiker auf den Plan rufen. Die Angelegenheit musste in Petersburg im Familienkreis beraten werden.

Bevor die Romanows nach Hause zurückkehrten, unternahmen sie noch einen Familienausflug an den lieblichen Bodensee, nach Friedrichshafen, zur Sommerresidenz des Königs von Württemberg. Olga besuchte die Heimat ihrer verehrten Großmutter Maria Fjodorowna, das Land, in dem die Tante Katharina Pawlowna so tragisch gestorben war, zum ersten Mal. Sie kannte eine ganze Reihe von Württembergern, die in Russland lebten oder gar in russischen Diensten standen – nicht zuletzt die Tante Helene.

Ob es an Olgas Heimweh nach Petersburg lag oder ob sie einfach von der langen Reise ermüdet glaubte, dass ihr Vater wenig Gefallen an der Visite fand – der Besuch weckte keine so fröhlichen Gefühle in ihr wie die sonnigen Tage in Berlin. Württembergs Königin Pauline und deren drei Töchter gaben sich zwar freundlich und heiter. Und den Kronprinzen Karl erlebte Olga als einen Jungen von angenehmem Äußeren, mit interessantem aber traurigem Gesicht. Aber sie erfuhr auch, dass der junge Karl von seinem launischen Vater Wilhelm I. schlecht behandelt wurde. Die Konversation verlief stockend und gelangweilt. Olga kannte aus ihrer Heimat und aus Berlin vorzugsweise lustige und unterhaltsame Familientreffen. Sie atmete deshalb erleichtert auf, als sie endlich die Heimreise antreten durfte. Aber die Erinnerung an Friedrichshafen festigte ein Vorurteil: Bei den Württembergern Verwandten ging es steif und unpersönlich zu.

Zukunftsträume

In der Familie Romanow setzte sich Mary mit ihrem Wunsch, Maximilian von Leuchtenberg zu heiraten, gegen alle Widerstände durch. Mary galt als Mädchen, mit dem „nicht gut Kirschen essen" war. Sie errang sogar einen Doppelsieg. Sie hatte als heranwachsendes Mädchen immer wieder betont, dass sie nur einen Mann ehelichen würde, den sie wirklich lieben könnte und – sie würde Russland niemals verlassen, nur, um eine dynastische Ehe mit irgendeinem Duodezfürsten einzugehen, die eventuell Vorteile bringen könnte. Wenn man bei der Verbindung Mary–Max dennoch nach einem politischen Sinn suchen will, dann lag dieser durchaus nicht fern: Die in den 30er-Jahren namentlich in der französischen Öffentlichkeit anhaltende Russophobie konnte durch einen Zusammenschluss der Romanows mit dem Sohn Eugène Beauharnais vielleicht ein wenig gedämpft werden. In der 1839 akuten Orientalischen Krise besaß die russische Politik ein vitales Interesse an zumindest sachlichen Beziehungen zu Frankreich, damit die eigenen Interessen im Mittelmeer keinen Schaden nahmen. Denn Frankreich unterstützte im Gegensatz zu Russland eine Sezession Ägyptens vom Osmanischen Reich.

Dieser Hintergrund interessierte allerdings weder Olga noch Mary, als die kaiserliche Familie am 6. Dezember 1838 – dem Namenstag Nikolaus' I. – die Verlobung Marys und Max' feierte. Die Braut trug ein weißes, mit Silber besticktes Tüllkleid, mit Rosenblättern bestreut, das ihre Mutter selbst entworfen hatte. Olga unterstützte die Entscheidung Marys und brachte dem Herzog von Leuchtenberg große Sympathie entgegen.

Olga, die so sehr an ihrer Familie hing und keinerlei Ambitionen zeigte, sich aus diesem Nest werfen zu lassen, sah, mit welchem Misstrauen, mit welcher Häme und Verachtung Max am Petersburger Hof behandelt wurde. Ihm ging es nicht anders als 1809 dem Prinzen von Oldenburg. Man überhäufte den jungen Prinzen mit gering dotierten „Ehren"-Ämtern, ließ ihn deutlich seine Armut spüren. Die ganze Arroganz des Petersburger Hofs erfuhren nicht nur die nach Russland verheirateten Prinzen, sondern auch Ehemänner russischer Großfürstinnen, die in das Ausland verheiratet worden waren. Weimars Großherzog Carl Friedrich, der Ehemann Maria Pawlownas, trug in Petersburg zeit seines Lebens den Spitznamen „Kiki" oder „Kikeriki" – ein Hanswurst, über den man sich ungestraft lustig machen durfte.

Olga umschrieb im Falle Maximilians von Leuchtenberg die demütigenden Schwierigkeiten, die er hatte, sehr vornehm als „strengere Lebensform in Petersburg"[22] und vermied es, auf negative Details einzugehen. Max erscheint in den Reflexionen Olgas als der ideale Ehemann schlechthin: liebenswert, wissbegierig, kinderlieb, gesellschaftlicher Mittelpunkt, umgänglich, schwärmerischer Liebhaber, entschlossener Mann … Kein Lob schien Olga groß genug. Sie las gerade den Bestseller „Therese oder die kleine barmherzige Schwester", die rührende Geschichte, in der ein Mädchen für das Glück ihrer Freundin das Schafott besteigt. Die siebzehnjährige Olga schwankte unter Tränen zwischen romantischer Opferbereitschaft und ewiger Liebe – ganz wie in den Romanen, die man generell so gerne in den Hofzirkeln der Damen las, falls die Kaiserin nicht gerade Gedichte von Friedrich Schiller rezitieren ließ.

Es tat Olga ganz gut, dass sie in dieser Zeit einen neuen Kammerherrn erhielt, der sie auf realere Gedanken brachte. Graf Bobrinski gehörte, bevor der Kaiser ihn zum Kammerherrn ernannte, zu den Initiatoren der ersten russischen Eisenbahn, die Petersburg mit Zarskoje Selo verband. Auch diese Neuerung traf innerhalb und außerhalb der Zarenfamilie zunächst auf erheblichen Widerstand. Kaiser Nikolaus I. gehörte nicht zu den Menschen, die den industriellen Fortschritt behinderten und sah den Eisenbahnbau als etwas Positives für die Reichsentwicklung an. Olga fand die qualmenden und ratternden Begleiterscheinungen des Schienentransports zunächst eher komisch. Die Zukunft der Dampfrösser beschäftigte sie weit weniger als das familiäre Umfeld.

Der Thronfolger Alexander, inzwischen 21 Jahre, fiel aus dem Kreis der Kinder heraus. Mary liebte nur noch Max von Leuchtenberg. Olga lehnte sich gerne an die Eltern oder anderen Geschwister an und suchte stärkeren Kontakt zur nächstjüngeren Schwester Adini. Das Mädchen zeichnete sich durch Charme, Grazie, Phantasie und musikalisches Talent aus. Man nannte sie den Kobold am Hofe, bis eine starke Erkältung und anhaltende gesundheitliche Schwäche sie zu größerem Ernst veranlassten. Olga und Adini verstanden sich sehr gut und sprachen viel miteinander. Angesichts der bevorstehenden Hochzeit Marys bildete natürlich die eigene Zukunft den Hauptinhalt ihrer Gespräche. Sie drückten aus, was wohl viele Mädchen ihres Alters und Standes sagten: Selbstverständlich werden wir heiraten. Über den künftigen Mann wissen wir nur, er muss von makelloser Gestalt, ein Vorbild in allen Lebenslagen und eine wahre Führungsnatur sein – eben ein Märchenprinz! Wenn Nikolaus I. diese Resultate seiner Erziehung gehört hat, durfte er sich nur freuen.

Der Vater würde die Zukunft schon richten, Olgas Vertrauen in seine Autorität blieb unerschütterlich. Doch konkrete Wege und Einsichten in die Welt jenseits von Kinderzimmer und Palast, in die Sphäre unbekannter geistiger Horizonte eröffnete nicht der Vater, sondern wieder einmal die intelligente Tante Helene. Olga überwand 1839 ihre kindlichen Vorbehalte und folgte Helenes Einladung in das Michail-Palais, in den unter der Jugend nachgerade gerühmten Salon der großfürstlichen Tante. Olga muss sich in eine fremde Welt versetzt gefühlt haben, verwirrend und aufregend. In der russischen Hauptstadt, in der Nikolaus' militaristischer Drill das offizielle Leben durchdrang, fand das in politischen und sozialen Fragen lediglich durch den offiziellen Besuch in wohltätigen Einrichtungen geübte Mädchen plötzlich eine lärmende Gruppe junger Adliger – Beamte und Offiziere –, Studenten, Literaten oder Künstler, die unter der toleranten Stabführung eines Mitglieds der kaiserlichen Familie das Herrschaftssystem Russlands radikal in Frage stellten. Der Schlag traf Olga vollkommen unvorbereitet. Sie hatte immer fleißig den vorgeschriebenen Schulstoff gelernt, aber Begriffe wie „Westler" oder „Slawophile" niemals kennen gelernt. Sie kannte wohl den Domänenminister Graf Kiseljow und wusste vielleicht sogar um dessen Kontakte zu Helene. Aber dass dessen Neffe Nikolaus Miljutin in Helenes Gesprächskreis unverblümt Reformen für das russische Verwaltungssystem forderte, überstieg ihr Verständnis- und Erkenntnisvermögen. Dabei stand Helenes Salon damals erst am Beginn seiner Wirkung auf die in Russland ohnehin noch in den Kinderschuhen steckende öffentliche Meinung. Die jungen Menschen amüsierten sich, lachten und erprobten in Rollenspielen außerhalb der vom Kaiser verordneten Verhaltensnormen ihre geistigen Kräfte. Von Olga ist aus diesem Kreis keine erwähnenswerte Aktivität überliefert.

Möglicherweise hätte ein regelmäßiger und längerfristiger Besuch der freigeistigen Debatten Olgas Blick für Russlands Zukunftsprobleme geschärft.

Aber sie konnte und wollte die Chance zu größerer geistiger Unabhängigkeit nicht nutzen. Olga erkannte diese Möglichkeit nicht einmal. Sie bemerkte nur, dass interessierte Augen eines jungen Mannes sie aufmerksam fixierten. Sie registrierte die Blicke nicht gerade unwillig, aber Frau Okulowa, die gütige und strenge Gouvernante, erinnerte sofort daran, dass die Aufgabe einer Zarentochter darin bestand, zum Ruhme der Dynastie eine standesgemäße Ehe einzugehen. Ein schmachtender Jüngling, noch dazu aus fragwürdigen Debattierkreisen, durfte keine Chance auf eine Großfürstin bekommen. Olgas Besuche im Zirkel Helenes blieben eine Episode und weckten kein nachweisbares Interesse, sich zumindest individuell und rein theoretisch mit der Erneuerung Russlands zu beschäftigen. Über dieses Problem wachte alleine Papa.

Olga hatte den Schreck über Helenes junge Reform-Garde noch nicht verarbeitet, als ein Brief aus Wien eintraf. Ihr Bruder, der Thronfolger Alexander Nikolajewitsch, reiste durch Europa, besuchte England und Österreich. Obwohl der Zarewitsch bei den gastgebenden Monarchen keine offiziellen Verhandlungen führte, besaß sein persönliches Auftreten doch eine politische, diplomatische oder zumindest atmosphärische Bedeutung. Russlands Kaiser rang 1839 ernsthaft um eine einvernehmliche Lösung für die Orientalische Krise, ohne seine Positionen in Europa, gegenüber dem Osmanischen Reich, im Mittelmeer und besonders in den Meerengen vom Schwarzen zum Mittelmeer zu gefährden oder auch nur zu verändern.

Alexander stellte in dem Brief keine verbale Verbindung zu den russisch-österreichischen Bemühungen um die Lösung der Orientalischen Krise her. Er schrieb heiter und unbeschwert, dass er den letzten Winter in Italien verbracht hätte, der Frühling in Wien wäre bezaubernd und er treffe nur nette Leute am Strande der Donau. Er hätte freundschaftliche Beziehungen zu den etwa gleichaltrigen Erzherzögen Albrecht, Karl Ferdinand und Stephan aufgenommen. Zu Stephan fühlte sich Alexander nach eigenem Bekenntnis besonders hingezogen, nicht nur, weil Stephan der Sohn des Erzherzogs und Palatins von Ungarn Joseph war. Joseph gehörte auf Gedeih und Verderb zur großen Sippe der Romanows, weil er 1799 in erster Ehe die russische Großfürstin Alexandra Pawlowna, eine Schwester Kaiser Nikolaus' I., geheiratet hatte. Josephs Sohn, der Erzherzog Stephan (Franz Viktor), entstammte der zweiten Ehe Josephs mit der

Prinzessin Hermine von Anhalt-Bernburg-Schaumburg-Hoym. Er zählte damit nicht mehr zu den Romanows.

Alexander schrieb an Nikolaus I., Stephan wäre ein intelligenter und vertrauenswürdiger Mann. In Budapest hielte man ihn bereits für den Nachfolger seines Vaters in der Würde des Palatins von Ungarn. Stephan könnte doch ein passender Ehemann für Olga werden, geeigneter jedenfalls als der unglückliche Maximilian von Bayern, den Olga in Berlin so schnöde abgewiesen hatte, der sich jedoch weiter im Kalkül der Zarin Alexandra befand. Noch ließ ihn die Zarin als Kandidaten für Olga nicht fallen. Alexanders Brief stieß bei den Eltern auf ein positives Echo: Stephan erhielt eine Einladung zur Hochzeit Marys und die Wiener Hofburg nahm die Einladung an.

In Olgas Leben deutete sich auf ganz unspektakuläre Weise, sehr vage und ohne ihr Zutun, eine Wende an. Eine Heiratsmöglichkeit unter anderen. Wenn da nicht Olgas merkwürdige Erklärung gewesen wäre, an der sie bis an ihr Lebensende festhielt: „Ich aber betrachtete mich als verlobt. Das Versprechen, das ich im Herzen einem Unbekannten gab, bewahrte mich, obgleich es nie eingelöst wurde, davor, Unbesonnenheiten zu begehen, wozu manches Gefühl mich hätte hinreißen können. Unerschütterlich hielt ich an diesem stummen Versprechen fest, bis zu dem Tage, da ich Karl begegnete und mein Herz unabwendbar für ihn sprach."[23] Der Brief Alexanders, die spontane Zustimmung der Eltern und Olgas Reaktion warfen Fragen auf, warum alle Beteiligten in dieser Situation so und nicht anders handelten.

Nikolaus' Außenpolitik, die er oft genug ohne seinen Kanzler und Außenminister Graf Karl Robert Nesselrode nach eigenem Gutdünken verfolgte, sah bei der Festigung der Heiligen Allianz, der Abwehr jeglicher Revolutionsgefahr und der Orientalischen Frage ein enges russisch-österreichisches Bündnis vor. Es hatte in der Geschichte mehrfach gescheiterte Versuche gegeben, zuletzt 1799 mit Alexandra, die politischen Bindungen durch dynastische Ehen zu unterstützen. Die politische Praxis hatte gezeigt, dass dynastische Ehen zwischen Habsburg und Romanow keine Voraussetzung für politische Kooperationen bildeten. Das traf insbesondere auf die Ära Metternich zu. Der österreichische Kanzler betrieb eine Politik nach eigenen Vorstellungen und mitunter ohne Rücksicht auf die Interessen seines Kaisers. Metternich mag die kleine Olga 1835 in Teplitz aus politischem Kalkül noch so süß und niedlich gefunden haben. Eine Ehe zwischen der russischen Großfürstin und einem der untereinander rivalisierenden Erzherzöge betrachtete er als Schwächung seiner eigenen Position. Eine solche Verbindung wollte er verhindern. Im konkreten Fall verstärkte diese seinen Unwillen: Wenn Stephan die Rolle des künftigen Palatins von Ungarn spielen sollte, würde eine Gemahlin Olga Königin von Ungarn werden und damit den russischen Einfluss auf dem Balkan stärken. Metternich griff zu einem bewährten Verhinderungsrezept. Gestützt auf die Kaiserin Maria Anna von Savoyen, die Kaiserinwitwe Karoline Auguste und den Klerus verlangte er, von einer Verbindung Stephans mit Olga abzusehen, solange die Großfürstin nicht zum römisch-katholischen Glauben übertrete.

Die Frage bleibt dennoch offen, ob Alexander mit oder ohne Wissen Metternichs handelte. Unbekannt ist das Motiv für die schnelle Zustimmung des russischen Kaisers und Alexandra Fjodorownas. Eine Verbindung mit dem Hause Habsburg besaß prinzipiell Vorteile, aber eine zwingende politische Option bestand weder im Zusammenhang mit der Orientalischen Krise noch mit dem Blick auf das generelle Zusammenwirken mit Österreich in der Heiligen Allianz. Die einfachste Formel für das Handeln im Jahre 1839 mag gelautet haben: Es kann ja nichts schaden, sehen wir uns den jungen Mann doch erst einmal an, warten wir die weiteren Reaktionen aus der Wiener Hofburg ab. Wenn Stephan tatsächlich zur Hochzeit Marys nach Petersburg kommt, können wir weitersehen. Andererseits: Mary stand vor der Hochzeit mit dem relativ unbedeutenden und von Hofkreisen nur geduldeten Herzog von Leuchtenberg. Der Thronfolger Alexander reiste durch Europa und suchte nach einer geeigneten Braut für sich selbst – die er noch nicht gefunden hatte! Der russische Hof konnte nur an Prestige gewinnen. Seht her, durfte Nikolaus I. jenen gesellschaftlichen Kräften in Europa sagen, die in der öffentlichen Presse gegen den Despotismus in Russland hetzten, seht her, meine eigene Tochter darf allein über ihr Lebensglück entscheiden und sie entscheidet sich für das Haus Habsburg, einen Garanten der friedlich, christlichen Ordnung in Europa!

Olga erklärte mit der einseitigen Proklamation eines imaginären Verlobtenstatus und der angefügten Begründung, dass sie nicht dem Beispiel ihrer Schwester Mary folgen wollte. Es ging ihr gar nicht darum, ob der Bräutigam im Range höher oder niedriger stand. Sie besaß zu diesem Zeitpunkt überhaupt keine eigenen klaren Vorstellungen über eine künftige Ehe. Sie folgte bedingungslos den Entscheidungen des Vaters! Wenn sie in dieser Situation einen eigenen Willen artikuliert hat, dann den Unwillen, das Elternhaus zu verlassen. Sie kannte den „Verlobten" nicht, hatte ihn nie gesehen und band dennoch ihr ganzes Leben an dieses Phantom. Dabei hätte ihr das Beispiel der Schwester Mary sagen können, dass eine derartige Abhängigkeit nicht einmal Kaiser Nikolaus I. verlangte. Die Brautwahl für die Zarenkinder hing mitunter sogar von reinen Zufällen ab.

Selbst bei den Heiratsplänen für Alexander ging die Familie recht ziellos vor. Man studierte den „Gotha" und nach den Angaben des Adelskalenders sondierte der Thronfolger die deutschen Mittelstaaten auf der Suche nach einer geeigneten Braut: München, Stuttgart ... Darmstadt! Der Adelsnachweis besagte, in Darmstadt gab es eine Prinzessin, die dem Alter nach zu Alexander passen könnte.

Darmstadt im Großherzogtum Hessen, das blieb in der russischen Wahrnehmung das alte Hessen-Darmstadt. Aus diesem Hause stammte die erste Ehefrau Kaiser Pauls I., die unglückliche Augustine-Wilhelmine (Natalja Alexejewna), die nach drei Ehejahren 1776 unter mysteriösen Umständen gestorben war. Die kurze Ehe bescherte der kleinen Landgrafschaft dank der finanziellen Mittel Katharinas II. einen reichen und anhaltenden Geldsegen. Es störte den Petersburger Hof nicht, dass Napoleon dem Land inzwischen den großherzoglichen Status verliehen hatte und dass der Großherzog seit dem Jahre 1820 als Mitglied des Deutschen Bundes einer verfassten konstitutionellen Monarchie vorstand. Hessen zählte keineswegs zu den von der russischen Politik privilegierten deutschen Bundesländern – auch das kleine Weimar schaffte es dank russischer Protektion bis zur Würde eines Großherzogtums. Aber in Darmstadt lebte die bis dahin gänzlich unbekannte Prinzessin Maximiliane Wilhelmine Auguste Sophie Marie und die sollte nun den künftigen russischen Kaiser ehelichen.

Alexander hatte bereits einige Kandidatinnen erfolglos in Augenschein genommen. Zuletzt war er bei Lilli von Mecklenburg-Strelitz gescheitert und wollte resigniert nach England weiterreisen. Die kleine Prinzessin in Darmstadt hatte seine Suite glatt vergessen. Letztlich erinnerte man sich an ihren Namen auf der Kandidatinnenliste. Alexander sträubte sich, er hielt die deutschen Prinzessinnen nachgerade für abgeschmackt und fade. Daheim erwartete der Kaiser eine Erfolgsmeldung. Der Thronfolger fuhr nach Darmstadt. Der Großherzog empfing die Gäste mit vollendeter Aufmerksamkeit und bescheiden trat aus dem Hintergrund die kleine Marie hervor. Man gab den jungen Leuten Gelegenheit, einander näher kennen zu lernen.

Die ersten Begegnungen verliefen beiderseits enttäuschend. Das Mädchen sprach von den Musenhof-Traditionen der kleinen mitteldeutschen Fürstenhöfe, von der Großen Landgräfin Caroline, vom schöngeistigen Zirkel der „Empfindsamen", vom Kriegsrat Merck, von Klopstock,

Lavater, Goethe, Wieland oder von Schiller! Hätte doch die Große Landgräfin länger gelebt, nicht Weimar, sondern Darmstadt hätte die Chance genutzt, Hauptstadt der deutschen Literatur zu werden! Alexander ermüdete und langweilte sich. Seine Mission verlangte eine Kaiserin für den russischen Thron und keine Lektion in hessischer Geistesgeschichte. Sein Unwille nützte ihm wenig. Die Mutter schaltete sich von Petersburg aus ein, mobilisierte die Damen der Verwandtschaft und letztlich sah Alexander ein, dass die kleine fünfzehnjährige Marie mit ihren goldenen Locken, brav, fromm und unauffällig, die ideale Gattin für ihn sein könnte. Alexander zeichnete sich bislang in keiner Hinsicht durch übertriebene Charakterstärke oder Prinzipienfestigkeit aus. Im Falle der hübschen kleinen Marie unterwarf er sich der dynastischen Disziplin und – eilte über London nach Hause. Dort erwartete man ihn, denn die Schwester Mary sollte am 2. Juli 1839 endlich ihren Traumprinzen von Leuchtenberg heiraten. Vielleicht, so hoffte Nikolaus I., fiel dadurch auch der Startschuss für baldige weitere wichtige Eheschließungen: Alexander mit Marie von Hessen und Olga mit Stephan von Habsburg? Die Voraussetzungen schienen günstig, sogar Olga betrachtete sich ja bereits als feste Verlobte Stephans von Habsburg. Ob damit Russlands Stellung in Zentraleuropa gefestigt werden konnte, blieb allerdings abzuwarten. Es kann noch nicht einmal unterstellt werden, dass dieser Gedanke bei Nikolaus I. überhaupt eine Rolle gespielt hat.

Kapitel II

Verschlungene Wege nach Württemberg

Die Hochzeit Marys mit Max entsprach in Ablauf und Ausstattung ganz den üblichen Normen im Hause Romanow. Der Kaiser präsentierte einer beeindruckten Öffentlichkeit die privaten Schätze der jungen Braut. Die Petersburger durften im Winterpalais den Trousseau Marys bewundern. Wahre Berge an Porzellan, Kristall oder Silber, Möbel und mancherlei Hausrat, Tischwäsche, silberne und goldene Toilettengegenstände, Stoffe, Pelze, Spitzen, Kleider, zwölf russische Nationaltrachten, darunter das Hochzeitskleid, die Sonntagskleider mit allem dazugehörigen Schmuck, der aus Sicherheitsgründen in speziellen Glaskästen lag: Saphir- und Smaragdhalsbänder, Türkise und Rubine sowie Gold in jeder den Körper einer schönen Frau schmückenden Variante.

Die gleiche feine Aussteuer erwartete auch Olga im Falle einer Eheschließung! Es bestand nur weiterhin keine Klarheit, in welchem Gastland sie dereinst die Schätze ihrer Mitgift ausbreiten würde. Sie musste nicht neidvoll auf Mary blicken, weil die von ihrem Bräutigam wunderschöne Perlen bekam und Nikolaus obendrein einige hübsche Immobilien für das junge Paar bereitstellte. Dennoch fand Olga natürlich ein Haar in der Hochzeitssuppe: Unter der Last des kaiserlichen Hermelins und der Großfürstinnenkrone sah Mary leider, leider nicht sehr vorteilhaft aus! Sie bewies außerdem nicht den notwendigen sittlichen Ernst: Aus ihrem Gesicht strahlte allzu sehr die Hoffnung, nun endlich den väterlichen Zwängen der Kinderstube entrinnen zu dürfen. Dafür besaß Olga prinzipiell kein Verständnis. Olga hatte sogar einen Grund, öffentlich verhaltenen Ärger zu zeigen. Der „Verlobte" Erzherzog Stephan reiste zu Marys Hochzeit nicht in Petersburg an! Es erschien stattdessen der Erzherzog Albrecht mit der vagen Nachricht, Stephan käme später nach – vielleicht. Metternich hatte sich in Wien gemeinsam mit der Kaiserinwitwe Karoline Auguste durchgesetzt. Albrecht erblickte Olga und begann ohne jedes Bedenken einen für jedermann sichtbaren Flirt mit ihr. Olga empörte sich: Was wagte der Albrecht nur, sie gehörte doch ihrem „Verlobten" Stephan! Demonstrativ flüchtete sie unter die schützenden Flügel ihrer Mutter, verhinderte damit aber nicht, dass der Vater den Erzherzog sehr sympathisch fand, weil dieser einen Hang für das Militärische besaß und obendrein eine asketische Lebensweise liebte. Bei Olga half ihm Nikolaus jedoch nicht weiter.

Olga beobachtete, dass Mary nach der Hochzeit auflebte und sich prächtig mit ihrem Max verstand. Bereits nach sechs Wochen verkündete sie ihre frohen Erwartungen auf einen Stammhalter! Olga neidete Mary dieses Glück insgeheim ein wenig, aber nur, weil sie sich selbst außerstande sah, an den Fesseln der vom Vater diktierten Lebensregeln auch nur ein wenig zu rütteln. Großfürstin Helene provozierte die Zarenkinder sogar: „Ihr seid wie eine Herde Schafe, einer wie der andere, unbestimmt in eurem Wesen, ohne jede Besonderheit."[24] Olga stimmte Helene sogar zu, aber nur, weil sie selbst nicht wusste, ob die strengen väterlichen Regeln oder das freie Leben Marys, das ohnehin nicht grundsätzlich von den Gesetzen der Hausordnung abwich, wirkliche Alternativen für das eigene Leben darstellten.

Ihre Zweifel fanden neue Nahrung, als sie im gleichen Jahr an einem Nervenfieber erkrankte und für nahezu zwei Monate nicht aufstehen durfte. Eltern, Geschwister und Freundinnen kümmerten sich wohltuend um die Kranke. Olga fühlte sich in diesen Wochen durchaus als Persönlichkeit geachtet und empfand die eigene Familie ganz bewusst als besonders hohe moralische Instanz. Die komplizierte Krankheit stand mit der Rückkehr in das Winterpalais im November 1839 im Zusammenhang. In nur zwölf Monaten restaurierten Bauarbeiter das abgebrannte Schloss, teilweise wurde es neu errichtet und erweitert. Tag und Nacht brennende Öfen sollten die Feuchtigkeit aus den Mauern verdrängen. Ein neues Heizungssystem versprach größtmögliche Trockenheit und hielt sein Versprechen so radikal, dass zusätzliche Wasserbehälter aufgestellt werden mussten, um eine gesündere Luft zirkulieren zu lassen. Währenddessen litt die ganze Familie ständig unter fiebrigen Erkältungskrankheiten.

Olga mochte das Winterpalais im Vergleich zum Anitschkow-Palais ohnehin nicht leiden. Sie richtete sich so gut ein, wie es ihr gestattet wurde, konzentrierte sich aber auf die für sie wesentlicheren Dinge des Lebens. Im März 1840 brachte Mary ihr erstes Kind zur Welt, ein Mädchen. Die Schwester beobachtete, dass Mary, die so gerne ihren Freiheits- und Unabhängigkeitswillen zur Schau stellte, bei dem Kind im Grunde jene Erziehungsprinzipien anwandte, die sie in ihrer eigenen Kinderstube unter der führenden Hand Nikolaus' I. erlernt hatte. Sie nahm das als ganz selbstverständlich und vernünftig auf.

Nach Marys erstem Kind wartete die Familie gespannt, welche Heiratspläne Nikolaus für den Thronfolger und für Olga verfolgen würde.

Allen Angehörigen schien bewusst, dass Mary, Alexander und Olga ihrem Alter und ihrer Stellung entsprechend, über kurz oder lang in den Ehestand treten müssten. Die Tante Helene nutzte die Gunst der Stunde und versuchte, Olga mit dem 1808 geborenen Württemberger Prinzen Friedrich, Helenes Bruder, zu verkuppeln. Der gute Friedrich, 14 Jahre älter als die Großfürstin, sollte in Württemberg eine politisch ambitionierte Dame aus dem eigenen Familienbestand ehelichen und suchte dieser Gefahr zu entgehen, weil er politisch engagierte Frauen nicht ausstehen konnte. Olga schien das rechte Zielobjekt: hübsch, gebildet, brav und ohne politische Interessen. Helene köderte Nikolaus mit der Behauptung, Bruder Fritz hätte in Stuttgart beste Aussichten auf die Königswürde, weil der Kronprinz Karl viel zu kränklich, uninteressiert und schwach für eine Regentschaft sei.

Weder Nikolaus noch Olga dachten damals konkret an eine baldige Trennung, obwohl ihnen die Unvermeidlichkeit bewusst war. Im Hintergrund wartete geduldig Max von Bayern, doch Olga hatte durch das „Verlöbnis" mit Stephan einen Schutzwall um sich errichtet. „Onkel" Friedrich war viel zu alt. Außerdem musste erst einmal der Zarewitsch heiraten. Nikolaus antwortete Helene als milder Vater: Seine Tochter hätte in ihrer Wahl vollkommen freie Hand und sie sei viel zu jung für eine Ehe. Olga selbst lehnte Helenes Werben brüsk ab. Die Rechnung ihres Vaters ging vollkommen auf. Die Zarin sowie diverse befreundete Damen an deutschen Höfen mochten kühne Kombinationen erdenken, um Olga unter die Haube zu bringen. In Petersburg regierte Nikolaus I. und der besaß eine folgsame Tochter. Wenn der Kaiser ihr die freie Wahl zusicherte, antwortete das liebe Kind ganz einfach: „Papa, entscheiden Sie für mich, denn mir scheint, ich kann mich nicht entschließen, Sie zu verlassen."[25] Nikolaus legte seinerseits die Entscheidung in Gottes Hand – was in Russland keinen großen Unterschied bedeutete.

Olga mochte sich sträuben und auf den anhaltenden Gleichklang mit dem Vater hoffen. Sie musste so klug sein, zu wissen, dass seit der Begegnung mit Max von Bayern in Berlin und seit der Offerte aus Wien für sie die Suche nach einem standesgemäßen Bräutigam realer Gegenstand der praktischen Politik im Zarenhause war und auch den Vater erfasste. Welche grotesken Züge die dynastische Familienpolitik in diesem Fall annahm, wie wenig es dabei um das Glück der Kinder ging, erfuhr sie im Mai und Juni 1840 in Berlin. König Friedrich Wilhelm III. lag im Sterben. Seine sieben Kinder und deren Ehepartner trafen aufeinander, um den armen Papa auf seinem letzten irdischen Weg in eine bessere Welt zu begleiten. Olga beobachtete in den Vorräumen zum Sterbezimmer ein so erschreckendes Maß an Eifersüchteleien, ein Gezerre um die letzte Gunst des Sterbenden, um Vorteile und Privilegien, dass sie zutiefst erschrak. Besonders die angeheirateten Schwägerinnen überboten einander an Hochmut. Augusta, die Tochter Maria Pawlownas, Gemahlin Wilhelms, des späteren Kaisers, verfiel in regelrechte Schreikrämpfe, wenn ein anderer Verwandter den Sterberaum betreten wollte. Aus diesem Kreis erwartete Olga jedenfalls keinen Bräutigam, obwohl Russland und Preußen doch so wichtige und ehrenwerte Verbündete bei der politischen Gestaltung Europas schienen. Das Mädchen besaß Gott sei Dank keine Erinnerung mehr an den russischen „Großmutstreit" von 1825, als die Romanows um ihre eigene Krone stritten.

Impressionen in Deutschland

Als Friedrich Wilhelm III. am 11. Juni 1840 starb, demonstrierte die ganze große Familie in der Öffentlichkeit tiefe Trauer. Kaiserin Alexandra verbrachte die Zeit mit Rücksicht auf ihre permanent angegriffene Gesundheit im Potsdamer Schloss Sanssouci. Einige Tage später fuhr die Zarenfamilie zu Maria Pawlowna nach Weimar. Olgas Sicht auf Weimar folgte dem in Petersburg gepflegten, teils abwertenden, teils ironischen, teils respektvollen Mythos: Großherzog Carl Friedrich galt als lächerliche Figur, der sein kleines Provinzfürstentum ohne die dominante Maria Pawlowna nicht selber regieren konnte. Tante Maria, diese bewundernswürdige Frau vom Geiste Nikolaus' I., studierte den ganzen Tag Akten und regierte von ihrem Stehpult aus das Land! Tante Maria beherrschte alle Winkelzüge der Finanzwirtschaft – auch in der sozialpolitischen Wohltätigkeit –, sie pflegte die kulturellen Traditionen des klassischen Weimar: bei der Ausgestaltung der Dichterzimmer im Residenzschloss sowie durch die Berufung bedeutender Musiker wie Johann Nepomuk Hummel oder Franz Liszt. Olga lobte die Tante ganz in deren Selbstverständnis: „Ihr Hof war ein geistiger Sammelpunkt in der Vielfalt all der kleinen Höfe des deutschen Nordens." Sie fügte seufzend hinzu: „Ich bewunderte meine Tante, obgleich ihre Tugend für mich etwas Schweres und Lastendes hatte."[26]

Olga besaß zweifelsohne einige reale Vorstellungen über die Arbeit Maria Pawlownas, wenngleich sie deren kulturpolitische Bedeutung für die deutsche Nation nicht recht erfasste. Sonst hätte sie sich nicht so abfällig über den Großherzog amüsieren können. Während Maria Pawlowna im Sommer 1840 mit der Zarenfamilie konferierte, musste Carl Friedrich die kleine Olga durch Weimar führen. Im Goethehaus am Frauenplan imponierte ihr nur eine Büste ihrer Mutter, „von Immortellen umkränzt, inmitten antiker Plastiken."[27] An Goethes Bibliothek beeindruckte Olga lediglich, dass Carl Friedrich die Bandzahl aus dem Kopf wusste: 30 000. Der Großherzog wollte der jungen Großfürstin beweisen, dass er nicht nur zum Stadtführer taugte, sondern eine eigene kleine Kunstsammlung mit Sachkenntnis zusammengetragen hatte. Olga sah nur ein schreckliches Durcheinander von Bildern, Vasen und Tierfiguren. Sie fühlte sich sehr erhaben gegenüber dem „lieben Onkel", dem Original, das von Weimars großen Köpfen und Werken nur anekdotische Episoden in der Erinnerung bewahrte. Da Carl Friedrich ein bemerkenswertes Gedächtnis habe, meinte Olga, könne er die Gesellschaft über Stunden mit launigen Geschichtchen unterhalten, Maria Pawlowna hörte schon gar nicht mehr hin, während sich die Zarenfamilie vor Lachen ausschüttete. Olga wusste aus Erzählungen der Eltern: Seit seinem ersten Besuch in Petersburg im Jahre 1801 behandelte die Zarenfamilie Carl Friedrich als Hanswurst. Daran änderte sich bis 1840 nichts.

Olga verpasste arglos eine Gelegenheit, hinter die Kulissen der in Petersburg so belächelten deutschen Kleinstaatenkultur zu blicken, die in Weimar einen ihrer Glanzpunkte offenbarte. Die Großfürstin interessierte sich nicht für die Traditionen des künstlerischen und literarischen Weimar. Stattdessen erblickte sie in den Zimmern ihres Vetters Carl Alexander ein Bild, das sofort ihre Aufmerksamkeit erregte: Erzherzog Stephan von Habsburg! Zum ersten Mal sah sie ein Bild von ihrem „Verlobten" und fand Stephan sogleich durchaus bedeutend. Sie kommentierte das Portrait lediglich mit der Bemerkung „Ich wartete auf ihn in der unerschütterlichen Überzeugung, dass ich ihm schicksalhaft bestimmt sei."[28] Der Satz klang nicht nach unsterblicher Liebe und Sehnsucht. Sie schrieb nicht auf, ob Carl Alexander die Herkunft des Bildes erklärt hat. Der Weimarer Erbherzog kannte Stephan seit dem Jahre 1839 aus Wien. Die beiden jungen Männer schlossen enge Freundschaft, Stephan figurierte in Carl Alexanders Tagebüchern als der geliebte „Etienne".[29] Vielleicht hat Carl Alexander Olga seine eigene Zuneigung zu Stephan gebeichtet, sie aber hat sich möglicherweise noch tiefer in die selbst eingebildete abstrakte Schicksalhaftigkeit geflüchtet, um den einmal gewählten Schutzwall nicht durchbrechen zu lassen. Sie streute in ihrer Umgebung die Hoffnung: Wir fahren jetzt nach Bad Ems, Mama muss ihre Krankheiten auskurieren und dort wird uns Stephan besuchen, ganz gewiss!

Tatsächlich reiste die Zarenfamilie am 5. Juni 1840 von Weimar über Frankfurt am Main in das Kurbad Ems und verbrachte dort mehrere

Wochen. Neben den dringend notwendigen Heilbehandlungen für die Kaiserin Alexandra diente der Aufenthalt vor allem dem Ziel, Darmstadt zu besuchen, sich mit den aktuellen Bedingungen im Großherzogtum Hessen vertraut zu machen und die Braut des Thronfolgers auf die Reise an den Zarenhof vorzubereiten. Im Rahmen der mit derartigen Ehen verbundenen Versorgung weiterer Familienmitglieder ernannte Nikolaus I. Maries Bruder Alexander zum Kapitän der Chevaliers Garde. Er durfte seine Schwester nach Russland begleiten.

Die kleine Prinzessin Marie zählte ganze sechzehn Lenze. Sie passte zu Olga und beide verstanden sich auf Anhieb: Zwei Kinder unter Heiratszwang in der harten Welt der Erwachsenen! Sie brauchten einander: die Russin Olga, die am liebsten zu Hause bleiben wollte und Vorsorge für die Zeit traf, wenn der Vater seine schützende Hand nicht mehr über sie halten würde, wenn der Bruder Alexander mit seiner Frau Marie aus Hessen-Darmstadt regieren würde. Die Darmstädter Prinzessin, so fremd am Zarenhof wie alle dorthin verheirateten deutschen Mädchen, brauchte Menschen, die ihr zumindest das Einleben in Russland erleichterten.

Olga und Marie verbrachten gemeinsam viel Zeit bei Ausflügen, Mahlzeiten und Geselligkeiten. Sie lasen sogar in Goethes „Dichtung und Wahrheit" und profitierten davon, dass bedeutende Komponisten und Interpreten wie Clara Wieck oder Franz Liszt für die russische Kaiserin Konzerte gaben. Olga erlebte nach eigenem Bekenntnis einen unvergesslichen Sommer voller Licht und Freude. Hin und wieder beschäftigte sie der Gedanke: Wo bleibt eigentlich der „Verlobte"? Bayerns König Ludwig I. erschien nebst Gemahlin Therese in Ems. Erneut musste Olga erklären, dass sie den bayrischen Kronprinzen auf keinen Fall heiraten wollte – der ahnungslose Stephan lieferte das Alibi, ob er wollte oder nicht. Falls sich Olga und Stephan in dieser Phase der Suche Nikolaus' I. nach einem Bräutigam für seine Tochter tatsächlich begegnet wären, hätte sich Olga definitiv erklären müssen – und wäre auf seine standhafte Weigerung gestoßen. Dann wäre die ganze Seifenblase der „Verlobung" geplatzt. Das reale Leben führte zu ganz anderen Lösungen.

Olga ließ sich nicht in eine Ecke drängen und der Vater bewahrte Geduld, solange die Hochzeitsfrage noch kein Politikum darstellte. Die Bayern warben unverdrossen für den Kronprinzen Max, und Olga verkündete zu ihrer „Verlobung" Prinzipien, die den Pflichten einer Monarchin eigentlich direkt widersprachen: Sie wollte lediglich still und bescheiden im Schatten ihrer eigenen Leidenschaften leben und sich jeglicher repräsentativer Verpflichtungen enthalten. Kein Glanz – nur der innere Wert einer liebenden Frau zählte. Für Bayerns Krone galt diese Einstellung nicht als Empfehlung. Aber „Max-Famos", wie man den Kronprinzen in Petersburg ironisch nannte, blieb hartnäckig. Man musste ihm die Ablehnung direkt in Gesicht sagen. Max und Olga trafen sich nach elterlichem Willen in Darmstadt zu einer Aussprache.

Er lobte erneut seine Vorzüge, gequält und gut einstudiert, daher ohne Seele. Olga verlangte nach einer starken und liebenden Führung. Die garantierte Max jedenfalls nicht. Man wusste sich nicht viel zu sagen und ging erleichtert auseinander. Olga half sich mit einem Blick in das Evangelium über die Peinlichkeit der Situation hinweg und stieß auf den Spruch: „...der Geist hilft unserer Schwachheit auf". Sie fand das Wort so passend, dass sie es für den Rest ihres Lebens zum persönlichen Leitmotiv wählte und auf diese Weise sogar Maximilian von Bayern in einer lebendigen und angenehmen Erinnerung behielt.

Zweifel am Heiratswillen

Es reichte Olga! Über Leipzig, Dresden und Warschau – teilweise bereits mit der fauchenden Eisenbahn – fuhr die Familie nach Russland zurück. Am 8. September 1840 zog der Kaiser feierlich in St. Petersburg ein, als ob er von einem siegreich beendeten Feldzug käme. So verlangten es Brauch und zarische Würde. Olga schwärmte. Sie und ihre Schwestern trugen feinste russische Nationaltrachten und fuhren in goldenen Kutschen. Soldaten sicherten die Paradestrecke. Als die Zarenfamilie mit der jungen Braut Marie aus Darmstadt auf dem Balkon des Winterpalais Aufstellung nahm, kannte der begeisterte Volksjubel keine Grenzen. Vertreter aller Schichten durften an einem Empfang teilnehmen. Dann begann für die kleine Dame aus Hessen jener Alltag, den seit Katharina II. schon so manche deutsche Prinzessin durchlebt und durchlitten hatte.

Am 5. Dezember 1840 konvertierte sie als Maria Alexandrowna zum griechisch-orthodoxen Glauben. Einen Tag später folgte die Verlobung und im April 1841 sollte die Hochzeit mit dem Thronfolger stattfinden. Olga beobachtete das junge Paar sehr genau und lobte die mütterliche Strenge Marias, die Charakterstärke und den festen Willen. Diese Eigenschaften beeindruckten den Zaren und glichen den Mangel an Energie und Zielstrebigkeit beim Zarewitsch vielleicht wohltuend aus. So sollte eine Herrscherfamilie harmonieren!

Olga wartete auf diese Hochzeit voller Spannung. Mary lebte gut mit dem Prinzen von Leuchtenberg zusammen. Bald würde Sascha verheiratet sein, und sie selbst? Noch besaß der Schutzschild „Verlobung" keine Löcher, der Bayer bekam es zu spüren. Aber was würde nach Saschas Hochzeit folgen?

Am 28. April 1841 schaute die Familie Romanow nach der Morgenmesse zu, wie Hofdamen die Braut angekleideten. Mit siebzehn Jahren sind fast alle Mädchen hübsch anzusehen, der Charme der Jugend überdeckt kleinere Mängel. Wie schön sah erst Maria in ihrem Festputz aus! Da verstummten selbst die ärgsten Spötter in der keineswegs zur Melancholie neigenden Familie Romanow: Lange Locken, ein Krönchen und ein Diadem aus Brillanten und Perlen, ein Schleier aus feinster weißer Spitze, der Hermelinmantel, der so schwer wog, dass ein Kammerherr beim Tragen helfen musste. Die Kaiserin fügte noch Myrten und Orangenblüten hinzu – stolz sah sie aus, die Braut, und allerliebst! Der Trauungszeremonie folgte das Galadiner für die drei obersten Reichsränge: Links die Damen, rechts die Herrn. Die ranghöchsten Hofbediensteten servierten der kaiserlichen Familie, Kammerherrn und Lakaien gossen Champagner nach: Der Kaiser trank auf das Wohl Russlands und aller Anwesenden – jedem Trinkspruch folgte ein Kanonenschuss. Als die Familie abends im kleinen Kreis weiter feierte, mussten Olga und Adini ins Bett. Die „Verlobte" des österreichischen Erzherzogs besaß noch nicht das Alter für abendliche Feste in froher Familienrunde. Als jedoch die ganze Feierperiode mit einem Volksfest für 30 000 Gäste abgeschlossen wurde, durfte Olga am Arm des Vaters über Stunden hinweg die Nähe der Romanows zu ihren Untertanen demonstrieren. Da galt kein Zapfenstreich für die bereits 19 Jahre alte Großfürstin.

An den Hochzeitsfeierlichkeiten nahm auch Preußens Kronprinz Wilhelm teil. Olga kannte und schätzte den Mann, von dem ihr ein gewisser prickelnder Schauer entgegenschlug. Wilhelm hatte im Vorjahr das Protektorat über die drei Preußischen Großlogen der Freimaurer übernommen und damit dem Königshaus langfristigen Einfluss auf die Freimaurerbewegung in Preußen und Deutschland gesichert. In Russland galt das Thema als tabu. Nikolaus I. sah einzig und allein, dass sich die Dekabristen geheimer Organisationsstrukturen der Freimaurer bedienten. Er lehnte die Freimaurer rundweg ab und argumentierte mit der ebenso populistischen wie schlichten Herrscherphilosophie: Wer es gut mit den Menschen meint, der darf das unbesorgt in aller Öffentlichkeit artikulieren und benötigt keine Geheimbünde. Ebenso müsste eine Pressezensur nur von subversiven Elementen, die das Reich schädigen wollten, gefürchtet werden. Er selbst hielt sich für einen Republikaner, der die Bürde der Selbstherrschaft nur trug, weil Gott sie ihm als Pflicht auferlegte.

So sehr Olga den preußischen Freimaurer-Kronprinzen Wilhelm mochte und dessen Nähe suchte, so sehr sie dessen Weimarer Gemahlin Augusta ob deren geistiger Beweglichkeit vielleicht sogar etwas beneidete, in diesem Punkt kannte sie keine Kompromisse: Papa entschied wieder einmal richtig! Weder der Kaiser noch die treue Tochter verstanden, dass in Russland seit den 30er-Jahren, als Peter Tschaadajew die „Philosophischen Briefe" niederschrieb, eine intellektuelle Debatte über die Zukunft des Vaterlands die Gemüter erregte. Die Diskussion bezog mit jedem Jahr neue Kreise der gebildeten Schichten ein, an den Universitäten, in der Presse – Westler ebenso wie Slawophile. Es würde sicherlich nicht mehr lange dauern und in Russland etablierte sich die Presse trotz der Zensur als eigenständige gesellschaftliche Kraft. So weit dachte Olga 1841 allerdings nicht. Sie musste sich in ihre Zimmer zurückziehen und nach Monaten hartnäckiger Halsentzündung versuchen, dem Übel mit Eselsmilch abzuhelfen. Der Wechsel in ein gesünderes Klima hätte besser geholfen.

So saß Olga im Winterpalais, bisweilen auch im Anitschkow-Palais, und dachte über ihre Zukunft nach. Stephan – der Verlobte! Man hatte ihn zur Hochzeit nach Petersburg eingeladen, aber Stephan blieb fern. Zwar lobte Kronprinz Wilhelm die Fähigkeiten des Erzherzogs, aber selbst Olga musste sich nachgerade sagen, dass die Legende ihrer „Verlobung" mit jeder Woche an Glaubwürdigkeit verlor. Aus der Wiener Hofburg lag kein einziges Signal vor, auf das sich Kaiser Nikolaus I. stützen durfte. Er hätte seiner Tochter bereits aus Vernunftgründen raten sollen: Kind, daraus wird nichts, suchen wir einen neuen Bräutigam! Warum hielten Olga und ihr Vater so verbissen an dem angeblichen Arrangement mit Stephan fest? Die erwünschte Ranghöhe war angesichts des Gesamtbildes russischer dynastischer Ehen als Begründung nicht besonders logisch. Das Motiv lag auf einer anderen Ebene: Beide waren es der Reputation des Kaiserhauses schuldig, nach einem würdigen Ehemann zu suchen. Sie wollten sich jedoch vorerst nicht voneinander trennen. Es war ein Spiel mit hohem Risiko, denn bereits in wenigen Jahren würde von Olga der Ruf ausgehen: Eine eingebildete Ziege, kann nicht hoch genug hinauf und wird als einsame Nonne in einem abgeschiedenen russischen Kloster enden. Diese Zukunft wollten weder Nikolaus noch dessen hübsche Tochter.

Vorerst aber sperrten sie sich unverdrossen weiter. Im Juni 1841 besuchte Maria Pawlowna mit Gemahl und Sohn die alte Heimat in und um St. Petersburg. Olga bewies wie gewohnt Respekt vor der strengen, guten und höflichen Tante, fragte artig nach deren Wünschen und begleitete sie zu Ausflügen und Gesprächen. Olga fand, dass die riesigen Hüte, die Tante Maria bei jeder Gelegenheit trug, vielleicht vor dreißig Jahren in Mode waren, und machte sich darüber heimlich lustig. Maria bemerkte den Spott, ließ ihn aber hingehen. Sie hörte zwar schwer, sah aber recht gut und beobachtete Olga und Adini mit auffallender Schärfe. Sie hatte ihren Sohn Carl Alexander nicht mit nach Petersburg gebracht, damit er etwa den Stand seiner Konten bei der Kaiserlichen Bank persönlich überprüfte ... Adini und Carl Alexander gingen unbeschwert miteinander um und hegten keinerlei Hintergedanken. Olga besaß keine Erfahrung im Umgang mit jenen jungen Männern aus dem deutschen Adel, denen Kunst und Literatur, geistreiche Gespräche und amüsante Freundschaften höher standen als der Dienst für das Vaterland. Sie fand zu dem Weimarer Prinzen keinen Zugang und die Erinnerung an Stephans Bild in seinem Zimmer verwirrte sie nur noch stärker.

Tante Maria wollte Olga oder Adini als Schwiegertochter gewinnen. Sie erhielt von ihrem Bruder Nikolaus eine rundweg abschlägige Antwort, ließ sich aber keineswegs entmutigen und ging zum Angriff über. Olga beschrieb die Szene so: „Eines schönen Morgens verlangte sie meine Zimmer zu sehen. Kritisch prüfte sie die steile Treppe, die vielen Balkons, die Türen, die alle zur Vorhalle hinausgingen, und sagte plötzlich unvermittelt: Habt Ihr denn kein Zimmer, in welchem man nicht an den Türen lauschen kann?' Vergebens suchte ich sie zu beruhigen; erst als Anna Alexejewna durch alle Zimmer gegangen war, um zu prüfen, ob kein neugieriges Ohr nahe sei, nahm sie mit feierlicher Miene Platz und begann: ‚Es gibt Vorurteile, die zu bekämpfen sind, Skrupelhaftigkeit, die ans Abergläubische grenzt und über die man in zivilisierten Ländern nur lächeln kann. In deinem Alter muss man lernen, solches zu erkennen. Ich habe mit Nikolaus gesprochen, aber ohne Erfolg. Nun will ich selbst mit dir sprechen und dir sagen, dass ich deine Hand für meinen Sohn erbitte. Bist du bereit?' –, Aber Tante, er ist doch mein Vetter!' –, Das ist ein Vorurteil!' – ‚Aber Papa hat dies doch auch gesagt.' – ‚Es sind rückständige Ansichten.' – ‚Aber unsere Kirche verbietet es, und ich fühle mich ihr mit Herz und Seele verpflichtet.' – Eine Stunde lang währte Rede und Gegenrede; ich leistete in respektvollster Weise Widerstand, im Innersten leise gekränkt, dass sie annehmen konnte, ich werde mich in Gegensatz zu meiner Kirche stellen, die doch auch die ihre gewesen war. Mit Adini ging es ihr anderntags nicht besser. Die gute Tante nahm sich dies so zu Herzen, dass sie ein gastritisches Fieber bekam und sich zu Bett legen musste. Der Vetter aber ließ sich nichts anmerken, blieb heiter und unbefangen, wohl wissend, dass die Rolle eines Kameraden ihm besser zustand als die des schmachtenden Liebhabers."[30]

Die Gäste aus Weimar mussten Petersburg unverrichteter Dinge verlassen. Olga und Adini wollten den Prinzen nicht heiraten. Ihre abweisenden Argumente wären leicht zu entkräften gewesen. Die Eltern wollten das nicht. Es gab ohnehin genug Spannungen bei den Romanows. Mary erwartete 1841 ihr zweites Kind und entfernte sich von der Familie, wollte ihre Unabhängigkeit bestätigen. Die Eltern missverstanden diesen Wunsch als Undankbarkeit. Anstatt um Vertrauen zu werben, ließen Nikolaus und dessen Bruder Großfürst Michael ihren Zorn an Marys Ehemann aus, den sie ohnehin nicht für voll nahmen. Max musste jeden Tag die von ihm kommandierte Militäreinheit unter den Augen des Kaisers und des Großfürsten paradieren lassen. Selbst der kleinste Fehler zog wilde Beschimpfungen nach sich. Je mehr der Kaiser Max kujonierte, umso mehr trennte sich Mary innerlich vom Elternhaus und umso stärker ärgerten sich Vater und Mutter. Olga spürte den Teufelskreis und verlor erst recht jede Lust, an eine Zukunft als Ehefrau im Ausland oder am Petersburger Hof zu denken.

Wenn da nicht die unerbittlichen Gesetze der Dynastie gewesen wären, die Russlands Präsenz in Europa verlangten: Olga musste heiraten, so schnell wie möglich und so hochrangig es nur ging! Für das neunzehnjährige Mädchen drehte sich 1841 alles nur um diese Frage. Bruder Sascha war nach Darmstadt gereist, hatte der kleinen Marie in die Äugelein geschaut und die Ehe war beschlossene Sache! Olgas erste Begegnung mit Max von Bayern lag bereits vier Jahre zurück und nichts bewegte sich. Wer sollte das verstehen, gab es bei der Braut etwa einen versteckten Mangel!? Nikolaus musste handeln, er wollte die Dinge selbst in die Hand nehmen und schreckte doch vor einer Trennung von seiner schönen Tochter zurück. Der Zwang blieb unerbittlich: In den nächsten Monaten müssten definitive Entscheidungen fallen – oder blieb doch noch ein wenig Zeit? Vater und Tochter bildeten ein unentschlossenes Paar. Langsam begriffen sie, die Lösung dieses gordischen Knotens hing nicht nur vom eigenen autokratischen Willen ab. Solange es um Weimar, Darmstadt, Oldenburg oder Mömpelgard ging, mochte das kaiserliche Wort entscheiden, aber in Berlin oder gar in Wien?

Im Oktober 1841 musste Nikolaus I. diese Erfahrung ausgerechnet im Falle Olgas machen. Er wusste, dass die aus politischem Kalkül geborenen gegenseitigen Sympathien der Königshäuser Bayerns und Preußens in den letzten Monaten zu stärkerer dynastischer Verbindung tendierten. Maximilian von Bayern blieb eigentlich nach wie vor der einzige reale Kandidat für Olga, obwohl die ihn nicht haben wollte. Nikolaus unternahm noch einmal den Versuch, ihn beim preußischen König für Olga ins Spiel zu bringen. Man lud Maximilian sogar wieder nach Petersburg ein – Olga nahm es achselzuckend zur Kenntnis. Diese Aktion schaffte nun endlich Klarheit. Verlegen aber höflich und gar nicht unfreundlich kam aus München die Antwort, Kronprinz Maximilian hätte sich schon seit Monaten entschieden, wollte jedoch den Takt wahren und habe daher den Namen der Braut diskret, nach Bayernart, verschwiegen: Prinzessin Marie Friederike von Preußen wollte er heimführen. Die Romanows schäumten: Nikolaus, weil man seinen Willen missachtete; Alexandra Fjodorowna, weil sie als Mutter die Fäden im Hintergrund gezogen und als Abkömmling der Hohenzollern gerne Bayern in das preußisch-russische Netz einbezogen hätte.

Alexandra bewahrte Contenance und verwandelte die peinliche Not in eine Tugend. Sie schrieb würdevoll und lapidar nach Berlin, sie sei froh, dass aus der Verbindung mit Max nichts geworden sei. Den Grund ihres Frohsinns verschwieg sie. Nur Olga freute sich wirklich. Max schied aus, Max, der einzige reale Kandidat. Sie blieb daheim in Petersburg und sah ruhig zu, wie ihre Eltern, getrieben von politisch-dynastischen Zwängen, die Aufmerksamkeit erneut dem „Verlobten" Stephan zuwandten. Die Romanows schickten unverfängliche Hofdamen nach Wien, die herumhorchten, was denn Stephan so über Olga dachte und sagte. Russlands Gesandter Graf Medem erhielt den direkten Auftrag, realistische Chancen für eine Verbindung Olga–Stephan zu erkunden. Als etwa zeitgleich in Petersburg ein Schreiben eintraf, in dem sich Erzherzog Albrecht zum zweiten Mal um Olgas Hand bewarb, hätten Nikolaus und Alexandra eigentlich merken müssen, dass Olgas Chancen bei Stephan äußerst schlecht standen. Aber der Zar spitzte die Sache sogar noch zu: Albrecht erhielt einen definitiv abschlägigen Bescheid. Die brüske Antwort erheiterte vor allem den Fürsten Metternich in Wien, über den alle Fäden nach Petersburg liefen. Zunächst ließ er Nikolaus warten. Erst nach drei Monaten antwortete Metternich mit einem zuckersüßen Brief voller Ablehnungen: „Ehen zwischen Partnern verschiedenen Glaubens, verschiedener Nationalität stellten in Österreich eine ernste Schwierigkeit dar. Das leicht Entflammbare der slawischen Völker in Ungarn und anderen Provinzen des Reiches lasse befürchten, dass eine Erzherzogin russischer Abkunft und orthodoxen Glaubens als Zeichen einer beginnenden slawischen Verbündung dem Reich gefährlich werden könne ..."[31]

Niemals ist in der Geschichte eine der hier als Menetekel formulierten Situationen eingetreten. Aber dem allmächtigen Minister Metternich wollte man selbst in Petersburg nicht offen widersprechen. Graf Medem versuchte Metternich listig zu umgehen und fand direkten Kontakt zu Stephan. In der Sache kam er keinen Schritt voran. Stephan machte nur Ausflüchte: er achte die Gefühle seines Bruders Albrecht, politische Fragen zwängen ihn, Abstand zu nehmen. Schließlich starb Stephans Zwillingsschwester Hermine. Ihr Tod unterband jedes weitere Gespräch. Medem, von der Aussichtslosigkeit seiner Mission überzeugt, blieb dennoch dem kaiserlichen Auftrag treu und bohrte weiter, wo es nur ging – immer mit dem gleichen negativen Ergebnis.

Olgas Mutter geriet langsam aber sicher in Panik: Wer würde nun Olga heiraten? Sie überschwemmte die Damen des deutschen Hochadels mit Briefen und erwog die kühnsten Kombinationen. Der Klatsch blühte – natürlich auf Kosten Olgas. Die aber saß in Petersburg und ließ sich lächelnd von ihrer Gouvernante die hübsche Metapher erzählen: „... das Leben eines jungen Mädchens gleiche einer Fahrt mit dem Boot auf schönem Gewässer, doch immer mit dem Ziel, einmal ans Ufer zu stoßen. Ja, gewiss, aber man konnte die Fahrt verzögern, die Fahrt, denn wie süß war es, sich wiegen zu lassen vom sanften Gleiten der Wellen."[32] Am liebsten wäre Olga nie an ein Ufer gestoßen.

Silberhochzeit eines Kaiserpaars

Im Jahre 1842 feierte das kaiserliche Paar seine Silberne Hochzeit. Thron- oder Familienjubiläen regierender Herrscher sind stets willkommene Anlässe für alle nur möglichen guten Taten gewesen. In einem Reich, das so autokratisch regiert wurde wie Russland, bestimmte der Monarch das offizielle Maß aller Wohltaten. Eine Vermählung Olgas hätte zu diesem Zeitpunkt ein sichtbares Zeichen seiner Souveränität, europäischen Solidarität und vielleicht sogar des Reformwillens im Innern sein können. Natürlich benötigte man dafür einen geeigneten Kandidaten.

Zunächst geschah 1842 in Heiratsangelegenheiten gar nichts. Olga begleitete ihre Mama brav in alle von der zarischen Wohltätigkeit abhängigen Institutionen. Sie übergab Förderbescheide, streichelte kleine Waisen, aß Kohlsuppe in großen Speisesälen. In den Vaterländischen Schulen überprüfte Olga den Wissensstand sowie die Fertigkeiten im Nähen und Sticken. Sie absolvierte den Alltag einer erwachsenen Zarentochter. Die schulische Ausbildung lag hinter ihr, lediglich in russischer und französischer Lektüre nahm sie noch Stunden bei Pletnjow.

Olga malte Ölbilder, ging gelegentlich zu Bällen, falls ihr die umständlichen, weil kompliziert geschneiderten, Kostüme nicht zu lästig wurden und – langweilte sich. Sie hätte 1842 durchaus aufregende Dinge erleben können – wenn sie auf die Anregungen der Tante Helene gehört hätte: „Gegen Ende des Winters, als wir eines Morgens friedlich bei Mama saßen, mit Lektüre und Handarbeiten beschäftigt, hörten wir Papas Schritt zu ungewohnter Stunde. In Uniform gekleidet, trat er mit ernster Miene ein. ‚Segne mich, Frau', sagte er zu Mama, ‚ich stehe vor dem bedeutungsvollsten Akt meiner Regierung. Ich werde jetzt im Reichsrat den Plan vorlegen, der den ersten Schritt zur Befreiung der Bauern darstellt.'"[33] Der Kaiser, der seine Töchter nur in den seltensten Ausnahmefällen mit Regierungsproblemen konfrontierte, öffnete sich ihnen spontan und ohne die Absicht, sie in der wichtigsten Frage, die es in Russland überhaupt gab, in Beratungen einzubeziehen. Lediglich den Segen seiner Frau erbat er.

Nikolaus ließ die überraschte Gemahlin und die erschreckte Olga zurück, eilte mit wichtigen Schritten in den Staatsrat und erklärte, dass „kein Zweifel daran besteht, dass die Leibeigenschaft in Form, wie wir sie heute haben, eindeutig und offensichtlich schlecht für jedermann ist". Gleichzeitig betonte er mit unmissverständlicher Klarheit das Dilemma, in dem er sich befand, dass „ein Angriff gegen sie zu diesem Zeitpunkt noch vernichtender sein würde ... Man kann einfach nicht verheimlichen, dass die gegenwärtige Situation nicht so weitergehen kann ... Alles sollte nach und nach erfolgen ..."[34] Kein Zweifel, die verworrene Sprache und der vage Inhalt korrespondierten miteinander.

Nach diesem inkonsequenten Muster verfuhr Nikolaus bis zur Revolution 1848/49. Die Befreiungsschritte gerieten so verhalten, dass sie praktisch keine Wirkung besaßen. Die Reformpolitiker um den Grafen Kisseljow oder Großfürstin Helene sahen den Misserfolg voraus und bedauerten den Kaiser ob seiner Enttäuschung. Aber sie gaben ihre Hoffnungen auf eine grundlegende Reform nicht auf, erst recht nicht, als Nikolaus resignierend feststellte, er selbst würde die Aufhebung der Leibeigenschaft wohl nicht mehr erleben. Olga beschränkte sich auf das Mitleid über den Misserfolg des Vaters. Lehren über die russischen Zustände provozierte der Vorgang bei ihr nicht.

Die Eltern hatten Olga keine Ausbildung und Erziehung mit auf den Lebensweg gegeben, die sie zur Reformerin befähigte. Zusätzliche Möglichkeiten nutzte Olga nicht. Sie interessierte sich viel mehr dafür, dass die Dampfkraft auf der Schiene und zur See die Reisemöglichkeiten enorm erweiterte – Baden-Baden würde ohne Zweifel dank der modernen Technik künftig ein ständiger Aufenthaltsort für den russischen Adel werden. Die Erwachsenen, zu denen Olga sich selbst nun bereits zählte, durften große Reisepläne schmieden, in das Ausland, aber auch zu attraktiven Zielen innerhalb des Reichs: Gerade kehrten viele junge Helden, geschmückt mit Georgskreuzen, aus einem Krieg zurück, in dem Russland die Bergvölker des Kaukasus unterwarf. Man schloss Wetten ab, ob die Franzosen eher in Algerien oder die Russen eher im Kaukasus siegen würden. Es meldeten sich so viele Freiwillige in den Kaukasus, dass das Los über die Reihenfolge des Einsatzes entscheiden musste. Olga tat in der patriotischen Euphorie begeistert mit. Nur am Rande notierte sie, dass der Feldzug ins Stocken geriet, in einem ewigen Kampf mit wachsender Brutalität versickerte und dass die Zahl der Georgskreuze im Vergleich zu den Grabkreuzen sank.

Ein konkreteres Statut über die abgabepflichtigen Bauern oder ein siegreicher Krieg im Kaukasus hätten gut zum staatspolitisch wichtigen Jubiläum der Silbernen Hochzeit des Herrscherpaars gepasst. Olga interessierten die hübschen Feiern und vor allem die vielen Gäste, die aus Nah und Fern anreisen und das Fest in einen großen Basar für Nachrichten, Absprachen und vielleicht auch Heiratsmöglichkeiten verwandeln würden. Verwandte und Freunde kamen aus den Niederlanden oder aus Württemberg. Aus der Donaumonarchie reiste Erzherzog Karl Ferdinand an – nicht aber der erhoffte Stephan. Olga kommentierte das nun nicht mehr, sondern freute sich plötzlich vor allem auf die preußischen Verwandten.

Die Prinzen Wilhelm und Karl, beide mit den Töchtern Maria Pawlownas verheiratet, begleiteten König Friedrich Wilhelm IV. und dessen reizende Gemahlin Elisabeth. Preußens neuer König genoss im Gegensatz zu seinem Vater nicht das unbedingte Vertrauen des russischen Kaisers. Namentlich seine Bemühungen, die seit 1815 in Preußen schwelende Verfassungsfrage zu lösen, lösten bei Nikolaus abwehrendes Misstrauen aus. Äußerlich gab man sich keine Blöße und wahrte in jeder Hinsicht die Contenance. Man wünschte sich Gottes Segen, beschenkte sich gegenseitig mit hübschen Armbändern, die lediglich hinsichtlich ihrer Zahl an Smaragden und Brillanten variierten. Die Gäste aus Preußen verehrten den Gastgebern einen silbernen Lüster für 25 Kerzen und Milchtöpfchen aus Bunzlauer Keramik.

Selbstverständlich genoss die Silberne Hochzeit der Majestäten den Rang eines staatspolitischen Höhepunkts mit entsprechender öffentlicher Resonanz – keine Deputation aus den Weiten des Reichs, die nicht gebührende Gelegenheit zu Dank und Glückwunsch erhielt! Aber Olga interessierten immer wieder nur die innerfamiliäre Atmosphäre und der freundschaftliche Kontakt zu den Verwandten. Sie hatte über die Jahre und namentlich durch die Mutter erfahren, dass die Verbindungen nach Preußen besondere Beachtung verdienten. Diese Tradition sollte die Silberne Hochzeit pflegen – trotz politischer Meinungsverschiedenheiten. Es störte Olga, dass zwischen ihrem Vater und Friedrich Wilhelm IV. Missverständnisse auftraten. Sie irrte sich jedoch, wenn sie annahm, Nikolaus lehnte den Preußenkönig ab, weil der auf Grund einer Kurzsichtigkeit wenig von militärischen Schauspielen hielt und darum in der Öffentlichkeit unsicher auftrat. Aber sie sah die Dinge eben, wie der Vater sie den Kindern erklärte und wandte wie dieser ihre ganze Aufmerksamkeit Wilhelm, dem „Prinzen von Preußen", zu.

Wilhelm galt ihr als ein geradliniger und zielstrebiger Mann, der die großen Zeiten des Wiener Kongresses und der Heiligen Allianz versinnbildlichte und nicht den Irrlehren des Parlamentarismus unterlag. Der preußische König reiste mit seinem von Olga als arrogant empfundenen Hofstaat bald wieder ab. Prinz Wilhelm dagegen blieb als positive Erinnerung im Gedächtnis haften. Seine vermittelnde Haltung veranlasste die weiblichen Mitglieder der beiden Häuser, zumindest auf ihrer Ebene immer wieder Treuebekenntnisse zum preußisch-russischen Bündnis und zum monarchischen Prinzip abzugeben. Der Einfluss auf zwingende politische Sachfragen blieb gering. Es zeichnete Olga zumindest aus, dass sie die marginale Rolle der Damen in der Politik erkannte: „Wir lebten am Tag für den Tag, Vergnügungen hingegeben, und Sorgen um Dinge der Politik wie der Verwaltung lagen außerhalb unserer Sphäre."[35]

Die Silberne Hochzeit ihrer Eltern hat sich für Olga am Ende hervorragend gefügt. Kein neuer Bewerber um ihre Gunst hatte ihr die Festtagsstimmung verleidet. Sie erfreute sich ganz an der Stabilität, die ihr das autokratische Elternhaus bot. Nur in einsamen Stunden zweifelte sie. Die Eltern feierten Silberne Hochzeit. Der Bruder Alexander und die Schwester Mary führten bislang glückliche Ehen. Olga wusste noch immer nicht, welchen Weg sie wirklich gehen wollte. Man hielt sie am Hof nachgerade für abweisend, unnahbar und sehr kühl, für eine Frau, deren Sinn gar nicht nach einer Ehe stand. Sie wollte jedoch keine Partnerschaft eingehen, nur um dem Ruf einer sitzen gebliebenen alten Jungfer zu entfliehen. Sie sehnte sich nach Liebe und Geborgenheit in einer eigenen Familie, und gleichzeitig fürchtete sie sich davor. Außerdem kannte sie noch keinen geeignet erscheinenden Partner, nicht einmal den vermeintlichen „Verlobten" Stephan. Das Mädchen wurde unzufrieden, irgendetwas musste geschehen, Schluss mit dem Müßiggang –

doch was sollte sie wirklich tun? Olga wusste es nicht, sie hatte ja noch nie in ihrem Leben eigene Entscheidungen treffen dürfen.

Nikolaus verstand den Seelenschmerz seiner Tochter durchaus und wollte ihr helfen, damit sie aus der peinlicher werdenden Situation herausfand. Olga übernahm als erwachsene Tochter ohne Aussichten auf den Thron weitere Repräsentationsaufgaben am Hof. Die Suche nach einem passenden Partner musste ebenso energisch wie feinfühlig fortgesetzt werden. Einen Verbleib Olgas im Elternhaus hätte sich Nikolaus wohl gewünscht, betrachtete er aber nicht als echte Alternative. Das Prestige der Dynastie stand auf dem Spiel! Darin stimmte auch Olgas Mutter vollständig mit dem Kaiser überein.

Der Zar ergreift die Initiative

Für Olga geeignete Repräsentationsaufgaben fand der Kaiser leicht. Das Hausgesetz schrieb ohnehin vor, dass volljährige Großfürstinnen selbstständig ausländische Diplomaten in Audienz empfangen durften. Olga fand es zunächst lustig, wenn sich die Gesandten vor ihr und ihrem kleinen Hofstaat verbeugten und die vorher möglichst exakt abgesprochenen Artigkeiten vortrugen. Nichts charakterisierte den Geist dieser Audienzen besser als jene Anekdote, nach der Olga den amerikanischen Gesandten Tolt in einer Verlegenheitspause mit listigem Lächeln fragte, ob es stimme, dass der Niagarafall eingestürzt sei.

Der Gesandte reagierte schlagfertig, das sei durchaus möglich, er werde sofort bei seiner Regierung Erkundigungen einziehen. Fast alle Beteiligten lachten, Olga und Tolt stellten eine persönliche Verbindung her, die keinerlei politische Verpflichtungen enthielt, aber den offiziellen Beziehungen beider Regierungen nützte. Olga erhielt bei den Damenprogrammen offizieller Staatsbesuche Betreuungsaufgaben und pflegte u. a. die gehobene Konversation mit Königinnen kaukasischer Bergvölker.

Besonders wichtige Aufgaben löste sie natürlich bei der sozialen Wohltätigkeit. Aus persönlichen Erfahrungen im Umfeld der Schlösser von Peterhof oder Zarskoje Selo hielt Olga es für notwendig, spezielle Schulen für Töchter armer Geistlicher einzurichten. Über die Mutter schaltete sie den Heiligen Synod, das russische Kirchenministerium, ein und der Kaiser genehmigte die Schulen, nachdem der Synod errechnet hatte, dass diese sich aus dem Verkauf von Kirchenkerzen selbst finanzierten. Olga erhielt die Erlaubnis, noch im Jahre 1843 in Zarskoje Selo eine Schule für die armen Mädchen einzurichten. Sie kümmerte sich intensiv darum und freute sich über die nützliche Aufgabe. Die Zahl der

Schüler stieg in Zarskoje Selo bis auf sechzig Kinder an. Die Schule erhielt ein festes Lehrprogramm. Olga war mit ihrer Leistung recht zufrieden.

Aber selbst die edelste Sozialarbeit schaffte das leidige Heiratsthema nicht aus der Welt. Langsam nahm das Problem einen traumatischen oder zumindest zwanghaften Charakter an. Jedes Familienmitglied fühlte sich, wo immer es angebracht schien, bemüßigt, Olga einen Ehekandidaten vorzuschlagen, ob die wollte oder nicht. Daraus rührte letztlich die Legende, Olga habe über Jahre hinweg eine große Anzahl von Liebhabern oder Ehekandidaten ausprobiert – keiner erschien gut genug.

Schwester Mary bereiste 1843 mit ihrer Familie Italien und lernte dort den Prinzen Friedrich Wilhelm von Hessen-Kassel zu Rumpenheim, den einzigen Sohn des Landgrafen Wilhelm von Hessen-Rumpenheim und seiner dänischen Gemahlin Louise Charlotte, kennen. Der junge Mann war 1820 geboren worden und damals der einzige legitime Aspirant auf die Kurwürde des Hauses Hessen-Kassel. Im Alter passte er zu Olga und die Aussicht auf einen Kurfürsten war sicherlich verlockend. Mary schlug „Fritz Hessen" als Ehekandidat für Olga vor und Nikolaus I. schien nach entsprechenden Erkundigungen nicht abgeneigt: Kurhessen und/oder Dänemark – beide Optionen schienen ihm möglich. Olga beugte sofort vor: Das wäre ein „Jean sans terre", ein Hans ohne Land, eine zu vage Hoffnung.

Olgas Vorbehalte verhinderten nicht, dass der Prinz eine Einladung nach Petersburg erhielt und im Sommer tatsächlich gemeinsam mit dem mecklenburgischen Prinzen Friedrich anreiste. Olga wartete ab, unterhielt sich freundlich mit dem Gast und ließ die Zeit für sich arbeiten. Nach wenigen Tagen erkannte sie, dass ihre Schwester Adini sich gerade unsterblich in den Hessen verliebte und dass der Prinz die Zuneigung teilte. Olga schwamm im Glück! Sie musste den Kandidaten nicht abweisen! Adini fand die Liebe ihres Lebens und das politische Ansehen des Kaisers nahm keinen Schaden. Die Kronen in Kassel oder in Kopenhagen trug dann eben nicht Olga, sondern Alexandra. Darin lag für die Romanows kein besonderer Unterschied. Ende Juni 1843 fand die Verlobung statt. Weder Nikolaus noch Olga machten ein Geheimnis daraus, dass sie mit dieser Lösung sehr einverstanden waren. Heuchlerisches Mitgefühl serviler Höflinge, die Schwester habe ihr den Bräutigam gestohlen, wehrte Olga gelassen ab. Sie durfte noch für eine Zeit beim Vater leben, ihr blieb eine Gnadenfrist im Schoße der Familie.

Wenige Monate später musste sie sich des nächsten Ehekandidaten erwehren. Es begann geradezu ein Wettrennen um die Großfürstin: Dachte man, die Frucht sei überreif und könne zu einem günstigen Preis gepflückt werden? Oder diente Olga dem Hause Romanow gar als eine Art Lockvogel, um diverse dynastische Verbindungen anzubahnen? Olgas zwiespältige Gedanken über eine mögliche Ehe interessierten niemand. Der Fall des nächsten Anwärters deutet tatsächlich darauf hin, dass Olga eigentlich gar nicht mehr das eigentliche Ziel der Begierde war, sondern dass über sie andere Eheprobleme gelöst werden sollten. Im Sommer 1843 tauchte plötzlich – angeblich unangemeldet und unvorbereitet – Herzog Adolf I. von Nassau mit seinem Bruder Moritz in Petersburg auf und bat Nikolaus I. um die Hand der Großfürstin Elisabeth, einer Tochter der Großfürstin Helene und dessen Mannes Michail. Der Kaiser gewährte nach einiger Verblüffung über die Dreistigkeit des Vorstoßes die Gnade, und Herzog Adolf reiste ebenso unvermittelt nach Karlsbad ab. Dort hielt sich Helene gerade mit ihren Töchtern auf.

Bruder Moritz blieb in Petersburg zurück. Acht Tage lang buhlte er, damals 23 Jahre alt, um die Gunst Olgas. Er gefiel ihr. Mary redete ihr sogar zu: Sollte Olga den land- und geldlosen Nassauer heiraten, käme er am Petersburger Hof in eine ähnlich abhängige Stellung wie Max von Leuchtenberg. Geteiltes Leid wäre dann halbes Leid. Sie könnten noch einen bunten Vogel in den goldenen Käfig sperren. Eine solche Rolle wollte Olga weder sich selbst noch dem auserwählten Partner zumuten. Aber nicht allein das schmachtende Werben des jungen Nassauers trieb sie zu bisweilen erregten Reaktionen. Bis zum Sommer 1843 verdichtete sich die Heiratspolitik um ihre Person – und sie selbst trug daran ein gehöriges Maß an Mitschuld – zu einem nur schwer entwirrbaren Knäuel, aus dem sie für den Augenblick keinen Ausweg wusste. Sie malte ihr Schicksal in den schwärzesten Farben: „Junge Damen, vor allem Prinzessinnen in heiratsfähigem Alter sind eigentlich bedauernswerte Geschöpfe. Der Gothasche Almanach verrät das Alter, man kommt dich anschauen wie ein Pferd, das zum Verkauf steht. Gibst du auf den ersten Anhieb nicht gleich deine Einwilligung, klagt man dich der Kälte, der Koketterie an oder rätselt wie an einem Geheimnis herum. War ich fürs Kloster bestimmt oder verbarg ich eine unglückliche Leidenschaft? So fragte man in meinem Fall."[36]

Olga besaß gar keine andere Wahl, als weiter auf die Fähigkeiten, die Vernunft, die Zuneigung, die Festigkeit und die Zielstrebigkeit in den Handlungen ihres Vaters zu setzen. Er würde, so hoffte sie, den entscheidenden Faden finden, das verschlungene Knäuel zu entwirren. Handlungsunfähigkeit konnte man dem Zaren in der Tat nicht unterstellen, wenn es um die Zukunft seiner Tochter ging. Mangelnde Zielstrebigkeit ebenfalls nicht. Mit Marie von Hessen-Darmstadt war deren Bruder Alexander als Gardeoffizier in russische Dienste getreten. Dieser Alexander stellte Olga so aufdringlich nach, dass der Kaiser ihm bereits 1842 einen mehrmonatigen Heimaturlaub „bewilligte". Im Frühjahr 1843 kehrte der Prinz nach Petersburg zurück und setzte seine verwegenen Spielchen munter fort. Weil er aber nicht nur Olga zu umgarnen versuchte, sondern vielen Frauen nachstellte, rief er den kollektiven Ärger aller Romanows hervor.

Nikolaus beobachtete das Treiben mit Argusaugen, war sich aber sicher, dass Olga keine Neigungen gegenüber dem Nichtsnutz besaß, dass sie nach wie vor allein den Weisungen des Vaters folgen würde. Verärgert über die als Niederlagen empfundenen Absagen aus Bayern und Österreich, wollte der Zar im Sommer 1843 keine weitere Zeit verstreichen lassen und endlich seiner Tochter ein standesgemäßes „Etablissement" sichern.

Ab August 1843 kämpfte Nikolaus endgültig mit hohem persönlichen Einsatz um eine geeignete Partie für sein hübsches Nesthäkchen. Zuerst musste Außenminister Nesselrode beim österreichischen Gesandten in Petersburg vorfühlen: der Zar trage immer noch den Wunsch nach einer engeren Familienbeziehung mit Habsburg in sich und sehnte sich trotz der bisherigen Ablehnung nach dessen Erfüllung. Und da der Zar wisse, dass alle Probleme mit Österreich nur über Metternich gelöst werden könnten, lade er den Fürsten nach Warschau ein. Metternich verstand sofort, dass es nur um die ihm leidige Heiratsfrage ging und bestimmte den Grafen Ficquelmont zu seinem Vertreter. Metternich hielt eine Ehe Olgas mit Stephan zwar für Russland und Österreich nützlich. Er begriff wohl, dass Nikolaus um Österreichs Hilfe bei der Lösung seiner Probleme mit der katholischen Kirche in Polen warb. Wichtiger schien ihm jedoch seine eigene Machtstellung.

In der Instruktion für Ficquelmont schob Metternich erneut die erste Ehe des Palatinus von Ungarn mit der russischen Großfürstin Alexandra und die unterschiedlichen Religionen als Hauptgründe für eine Ablehnung vor. In Wirklichkeit befürchtete Metternich, dass eine Heirat zwischen Olga und Stephan, dem Sohn des Palatinus, zu einer Stärkung des Letzteren sowie der Erzherzöge insgesamt führen würde. Darunter würde nur er selbst, Metternich, leiden und das wollte er auf keinen Fall riskieren.

Während Metternich noch Vorkehrungen zur Abwehr des russischen Angriffs auf seine Autorität traf, reiste Nikolaus in der etwas vagen Hoffnung nach Berlin, dort mit Stephan persönlich sprechen zu können.

So lauteten die ihm zugegangenen Informationen. Kaiserin Alexandra schrieb sofort an ihren Bruder Wilhelm, er solle Stephan bis zur Ankunft des Kaisers aufhalten! Stephan weilte aber gar nicht in Berlin, sondern in Hannover. Wilhelm beauftragte den Bruder Karl und der schrieb Stephan in einem Brief, Kaiser Nikolaus wolle ihn in Berlin gerne persönlich sehen. Stephan erging sich jedoch nach Metternichs Weisungen und eigenem Willen in Ausflüchten und schlug ein Treffen aus.

Der Kaiser geriet in Wut. Er fühlte sich gekränkt und gedemütigt, zumal nach russischen Vorstellungen die Entfernung zwischen Berlin und Hannover etwa der zwischen Petersburg und Peterhof glich, gut für einen Ausflug zum Wochenende! Der Leidtragende wurde der Herzog von Orléans. Er hielt sich zum selben Zeitpunkt wie der Zar in Berlin auf. Nikolaus' nun schon verzweifelt wirkende Bemühungen um Stephan blieben kein Geheimnis und der neuerliche Misserfolg beflügelte die preußischen Spötter, Orléans zum neuesten Kandidaten Olgas zu erheben. Nichts ist daran wahr gewesen, außer, dass Nikolaus' Wut weiter anwuchs, denn zu Hause saß das liebe Töchterchen und lag ihm ausschließlich mit ihrem „Verlobten" in den Ohren. Das war schon ein besonderes Kapitel in dem großen Roman über Väter und Töchter.

Enttäuschte Brautwerber

Er musste sich konzentrieren! Es ging um seine liebe Tochter, für die er den Ärger auf sich nahm, ohne ihr irgendwelche Vorwürfe zu machen. Nikolaus reiste von Berlin nach Warschau und traf dort auf den Gesandten Metternichs. Sein Zorn und seine Enttäuschung über die nahezu aussichtslosen Bemühungen waren so groß, dass er alle diplomatische Vorsicht fallen ließ und sich gegenüber Ficquelmont den „ganzen Frust" von der Seele redete. In drei Begegnungen erklärte Nikolaus dem österreichischen Diplomaten: „Ich bin im Begriffe, meine dritte Tochter zu verheiraten. Sie müssen fühlen, wie sehr es der Kaiserin und mir peinlich sein muss, Olga noch nicht etabliert zu sehen. Sie ist 21 Jahre alt und es gibt jetzt nur eine einzige Partie in Europa, die ihr passen könnte, das ist der Erzherzog Stephan. Ein Familienband wie dieses würde uns beiden in politischer Beziehung sehr wohltun. Glauben Sie mir, die Welt muss überzeugt werden, dass die Bande, die uns einen, unauflöslich sind."[37] Die Welt musste überzeugt werden? Die Orientalische Krise gehörte doch der Vergangenheit an, oder sollte hier die russisch-österreichische Partnerschaft gegenüber einem in Petersburg zunehmend misstrauischen Blick auf die politische Festigkeit Preußens betont werden? Nikolaus kam gerade aus dem Berlin Friedrich Wilhelms IV. Dessen konstitutionelle Pläne überzeugten den Zaren ganz und gar nicht.

Ficquelmont ging nicht auf die Sorgen und Wünsche des Gesprächspartners ein. Er pochte auf die religiösen Unterschiede zwischen dem katholischen Stephan und der orthodoxen Olga. Der Zar wies diese Argumentation zurück: „Das gestaltet vielleicht meinen Vorschlag etwas schwieriger, aber deswegen kann ich doch nicht darauf verzichten. Sie kennen meine Tochter", sagte er, sie gleichsam anpreisend, „und wissen, was sie für ein Engel von Reinheit und Güte ist. Sie kennen auch den Geist, in welchem ich alle meine Kinder erzogen habe, das heißt jenen des strengen Gehorsams, und dieses Gefühl wird sie auch in ihren Beziehungen zu ihrem künftigen Gemahl stets leiten. Die Frage der gemischten Heiraten beschränkt sich also darauf, die Religion der daraus entspringenden Kinder zu bestimmen, und da ist es selbstverständlich, dass diese in der katholischen Religion erzogen werden sollen. In früheren Fällen gab es keine solchen Schwierigkeiten, warum also plötzlich diese ablehnende Haltung ?"[38]

Ficquelmont erkannte die Schwächen in der Argumentation Metternichs und wollte ablenken: Nur die kaiserliche Familie selbst könnte über die Religionsfrage entscheiden! Er wollte keinesfalls eine Abkühlung in den österreichisch-russischen Beziehungen provozieren, zumal er wusste, dass der Palatinus Joseph gar nichts gegen eine Vermählung Olgas mit Stephan einzuwenden hatte. Aber in seiner Stellung durfte er unmöglich den Willen Metternichs ignorieren. Nikolaus registrierte ernüchtert – und er betrachtete dieses Resultat als tiefe Demütigung seiner kaiserlichen Ehre –, dass er über Metternich keinesfalls sein Ziel erreichen würde. Es blieb ihm nur ein Weg: Metternich ausschalten und den direkten Kontakt zur kaiserlichen Familie in Wien suchen.

Er schrieb noch in Warschau einen Brief an die österreichische Kaiserinwitwe Karoline Auguste und bat Ficquelmont um dessen Übergabe in Wien. Nikolaus musste doch wissen, dass dieser Brief zuallererst von Metternich gelesen werden würde! Man mag dieses Vorgehen als naiv betrachten. Selbstverständlich informierte Ficquelmont den Kanzler. Natürlich attackierte Metternich die Kaiserinwitwe. Und diese antwortete auf Nikolaus' Brief selbstverständlich, dass die leidige Religionsfrage ein unüberwindbares Hindernis für die Ehe Olga–Stephan sei.

Nikolaus glaubte besonders klug zu handeln, denn er hoffte auf den durchschlagenden Erfolg eines Trumpfs, den er nach der Antwort Karoline Augustes ausspielte. 1799, als Alexandra Pawlowna und der Palatinus Joseph geheiratet hatten, schlossen die Kaiser Franz II. und

Zar Paul I. einen Geheimvertrag. Das Papier legte fest, dass „bei Ehen zwischen den beiden Kaiserhäusern ... Großfürstinnen, die etwa in die österreichische Familie einträten, für ihre Person völlig ungestört den Kult ihrer Religion ausüben könnten, ebenso wie Erzherzoginnen, die in die kaiserlich russische Familie heiraten, die gleiche Freiheit genießen sollten. Weder Metternich, der damals noch nicht in österreichischen Diensten stand, noch die Kaiserinwitwe, die erst 1816 vermählte vierte Gemahlin Kaiser Franzens, und natürlich auch Ficquelmont hatten eine Ahnung von diesem Geheimvertrag und die hohe Frau muss sich nunmehr einen Brief des Zaren Nikolaus gefallen lassen, der ihre Einwände und die der Wiener Diplomatie zunichte macht."[39]

In welch starkem Maße Nikolaus von der Kraft dieses Geheimvertrags überzeugt war, dokumentiert der sehr selbstbewusste Brief vom 10. Januar 1844 an Karoline Auguste: „Ein so feierlicher Akt lässt keinerlei Zweifel bestehen, Madame. Er hat Gesetzeskraft, ist bindend für beide Kaiserreiche, solange er nicht im gemeinsamen Einverständnis widerrufen ist. Ich kann doch nicht annehmen, dass der Kaiser Ferdinand einen Familienpakt zerreißen will, den der Kaiser Franz unterzeichnet hat, und muss ich nicht die von meinem Vater erworbenen Rechte verteidigen? Solange dieses Aktenstück existiert, k a n n ich weder, noch w i l l ich auf meine gerechten Hoffnungen verzichten. Ich beauftrage den Grafen Orloff, es dem Kaiser zu bringen. Es ist nun an ihm und an Ihnen, Madame, zu entscheiden, ob das Werk des Kaisers, Ihres verewigten Gemahls, verschwinden oder aber sein Segen auf einer neuen Verbindung zwischen unseren beiden Familien ruhen soll, die wir von ganzem Herzen herbeiwünschen. Möge Gott Sie erleuchten, Madame."[40] Ohne Zweifel legte Nikolaus seine ganze kaiserliche Autorität in diese pathetischen Worte. Aber Nikolaus lief ins Leere. Karoline Auguste wies ihn mit Metternichs bekannten Scheinargumenten ab. Der Vertrag von 1799 besaß für sie weder Gültigkeit noch Bedeutung.

Russlands Kaiser wollte sich damit nicht abfinden. Er schrieb nun direkt an den Palatinus von Ungarn, seinen Schwager Erzherzog Joseph. Nikolaus erwartete den baldigsten Besuch Stephans in Petersburg, der sich bei dieser Gelegenheit mit Olga bekannt machen könnte: „Wenn die jungen Leute sich dann gefielen, so würde ich mich freuen, meine Tochter in Deine Familie eintreten zu sehen. Zu meiner großen Überraschung hat aber der Fürst Metternich gleich bei den ersten Schritten ganz unerwartete Schwierigkeiten gemacht und auch bei der Kaiserinwitwe ist der erste Versuch gescheitert, wobei die Religion als unüberwindliches Hindernis dargestellt wurde. Auch behauptet man da, der

Vorakt Deiner ersten Ehe gelte nicht mehr, weil sich seither alles verändert habe. Allerdings hat aber die Kaiserin nicht gesagt, was eigentlich verändert sei."[41] Nach den Gesprächen in Warschau und den Briefen an Karoline Auguste und den Palatinus kündigte Nikolaus eine neue Initiative an. Er wollte einen seiner engsten Vertrauten, den Grafen Alexander Orlow, in persönlicher Mission nach Wien entsenden.

Erzherzog Joseph respektiert den Zaren, erachtet auch eine Verbindung Ungarns mit Russland für sinnvoll und hat keine Einwände gegen die Ehe Stephans mit Olga. Aber der Palatinus ist in erster Linie gegenüber seinem eigenen Monarchen loyal. Er legt die Entscheidung in der Ehefrage in die Hände Wiens – in die Hände Metternichs. Josephs Mahnung, die Freundschaft mit Russland nicht zu gefährden und das Ehrgefühl des Zaren zu beachten, quittierte Metternich mit einem herablassenden Lächeln. Um so mehr ist er überrascht, dass im Februar 1844 tatsächlich Graf Orlow in Wien erscheint. Die Verwirrung währt nicht lange und Metternich holt zum entscheidenden Schlag gegen Nikolaus aus. Er kann und will diese Ehe nicht dulden! In gezielten Briefen an den Erzherzog Ludwig, die Kaiserinwitwe und die Kaiserin behauptet Metternich, dass der Kampf zwischen der orthodoxen und der katholischen Kirche so scharf sei und elementare Fragen der Politik Habsburgs berühre, dass für eine Ehe Olgas mit Stephan unbedingt das Einverständnis des Papstes in Rom eingeholt werden müsse! Metternich belastete ein einfaches Heiratsproblem, das im Heiligen Römischen Reich in vielen Fällen ohne jeden Skrupel erfolgreich praktiziert wurde, mit einer politischen Dimension, die nicht mehr überbietbar schien. Daran sollte sich Nikolaus die Zähne ausbeißen!

Die ganze Absurdität, aber auch Brisanz der durch Metternich heraufbeschworenen Situation komprimierte ein Kommentar der Kaiserin Maria Anna: „Ich will nicht, dass man sich an den Papst wendet, das wird ihn und die Kirche nur kompromittieren, denn der Kaiser von Russland ist ein Grieche, wird die schönsten Versprechungen machen und sie nicht erfüllen. Es ist sonderbar, jemand zu einer Heirat zwingen zu wollen, und dass eine Prinzessin einen Prinzen gleichsam begehrt. Wenn Kaiser Ferdinand da nachgibt, wäre es ein Zeichen von großer Schwäche. Die ganze Stadt ist gegen diese Heirat, ich weiß gewiss, dass selbst die Protestanten dagegen sind und ein Nachgeben unter der Würde unseres Kaisers finden. Ich will mich in nichts mischen, bin aber bereit, alles zu tun, um diese Heirat zu verhindern."[42] Metternich spannte das Kaiserhaus in Wien und einen Teil der öffentlichen Meinung in sein Spinnennetz ein und Häme trieb ihn an, als er dem päpstlichen Nuntius in Wien mitteilte, dass Graf Orlow die Stadt am 5. März 1844 so verlassen hat, wie er gekommen ist – mit leeren Händen.

Aber der fintenreiche Metternich hatte den Zenit seiner diplomatischen Kunst überschritten, verstand es nur noch nicht. Als er Olgas Hochzeit mit Stephan vereitelte, überragte das Altersego längst frühere politische Weitsicht. Er wähnte sich am Ziel und rief am Ende doch nur Ärger und Widerstände hervor. Die Habsburger mussten die Rankünen Metternichs mit einer schrittweisen Abkühlung zwischen den beiden Kaiserhäusern bezahlen, die das politisches Krisenmanagement in den Spannungsjahren 1848, 1853/56, 1859 und 1866 nicht gerade erleichterte.

Die Affäre Olga–Stephan fand jedoch noch lange kein Ende. Der Papst in Rom fühlte sich in höchstem Maße brüskiert, dass Metternich ihn ohne Not zum Schiedsrichter in einer rein politisch-dynastischen Frage bestimmte. Gregor XVI. erklärte gegenüber dem Grafen Lützow, „... ich protestiere dagegen, dass ich mich irgendwie in die politischen Erwägungen einmischen will, die die Frage der Heirat eines österreichischen Erzherzogs mit einer russischen Großfürstin aufweisen könnte. Meine Meinung kann nur die religiöse Seite der Sache betreffen. Vor allem aber sei es mir erlaubt, zu bedauern ..., dass man meinen Namen vorschiebt und mich so gleichsam mit der Verantwortung und dem Odium der Ablehnung belasten will."[43]

Keine der beteiligten Parteien zog danach einen Schlussstrich: Russlands Kaiser akzeptierte die Demütigung nicht, der Papst verurteilte die ihm von Metternich zudiktierte Rolle. Olga blieb unverheiratet und die Suche nach einem Bräutigam ging weiter.

Eine geduldige Großfürstin

Es widersprach dem Stolz Nikolaus', seine Tochter in irgendeiner Weise direkt und persönlich mit den Querelen um ihre Verheiratung zu belasten. Während Orlow in Wien von einer Peinlichkeit in die andere geriet, tanzte Olga in Petersburg beim Karneval mit dem in sie verliebten Flügeladjutanten Fürst Barjatinski und der zudringliche Alexander von Hessen machte ihr auch bald wieder den Hof. Es ist allerdings schwer vorstellbar, dass die Niedergeschlagenheit des Kaisers, sein Groll gegen Wien und die katholische Kirche von Olga gänzlich unbemerkt geblieben sein sollen. Die höfische Gerüchteküche kochte. Viele Mäuler zogen insgeheim genüsslich über die Misserfolge Olgas und ihres Vaters her.

In der Familie Romanow gab es noch andere und ernstere Sorgen. Ende Januar 1844 durfte Adini endlich ihren „Fritz Hessen" heiraten.

Nikolaus setzte bei dem nicht besonders wohlhabenden Prinzen auf die Hoffnung, dass er eines Tages die dänische Königskrone erringen könnte. Das dänische Königspaar bemühte sich sehr um die jungen Leute und die Familien einigten sich, dass Adini und Fritz zu Ostern 1844 nach Kopenhagen übersiedelten. Doch Adini kränkelte sichtbar, bekam Hustenanfälle, feuchte Hände und eine sehr blasse Farbe. Zudem folgte der Heirat schnell die erste Schwangerschaft. Die ganze Familie sorgte sich ernsthaft um die Zukunft der jungen Frau.

Olga reagierte wie so oft still und nachdenklich. Sie ging lieber in sich und formulierte ihr persönlich wichtig erscheinende Ansichten über die Religion, das Wesen des Familienlebens oder auch über politische Grundsätze. Sie versuchte, die Ernsthaftigkeit ihres Charakters zu unterstreichen, schirmte sich mit diesem Verhalten aber gelegentlich auch vor den drückenden Fragen ab. Menschlich erscheint das verständlich, zumal kein einziges Problem bekannt geworden ist, bei dem Olgas Ansichten für die Familie Romanow prägend geworden wären.

Im Frühsommer 1844 beschäftigte sie sich mit der religiösen Konversion, äußerte dafür wenig Verständnis und betonte immer wieder, dass für sie persönlich die orthodoxe Religion das einzig mögliche Bekenntnis bleiben werde. Obwohl Olga die Verhandlungen in Warschau und Wien mit keiner Silbe erwähnte, war der Bezug unübersehbar. Nicht minder deutlich geriet ihre indirekte Politikerschelte. Olga verhielt sich jederzeit diszipliniert und hätte es nicht gewagt, Kritik über ausländische Politiker zu äußern – schon gar nicht über Metternich. Aber die Illoyalität der eigenen russischen Politiker, deren Korruptheit, Intrigantentum, Feigheit und Verschlagenheit durfte die Großfürstin ruhig einmal im kleinen Kreis der Familie beim Namen nennen. Jeder kannte die russischen Zustände und hatte bereits acht Jahre zuvor Nikolai Gogols Komödie „Der Revisor" im Alexandertheater gesehen. Sie betonte ja lediglich die absolute Reinheit des väterlichen Vorbilds. Olga bereitete keine Palastrevolte vor und wollte die Regierung nicht stürzen. Sie sorgte sich um das Ansehen des Kaisers, der Dynastie und Russlands in Europa, besonders angesichts der Intrigen Metternichs. Die Verweigerung der Ehe mit Stephan schärfte ihr individuelles politisches Interesse und Bewusstsein für gesellschaftliche Probleme in Russland – zumindest vorübergehend, aber ohne zu politischen Standpunkten zu führen.

Olga ließ sich vom russischen Unterrichtsminister Uwarow eine Landkarte schicken, auf der alle Gebiete mit vorwiegend slawischer Bevölkerung hervorgehoben waren: „Sie erstreckten sich bis Mecklenburg, bis zur Lausitz und vor allem weit nach Österreich hinein."[44] Die Debatten der Slawophilen und Westler drangen zwar bis zu Olga vor, aber sie schloss sich dann doch lieber unkritisch dem Urteil des Vaters an: „Die Nationalitätenfrage ist eine Erfindung der Gelehrten; wenn aber Revolutionäre sie aufgreifen (er sagte damals „Jakobiner" statt Revolutionäre), kann sie eine Gefahr für ganz Europa werden. Der Verwirklichung solcher Träume werde ich nie meine Hand leihen"[45] „Nicht lange darauf kam Tante Helene mit dem Vorschlag zum Vater, Großfürstinnen mit Prinzen ohne Thronaussicht zu vermählen, die man sodann zu Herrschern slawischer Völker machen könne – oder, nach dem Beispiel Österreichs in Italien, für Großfürsten Secundogenituren in Serbien, Montenegro, der Walachei etc. einzurichten. (Bulgarien bestand damals noch nicht)."[46]

Olga vielleicht als Königin von Serbien? Auch Helenes strategisches Denken stieß an Grenzen. Der Kaiser verfolgte in der Balkanpolitik ohnehin andere Ziele. Außerdem erschien ihm der Bezug zu Österreich mehr als taktlos. Helene wollte allerdings auch nur eine Anregung geben – die später in Bulgarien sogar umgesetzt wurde. Olga sollte nicht in den Schluchten des Balkans verschwinden oder vielleicht sogar durch ein Dekret des russischen Zaren die ohnehin fragile slawische Brüderlichkeit beeinflussen, die damals im Zuge allgemeiner nationaler Euphorien in Mode kam.

Derartige Gedankenspiele besaßen für Olga im Grunde keine reale Bedeutung. Im Sommer 1844 stockten die Ehe-Aktivitäten ohnehin. Es ist durchaus verständlich, dass das Schicksal der Schwester Adini Olga und den Kaiser lähmte. Schwanger und von schwerem Husten geplagt, musste Adini im Frühjahr aus dem freundlichen Anitschkow-Palais in düstere Zimmer des ungesunden Nordflügels im Winterpalais umziehen. Niemand achtete ernsthaft auf die drohenden Gefahren. Nikolaus reiste ganz beruhigt nach England, die Ärzte sahen keinen Grund für einen Verzicht auf die Reise, bei der Nikolaus die Beziehungen zur britischen Krone vor allem in der Orientfrage verbessern wollte. Nur der Arzt Martin Wilhelm Mandt, der Adini allerdings nicht direkt behandeln durfte, erkannte nach gründlicher Untersuchung unter Aufsicht ihrer eigenen Ärzte das ganze schlimme Ausmaß ihres Zustandes. Adini litt an der Schwindsucht. Das Leiden hatte ein Stadium erreicht, in dem es kaum noch Hoffnung gab. Als Mandt diese Erkenntnis gewonnen hatte, fuhr er sofort hinter dem Kaiser her und erreichte ihn in London.

Nikolaus kehrte unverzüglich nach Hause zurück. Er traf seine Familie in Zarskoje Selo, die frische Sommerluft auf dem Lande tat Adini gut. Mandts Diagnose löste bei Olga einen Schock aus. Nikolaus entließ die behandelnden Ärzte Marcus und Rauch sofort – nur der Gynäkologe Scholtz durfte im Hinblick auf die baldige Entbindung bleiben. Mandt übernahm nun die Behandlung Adinis. Er wollte gemeinsam mit der Familie alles daran setzen, das Kind lebend zur Welt zu bringen. Adini gab er keine Chance mehr.

Auf einen kühlen Juni folgte ein heißer Juli – die letzten Wochen im Leben Alexandra Nikolajewnas. Die Familie durchlitt ein Martyrium. Von Tag zu Tag verfiel Adini mehr. Olga prägte sich jede Phase und jede Erscheinung im langsamen Sterben der einst so fröhlichen Schwester ein. Am 29. Juli 1844 brachte die junge Frau im sechsten Monat ihrer Schwangerschaft einen lebenden Knaben zur Welt, der sofort auf den Namen Friedrich Wilhelm Nikolaus getauft wurde. Das Kind starb noch vor der Mutter, die am Nachmittag des gleichen Tages für immer einschlief.

Olga, die Eltern und die Geschwister litten unendlich unter dem Verlust. Der Kaiser, hart und unerbittlich in der Politik, bändigte seinen Schmerz nur, indem er sich allen Trauerfeierlichkeiten entzog und Ablenkung in der Arbeit suchte. Olga blieb in dieser Stunde ihrem Wesen treu: „Ich hatte nur ein Verlangen: Einsamkeit! Stundenlang saß ich bei versperrter Tür in Adinis kleinem Zimmer, wo alles seit dem vergangenen Sommer unverändert geblieben war. Ich las die kleinen Hefte mit ihren Tagebuchaufzeichnungen, die nun offen vor mir lagen, diese Aufzeichnungen, von denen jedes Wort die Zartheit ihres frommen Wesens kündete, wie auch die Liebe, die sie für uns alle und besonders für mich im Herzen trug. Noch in den allerletzten Tagen hatte sie voll liebender Sorge meiner gedacht."[47] Es sind dies wohl die schönsten und menschlichsten Worte, die Olga vor dem Tod ihres eigenen Manns im Jahre 1891 niedergeschrieben hat

Das Ableben Adinis festigte Olgas Bindung an die Geschwister und an die Eltern. Als sie im Herbst wieder in die alltägliche Petersburger Hofgesellschaft zurückkehrte, fühlte sie sich abgestoßen. Sie sah die Cliquenwirtschaft und die Rivalitäten der Höflinge besonders scharf und verspürte einmal mehr keine Lust, sich vielleicht sogar endgültig aus dem inneren Familienverband zu lösen. Den erneut einsetzenden Flirt mit dem Prinzen Alexander von Hessen oder mit dem Fürsten Barjatinski genoss Olga trotzdem. Sie spielte mit den jungen Männern: lockte sie, stieß sie ab, machte Avancen, wirkte fröhlich und unbekümmert – niemals sah sie in einem der beiden Herrn einen konkreten Heiratskandidaten.

Nach Monaten relativer Ruhe begann im Frühsommer 1845 eine neue Phase in den Bemühungen, Olga zu verheiraten. Die Familie Romanow entledigte sich der langsam unbequem werdenden jungen Heißsporne Alexander von Hessen und Barjatinski. Sie erhielten die allerhöchste Erlaubnis, den Kaiser alleruntertänigst zu bitten, sie zur militärischen Verwendung in den Kaukasus zu schicken. Im Einsatz gegen rebellierende Bergvölker durften sie Ruhm erwerben und – als lästige Liebhaber aus Olgas Nähe verschwinden.

Letzter Trumpf – Italien!

Im Sommer 1845 gedachte die Familie des ersten Todestages Adinis und in die ohnehin traurige Stimmung mischten sich ernster werdende Sorgen um die Kaiserin. Seit Jahren von schwacher Gesundheit, bereiteten ihr das Herz und die Lunge zunehmend Probleme. Im Wettstreit der behandelnden Ärzte um die Gunst des Kaisers nahm Alexandra weiteren Schaden. Nikolaus wollte sich um keinen Preis für längere Zeit von seiner Frau trennen. 1844 hatte sich Martin Wilhelm Mandt erstmals durchgesetzt und beim Kaiser eine mehrmonatige und im Endergebnis erfolgreiche Kur in Bad Ems erfochten. Der folgende Winter im ungesunden St. Petersburg und das mangelhaft klimatisierte Winterpalais schwächten die positiven Wirkungen der Kur deutlich ab. Im Frühjahr und Sommer 1845 lebte Alexandra mit Olga und den kleineren Geschwistern in Peterhof und auf dem Lande. Der milde Sommer und die sanfte Luft über dem Finnischen Meerbusen führten zu keiner durchgreifenden Linderung ihrer Schmerzen oder des allgemeinen Unwohlseins.

Die Ärzte gelangten zu dem einheitlichen Fazit, der Kaiserin helfe nur noch ein langer Aufenthalt im Süden: auf der Krim, in Südfrankreich oder in Süditalien. Nikolaus I. geriet außer sich, obwohl er seine kleine Frau abgöttisch liebte. Bad Ems hatte er noch geduldet. Er musste ohnehin in politischen Fragen und in Sachen Olga nach Deutschland fahren und konnte Alexandra besuchen. Jetzt aber verfinsterte sich seine Miene bedrohlich, die gefürchteten eiskalten Augen starrten ohne Verständnis auf die Ärzte. Krankheit hin oder her – die Gemahlin hatte in seiner Nähe zu sein! Nikolaus suchte nach Ausflüchten: Die Krim kam auf keinen Fall in Frage, dort war sein Bruder Alexander I. 1825 dem gefürchteten Krimfieber erlegen! Südfrankreich? Niemals! Die russische Kaiserin würde nicht in das Reich dieses unglückseligen Bürgerkönigs Louis Philippe fahren! Und Italien? Am Hofe von Neapel würde sich Alexandra nicht vor gesellschaftlichen Verpflichtungen retten können. Das ging nicht!

Nikolaus wusste nicht einmal, dass seine Frau sich seit Jahren eine ausgedehnte Reise nach Italien wünschte, nur nicht den Mut aufbrachte, es ihrem Mann einzugestehen. Im Sommer 1845 trat eine neue Situation ein. Die Herzrhythmusstörungen, Brustkrämpfe und die Abmagerung der Kaiserin erschienen den Medizinern lebensbedrohlich. Die Ärzte Marcus und Reinhold wagten es nicht, dem Kaiser die Wahrheit zu sagen. Mandt, der lästige Konkurrent, gegen den am Hof nach Herzenslust intrigiert wurde, dessen direkte Art allein dem Kaiser Vertrauen einflößte – dieser Mandt sollte Nikolaus überreden, die Gemahlin gen Süden ziehen zu lassen.

Mandt ist ein ehrlicher Mensch. Er zaudert nicht, er überlegt. Nach reiflichem Nachdenken über die eigene Verantwortung, über den Gesundheitszustand der Kaiserin und über den Charakter des Kaiser schreibt er diesem am 5. August 1845 einen Brief: „Ew. Majestät Vertrauen hat an mich die inhaltschwere Frage gerichtet: was im nächsten Winter für die Gesundheit Ihrer Majestät der Kaiserin zu thun sey? ... Das Herzklopfen hat nun fast 9 Monate gedauert u. in seinem Gefolge ist der beängstigende Brustkrampf eingetreten. Die Vegetation (Ernährung) hat dabei ebenfalls so sichtbar gelitten, dass die Magerkeit des Körpers nicht wohl einen höheren Grad erreichen kann. Dabei ist die Disposition zu Anfällen, für die Kaiserin selbst so beängstigend, stets vorhanden. Alle diese Übel sind unter dem Einflusse u. dem Drucke unseres Climas entstanden und haben sich, trotz der zweckmäßigen Mittel dagegen, trotz großer Folgsamkeit von Seiten der Hohen Frau, fortentwickelt. ...

Die natürlichste Logik sagt darum, dass, wenn eine Besserung mit Aussicht auf Erfolg angestrebt werden soll, man 1.) die kommende schlechte Jahreszeit hier vermeiden u. 2.) die Wirkung der Mittel durch Wahl eines milden Clima's unterstützen u. vermehren müsse. – Dies wird umso dringender geboten, da es sich nicht mehr um „Besserung" wohl aber um „Erhaltung" des Lebens Ihrer Majestät handelt. ... Es handelt sich um die Wahl des Ortes, wo die Kaiserin am besten und am vortheilhaftesten für ihre Gesundheit den Winter verbringen soll. Hier erlaube ich Ew. Majestät 'Palermo, in Sicilien gehorsamst in Vorschlag zu bringen. Ich kenne die Localitaet aus eigener Anschauung und Erfahrung und werde mündlich das Glück haben, Ew. Maj. noch andere Motive für diese Wahl zu Füßen zu legen."[48]

Mandt, der Protestant aus dem Rheinland, der erfahrene Mediziner in russischen Diensten, war sich in diesem Augenblick nicht sicher, wie der Brief aufgenommen werden würde. Aber nach langem inneren Kampf gestattet Nikolaus seiner Frau die Reise nach Palermo – in

Begleitung ihrer beider Tochter, der Großfürstin Olga. Der Kaiserin wird dieser Befehl ihres Mannes gefallen haben, erwies Olga sich doch als das „häuslichste" aller ihrer Kinder. Nikolaus vertraute Olga bedingungslos, für ihn war sie ein zuverlässiger Schutz im Dienste der kranken Mutter. Ausgehend von den Ereignissen der folgenden Monate in Italien, könnten Nikolaus und Alexandra sich zur Mitnahme Olgas ebenso gut entschlossen haben, um deren Verheiratung so diskret und natürlich wie möglich zu arrangieren.

Olga selbst reagierte zunächst auf die Mitteilung über ihre nächste Auslandsreise entsetzt. In ihrer ersten jugendlichen Äußerung schrie sie regelrecht auf: „Mir erschien das wie ein Todesurteil. Den Meinen und der Heimat entrissen, ohne Papa, ohne Brüder Europa durchziehend, ungewiss, wann ich zurückkehren, ungewiss, ob ich Mama zurückbringen würde!"[49] Die unsicheren Genesungschancen bei der Mutter bedeuteten natürlich ein Risiko. Olga wusste zwar den Arzt Mandt an ihrer Seite, aber sie würde sich ein Leben lang Vorwürfe machen, sollte der Mutter in Italien ein Leid geschehen. Alles Klagen nützte nichts – der Vater traf die Entscheidung.

Olga fügte sich in die allgemeine Aufregung und dachte mit keinem Wort daran, dass sie auf dieser Reise womöglich ihren Ehemann finden könnte. Die Eltern erwiesen ihr im Gegenteil alle erdenklichen Liebenswürdigkeiten, um ihr Verantwortungsgefühl für die angestammte Familie und im konkreten Fall für die kranke Mutter zu stärken. Trotz aller dieser Umsicht ist der Verdacht nicht von der Hand zu weisen, dass die Eltern bezüglich Olgas über Palermo hinaus dachten. Beide Absichten – die Kur für Mama und der Mann für die Tochter – mussten auch keinen Gegensatz bilden. Es wäre im Gegenteil sehr vorteilhaft gewesen, wenn die Mama gesund und die Tochter mit einem Ehemann aus der Kur nach Petersburg zurückkehren würden.

Am 23. August 1845 begann die Reise auf ganz „klassische" Weise. Wie einst Katharina II., wenn sie die Provinzen ihres Reichs inspizierte, zog Alexandra mit umfangreichem Gefolge in Pferdekutschen gen Westen. Die Leibärzte Mandt und Marcus, die Grafen Apraxin und Kuwalow, die Hofdamen Katharina Tiesenhausen, Warwara Nelidowa und die unvermeidliche Anna Alexejewna Okulowa standen der Kaiserin zu Diensten. Olga erhielt später in Italien noch eine gleichaltrige Begleiterin – ihre Freundin Wera Stolypina.

Die Fahrt verlief schlecht und recht mit den üblichen Aufenthalten beim Pferdewechsel und in den Gasthäusern am Wegesrand bis nach Königsberg und über die Marienburg – dort feierte Olga ihren 23. Geburtstag – bis nach Stettin. Hier am Oderhaff warteten nicht nur Preußens König Friedrich Wilhelm IV. und Kronprinz Wilhelm auf die Reisenden, sondern auch die Eisenbahn, die sie in sechs Stunden nach Berlin brachte. In Preußens Metropole durften Mutter und Tochter Heerschau halten. All die kleinen, mittleren und größeren Höfe im Deutschen Bund, mit denen das Haus Romanow seit einem halben Jahrhundert verwandtschaftliche Beziehungen eingegangen war, mussten ihre Abgesandten zum Empfang der Kaiserin nach Berlin kommandieren. Vettern, Cousinen, Tanten und Onkel sonnten sich für einige Tage am preußischen Hof im milden Licht der kaiserlichen Sonne, die auch ein wenig von Olga ausging.

Die Hohenzollern beehrten sich, der Tochter des Hauses einen glänzenden Empfang zu bereiten, der den Gästen alle physische und wohl auch psychische Kraft abverlangte: Theater, Empfänge, Konzerte oder Ausflüge folgten in dichter Reihe. Olga merkte sich fürs Leben, dass sie den greisen Dichter Ludwig Tieck gesehen und gehört, dass Alexander von Humboldt an der königlichen Tafel das große Wort geführt und dass ihr der Bildhauer Christian Daniel Rauch das zweifelhafte Kompliment gemacht hatte, er wolle eine Büste von ihr fertigen, weil sie „in der Blüte ihrer Jahre" stehe. Da diese Blüte bereits in zwei Wochen (!) vorüber sein könnte, wollte er – nicht ganz uneigennützig – sofort einen Urlaub einreichen und mit ihr nach Palermo reisen. Olga hätte sich sehr gerne von Herrn Rauch in Stein hauen lassen, aber er bekam leider keinen Urlaub.

Die Großfürstin schätzte die persönliche Bekanntschaft mit Tieck, Humboldt oder Rauch sehr. Die Begegnungen mit den Prinzessinnen und Prinzen aus den deutschen Klein- und Mittelstaaten beurteilte sie abermals mit der schon bekannten arroganten Überheblichkeit, die der Familie Romanow im Umgang mit den deutschen Verwandten eigen war. Für einen selbstkritischen Blick auf Probleme in der eigenen Mentalität oder Erziehung gab es kein Gespür. Olga und der deutsche Arzt Mandt, der seit zehn Jahren in Russland lebte, kannten z. B. beide aus eigener Erfahrung und Anschauung nur das Erziehungssystem in der russischen Herrscherfamilie. Olga schloss die „Langweiligkeit" und „Abgeschmacktheit" der deutschen Vettern und Cousinen aus deren Erziehung. Vom deutschen Adelsnachwuchs, so die Zarentochter, würde nichts anderes verlangt als militärische Disziplin, gutes Benehmen in der Gesellschaft, Kenntnisse im Reiten und Jagen. Ein gebildeter Geist würde im deutschen Jungadel nur spöttisch belächelt. Bücher lese man dort nicht, allein die Abstammung entscheide über die gesellschaftliche

Stellung. Olga hätte es zumindest aus ihrem Kontakt mit der Tante Maria Pawlowna oder ihrem Vetter Carl Alexander aus Weimar besser wissen müssen. Selbst wenn sie ihren mokanten Spott über die Weimarer Verhältnisse nicht verbergen konnte, hätte sie bei Augusta, der Tochter Maria Pawlownas und Gemahlin des preußischen Kronprinzen Wilhelm, der in ihren Augen Gnade fand, sehr viel über Kultur, Philosophie, Geschichte oder moralische Verantwortung erfahren können. Die von Olga bewunderte Schwägerin Maria aus Hessen-Darmstadt, die Gemahlin des Thronfolgers Alexander, besaß mit dem Musenhof der „Großen Landgräfin" ebenfalls einen kulturellen Hintergrund, von dem Olga mit Gewinn hätte lernen können.

Mandt dagegen beurteilte das russische Erziehungs- und Bildungssystem sehr kritisch: „Es ist unglaublich, wie unvorsichtig und oberflächlich man in Petersburg in der Wahl derjenigen Personen verfährt, denen man das Heiligste und Theuerste, die Erziehung der Kinder anvertraut ..."[50] Die Gouvernanten würden nicht nach pädagogischen Wertmaßstäben, sondern nach ihrer Untertänigkeit gegenüber dem Kaiser ausgewählt. Sie hätten die Aufgabe, jeden Ansatz von Liebe und Güte aus den kleinen Menschen zu vertreiben. Die Gouvernanten wollten nur ihre Position am Hofe festigen. Darum würden sie die Ihnen anbefohlenen Kinder von sich abhängig machen und sie zum Misstrauen gegenüber ihrer Umwelt erziehen. Nur sie selbst gestatteten sich den Nimbus der lebenslangen „unentbehrlichen Freundin". Ähnlich oberflächlich wie bei der Auswahl der Gouvernanten verhielten sich die Eltern bei der Bestimmung der Lehrer für ihre Kinder: Menschen aus aller Herren Länder, die in Russland ihr Glück suchten und bei deren Berufung der Kaiser nicht in jedem Fall nach dem Grundsatz handelte: Der Erzieher muss selbst erst einmal erzogen sein.

Martin Wilhelm Mandt mag die Kritik in manchen Punkten sehr scharf formuliert haben. Er hat am Petersburger Hof derart viel Undank, Intrige, Selbstsucht und Verlogenheit erlebt, dass er als Arzt, der die Kinder des Zaren behandelte, die Schlussfolgerung zog: Man kann die Übel nur beseitigen, indem man die Kinder zu moralischen Werten von hoher Menschlichkeit erzieht. Aber wie sollte das in dieser Welt von Macht und Eigennutz geschehen? Olga war ein Produkt dieser Erziehung und dieses Hoflebens. Sie erachtete die Petersburger Gewohnheiten obendrein als die schönste Normalität ihres Lebens. Dass sie keinerlei moralisches Recht besaß, sich über die Erziehung an den deutschen Höfen zu mokieren – dieser Gedanke ist ihr überhaupt nicht in den Kopf gekommen. In welche Situation geriet sie, wenn sie vielleicht einen deutschen

Prinzen aus einer dieser Miniresidenzen heiraten müsste und gemeinsame Kinder zu erziehen wären? Darauf hätte sie im August 1845 wohl keine überzeugende Antwort geben können.

Gemeinsam mit der Mutter und Mandt fuhr unsere tapfere Großfürstin weiter gen Süden. Über Weimar, Nürnberg, Augsburg erreichte sie mit der Eisenbahn München und Innsbruck. Olgas Ängste wuchsen. Überall musste die kranke Mutter ehrenvolle Empfänge oder Huldigungen überstehen. Der Herbst kündigte sich mit Regen und Wind an. Dem wollte man ja gerade entfliehen. Die Alpen erschienen als drohende Wand, die den Weg in den goldenen Süden versperrten. Aber bald wichen die Berge, in Trient rollte die Kutsche bereits an offenen Fenstern und fröhlichen Menschen vorbei. Als fiele eine schwere Last von ihrem ganzen Körper, atmete die Kaiserin auf. Sie sehnte sich so sehr nach Italien. Italien – die Gesundung ihres Körpers würde ohne Zweifel folgen. Über Brescia, Verona und durch die Lombardei erreichten die Damen Como. Sizilien lag noch weit entfernt. Ein kaiserlicher Kurier erschien und teilte mit, Nikolaus I. sei im Begriff, seiner Frau und Tochter nach Italien zu folgen. Er reiste jedoch nicht an, weil er in Petersburg vor Sehnsucht keine Luft zum Atmen mehr bekam.

Nach den missglückten Gesprächen in Warschau hatte Metternich ein Schreiben an den russischen Außenminister Nesselrode gesandt. Der Brief enthielt substantiell keine neuen Gedanken. Allein die Tatsache, dass Metternich den Heiratsgedanken nicht gänzlich verwarf, sondern im Namen der österreichischen Kaiserfamilie verlangte, dass Nikolaus sich aller Feindseligkeiten gegen die katholische Kirche in Polen enthalten sollte und dass man in Wien eine persönliche Verständigung des russischen Zaren mit dem Papst in Rom wünschte, ließ Nikolaus neue Hoffnungen für seine Tochter schöpfen. Weder er noch Nesselrode glaubten, dass Metternich lediglich eine neue Finte benutzte. Nikolaus hielt Gerüchte über die Verfolgung von Katholiken für eine reine Erfindung polnischer Oppositioneller. Es würde ihm leicht fallen, den Papst vom Gegenteil zu überzeugen und dann wäre der Weg für Olga frei. Die Damen des Habsburger Hauses würde er ebenfalls leicht von der Lauterkeit seiner Religionspolitik in Polen überzeugen. Metternichs Brief lag Monate zurück. Jetzt, mit Olga und der Gemahlin in Italien, durfte Nikolaus die Dinge in Wien und Rom aufklären, ohne besonderes internationales Aufsehen zu erregen.

Er fuhr über Krakau, Pest, Olmütz, Prag und Innsbruck nach Mailand, wie stets in atemloser Eile, fast ohne zu rasten. Nur in Mailand und Genua gönnte er sich eine Revue der Truppen, wobei er, wie er dem

Fürsten Paskiewitsch schrieb, die österreichische Garnison vortrefflich, die sardinischen Truppen dagegen mittelmäßig fand. Das Lob für die österreichischen Soldaten erstaunt, denn Nikolaus hatte in Prag eine höchst unerfreuliche Begegnung mit dem sehnlichst umworbenen Stephan absolviert. Der Erzherzog suchte den Kaiser als östereichischer Höchstkommandierender in Prag auf. Nikolaus wartete auf ein Zeichen Stephans, das zumindest andeutete, der Erzherzog würde sich dem Druck Metternichs widersetzen und Olga zur Frau nehmen. Nichts dergleichen geschah. Stephan sprach unverbindliche, höfliche Worte und sein Gast reiste enttäuscht ab – Wien umging er voller Verachtung.

Russische Heiratspolitik

Am frühen Morgen des 4. Oktober 1845 tauchte der Kaiser überraschend in Como auf. Er liebte derartige spontane Überfälle – seine Frau und Olga lagen noch schlafend in den Betten. Gemeinsam reisten sie nach dem gemeinsamen Frühstück in wenigen Tagen über Genua und das Meer nach Palermo auf Sizilien. Olga atmete erleichtert auf: Zunächst würde der Vater wieder die Verantwortung für Alexandra übernehmen. Die Familie kam außerhalb von Palermo in der Villa Ollivuzza unter, die einer Prinzessin Butera gehörte. Alles schien friedlich, entspannt und harmonisch, Olga hoffte, dass der Vater längere Zeit bei ihnen bleiben würde und freute sich, dass sie zum ersten Mal den Winter nicht in den ungesunden Räumen des Winterpalais in Petersburg verbringen musste.

Aus den historischen Quellen ist nicht eindeutig erkennbar, ob Olga wusste, worin die eigentlichen Ziele Nikolaus' in Italien bestanden. Aber das politisch-diplomatische Tauziehen um ihre Verheiratung trat nun in die Endphase. Ihr Vater wollte auf dem „Kriegsschauplatz" sein und die Affäre „Stephan" persönlich zum Abschluss bringen, Metternich in die Schranken weisen, sich mit dem Papst verständigen und Olga einen respektablen Bräutigam zuführen. Nur in dieser Einheit ergab Olgas Mitreise nach Palermo einen praktischen Sinn – ihre Schwester Mary wäre gar zu gerne mitgefahren, musste aber zu ihrem großen Ärger in Petersburg bleiben. Von Palermo aus spann Nikolaus also die Fäden, um entweder mit Stephan und dem Votum des Papstes oder mit einem endgültigen alternativen Bräutigam nach Russland zurückzukehren.

Vorerst durfte die Tochter noch unbeschwert die Natur bewundern. Sie ließ sich von der Exotik einer südlichen Landschaft berauschen, von Oleandersträuchern und Zypressen, von den Blumen und dem ewigen blauen Meer. Auf kleinen Eseln ritt sie mit der Freundin Wera Stolypina in die Berge, hinter jeder Wegbiegung tat sich eine neue Postkartenlandschaft auf. Das erschien alles wunderschön und ließ sich genießen, zumal Olga im alltäglichen Leben auf keine gewohnte Annehmlichkeit verzichten musste. Sogar ein Petersburger Bäcker sorgte täglich für frische Brezeln, Plinsen oder Pelmeni. Dass ein Priester und Psalmisten für die Gottesdienste sorgten, verstand sich von selbst.

Es ging auch auf Sizilien nicht ohne gesellschaftliche Pflichten: Olga amüsierte sich über die devote Untertänigkeit des Königs von Neapel, Ferdinand II. Die russische Gesandtschaft in Neapel unterhielt die notwendigen Verbindungen nach Russland und zu den anderen europäischen Ländern, sofern die persönlichen Berater des Kaisers nicht selber aktiv wurden.

Die ersten Wochen vergingen wie im Fluge – bis zum 11. November 1845. Der Vater ließ Olga zu ungewohnter Stunde zu sich rufen. Er reichte ihr einige Telegramme, die er aus Rom erhalten hatte und sagte tonlos: „Lies, und beeile dich nicht mit der Antwort; du hast völlig freie Wahl; bitte um Rat im Gebet!“[51] Ein Schreiben kam von Metternich aus Turin und bekräftigte den Wunsch nach einer russisch-österreichischen Annäherung unter der Voraussetzung einer Verständigung zwischen dem Zaren und dem Papst über den Schutz der polnischen Katholiken. Nikolaus hielt diese Floskeln für überflüssig, weil er nach eigener Ansicht weder die Katholiken im Russischen Reich verfolgen ließ, noch mit dem Papst im Streit lag. Wenn es dem Frieden diente, wollte er sich gerne mit dem Papst treffen – und bei der Begegnung die Lauterkeit Metternichs überprüfen. Zu diesem Zeitpunkt hielt Nikolaus noch eine Einigung über die Verbindung Olgas mit Stephan für möglich, wappnete sich aber für einen erneuten Misserfolg. Er zeigte Olga das Telegramm, setzte mithin voraus, dass sie die Hintergründe zu Metternichs Worten kannte.

Die zweite Nachricht stammte aus Stuttgart. Württembergs König Wilhelm I. fragte an, ob sein Sohn, der Kronprinz Karl, der Großfürstin Olga in Petersburg, Wien oder Palermo seine Aufwartung machen dürfte. Karl würde die Großfürstin, die er vor Jahren in Friedrichshafen nur flüchtig gesehen hatte, gerne persönlich kennen lernen. Es war eine sachliche, geradezu nüchterne Depesche. Olga überlegte nicht lange und entschied sich wie stets in ihrem bisherigen Leben ganz nach dem Willen des Vaters: Die Gespräche beim Papst in Rom standen noch bevor. Die Erfolgsaussichten schienen ungünstig, aber der Vater wollte nichts unversucht lassen – wenn die bislang guten Beziehungen zu Österreich einen Dämpfer erleiden sollten, dann durfte die Verantwortung dafür nur auf österreichischer Seite liegen. Wenn die Begegnung in Rom ohne positives Ergebnis blieb und in Wien keine Wende eintrat, wenn sie mithin definitiv nicht die Ehefrau Stephans werden durfte, dann sollte Kronprinz Karl aus Stuttgart eingeladen werden. Das bedeutete keine Mühe. Der russische Gesandte in Stuttgart, Alexander Michailowitsch Gortschakow, der Karl als Kandidaten für Olga in Vorschlag gebracht hatte, wartete offensichtlich nur darauf, seinem Kaiser einen Dienst zu erweisen.

Der Kaiser durfte mit dem klugen Einverständnis und der politischen Umsicht seiner Tochter zufrieden sein. Er musste dringend nach Russland zurückkehren und wollte auf dem Weg alle Streitfragen mit Österreich aufarbeiten, soweit das in seiner Macht stand. Olga würde ohne Widerstände in Palermo brav auf den Ausgang der Mission warten und nach den Weisungen des Vaters handeln. Auch in den Wintermonaten bot die sizilianische Inselwelt genügend Ablenkung und vor allem: Die Gesundheit der Mutter wendete sich von Tag zu Tag sichtbar zum Besseren! Olga machte sich keine besonders ernsthaften Gedanken über ihre Zukunft. Papa würde alles richten und wenn ihr die Dinge des Lebens gar zu kompliziert erschienen, suchte sie Zuflucht im Glauben.

Nikolaus absolvierte schwierige Tage. Die ständige Ehrenbegleitung durch Ficquelmont gab ihm zwar die Möglichkeit, immer wieder zu versuchen, Wien in der Heiratsfrage zum Einlenken zu bewegen, belastete ihn aber zusätzlich. Der Zar hielt die Wiener Winkelzüge für einen Versuch, Russland in Europa zu isolieren. Er misstraute dem neuen preußischen König Friedrich Wilhelm IV. und sah, dass Österreichs Ferdinand nicht handlungsfähig war. Was sollte aus dem Bollwerk der „Heiligen Allianz" werden? Ficquelmont wiegelte ab, man dürfe bei Missverständnissen in Einzelfragen nicht gleich das ganze politische Prinzip, die große europäische Gemeinschaft, in Gefahr sehen. Nikolaus entgegnete, dass die ständigen Weigerungen Wiens in der Heiratsfrage gerade darauf hinwiesen, dass es sich nicht um einen Streit in Detailfragen handelte. Ihm erschien das ständige Drängen Metternichs, Nikolaus sollte doch die Entscheidung beim Papst suchen, sehr verdächtig. In Wien wollte man sich um ein offenes Wort herumdrücken. Ficquelmont mahnte darum Metternich, den russischen Herrscher nicht immer wieder auf den Entscheid des Papstes zu verweisen. Im Gegenteil: Man sollte ihn von einem Besuch beim Papst abraten. Vielleicht ahnte Ficquelmont, dass der Papst auf eine Weise reagieren könnte, die Metternich gar nicht gefallen würde.

Russlands Zar schritt zur Tat. Natürlich überrumpelte er den Heiligen Vater nicht. Er schickte einen Sondergesandten voraus und übermittelte den Wunsch, der Papst möge zur Beruhigung der österreichischen Kaiserin einer Eheschließung Olgas mit Stephan den Segen erteilen. Nikolaus ließ versichern, dass Kinder aus dieser Ehe selbstverständlich katholisch erzogen werden würden. Der Vatikan nahm die Botschaft freundlich auf und wollte sie natürlich nutzen, Rechte und Freiheiten für die Katholiken in Russland zu erwirken. Der päpstliche Nuntius in Wien erhielt Anweisung, im Sinne des russischen Wunschs positiv auf das Kaiserhaus einzuwirken. Metternich ließ den Brief an Nuntius Alfieri selbstverständlich heimlich abschreiben und leitete unverzüglich Gegenmaßnahmen ein. Der Wiener Botschafter beim Heiligen Stuhl sollte den Papst veranlassen, solche Forderungen an Russland zu stellten, dass Nikolaus selbst von einer Hochzeit Abstand nehmen würde. Metternich überschätzte seine Einwirkungsmöglichkeiten. Papst Gregor XVI. empfing den russischen Kaiser am 13. Dezember 1845 in der Engelsburg, ohne Metternichs Forderungen überhaupt zu beachten.

Nikolaus I. hat seiner Frau ausführlich über die Audienz berichtet: „... So kam ich bis ans letzte Zimmer, wo der Papst mich erwartete. Ich grüßte ihn, küßte ihm die Hand (!), und wir umarmten uns zärtlich. Er ist groß, von guter Gestalt. Die Nase ist stark, von Tabak schmutzig und schief. Er faßte meine Hand und führte mich in sein Kabinett und hieß mich auf einem Sessel, der wie ein Würfel aussah, an seiner linken Seite niedersitzen. Butenjew, der russische Gesandte, und Lord Acton (Kardinal) als Dolmetscher vis-á-vis. Er sagte mir, er halte es für ein glückliches Geschenk Gottes, daß ich hier sei, und daß er sich aufrichtig mit mir über seine Beschwerden aussprechen könne, die, wie er gern sage, nicht von mir ausingen, sondern von unseren Gesetzen, die, da sie Menschenwerk und nicht Gottes Werk seien, wie er glaube, durch meine Autorität geändert werden könnten. Dann stand er auf und nahm ein Papier, das er mir gab, und das, wie er sagte, enthielt, was er wünschte. Darauf hatten wir eine Unterhaltung von einer Stunde, in der ich ihm mit völligster Offenheit die wahre Sachlage erklärte, ihre Folgen, und was ich getan hatte, um die Lage zu bessern. Er hörte mich mit vollkommener Geduld an, gab vieles zu, und behauptete vieles, was durchaus falsch war, und ich leicht widerlegen konnte ...“[52]

Dass Papst und Zar überhaupt ein Wort über die Eheschließung Olgas gesprochen haben, geht aus den vorhandenen Quellen nicht hervor. Ohne dass der Anlass erwähnt wurde, einigten sich die beiden konservativen Herrscher auf Folgendes: Erleichtert Russland das Leben der Katholiken entsprechend den Wünschen das Vatikans, hat der Papst nichts gegen die Ehe einzuwenden. Papst und Zar erhoben sich über die

Ränke Metternichs und mussten doch sehr schnell zur Kenntnis nehmen, dass die Ehe Olga–Stephan eine ganz praktisch-politische Frage war, in der Metternich das letzte Wort behielt – es sei denn, Nikolaus winkte mit zusammengepressten Zähnen hoheitsvoll ab und verzichtete auf Stephan. Was würde dann aber aus den russisch-österreichischen Beziehungen werden? Nikolaus musste möglichst schnell herausfinden, wie die Wiener Hofburg auf seine Visite beim Papst reagierte. Illusionen gab er sich allerdings nicht hin. Niemand würde Metternich die Gefolgschaft verweigern, weil der Papst freundlich mit dem Zaren gesprochen hatte. Allein die Tatsache, dass Gregor XVI. die Wünsche Metternichs negierte, besaß politisches Gewicht.

Nikolaus reiste nach Florenz und empfing Nachrichten über neue Unruhen in Polen, über die Verschiebung eines Vereinigten Landtags durch den preußischen König, sowie über Bewegungen in den Kabinetten Englands und Frankreichs. Das waren politische Gegenstände, die, so dachte Metternich, eigentlich sehr dringend mit dem russischen Kaiser in Wien beraten werden mussten! Der Zar nahm das Gesprächsangebot an. Beide Seiten wussten, dass es um Olga und Stephan ging, dass im Grunde keine Einigung mehr möglich war und sammelten trotzdem ihre Argumente.

Vergeblicher Gang nach Wien

Der Zar hob auf dem Weg nach Wien in Gesprächen zum ersten Mal jene negativen Eigenschaften Stephans hervor, die er zwar lange kannte, bisher aber nie ausgesprochen hatte und die in dem Ausruf gipfelten: Aus einer Eheschließung Olgas mit Stephan wäre nie eine ordentliche Familie hervorgegangen! Eine Scheinargumentation, die an die berühmte Fabel vom Fuchs und den Weintrauben erinnerte. Was sollte Nikolaus tun angesichts der Tatsache, dass sein über Jahre währender Kampf gegen Metternich trotz aller Beschwörungsformeln über die „Heilige Allianz" für ihn mit einer Niederlage endete? Er besaß keine andere Möglichkeit als die der guten Miene zum bösen Spiel und der Präsentation einer adäquaten Variante. Der treue Gortschakow, dem es egal war, ob er den Winken Nikolaus' oder Alexandras, Wilhelms I. oder Königin Paulines folgte, setzte Kronprinz Karl von Stuttgart aus in Marsch. Karl traf pünktlich am 26. Dezember 1845 in Venedig ein – und stellte sich Nikolaus, dem künftigen Schwiegerpapa, gehörig in aller Form vor.

Nikolaus besaß gegenüber den Württembergern keine besonders großen Sympathien. Gewiss, seine liebe Mutter kam aus dieser Gegend, aber der überraschende und mysteriöse Tod der Schwester Katharina im Jahre 1819, dessen Ursachen König Wilhelm I. der Familie Romanow niemals überzeugend erklärte, warf lange Schatten. Sein Kurzbesuch 1838 in Friedrichshafen hatte eher abschreckend gewirkt. Jetzt, in Venedig, erschien die Szene geradezu surrealistisch: Nikolaus befand sich, solange er österreichisches Territorium betrat, nahezu ständig in ehrenhafter Überwachung durch Habsburger Erzherzöge und durch den Feldmarschall Radezky.

Alle wussten um den Grund, der Nikolaus nach Wien trieb. Aber in Venedig empfing er den württembergischen Kronprinzen. Er selbst, der Kaiser, hatte dieses Treffen am Beginn seiner Italienreise angeregt. König Wilhelm I. zögerte zunächst und dachte erst einmal über die Konsequenzen nach. Es galt, das Land aus möglichst allen Querelen der europäischen großen Kabinette herauszuhalten. Wilhelm beriet sich mit dem russischen Gesandten am Berliner Hof, Baron Meyendorff, und der riet ihm zu. Außerdem reagierte Wilhelm stets abwehrend und erbost, wenn es um seinen Thronfolger ging. Es ist fraglich, ob er das Heiratsproblem überhaupt mit seinem Sohn besprochen hat. Wilhelms Ärger über Karl kannte keine Grenzen. Er wusste, dass der Sohn lieber in den Tag hinein lebte, Liebesaffären pflegte, Männerfreundschaften bevorzugte und nicht müde wurde, zu behaupten, sein Vater könnte ihn nur mit Polizeigewalt zu einer Ehe zwingen. Im Frühjahr 1845 hatte Karl Wien und Berlin besucht und erleichtert aufgeatmet, als er ohne die ihm angedrohte Prinzessin Louise von Preußen davonkam. Karl repräsentierte eher die dekadente Boheme-Welt junger Adliger mit dem Hang zu gepflegter Unterhaltung, als den Typ des ernsten, um das Wohl seiner Untertanen beflissenen Herrschers. Wilhelm, wahrlich eine komplizierte Persönlichkeit mit kantigem Charakter, hatte die Regentschaft 1816 nach einem langen Krieg und während einer Hungersnot übernommen. Seine Reformen dienten dem Überleben der Untertanen. Für musisches Allerlei und unterhaltsame Beliebigkeit besaß er kein Verständnis. Gerade in dieses Umfeld stellte er seinen Sohn und verpasste jede Chance, ihn in die Ernsthaftigkeit der Regierungsarbeit einzubeziehen oder zumindest ein beiderseits akzeptables Vertrauensverhältnis herzustellen. Auch der Thronfolger ließ jede diesbezügliche Chance ungenutzt verstreichen.

Karl erhielt einen Befehl und musste zum Ende des Jahres 1845 wohl oder übel den Weisungen des Vaters folgen. Er brachte nicht die Kraft auf, dem König und der Konvention zu trotzen und sich einer nicht erwünschten Eheschließung zu verweigern. Es entstand eine kuriose Situation: Karl wollte nicht heiraten, weil ihm sein Junggesellenleben gefiel und er damit seinen Protest gegen den Vater ausdrückte. Olga wollte nicht heiraten, weil sie im Elternhaus die Erfüllung ihres Lebensinhalts sah. Fürstliche Disziplin, politisches Kalkül und der konservative Wille zur Selbsterhaltung der Monarchien spannten zwei junge Menschen zusammen, die einander weder kannten noch wollten und die vorerst lediglich von dem Wunsch getragen wurden, in der neuen Verbindung das Leben und die Ideale verwirklichen zu können, nach denen man sie erzogen und in denen sie bislang gelebt hatten.

Entsprechend den Wünschen Wilhelms I. sollte Karl vor dem Zaren mit großem Gefolge auftreten. Die Reisevorbereitung, der lange Weg nach Venedig und die Aussicht, vielleicht sogleich zur Braut weitereilen zu dürfen, die Auswahl der Begleiter – all das verlangte eigentlich gründliche Vorbereitungen und ein wenig Zeit, sollte aber dennoch zügig realisiert werden. Doch Russlands Kaiser wartete nicht, sein Prestige stand auf dem Spiel und er befand sich unter Zugzwang. Aus Württemberger Sicht existierte keine Veranlassung zu besonderem Tempo. Wilhelm fügte sich der politischen Klugheit. Vielleicht vermittelte eine russische Zarentochter, ähnlich wie Maria Pawlowna in Weimar, dem Karl durch ein einfühlsames Management die Lust am Regieren.

Als der Thronfolger zu Weihnachten 1845 mit großem Gefolge in Venedig eintraf, konnte er eigentlich keine besonderen Fehler machen. Der König hatte ihm seinen persönlichen Generaladjutanten Franz Xaver Anton Freiherr von Spitzemberg attachiert. Der Freiherr genoss das volle Vertrauen des Königs. Sicherheit im Auftreten schöpfte Karl aus der Anwesenheit seines Privatsekretärs und Freundes Friedrich Wilhelm Hackländer. Der eigene Generaladjutant Carl von Berlichingen und der königliche Leibarzt Dr. von Hardegg vervollständigten die Reisegesellschaft. Wilhelm I. hatte sogar ein Zugeständnis an die künstlerischen Ambitionen Karls zugelassen. Der Kronprinz ließ sich seit 1843 in Stuttgart die „Villa Berg" errichten und der Architekt Christian Friedrich Leins durfte nun gemeinsam mit Karl in Italien Anregungen zum Weiterbau des Gebäudes im Stile der Renaissance sammeln.

Wilhelm hatte sich damit ein großes Zugeständnis abgerungen, denn er, der Liebhaber klassizistischer Gebäude, lehnte den modernen historisierenden Baustil ganz energisch ab. Die Anwesenheit Leins' und des für Karl unentbehrlichen Sekretärs Hackländer besaß einen praktischen Nutzen. Die Herren erklärten Olga dezidiert, wie eine ihrer künftigen Wohnungen in Stuttgart aussehen würde. Da Olga gerade unsterblich in Italien verliebt war, fand die im Bau befindliche Villa ihr zustimmendes Interesse, regte ihre Phantasie zur Mitgestaltung an und machte sie darauf aufmerksam, dass die Finanzierung des Gebäudes und seiner Einrichtung noch weitgehend ungeklärt waren. Olga sollte sich sogleich „wie zu Hause" fühlen.

Karl zögerte in Venedig nicht lange und stellte sich, nach dessen Zustimmung, unverzüglich dem Kaiser vor. Nikolaus gewann erwartungsgemäß einen günstigen Eindruck und erkannte den jungen, gut gewachsenen und in seine Uniform passenden Mann ohne Umschweife als künftigen Schwiegersohn an. Konkrete oder gar verbindliche Zusagen erteilte er jedoch nicht. Nikolaus wollte erst die letzten Gespräche in Wien passieren lassen, ehe er sich endgültig festlegte. Karl missverstand diese Geste als Ermunterung, seinerseits Hindernisse für eine Eheschließung mit Olga vorzutragen: er hätte eine überaus stürmische Jugend mit zahlreichen Liebschaften hinter sich und das Elternhaus in Stuttgart zeichnete sich durch Kaltherzigkeit und Zankereien aus. Seine verheilten Geschlechtskrankheiten verschwieg er. Einen russischen Kaiser, dessen Vater ermordet worden war und der in permanenter Furcht vor Attentaten aus den eigenen Reihen lebte, beindruckte diese nicht gerade überragende Negativbilanz nicht sonderlich. Darum empfahl er Karl die Weiterreise nach Palermo. Der Kronprinz sollte jedoch auf keinen Fall vor dem Neujahrstag auf Sizilien erscheinen. Selbst am 9. Januar 1846 schrieb Nikolaus noch an seine Tochter Olga aus Warschau, sie möge vor einer Entscheidung für Karl ihr Herz gründlich befragen – er hoffte noch immer auf eine Wende in Wien, obwohl die nun wirklich nicht mehr zu erwarten war.

Während Karl über Padua, Ferrara und Florenz also langsam nach Rom und von dort weiter nach Süden bummelte, um am Neujahrstag 1846 pünktlich in Palermo vorzusprechen, eilte Nikolaus unverdrossen nach Wien. Fürst Liechtenstein, ein alter Freund, holte ihn am Bahnhof ab und bat ihn in die Hofburg. Der Kaiser lehnte dankend ab und logierte in der russischen Gesandtschaft. Er wirkte nervös und angespannt. Liechtenstein überbrachte ihm sofort die demütigende Nachricht: Erzherzog Stephan werde nicht von Prag herüberkommen und Metternich bat darum, die Hochzeitsfrage gar nicht erst noch einmal anzuschneiden.

Der Zar schickte Orlow mit der Erklärung zu Metternich, Russlands Kaiser und der Papst hätten sich in Rom über Fragen des Schutzes der Katholiken im Russischen Reich verständigt. Damit seien die von der Wiener Hofburg erwünschten Bedingungen erfüllt. Wenn Kaiser Ferdinand jetzt keine neuen Forderungen mehr stelle, könnten Stephan und Olga heiraten. Graf Orlow bekam einen zweiten Auftrag: Sollte Metternich neue Schwierigkeiten in den Weg legen, habe Orlow das Gespräch sofort abzubrechen und die Verhandlungen für gescheitert zu erklären. Der russische Kaiser sei kein Bär, der an der Leine Metternichs tanze! Orlow trifft Metternich. Der Kanzler sieht nur einen Ausweg für seine Position, die an Peinlichkeit kaum noch zu überbieten ist: Zeit gewinnen und lavieren! Wenn denn, so sagt er, die Gespräche in Rom einen positiven Verlauf genommen haben, dann könnte man nunmehr in Wien mit Verhandlungen beginnen ... Damit ist für Orlow der Abbruch durch Metternich hinreichend provoziert: Es kann überhaupt keine Rede vom Beginn neuer Gespräche sein – deren Endpunkt ist erreicht! Am dritten Tag seines Besuchs in Wien empfing der Zar Metternich zur Abschiedsaudienz. Metternich versuchte noch einmal, das Gespräch auf Olga zu lenken. Aber Nikolaus schnitt ihm das Wort ab. Olga ist für die russisch-österreichischen Beziehungen kein Thema mehr!

Nikolaus beherrschte zweifellos den autokratischen Herrschaftsstil in allen Facetten. Die Arroganz des Wiener Hofs ließ ihm das Blut erstarren. Melanie von Metternich, die Gattin des Kanzlers, empfand die schreckliche Strenge seines Blicks und seines Mundes noch härter als in früheren Zeiten. Nur weil es um seine Tochter Olga ging und weil ihn die polnischen Katholiken bedrängten, bewahrte er Haltung: „Ich habe mich nicht getäuscht, als ich sagte, dass der Aufenthalt in Wien mir verhasst sei. Ich habe alle hier anwesenden Familienglieder gesehen, man hat mich mit affektierter Höflichkeit empfangen, aber kein Wort von Olga erwähnt, nicht einmal, um sich nach ihrem Befinden zu erkundigen."[53] Die österreichische kaiserliche Familie folgte geschlossen und servil den Weisungen Metternichs. Russlands Kaiser erlebte eine Niederlage, die um so empfindlicher erschien, als sie nicht in erster Linie die Reichspolitik, sondern den persönlichen Stolz der Familie Romanow traf. Außerdem musste Nikolaus leider endgültig erkennen, dass Metternich und die Familie Habsburg die Autorität des Papstes auf schändliche Weise missbraucht hatten. Den im Nachhinein um Entschuldigung bittenden Worten Metternichs begegnete Nikolaus mit eiskalter Höflichkeit. In gleicher Weise reagierte er auf die wortreichen Ablenkungsversuche der Kaiserinwitwe Karoline. Nikolaus musste noch zahlreiche Höflichkeitsveranstaltungen über sich ergehen lassen. In Mimik, Gestik, Sprache und Kleidung brachte er seine Verachtung für den Wiener Hof zum Ausdruck. Dabei konnte er nicht einmal genau definieren, was Metternich in Wirklichkeit zu der ablehnenden Haltung gegenüber einer Ehe Stephans mit Olga getrieben hatte. Russlands Kaiser blieb lediglich die Genugtung, dass er der Form nach selbst die Gespräche beendet hatte. Beruhigt hat ihn das nicht.

Verbittert verließ er Wien, spie insgeheim und öffentlich Gift und Galle: Metternich und Kolowrat – verbrauchte Politiker mit verblassender Größe; die Erzherzöge – blasiert und unfähig, die Monarchie zu bewahren; die Monarchie sei mit und erst recht nach Metternich dem Untergang geweiht! Doch Nikolaus mochte schimpfen wie er wollte. An seiner Niederlage konnte er vorerst nichts ändern. Wie das künftige politische österreichisch-russische Verhältnis gestaltet werden sollte, blieb völlig offen. Niemand wusste wirklich, ob die Affäre Olga–Stephan überhaupt weiterreichende Auswirkungen auf die politischen Fäden zwischen Petersburg und Wien haben würde. Das hing ganz von der Art politischer Belastungen ab, denen die europäischen Staaten künftig ausgesetzt werden würden.

Glückliche Olga – seliger Karl

Während der Papa in Wien für seine Tochter focht und Karl langsam gen Süden fuhr, warteten Olga und die Mama in Palermo mit wachsender Ungeduld auf jede Nachricht und auf den nächsten Kandidaten im großen Fragespiel des Lebens. Nikolaus unterrichtete die Damen in Briefen über jeden seiner Schritte in Rom und in Wien. Sie stellten sich auf den Kronprinzen ein und Olgas Entschluss stand dank der elterlichen Prophylaxe fest, bevor der Württemberger auf Sizilien landete. Die weibliche Neugier aber wuchs und wuchs.

Unsere Heldin hat eine phantastisch anmutende Erzählung über die Ankunft des Bräutigams in spe hinterlassen, mit der sie einen gänzlich privaten Eindruck erwecken wollte: Am Neujahrstag 1846 unternahm sie mit der Freundin Stolypina den gewohnten Spaziergang, diesmal „rein zufällig" zum Hafen. Sie sahen „ganz nebenbei" einen jungen Mann an Land gehen, umringt von diensteifrigen Lakaien und fragten sich verwundert: Wer ist denn da angekommen? Wie kleine Gänse rannten die Mädchen in ihre Villa und erfuhren, dass ein Sturm die pünktliche Ankunft des regulären Postschiffs Neapel–Palermo verhindert hatte. Kronprinz Karl sollte erst angekündigt werden und danach am folgenden Tag persönlich erscheinen. Die Überraschung misslang: Er kam ohne vorherige Anmeldung. Olga schickte erst einmal ihren kleinen Bruder Kosty aus. Der sollte erkunden, wo der sehnlichst erwartete Prinz abgestiegen sei. Kosty sollte ihm dann gleich ganz formlos zur Kaiserin in die Villa einladen.

In Wirklichkeit verlief der Empfang Karls höchst organisiert und planvoll in aller gebotenen Etikette ab. Der Sekretär Hackländer hat minutiös aufgezeichnet, dass Kutschen am Hafen bereitstanden, welche die Württemberger in den Palast der Marchesa Sessa brachten. Erst am folgenden Tag kam die große Audienz bei der huldvoll und herablassend freundlichen Kaiserin – die erste Begegnung Karls auch mit Olga.

Zunächst begann das schöne Spiel mit heiterem Auftakt. Karl sprach bei der Kaiserin vor. Olga hatte sich recht hübsch in duftiges Weiß und Rosa gehüllt. Sie wartete aufgeregt im Nebenzimmer auf ihren Auftritt. Als Olga die Szene betrat, bewiesen die jungen Leute, dass sie ihre Lektionen im Fach „Höfisches Benehmen" gelernt hatten. So sehr Olga vom autokratischen Willen ihre Vaters abhing und so sehr Karl den selbstgerechten Egoismus seines Vaters verachtete – in punkto Contenance erfüllten sie ihre Pflichten vorbildlich. Olga befand in Sekundenschnelle: Das ist der einzig wahre Mann für mich, dieser oder keiner! Karl gab die souveräne Sachlichkeit des künftigen Monarchen: selbstbewusst, gewandt, ruhig, überlegt und – mit gutem Appetit. Letzteres störte ein wenig: Olgas romantische Vorstellungen besagten, der feurige Liebhaber bekommt vor Aufregung keinen Bissen hinunter. Sie hatte in ihrem Leben noch keinen derartigen Mann kennen gelernt, außer Alexander von Hessen, aber der kam ohnehin nie in Frage.

Der Auftakt verlief für beide Seiten nach Wunsch und kein Gedanke an die demütigenden Erfahrungen Nikolaus' in Wien trübte den blauen sizilianischen Himmel. Es ist nicht einmal anzunehmen, dass die Kaiserin oder Olga gegenüber den Württembergern überhaupt ein Wort darüber verloren, welche ärgerlichen Ereignisse der Entscheidung für Karl vorausgegangen waren. Man plauderte ungezwungen, Olga lernte Karls Begleiter kennen, die sich stets in seiner Nähe aufhielten, und die ganze Gesellschaft ergötzte sich gemeinsam an den geistvollen, beliebten und pädagogisch wertvollen Schreibspielen. Spitzemberg meldete an den Neckar, die Sache sei so gut wie gelaufen. Die reizende Großfürstin verdrehte den württembergischen Herren gründlich die Köpfe. Die reagierten mit detaillierten Erzählungen über das mildtätige Regiment des weisen Königs Wilhelm, das hübsche Schwabenland, den kostspieligen Bau der Villa Berg. Sie lobten ein über das andere Mal die Vorzüge des sanften Schöngeistes Karl.

Vier Tage vergingen im Kreise der Familie und der Höflinge. Am fünften Tag testete Mama, die sich stets in einem Sessel tragen ließ, den jungen Mann und dessen Gesundheit auf einer Bergtour. Am 6. Januar, dem orthodoxen Fest der Heiligen drei Könige, befragte Olga sich vor ihrem Altar noch einmal ernsthaft, ob sie den Karl wirklich wollte. Anschließend gab die Kaiserin den Startschuss zur nächsten Runde: Die traute Zweisamkeit des glücklichen Paars. Mama schickte die Kinder in den Garten hinaus – sie verloren den Sinn für Zeit und Raum. Damit sie nicht in die Unendlichkeit abdrifteten, kam Mama nach schicklichem zeitlichem Abstand hinterher. Karl fand sofort das für die Situation rechte Wort und fragte mit belegter Stimme, ob er nun dem Kaiser in Petersburg schreiben dürfe. Alexandra gab sich überrascht und monierte die Plötzlichkeit des Wunschs, fragte aber nicht nach, was Karl dem Kaiser eigentlich schreiben wollte. Sie ließ dem jungen Mann keine Chance, sich ausführlicher zu erklären, schloss ihn und Olga einfach in die Arme und gab ihnen ihren mütterlichen Segen: Nichts durfte mehr missverstanden werden!

Als hätten sie diesen Aktschluss, versteckt hinter Büschen im Garten und Fenstern der Villa, erwartet, stürzten Verwandte, Freunde und Bekannte auf die glückliche Gruppe zu, gratulierten und dankten ihrem jeweiligen Gott für diese überraschend glückliche Fügung des Schicksals. Olga und Karl waren in verschiedenen Welten gebildet und erzogen worden. Diese Welten verfügten jedoch über Elemente eines einheitlichen Wertesystems. Sonst hätte es keine dynastischen Ehen mit Bestand gegeben. Dazu gehörten Disziplin, Stolz, Toleranz und Standesbewusstsein. Ein Begriff von Freiheit, der den Willen einschloss, die einmal getroffene Entscheidung mit dem Kopf und dem Herzen zu akzeptieren. Olga und Karl folgten in diesem Moment nicht abstrakten disziplinarischen Regeln. Sie wollten tatsächlich ein sich liebendes und ehrendes Paar werden.

Zu diesem Zweck musste Karl nun aber doch unverzüglich nach Petersburg schreiben und den Zaren formal um die Hand seiner Tochter bitten. Den eigenen Vater bat er ebenfalls tunlichst um eine offizielle Genehmigung für die Eheschließung. Mit einer Bekanntgabe der Verlobung wollte man warten, bis die Bescheinigungen der Väter vorlagen. Derweil musterte Olga ihren Karl, taxierte buchstäblich dessen körperliche Vorzüge und mäkelte ein wenig, dass er ein halbes Jahr jünger war als sie selbst. Aber, mein Gott, man liebte sich doch! Und ansehnlich sah er aus! Dazu nahmen die Nachrichten von Papa über die Querelen in Wien den letzten Druck von Olga. An Nikolaus nagte die Demütigung durch Metternich, Olga sah die Dinge anders: Das Kapitel ihres ewigen „Verlobten" Stephan lag in den Akten, sie schlug ein neues Kapitel ihres Lebens auf, so, wie die Familie es von ihr erwartete. Bereits am 23. Januar 1846 bekannte Olga: „Ich bin glücklich und danke Gott jetzt beständig ... Ich liebe meinen Karl mit der ganzen Kraft meiner Seele, ich bewundere ihn, denn er ist gut als Person, und ich habe keine

Furcht, kein Bedauern ..."[54] Der arme Junge erzählte ihr so viel Schreckliches über die Lieblosigkeit seines bösen Vaters. Da wollte sie ihm fortan eine rechte Stütze sein, Olga, die ihr eigenes Leben ganz und unwidersprochen in das unkritisch betrachtete Glück der väterlichen Entscheidungen getaucht hatte. Sie besaß tatsächlich die romantische Illusion, sie könnte ihren Karl den Klauen eines harten Vaters entreißen. Was sie dann mit Karl anfangen wollte, das wusste sie nicht, denn Olga hatte ja nichts anderes als gehorchen gelernt. Es entsprach eben doch den Realitäten in der Familie Romanow, dass Olgas Bruder Nikolaus am 22. Januar 1846 ganz erstaunt und unsicher an seine Schwester schrieb: „... besonders merkwürdig kommt es mir vor, dass Du am Rande der Welt, in Sizilien und ohne Papa zur Braut geworden bist."[55]

Im fernen Petersburg beruhigte der Vater seinen Sohn und musste mit der Bekanntgabe der Verlobung nicht länger säumen. Vorerst musste sich Nikolaus auf eine recht bescheidene Genugtuung beschränken. Zwei Wochen nach seiner Rückkehr aus Wien ließ er in der „Petersburger Zeitung" die Notiz veröffentlichen: „Seine Majestät haben durch einen in der Nacht auf den 22. Jänner aus Palermo eingetroffenen Feldjäger von Ihrer Majestät der Zarin die frohe Botschaft erhalten, dass am 6. des Monats Ihre kaiserliche Hoheit die Großfürstin Olga und Seine königliche Hoheit der Kronprinz von Württemberg, dem eigenen Zuge des Herzens folgend (!), das Eheverlöbnis miteinander geschlossen haben."[56]

Im Hafen von Palermo lag, ganz zu der romantisch-sentimentalen Stimmung Olgas passend, das imposante russische Linienschiff „Ingermanland". Ein Marine-Musikkorps ging in Stellung und spielte zu einer glänzenden Verlobungsfeier auf – das verträumte Paar tanzte in die Glückseligkeit. Allerdings nur eine kurze Nacht. Wieder bereitete König Wilhelm I. Ungemach. Eilfertige Höflinge übermittelten Karl die Nachricht von einer ernsten Erkrankung des Vaters. Der gute Sohn wollte stehenden Fußes die hübsche Olga verlassen. Doch der kluge Meyendorff beruhigte den Kronprinzen: Falls das Schlimmste einträte, käme er ohnehin zu spät! Es sei besser, abzuwarten. Nachsetzende Kuriere meldeten Entwarnung und bewahrten Karl vor einem unüberlegten Schritt.

Dennoch musste geschieden sein. Das Brautpaar bekam nahezu einen ganzen Monat Zeit, einander zu erklären, warum keiner auf den Wunsch verzichten wollte, den Traumpartner ganz fest an sich zu binden. Karl hatte leider nicht die Ehre, sich bereits ein Jahr vor der Hochzeit am Petersburger Hof vorstellen zu dürfen. Er musste nicht die Prüfungen bestehen, die man am Zarenhof jedem anzuheiratenden Prinzen aus dem

Ausland auferlegte, um ihm seine geringe und abhängige Stellung zu demonstrieren. Karl durfte am 27. Januar 1846 vorerst von Olga und der Kaiserin Abschied nehmen. Er reiste mit seinen Begleitern gen Norden und traf am 7. Februar wieder in Stuttgart ein, vom Volke umjubelt, denn so mancher Württemberger äußerte bereits Zweifel, ob denn der Kronprinz überhaupt nach einer Kronprinzessin strebte, die dem Land und dem Volk Thronerben schenken wollte. Hämische Liberale munkelten gar über Geschlechtskrankheiten, die den Karl hindern würden, seinen Pflichten gegenüber der Krone nachzukommen.

Die Brautleute mussten sich in Geduld üben. Aber bereits Anfang Februar traf die Zustimmung des Kaisers in Palermo ein. Er legte seiner Tochter selbstverständlich keine Hindernisse in den Weg. Ein Ansatz glaubwürdiger Wehmut schwang in den Zeilen mit, wenn er schrieb: „Gedenke ein wenig noch deines Papas, der ohne dich sehr allein sein wird."[57] Olgas mehrfach variierter Gedanke, Nikolaus sei stolz darauf gewesen, dass sie im Vergleich zu ihrer Schwester Mary einen dem Hause Romanow adäquateren Partner gefunden habe, entsprach wohl eher dem Selbstwertgefühl Olgas selbst, als den allgemeinen Heiratspraktiken am Petersburger Hof. Das Haus Württemberg gehörte zwar zum genealogischen Stamm der Romanows, aber in der europäischen Politik galt Russland kein deutscher Mittelstaat als ebenbürtig.

Die Braut blieb mit ihrer Mutter in Palermo. Damit die Dinge ihren rechten Lauf nahmen, wich der russische Gesandte in Berlin, Graf Peter von Meyendorff nicht von ihrer Seite. Meyendorff hatte auch in Stuttgart als Gesandter gewirkt und vermittelte Olga einige Kenntnisse über Württemberg. Vor allem empfahl er Olga die Bücher des Schwäbischen Dichterkreises, besonders von Ludwig Uhland, Wilhelm Hauff oder Gustav Schwab. Darin erfuhr sie viel über das Wesen der Deutschen und der Schwaben, aber wenig über das aktuelle politische, wirtschaftliche und gesellschaftliche Leben in einem Land des Deutschen Bundes, in dem sie dereinst mitregieren sollte.

Die dem Verlöbnis folgende Korrespondenz Olgas mit König Wilhelm I., Königin Pauline und anderen Angehörigen der Königsfamilie, beschränkte sich vorerst selbstverständlich mehr oder weniger herzlich auf konventionelle Höflichkeiten. Die Briefe Karls betrachtete Olga dagegen mit ganz anderen Augen. Sie erinnerte sich an den Ratschlag des einstigen Erziehers Moerder, in Situationen, die alle ihre Sinne beanspruchten, ein Tagebuch zu führen! Olga schrieb Tagebuchnotizen und schickte die Blätter jeweils nach wenigen Tagen an Karl. Der Kronprinz ging auf diese Art der Konversation ein und so sammelten sich in Stuttgart und in Palermo Dokumente, inzwischen leider verschollen, die offensichtlich sehr detailliert über Ereignisse, Gedanken oder Gefühle der Brautleute im Alltag informierten.

Der gefürchtete Schwiegervater

Ob Olga ihre Antwort an König Wilhelm I. auf dessen trockene und verhaltene Zustimmung zur Eheschließung mit Karl besprochen hat, erscheint eher fraglich. Aus dem Munde Karls hatte sie erfahren, dass Wilhelm ein komplizierter Mensch, aufbrausend und ungerecht war, dass er eine eigenwillige Politik zum Schutze Württembergs betrieb und dass sich sein Sohn durch ihn verachtet fühlte. Wilhelm gehörte als verwitweter Gemahl Königin Katharinas zur großen Familie Romanow – ein Onkel der Braut. Am Petersburger Hof kannte man sein Streben nach Unabhängigkeit und den Willen, im Deutschen Bund eine führende politische Rolle zu spielen. Diese Tendenz und der schockierende Tod Katharinas hatten die württembergisch-russischen Beziehungen zumindest auf der Ebene der Höfe nach 1819 abgekühlt.

Karls Erzählungen und die russischen Erfahrungen hätten Olga eigentlich zu Gedanken veranlassen können, wie sie ihr Verhältnis zu Wilhelm bestimmen wollte. Dieses Problem bereitete ihr jedoch vorerst keine Sorgen. Sie erlebte am Petersburger Hof genügend Menschen, die, ausgestattet mit einer großen Machtfülle, alle erdenklichen Winkelzüge und Merkwürdigkeiten zur Selbstbehauptung offenbarten. Sie vertraute auf Bewährtes und ließ ihre Antwort an Wilhelm I. vom russischen Gesandten Meyendorff formulieren. Da beging sie keinen formalen und keinen sachlichen Fehler und auch der preußische Hof wurde gebührend über den Stand der Dinge unterrichtet. So entstand eine höfliche, korrekte Allerweltsdanksagung, aus welcher der König selbst bei genauester Prüfung keinen Hinweis auf den Wunsch seiner künftigen Schwiegertochter nach einem innigen Vertrauensverhältnis entnehmen konnte. Welch ein Unterschied zur Offenheit Olgas gegenüber dem eigenen Vater!

Die schönen Monate von Palermo gingen im April 1846 zu Ende. Die Gesundheit Alexandras hatte sich ganz erheblich verbessert, so dass die Ärzte keine Bedenken gegen eine Rückkehr nach Petersburg erhoben. Olga genoss die letzten Tage auf Sizilien und während der Rückreise durch Italien. Sie nahm unvergängliche Eindrücke in sich auf und freute sich besonders, als sie in Florenz wieder auf Karl traf, der ihr zur Vorbereitung einer Begegnung mit seinen Eltern in Salzburg entgegenkam.

Sie besichtigten die Stadt und sogen die zahlreichen Kunstschätze förmlich in sich auf. Florenz bot ihnen ein geeignetes Klima, sich weiter über die gegenseitigen Lebenserfahrungen, Wünsche und Hoffnungen auszutauschen. Olga erfuhr mehr als bisher über die Kindheit und Jugend Karls. Wie detailliert er auch die Unbarmherzigkeit des Vaters, die Schrecken der Militärzeit, die Studienjahre und den Umgang mit vielen Freunden schilderte, es lief eigentlich immer auf das gleiche Resultat hinaus: Er sprach nur über sich selbst, lamentierte über die Schrecken des Lebens und zeigte wenig Ansätze zu einer positiven Freude an der künftigen Aufgabe als König von Württemberg.

Bereits zu diesem Zeitpunkt erkannte Olga, sie würde einem weichen, gutherzigen und introvertierten Menschen helfen müssen, seine Lebensaufgabe mit Mut, Kraft, Geschick und Klugheit auszufüllen. Sie kannte aus ihrer Familie mehrheitlich Männer mit einem starken Willen und Durchsetzungsvermögen. Einzig ihr Bruder Alexander, der Thronfolger, neigte in den Augen der Familie zu Nachgiebigkeit, Willensschwäche und gewissen liberalen Ansichten. Dennoch wurde Alexander zielstrebig auf die Übernahme der Herrschaft vorbereitet – im Unterschied zu Karl. Woher Olga die Kraft, die Erfahrung und das Wissen nehmen wollte, ihren künftigen Mann so zu führen, dass er dem Ideal ihres Vaters näherkam, das wusste sie nicht. Menschenführung und Krisenmanagement hatten nicht zum Lehrstoff für die Zarenkinder gehört.

Ein wenig bange wurde ihr vor der Begegnung in Salzburg: Würde sich Wilhelm tatsächlich als ein Tyrann darstellen, den Streit, Willkür und Kälte beherrschten? Olga stand vor einer schwierigen Situation. Sie durfte nur den Erfahrungen ihres eigenen Erziehungsmusters vertrauen und das sah die Unterordnung unter den Vater vor. Glaubte sie Karls Erzählungen, durfte sie sich dem Schwiegervater nicht beugen, um ihrer selbst und Karls willen. Aber wo lag der Ausweg? Darauf wusste sie vorerst keine Antwort. Sie begriff lediglich: Mit Karl heiratete sie die Last einer sehr aufregenden und anstrengenden Familie. Aber diesen Ruf besaßen die Romanows auch und vielleicht übertrieb Karl ja ein wenig.

Am 21. April 1846 verließ das Paar gemeinsam mit der Kaiserin Florenz und fuhr in mehreren Etappen nach Venedig. Das Zusammensein bekam Olga und Karl gut und in Venedig einigte man sich möglicherweise bereits auf den 1. Juli als Heiratstermin. Die Weiterfahrt brachte Schwierigkeiten mit sich, Unwetter erschwerten die Fahrt über Trient in die Alpen. Die Tiroler Bergwelt empfand Olga, die geborene Flachländerin, als geheimnisvoll und aufregend, zumal Karl ihr in den Mußestunden aus Wilhelm Hauffs Ritterroman „Lichtenstein“ vorlas und sie damit auf die württembergische Welt einstimmte: Vom Sturm umtoste Burgen, edle Damen und tapfere Ritter, die gegen böse Finsterlinge kämpfen – so stellte sich Olga ohnehin das kleinteilige Leben in der deutschen Provinz vor. Wilhelm Hauffs Roman mutete Olga wie eine Fortsetzung der Geschichten an, die ihr als kleines Mädchen von der Großmama über deren württembergische Heimat erzählt worden waren. Ein Märchenland! Und da sollte der König von Württemberg ein realer und schlimmer Despot sein? Olgas Vater nannte man im Westen auch einen Despoten und ihr erschien er doch als einer der liebsten Menschen auf Erden! Neben Karl natürlich.

Das Treffen in Salzburg begann mit einem Eklat. Die Russen kamen am Nachmittag an. Kaiserin Alexandra wollte sofort die Dame von Welt vorführen und vergaß, dass es ungeschickt ist, Menschen, die Freunde werden sollen, einfach zu überrumpeln und so in eine hilflose Position zu bringen. Alexandra ließ die Kutschen vor dem Hotel, in dem die Königsfamilie wohnte, anhalten. Im finsteren Treppenhaus traf man aufeinander, völlig überrascht, betont fröhlich, verärgert, ratlos. Man setzte sich um einen großen Tisch und improvisierte gequält weltläufige Konversation. König Wilhelm I. fühlte sich mit vollem Recht in seiner Würde gekränkt, reagierte finster und wütend und gab seinem ungeschickten Sohn Karl die Schuld – dem ewigen Sündenbock – , dass er wieder einmal nicht in der Lage gewesen war, die peinliche Situation abzuwenden.

Schließlich erinnerten sich alle Teilnehmer an den Zweck der Begegnung. Das Glück der Kinder verlangte Opfer! Bis zum nächsten Tag schien der Zorn bei Wilhelm verraucht zu sein. Olga beobachtete ihn sehr genau, bewertete jede seiner Handlungen und entrann dabei weder den anerzogenen Vorurteilen gegenüber Fürsten deutscher Kleinstaaten noch dem durch Karls Berichte geprägten Bild.

Bei einer Ausfahrt musste Olga am nächsten Tag mit Karl in die Kutsche des Königs steigen. Sie lobte, dass Wilhelm freundlich mit ihr sprach, weltmännisch, klug und höflich. Allein ihre Erwartung, dass er in dem gleichen vertrauten Ton wie Nikolaus mit seinen Kindern über ganz private und sogar alltägliche Familiendinge redete, erfüllte sich nicht. Selbstverständlich war Olga für König Wilhelm in diesem Augenblick noch die fremde Prinzessin einer Großmacht. Seine Ehe mit Katharina lag Jahrzehnte zurück und die Erinnerung schmerzte noch immer. Es lag nicht in Wilhelms Art und es gehörte sich für den König nicht, „mit der Tür ins Haus zu fallen" und die künftige Schwiegertochter sofort nach ihren heimlichen Wünschen oder intimen Zukunftsplänen auszufragen. Oder sollte der König vor Olga ein Klagelied über den nach seiner Ansicht missratenen Sohn singen?

Olga ging von ihrem subjektiv-idealisierenden Lebensgefühl aus und errichtete von vornherein eine emotionale Schranke zwischen sich und dem König. Sie mutmaßte, dass es ihr schwer fallen würde, „mit diesem Manne, dessen Wesen mir unverständlich und fremd war, zusammenleben zu müssen."[58] Doch dem Vorbehalt folgte sogar das Erschrecken: Die Grundlage für die Güte gegenüber den Kindern bestand im Zarenhaus in deren Unterordnung unter die Autorität des Vaters. Olga musste diesen Grundsatz ganz logisch auf Wilhelm I. anwenden. Er würde, wenn Karl noch nicht so reif war, für sie die neue väterliche und autokratische Macht darstellen. Sie musste sich dem König unterordnen! Vor dieser Konsequenz fürchtete sich die russische Großfürstin wirklich. Sie musste einen Ausweg finden. Sie durfte sich nicht allein negativen Gefühlen hingeben. Sie wollte nach positiven objektiven Kriterien suchen, die ihr den König als sittliche, politische und persönliche Autorität erklärten – abgesehen davon, dass er niemals die Größe des Kaisers von Russland erreichen würde!

Olga erkannte an, dass Wilhelm einer der fähigsten unter den Monarchen der deutschen Klein- und Mittelstaaten war. Da sie sich wohl in dynastischen Familienbeziehungen, aber weniger in der politischen, sozialen oder kulturellen Geschichte der deutschen Staaten auskannte, übertrieb sie Wilhelms Rolle und Einfluss bei der Reformierung und Modernisierung des Deutschen Bundes. Beim Treffen in Salzburg komplettierte sie ihr Grundwissen eben gerade durch solche Elemente, die geeignet erschienen, Wilhelm in die Nähe ihres ewigen väterlichen Vorbilds zu rücken. Der König galt als willensstark. Seine Herrschaft brachte den Untertanen Glück und Sicherheit!

Wenn König Wilhelm nicht jene familiäre Herzlichkeit wie Nikolaus an den Tag legte, dann musste sie als künftige Schwiegertochter mit russischem Auftrag den sachlichen Respekt vor den monarchischen Qualitäten zur Grundlage ihrer Beziehungen machen. Die Frage, warum Karl nicht ebenso dachte, stellte sich vorerst nicht. Die Großfürstin überlegte, auf welchen Gebieten sie den Ansatz suchen sollte, ein gutes Verhältnis zu Wilhelm herzustellen, Russland zu dienen und damit die eigene Stellung am Württemberger Hof zu festigen. Dazu musste sie unbedingt ihren Karl „in den Griff" bekommen. Niemand vermochte abzusehen, wie lange der kranke Wilhelm noch regieren würde.

Olga musste nicht lange über die Felder ihrer Einflussmöglichkeiten nachdenken. Russlands Gesandter in Stuttgart, der bescheidene, treue, aber ehrgeizige und geistig nicht übermäßig bewegliche Karrierediplomat Alexander Gortschakow, wartete ungeduldig auf die nächste Beförderung. König Wilhelm I. bemühte sich um gute Beziehungen zum russischen Hof. Was lag näher für eine russische Kronprinzessin, als sich diskret in den Nachrichtenfluss zwischen Newa und Neckar einzuschalten, um zu versuchen, das Vertrauen des Königs zu gewinnen und die Bindung an den Vater nicht zu verlieren. Sie war sich von Haus aus darüber klar, dass ihre politischen Einflussmöglichkeiten immer begrenzt bleiben würden. Aber der Versuch musste gewagt werden, mit engeren Bindungen Württembergs an Russland Einfluss z. B. auf die Gestaltung der konstitutionellen Ordnung im monarchischen Sinne zu nehmen. Diese passte Olga ebenso wenig wie ihrem Vater. Selbst Tante Maria hatte in Weimar mit dem „Patriotischen Institut der Frauenvereine" ein gewisses Gegenmittel zur Konstitution gefunden. König Wilhelm I. verlangte das damals von seiner Frau und den Staatsbeamten! Welche Rolle Karl spielen sollte, blieb bei dessen Unentschlossenheit noch völlig offen. Welch ein Wunder! Olga bewegte Gedanken in ihrem Kopf, die sie selbst auf ein eigenständiges Handeln orientierten. So etwas hatte sie noch nie getan. Die Liebe verlieh ihr Flügel oder – man instruierte sie eben gut.

Während Olga in der Kutsche über ihr künftiges Verhältnis zu Wilhelm nachdachte, blickte sie auf die Königin Pauline, deren Platz als Hüterin der sozialen Wohltätigkeit ihr eigentlich viel näher stehen musste. Doch die zurückhaltende Freundlichkeit und das vermittelnde Wesen, das Pauline vom ersten Augenblick des Treffens an zeigte, weckten in Olga ungerechte Vorurteile: Eine politisch bedeutsame Frau wie die russische Königin Katharina würde Pauline nie werden! Sie versagte sich ängstlich jeder geistvollen Konversation, strickte gern und las Modejournale! Keine herrschaftlichen Ambitionen – eher eine brave Bürgersfrau. Von dieser Frau wollte sich Olga möglichst fernhalten und in Ruhe gelassen werden. Welch ein Unterschied zur Kaiserin Alexandra, die zwar auch keine überragende Geistesgröße demonstrierte, sich als preußische Prinzessin am Petersburger Hof aber behauptete. Das zählte in Olgas persönlichem Wertekatalog.

Die Begegnung der beiden Familien in Salzburg, die zunächst so ärgerlich begann, regte somit eine ganze Reihe interessanter Gedanken für das künftige Zusammenleben an. Sie endete in voller Harmonie und gegenseitigem Einvernehmen. Persönliche Empfindlichkeiten traten in den Hintergrund, weil sich die Aufregung legte. Wilhelm fand Olga am Ende eigentlich recht nett und sie verlor ein wenig von ihrer Angst vor dem unbekannten Schwiegervater. Man musste eben nur miteinander reden! Die Mütter flossen ohnehin vor Rührung über. Man einigte sich einstimmig auf die baldige Hochzeit und strebte befriedigt den heimatlichen Höfen zu. Ob Olgas Gedanken in der Praxis umsetzbar waren, blieb mit sehr großen Fragezeichen behaftet.

Kurs: Hafen der Ehe

Auch Karl schlug sich trotz väterlicher Kritik in Salzburg tadellos und der Vater düpierte ihn auch nicht vor den Verwandten. Gemeinsam kehrte er mit den Eltern über München nach Stuttgart zurück. Die baldige Eheschließung verlangte Vorbereitungen. Der reichen und schönen Braut sollte es an nichts mangeln.

Olga trat ebenfalls die Heimreise an. Bei allem Ärger über Metternich wollte Kaiser Nikolaus daraus keinen Dauerkonflikt mit dem Wiener Hof erwachsen lassen, darum ließ sich Kaiserin Alexandra gegen die Warnungen und Vorbehalte einiger Berater beider Seiten auf ein Treffen mit Österreichs Kaiserin Maria Anna in Linz ein. Die Habsburgerin bat, nun, da Olga ziemlich sicher unter der Haube war, um gutes Wetter. Alexandra gab sich großzügig: Gott, warum denn von der Vergangenheit reden? Die Damen begruben den Streit unter hübschen Kleidern und wertvollem Schmuck. Eigens aus Wien angereiste Juweliere und Modeschöpfer füllten mit ihren edlen Waren die Koffer und Taschen der Russen. Fest verschnürt trat das freigekaufte Habsburger Gewissen die Reise nach Petersburg an – der russische Zoll wurde kurzzeitig eine größere Gefahr für die Damen als der Hader mit Metternich.

Mit Metternich wollte Alexandra nicht einmal mehr reden. Dennoch sollte ein endgültiger und von der Öffentlichkeit registrierter Schlusspunkt unter die Affäre gesetzt werden. Man reiste über Prag! Dort residierte nach wie vor Stephan, der langjährige „Verlobte". Ohne Zweifel lag eine gewisse psychische Spannung über dem Treffen. Andererseits gehörte der ganze Vorgang zum diplomatisch-dynastischen Alltag beider Kaiserhöfe und niemand erwartete, dass Olga und Stephan einander entsagungsvoll in die Arme sinken würden. Eher durfte man das Gegenteil erwarten: eine kühle und geschäftsmäßige Routinebegegnung, bei der sich die Beteiligten um freundliche Korrektheit bemühten. Es werden keine bösen Worte gefallen sein. Aber Olga verletzte doch die Spielregeln und trug das Bild eines eitlen und obendrein ungeschickten Egomanen in ihrem Kopf mit nach Petersburg. Mag Stephan selbstsüchtig gewesen sein, zur Professionalität hätte bei Olga die freundliche Distanz gehört – ein Abschiedsgeschenk an den „Verlobten", den sie niemals fragen durfte, ob er diese Rolle überhaupt hätte spielen wollen.

Alexandra und Olga fuhren mit der Eisenbahn bis Warschau. Dort erwartete sie Nikolaus. Gemeinsam reisten sie weiter und erreichten am 3./15. Juni 1846 Peterhof. Olga hatte viele Monate im Ausland verbracht, ihr Leben nahm gerade eine radikale Wendung, aber Peterhof – das blieb ihre Heimat, ihr Zuhause. Hier durfte sie sich noch einmal an ungetrübtes Kinderglück erinnern, an eine Kindheit in den gewohnten Normen der Herrscherfamilie, in der Macht und Disziplin dominierten. Die Brautwahl gehörte zur Familienpolitik und Olga empfand diesen Schritt im Einklang mit ihrer Erziehung als eine gelungene Entscheidung des Vaters. So sieht das Glück einer Zarentochter aus! Sie wartete nur noch auf ihren Karl – voller Ungeduld und Sehnsucht.

Der Bräutigam befand sich seit dem 20. Juni auf dem Weg nach Petersburg, begleitet von den in Palermo bewährten Weggefährten Spitzemberg, Hardegg, Berlichingen und Hackländer. Dazu kam als erster Adjutant Prinz Hugo von Hohenlohe-Oehringen. Zar Nikolaus stellte ab Swinemünde einen Luxusdampfer zur Verfügung, dessen mondäne Ausstattung Karl nicht vor der Seekrankheit bewahrte. Völlig überzogen wirkte, dass Nikolaus das Dampfschiff von Reval bis Kronstadt durch eine Armada von neun Linienschiffen der Baltischen Flotte eskortieren ließ. Linienschiffe galten als die größten Segelkriegsschiffe überhaupt, die auf bis zu vier Batteriedecks mehr als 100 Kanonen unterbrachten. Bei jeder sich bietenden Gelegenheit schossen die Kanonen Salut, so dass der Verdacht nahelag, der Kaiser wollte nicht so sehr dem württembergischen Prinzen die Ehre erweisen, sondern vielmehr der Öffentlichkeit seine intakte Seemacht auf der Ostsee demonstrieren. Karl wirkte inmitten all dieses militärischen Getöses, umgeben von den russischen Ehrenbegleitern Fürst Lieven und Fürst Wassiltschikow, etwas verloren und genervt. Als Nikolaus mit seinen Söhnen gar persönlich an Bord kam, zog sich Karl brav die Uniform der Husaren von Nishni-Nowgorod an. Der Kaiser hatte ihn zu deren Regimentschef ernannt. Bei allem protokollarischen Ernst, die bunte Husarenuniform wirkte inmitten der vom Wetter gegerbten Teerjacken ein wenig deplaziert.

Karl kam gerade zur richtigen Zeit: Das Kadettenkorps des Kaisers absolvierte ein Manöver! Man empfing ihn mit allerhöchsten Ehren, setzte ihn zum Essen an die Tafel und anschließend auf ein Pferd – ab in das Manöver. Karl, der liebe Junge, dem alles militärische Brimborium verhasst war, durfte die ersten Stunden im glanzvollen Petersburg nicht bei seiner Braut, sondern auf dem Paradefeld verbringen. Die Damen erhielten den Befehl, in Equipagen nachzufolgen. Erst bei der abendlichen Rückfahrt durfte Karl gemeinsam mit Olga in einer Kutsche sitzen. Olgas Hofdame Cecile Fredericks verkniff sich nicht die ebenso dreiste wie treffende Bemerkung: „Das muss ich sagen, für ein Brautpaar war dies allerdings ein gemütliches Wiedersehen!“[59] Adel verpflichtete eben und bei einem künftigen König, der eine Großfürstin heiraten durfte, gehörten eine gewisse Opferbereitschaft und Härte gegen sich selbst gewissermaßen zum höfischen Standard. In dieser ganzen Art der Aufnahme lag nichts Ungewöhnliches. Karl gehörte auch nicht zur Schar jener Prinzen, die nach der Heirat mit einer Tochter des Zarenhauses in russische Dienste treten mussten und in der Regel wenig Achtung genossen. Nikolaus handelte gerne spontan, das Militär genoss höchste Priorität und es schadete nichts, wenn der Württemberger sogleich die Familiendisziplin der Romanows verinnerlichte. Nikolaus behandelte den Kronprinzen freundlich, erwartete aber, dass er die kaiserlichen Ratschläge als unvermeidliche und dankbar anzuerkennende Hilfe verstand. Karl, der es vom eigenen Vater gewohnt war, als Taugenichts behandelt zu werden, wusste sein Glück kaum zu fassen, vom Kaiser derart rücksichtsvoll und zuvorkommend auf den rechten Pfad der Zarenfamilie geführt zu werden. Olga gefiel die sanfte Anpassungsfähigkeit ihres neuen Verlobten. Der Hof honorierte den Konformismus des Kandidaten und weder einer offiziellen Verlobung noch dem bereits vereinbarten Hochzeitstermin stand etwas im Wege.

Zunächst verhandelte man den Ehevertrag.[60] Das Dokument wurde nach kurzen Gesprächen und ausgehend von den Ehepakten z. B. für Maria Pawlowna und für Katharina Pawlowna am 22. Juni/4. Juli 1846 von den bevollmächtigten Vertretern, Prinz von Hohenlohe-Kirchberg für Württemberg und dem Kanzler Graf Nesselrode für Russland, unterschrieben. Der Vertrag diente primär der rechtlichen, finanziellen und materiellen Absicherung Olgas für alle nach menschlichem Ermessen möglichen Wechselfälle des Lebens. Er sicherte dem Haus Romanow die Oberhoheit über die Finanzen und nahm das Haus Württemberg für die Versorgung Olgas und der von ihr erwarteten Kinder in die Pflicht. Eine gewisse finanzielle Einseitigkeit zu Gunsten Russlands war unübersehbar. Das Abkommen entsprach im Prinzip dem Muster der seit Jahrzehnten vom Haus Romanow in vergleichbaren Fällen abgeschlossenen Ehepakten.

Die durch Metternich so arg strapazierte Religionsfrage spielte als Problem gar keine Rolle und wurde rein sachlich entschieden: Olga durfte ihre griechisch-orthodoxe Religion uneingeschränkt sowie auf eigene Kosten in den von ihr bewohnten Räumen ausüben. Zu offiziellen Anlässen musste sie an der Seite ihres Mannes an Gottesdiensten und Veranstaltungen anderer Religionen oder Glaubensgemeinschaften teilnehmen.

Über das Glaubensbekenntnis und die Erziehung möglicher Kinder entschieden die Gesetze des Hauses Württemberg. Im Grunde genommen verzichtete Olga mit dieser Festlegung auf einen wichtigen Teil ihrer Persönlichkeit. Das Gottesgnadentum der Autokratie und der eigene tiefe Glaube an den Gott ihrer Religion, all das, was ihre Weltsicht bestimmte, durfte nicht an die eigenen Kinder weitergegeben werden. Jede noch so vage Möglichkeit, von Württemberg aus Ansprüche an die in Russland herrschende Dynastie zu richten, sollte ausgeschaltet werden. Das Problem ging weit über die Grundsätze des Ehevertrags hinaus und bildete darum auch keinen direkten Bestandteil des Textes. Nesselrode schrieb vielmehr am 22. Juni 1846 in einem direkten Brief an Hohenlohe-Kirchberg: „In dem Augenblick, da ich zur Unterzeichnung des Ehevertrages zwischen Ihrer Kaiserlichen Hoheit der Großfürstin Olga Nikolajewna mit Seiner Königlichen Hoheit dem Königlichen Prinzen von Württemberg schreite, betrachte ich es als meine Pflicht, hier die Versicherung zum Ausdruck zu bringen, dass selbstverständlich, ohne dass in dieser Hinsicht irgendeine Schwierigkeit bestehen bleiben könnte, die Kinder, die aus dieser Ehe hervorgehen werden, in der Religion erzogen werden, zu der sich Seine Königliche Hoheit der Königliche Prinz, ihr Vater, bekennt, so wie es im Falle einer Ehe der Großfürstinnen von Russland mit ausländischen Prinzen, Mitgliedern souveräner Häuser, üblich ist.

Indem ich Eure Hoheit bitte, diese Erklärung Seiner Majestät dem König von Württemberg zur Kenntnis zu bringen, habe ich die Ehre, Ihnen, mein Prinz, die Versicherung meiner vorzüglichen Hochachtung darzubieten. Nesselrode."

Ehevertrag ohne Glücksgarantie

Im Mittelpunkt des Vertrags standen die finanziellen Regelungen, die im Vergleich zu den Jahren 1803 [Maria Pawlowna] oder 1816 [Katharina Pawlowna] nur geringe Änderungen aufwiesen. Nach wie vor erhielt die Braut die Mitgift von einer Million Rubel, von der die Hälfte an das Königreich Württemberg ging. Das Geld verblieb allerdings bei der Kaiserlichen Bank in St. Petersburg und wurde dort mit 4% Zinsen angelegt. Davon musste Olga ihren Lebensunterhalt allerdings nicht bestreiten.

Im Unterschied zu den Eheverträgen für Maria und Katharina Pawlowna wurde diese Festlegung im Falle Olgas nicht im dritten Artikel festgeschrieben. Dort stand lediglich die ostentative Bestimmung: „Seine Majestät der Kaiser von ganz Russland weist Ihrer Kaiserlichen Hoheit der Großfürstin, Seiner sehr lieben Tochter, eine Mitgift von 1 Million Rubel in Silber zu, so wie sie durch die grundlegenden Gesetze des Reiches für die Töchter des Kaisers festgelegt worden ist. Dieses Kapital von 1 Mill. Rubel wird auf die Kaiserlichen Banken gelegt werden, und diese werden dafür gemäß dem im Reich festgelegten Zinssatz 4% Zinsen jährlich zahlen. Das Kapital von 1 Mill. Rubel in Silber, das die Mitgift Ihrer Kaiserlichen Hoheit der Großfürstin darstellt, wird als Vermögen, das Ihr gehört, betrachtet werden. Ihre Kaiserliche Hoheit wird entsprechend dem in der Kaiserlichen Familie bestehenden Brauch die ausschließliche Nutznießung der Zinsen haben, und Sie wird frei sein, über das Kapital durch Testament, Legat oder andere Verfügung Ihres letzten Willens zu verfügen, mit Ausnahme dessen, was in den folgenden Artikeln vereinbart ist."[61]

Abweichend von vorausgegangenen Verträgen wurde erst am Ende des Textes, in einem Zusatzartikel der „Pferdefuß" in den Bestimmungen des Artikels III. fixiert: „Seine Majestät der König von Württemberg und Seine Majestät der Kaiser von ganz Russland behalten sich vor, sich in der Folge zu verständigen über ein Arrangement, mittels dessen die Hälfte der durch Artikel III des vorliegenden Heiratsvertrags Ihrer Kaiserlichen Hoheit der Großfürstin Olga Nikolajewna, der zukünftigen Königlichen Prinzessin von Württemberg, angewiesenen Mitgift, d. h. 500 000 Rubel in Silber, unter Hypothek oder gegen eine ausreichende Garantie im Königreich Württemberg angelegt wird; in diesem Fall würde Seine Majestät der König sich verpflichten, Ihrer Kaiserlichen Hoheit regelmäßig und zu zwei Terminen die Zinsen von 4% jährlich der genannten 500 000 Rubel zu zahlen."[62] Möglicherweise einigte man sich darüber bei den Verhandlungen nicht, weil die Württemberger Seite kein konkretes Garantieobjekt, etwa einen schuldenfreien Amtsbezirk, als Hypothek anbieten wollte. Die russische Seite bestand jedoch auf der Garantieleistung und darum betonte der Zusatz ausdrücklich: „Der vorliegende Zusatzartikel besitzt Wort für Wort die gleiche Kraft und Bedeutung wie der gesamte Ehevertrag und wird mit diesem ratifiziert. Zur Bestätigung haben die jeweiligen Bevollmächtigten den vorliegenden Zusatzartikel unterzeichnet und ihn mit dem Siegel ihrer Wappen versehen."[63]

Wie ihre in das Ausland verheirateten Tanten bekam Olga laufende und auf beachtliche Jahressummen fixierte Zuwendungen vom Kaiser, aus der Familie, aus ihrem mütterlichen Erbe oder aus ihren Apanagen. Darüber hinaus legte der Ehevertrag konkrete finanzielle Vorkehrungen fest, die Olga für den Fall einer vorfristigen Witwenschaft in jeder Weise absicherten. Sollten aus der Ehe mit Karl Kinder hervorgehen, würden diese über finanzielle Sicherheiten verfügen, wenn die Mutter frühzeitig sterben müsste.

Beide Seiten hielten an dem Grundsatz fest, dass die Ehepartner für ihre jeweiligen Schulden selbst aufkommen müssten. Der Passus besaß insofern eine besondere Bedeutung, als er bereits 1816 im Ehevertrag für Katharina Pawlowna Eingang gefunden hatte, Katharina jedoch in ihrem Testament von 1817 die Schulden ihres Mannes Wilhelm übernommen und damit einen Grundsatz des Hauses Romanow durchbrochen hatte: Hauptnutznießer aus dem Besitz Katharinas wurde König Wilhelm I. von Württemberg. Es blieb abzuwarten, ob der König daraus drei Jahrzehnte später eine besondere Fürsorge für die Schwiegertochter ableiten würde. Selbst im negativen Fall musste Olga nicht um ihre materielle Existenz bangen:

„Artikel IV
Ihre Kaiserliche Hoheit die Großfürstin bewahrt außerdem den Besitz Ihres Privatkapitals, das in den Banken des Reiches deponiert ist. Dieses Kapital, das sich am 1. Juli des laufenden Jahres mit den angesammelten Zinsen auf 500 000 Rubel in Silber belaufen wird, wird in den genannten Banken deponiert bleiben. Die jährlichen Zinsen von 4%, die dafür regelmäßig den Regeln dieser Banken entsprechend gezahlt werden, sind zur ausschließlichen Nutzung Ihrer Kaiserlichen Hoheit der Großfürstin bestimmt.

Artikel V
Seine Majestät der Kaiser verpflichtet Sich, Ihre Kaiserliche Hoheit die Großfürstin Olga, Seine sehr liebe Tochter, mit einer Ihrer Geburt und Ihrem Rang angemessenen Aussteuer auszustatten, so wie es in der zu diesem Zweck aufgestellten Zusammenstellung genau aufgeführt ist.

Ihrerseits macht Ihre Majestät die Kaiserin Ihrer Kaiserlichen Hoheit der Großfürstin, Ihrer viel geliebten Tochter, ein Geschenk von 30 000 Rubel in Silber, worüber Ihre Kaiserliche Hoheit frei verfügen kann.

Artikel VI
Seine Majestät der König von Württemberg wird aus dem Tresor des Königs Ihrer Kaiserlichen Hoheit der Großfürstin Olga Nikolajewna als Nadelgeld spätestens drei Monate nach dem Tag Ihrer Heirat die jähr-

liche Summe, die das Gesetz der Familie des Königshauses von Württemberg in dieser Hinsicht der Gattin des Königlichen Prinzen zuspricht, zahlen lassen.

Ihre Kaiserliche Hoheit übernimmt – in Anbetracht der Tatsache, dass die Nutznießung der Einkünfte aus Ihrer Mitgift Ihr bleibt, entsprechend des in der Kaiserlichen Familie etablierten Brauches – den Unterhalt des Teiles Ihres Hofes und Ihrer Dienerschaft, die im Besonderen an Ihre Person gebunden sind. Dieser Hof Ihrer Kaiserlichen Hoheit der zukünftigen Königlichen Prinzessin von Württemberg wird dem bestehenden Brauch und der bestehenden Etikette gemäß beschaffen sein ...“[64]

In den weiteren Artikeln folgten dezidierte finanzielle Regeln für die erwarteten Kinder, den Witwenstand Olgas oder auch zum Verbleib des Geldes im Falle ihres eigenen frühen Ablebens. Der Vertragstext enthielt im Vergleich zu gleichgearteten Eheverträgen und den beiden genannten Sonderregelungen keine weiteren Überraschungen. Olga konnte nicht einmal wie ihre Tante Katharina auf umfangreiche Mittel aus einer früheren Ehe zurückgreifen. Es war abzusehen, dass Olga ihr ganzes Leben von den finanziellen Zuwendungen aus der Familie Romanow und von der Gunst des Königs von Württemberg abhängen würde. Das war ihr Schicksal und keineswegs eine Quelle persönlichen Leids. Die Großfürstin wäre nie auf den Gedanken gekommen, dass die Einbindung in das antiquierte Finanzsystem der Dynastie ihre Freiheit als Persönlichkeit beeinträchtigte.

Vermählung in der Schlosskapelle

Nach der Vertragsunterzeichnung stand der Hochzeit nichts mehr im Wege. Als Symbol für den bevorstehenden Abschluss der aufwändigen Aquisition fand in der Kirche von Peterhof am Geburtstag Nikolaus' I., am 25. Juni/7. Juli, noch einmal eine offizielle Verlobungszeremonie statt. Wie jede Braut erlebte Olga aufregende Tage. Die Hochzeit brachte zahlreiche repräsentative Verpflichtungen am Hof und in der Öffentlichkeit mit sich. Sie musste dennoch immer wieder voller Wehmut an den bevorstehenden Abschied vom Elternhaus und an die Reise nach Stuttgart denken. Sie wollte in einem prächtigen Brautkleid zu den Altären der griechisch-orthodoxen und der evangelischen Kirche schreiten. Es waren Hochzeitsgäste zu empfangen. Besonders herzlich und persönlich begrüßte Olga den Prinzen Wilhelm von Preußen und dessen Gemahlin Augusta von Sachsen-Weimar-Eisenach, zu deren Berliner

Gesprächskreis der bedeutende Historiker Leopold von Ranke zählte. Karl hatte während seiner Studienzeit in Berlin zu dem Paar ebenfalls einen guten Kontakt hergestellt.

Der 1./13. Juli 1846 besaß für Olga eine besondere Bedeutung. Es war der Geburtstag ihrer Mutter und gleichzeitig der Hochzeitstag der Eltern. Ein guter Tag für die eigene Vermählung! Dem Hausgesetz gehorchend, unterschrieb sie die Abdankungsurkunde, in der sie für sich und ihre Nachkommen dem russischen Thron auf alle Zeiten entsagte. Anschließend ließ sie sich ankleiden. Um 13 Uhr begann die Trauung in der Schlosskapelle von Peterhof: „Es war eine fast erdrückende Pracht, die von Gold und Silber strotzenden Wände der kleinen Kirche, die leuchtenden, oft mit Edelsteinen besetzten Rahmen und die grell gemalten Köpfe russischer Heiliger, die reichen Kirchengewänder, gestickte Uniformen, Ordenssterne aller Art, leuchtende Damentoiletten, wehende Federn, Spitzen und Brillanten, Millionen im Werte auf einen ganz kleinen Raum zusammengedrängt. Mich [Hackländer] dauerte dabei das Brautpaar, vor allem die schöne, heute recht bleiche Großfürstin, bei der nach griechischem Ritus so lang andauernden kirchlichen Zeremonie. Auch die beiden jüngsten Großfürsten [Michail und Nikolaus] hatten einen sehr sauren Posten, denn sie mussten schwere goldene Kronen über den Häuptern des Brautpaares halten, was der langen Schleppe der Braut wegen sehr mühsam war, besonders als schließlich der Oberpriester Archimandrit, die beiden Daumen des jungen Paares zusammennehmend, dieses mehrmals um den Altar führte. Umso einfacher, fast ärmlich dagegen erschien die gleich darauf folgende Trauung nach den Satzungen unserer evangelischen Kirche, wozu an der langen Wand eines sehr großen Saales ein kleines unbedeutendes Altärchen fast verschwand, vor welchem der Geistliche rasch und einfach seine Trauung verrichtete."[65]

In dieser protestantischen Nüchternheit wollte Nikolaus seine schöne Tochter nun wirklich nicht verabschieden. Das Hochzeitsfest enthielt alle traditionellen Elemente dieses Feiertags, von der kaiserlichen Tafel über den Kanonendonner bis zum intimen Abendessen und der gemeinsamen Verabschiedung des Brautpaars in deren erstes gemeinsames Appartement. Nikolaus liebte seine Olga sehr und er liebte das Militär. Darum veranstaltete er zu Lande und zu Wasser besonders attraktive Militärparaden. Zwischen Peterhof und Kronstadt donnerten die Kanonen über den Finnischen Meerbusen, zitterten in den lauschigen Gärten und Parks die Gräser vom Marschtritt der Grenadiere, dröhnte die Erde vom Hufschlag paradierender Gardehusaren. Karl,

„mon cher garcon" – der liebe Junge, musste bei all dem martialischen Spiel tapfer auf seinem Pferd sitzen und fröhliche Miene zum strammen Spiel machen. Wie leicht fiel ein Schwiegersohn beim Zaren in Ungnade, wenn ihm bei der Parade oder im Manöver ein Fehler unterlief. Aber Karl hielt durch. Er wollte unbeschadet in das heimatliche Württemberg zurückkehren und keine Tressen als russischer Held im Kaukasus erwerben. Im Übrigen zog er sich, wann immer die Möglichkeit bestand, mit seiner jungen Frau in die kleine Wohnung zurück, die man ihnen in Peterhof eingeräumt hatte. Er ließ sich nicht dadurch stören, dass das Appartement dicht neben dem Arbeitszimmer lag, in dem der Kaiser gewöhnlich arbeitete – wenn er nicht gerade Paraden kommandierte.

Olga besaß ebenfalls ein russisches Regiment, aber zur Hochzeit und zum Abschied hatte sich der Kaiser für sie eine besondere „Parade" erdacht: „Um aber auch der Petersburger Gesellschaft etwas zu bieten, wurde von Herren alles, was hoffähig war, von den Beamten gewisse Kategorien und von der Garnison sämtliche Offiziere in zahlreichen Gemächern versammelt, um der Kronprinzessin ihre Huldigung darzubringen. Sie stand in der Mitte eines der größten Säle, fast ganz allein, da sich der Hofstaat etwas zurückgezogen hatte, und bot eine prachtvolle, ja herrliche Erscheinung. Ihr Kleid war von weißem Atlas, nur mit Brillanten garniert, an ihren Schultern hing ein rotsamtener goldbestickter Mantel, dessen lange Schleppe von Pagen getragen worden war und dessen Ende nun kunstvoll um die Füße der schönen Frau drapiert wurde. Auf ihrem blonden Haar trug sie ein Brillantdiadem und das Ganze machte einen unvergesslichen Eindruck. Zu beneiden war indessen die arme Prinzessin bei dieser Zeremonie nicht. Nun begann das Defilieren der oben erwähnten Herrschaften ohne und mit zuweilen recht stacheligem Bart, was über zwei Stunden dauerte, wobei die Kronprinzessin dem Nahenden die rechte Hand entgegenstreckte, die dann häufig sehr langsam und bedächtig geküsst wurde, worauf sie den Arm wieder erhob, um ihn für den Nächsten abermals sinken zu lassen. Wie ich später gehört habe, fühlte sie sich auch schließlich einer Ohnmacht nahe und ihre feine weiße Hand hatte noch länger die geröteten Spuren dieser unzähligen Küsse gezeigt."[66]

Hackländer, stolz darauf, als Sekretär Karls allen noblen Persönlichkeiten vorgestellt zu werden, überall dabei sein zu dürfen, bediente sich bei seinen Erinnerungen einer lockeren Sprache. Wenn er im direkten Gespräch derart despektierlich gegenüber seinen Gastgebern aufgetreten ist, war es nur eine Frage der Zeit, wann er die gerade errungene Gunst

Olgas wieder verlieren würde. Nicht umsonst warf ihm General Spitzemberg wiederholt Leichtsinn vor, obwohl sich die freimütige Künstlernatur Hackländer der ihm auferlegten Pflicht, als Reisemarschall den ganzen Konvoi von Petersburg nach Stuttgart zu organisieren, letztlich glänzend gewachsen erwies.

Den Württembergern fiel der Abschied von der Newa schwer. Sie erlebten die wunderbar verträumte Landschaft der weißen Nächte und wollten sich dem Zauber dieser faszinierenden Stadt nicht entziehen. Der Kronprinz hatte sein Lebensglück gefunden und das wog alle Schwermut auf. Zumindest bei Karl und dessen Begleitern. Sie fuhren wieder nach Hause. Olga sah die Dinge etwas anders. Über allem stand der Wille des Vaters, es hieß, Disziplin zu wahren und niemandem die Trauer über das unvermeidliche Ende kindlicher Geborgenheit im Schoße der angestammten Familie zu zeigen, mochte diese auch noch so kompliziert und in die Macht verliebt sein. Die Selbstdisziplin verpflichtete zum Optimismus. Olga hoffte, ihr Glück gefunden zu haben und es besteht kaum ein Zweifel, dass sie ihren Gemahl in diesem Augenblick aufrichtig liebte.

Überdies waren die letzten Tage in der russischen Heimat mit derart vielen Gottesdiensten, Empfängen, Abschiedsbesuchen und unvermeidlichen Pflichten gegenüber den der kaiserlichen Obhut anempfohlenen sozial schwachen Menschen ausgefüllt, dass kaum Zeit zur inneren Einkehr bestand. Es mussten alle Dinge ausgewählt und verpackt werden, die zur Aussteuer gehörten und die Olga gerne mit nach Württemberg nehmen wollte. Als Maria Pawlowna 1804 in Weimar einzog, brachte eine Kolonne von etwa 80 Pferdewagen die Mitgift an die Ilm. Olgas Aussteuer passte gerade in zwei Kriegsschiffe, unterschied sich aber grundsätzlich nicht von jener ihrer Tante – wertvollste Möbel, feinste Wäsche, diverser Hausrat, goldene Kirchengeräte sowie diese oder jene Kleinigkeit an Schmuck, den eine Tochter des russischen Kaisers eben so benötigte.

Jeder Abschied geht einmal zu Ende und weicht der Hoffnung auf einen neuen Anfang. Mit allem höfischen und militärischen Pomp gingen am 9. September 1846 zwei Fregatten mit Karl und Olga sowie den Begleitern von Peterhof und Kronstadt aus in See und dampften bei gutem Wetter in drei Tagen nach Swinemünde. Preußens König Friedrich Wilhelm IV. stand zur Begrüßung am Kai, brach die Empfangszeremonie jedoch schnell ab, als es zu regnen begann. Man fuhr weiter nach Berlin und über Altenburg, Weimar und Würzburg nach Heilbronn, wo König Wilhelm I. wartete. Im Landhaus Rosenheim empfing die königliche Familie das kronprinzliche Paar und im Schloss Ludwigsburg traf man die letzten Vorbereitungen für den feierlichen Einzug in Stuttgart. Alle persönlichen Gefühle, Gedanken, Erinnerungen oder Hoffnungen Olgas mussten in ihrem ersten Auftritt vor den Württembergern so zum Ausdruck kommen, dass das an Sparsamkeit gewöhnte Volk Vertrauen fasste und dem Kronprinz per Akklamation bestätigte, dass er eine gute Wahl getroffen habe. An die gewaltigen Kosten der Expedition Karls nach Russland in Höhe von ca. 160 000 Talern dachte in diesem Augenblick höchstens der Ministerrat, aber Olga brachte ja auch ein erkleckliches Vermögen mit an den Neckar, mit dessen Hilfe die einheimischen mittelständischen Unternehmen sicherlich gefördert werden würden. Und darauf sollten sich doch wohl viele Menschen freuen.

Kapitel III

Die Kronprinzessin – Suche nach Selbstbehauptung und Glück

Nüchtern und realistisch betrachtet hat Olga bis zu ihrem Eintritt in das Haus Württemberg lediglich durch eine ungewöhnlich lange und von ebenso belustigten wie hämischen Gerüchten begleitete Suche nach einem Bräutigam für einiges Aufsehen in der europäischen Adelsgesellschaft gesorgt. Jung und schön, offenbarte sie keine außergewöhnlichen Begabungen noch Interessen oder gar Leistungen. Weder in der Kunst noch in den Wissenschaften oder in der Politik. Im Vergleich zur Königin Katharina, die von Jugend an Energie, Tatkraft und eigene politische Interessen gezeigt hat, blieb Olga ohne bemerkenswertes Profil – ein Mädchen, ganz im Fahrwasser väterlicher Autorität, brav, sanft, nachdenklich, aber ohne erkennbaren eigenen Willen. Selbst in den Jahren der Pubertät hat sie niemals gegen irgendeinen höfischen Zwang revoltiert. Wenn Olga gelegentlich emotional auf Ungerechtigkeiten reagierte, dann erregte sie sich stets im Sinne einer vollendeten Umsetzung väterlicher Weisungen.

In ihrer Selbstdisziplin unterschied Olga sich zwar nicht von vielen ihrer Schicksalsgenossinnen, aber in Württemberg musste sie sich vom ersten Tage an mit dem positiven Erbe Königin Katharinas auseinandersetzen. Die Hoffnung, dass Olga an deren sozialpolitischen und karitativen Errungenschaften anknüpfen würde, bewegte die württembergische Öffentlichkeit. Die Erfüllung dieser Erwartung entschied vielleicht sogar mit, wie sich Württembergs politische Rolle im Deutschen Bund entwickeln würde. Das allgemeine Bild der deutschen Gesellschaft von Russland, vermittelt durch die Presse und die Publizistik, tendierte in jenen Jahren immer weiter in eine negative Richtung. Württembergs Königshaus ließ sich in seiner Russlandpolitik dadurch nicht beeindrucken. Eine für die Landesprobleme aufgeschlossene russische Kronprinzessin brachte Politik und öffentliche Meinung in diesem Punkt möglicherweise einander näher.

Ob Olga sich ihrer Verantwortung in der neuen Rolle bewusst war oder nicht, die ganze Palette sozialpolitischer Leistungen Katharinas, von den Wohltätigkeitsverbänden über die Sparkassen bis zu den Krankenhäusern, Stiften oder Schulen und Kinderbewahranstalten lag vor ihr.

Der Schwiegervater besaß die intensivsten Erinnerungen daran, wie seine zweite Gemahlin Katharina mit ihrer ganzen Persönlichkeit auch den Draht nach Russland gespannt hatte. Wenn Olga diese Leistungen fortsetzen wollte, benötigte sie unbedingt ein gutes Verhältnis zur Königin Pauline, vor allem aber zu Wilhelm I.

Wenn Olga sich in der ihr zugewiesenen Rolle als Kronprinzessin oder Königin selbst verwirklichen wollte, musste sie das Vorbild Katharinas ehren und deren Leistungen nutzen, ohne sich selbst lediglich als mechanisch funktionierende Sachwalterin zu präsentieren: 1846 war das Land Württemberg nicht mehr mit jener erbärmlichen Lage vergleichbar, in der es sich 1816 nach Krieg und Hungersnöten und ohne moderne Verfassung befand. Wie lange der kranke König noch regieren würde, blieb ungewiss. Kronprinz Karl zeigte in seinen erkennbaren Lebensäußerungen nur geringe Anlagen und Interessen, das Erbe seines Vaters so zu mehren, wie dieser es verstanden wissen wollte. Olga kannte die karitative Arbeit aus Russland. Seit den Tagen von Palermo hatte sie sich über das Leben in Württemberg informieren lassen. Die Frage vieler Zeitgenossen, ob sie ein so tief greifendes und umfassendes gesellschaftliches Engagement wie Katharina an den Tag legen würde, musste sie selbst und die Zukunft beantworten.

Stuttgart glänzte

Alle Bedenken, Fragen, Zweifel oder Ängste unterlagen zunächst dem Jubel, unter dem Karl und Olga am 23. September 1846 in Stuttgart einzogen. In der deutschen Herrschafts-, Adels- und Stadtkultur hat sich über Jahrhunderte ein Ritual für derartige Festlichkeiten herausgebildet. Es galt, die Einheit der Herrscherfamilie in sich und mit ihren Untertanen in den schönsten Farben zu illustrieren. Begeistert jubelnde Menschen auf den Straßen und Plätzen: Vorschulkinder, Handwerker, Kaufleute, Industrielle, Vereine in jeder nur existierenden Variante. Lediglich der herrschaftliche Rang, der regionale Besitzstand, die konkreten Standestraditionen und mentale Eigenheiten prägten das jeweilige lokale Kolorit eines im Prinzip zwischen Königsberg und Württemberg stets wiederkehrenden Ablaufs.

Wilhelm I. und Karl ritten brav an den Seiten der Kutsche, in der Königin Pauline und Olga saßen. Alle schauten würdevoll, die Damen lächelten gewinnend. Niemand, weder die Protagonisten noch die begeisterten Untertanen, mochte in diesem Augenblick daran denken, dass tiefe Gräben zwischen König und Thronfolger lagen, dass Wilhelm angesichts der jungen und blühenden russischen Großfürstin eigentlich in der Erinnerung an Katharinas jähes Sterben im kalten Januar 1819 vor Scham vergehen hätte müssen. Niemand wollte die fröhliche Hilflosigkeit der vom König so oft gedemütigten Pauline deuten. Alle dachten nur daran, dass die freundliche Miene der Kronprinzessin neues Glück für Württemberg verhieß, obwohl diese selbst noch kaum eine konkrete Vorstellung von ihrem wahren Leben im schwäbischen Alltag besaß.

Stuttgart glänzte: Mit Ehrenpforten begrüßte man die königliche Familie, Glocken läuteten, Böllerschüsse krachten, Gesangsvereine intonierten patriotische Lieder („Heil unserem König, Heil!"), Gardisten, Polizisten, Postreiter und Bauernburschen dirigierten geschmückte Rösser durch die Menge oder eskortierten die Wagen der königlichen Familie und der erlauchten Gäste aus Nah und Fern. Der Stadtschultheiß Gutbrod zeigte sich der historischen Stunde in bewegten Worten gewachsen. Vor dem Schloss und in dessen Innenhof boten Stuttgarts Honoratioren alles auf, was ihnen zur Ehre des Vaterlands, des Königs und des jungen Kronprinzenpaars an schönen Mädchen (ganz in weiß mit schwarz-roter württembergischer Kokarde), Chorgesang, Weinerzeugnissen, Grußadressen, Geldgeschenken und Jubelrufen möglich schien. Die Majestäten dankten ihren Untertanen huldreich, winkten gnädig vom Balkon des Schlosses herab „und noch lange, nachdem die hohen Herrschaften sich zurückgezogen hatten und bis in den späten Abend hinein waren der Schlossplatz sowie die Straßen der Stadt von einer wogenden Menschenmenge erfüllt."[67]

Olga genoss die uneingeschränkte Aufmerksamkeit. Freundlich lächelnd, anmutig dankend und mit höflich distanzierter Aufmerksamkeit empfing sie die Huldigungen. Stets an der Seite Karls, gab sie den Württembergern das gute Gefühl, der Kronprinz durfte über seine Wahl, die allen nützen würde, glücklich sein. Programmatische Erklärungen oder dezidierte Gunstbeweise standen ihr in diesen weihevollen Stunden nicht zu. Das erledigte der König und dessen Administration.

Anlässlich des festlichen Einzugs gingen in Stuttgart zahllose Glückwunschadressen ein. Jederman, der in der Gunst des Hofes stand, Unterstützung mancherlei Art erwartete, einem engagierten Monarchismus frönte, die Höflichkeit des Untertanen kannte oder auch nur dem eingeübten Ritual folgte, beeilte sich, seine Grüße zu hinterlegen. Stuttgart verfügte nicht über ganz große literarische Genies wie Weimar im Jahre 1804, die der kleinen Maria Pawlowna mit feinen Versen huldigten. Eduard Mörike widmete immerhin dem Kronprinzen die „Idylle vom Bodensee" und das ebenso schöne wie umfangreiche Dichterwort strahlte automatisch auf Olga aus. Mörike bewies in diesem Fall größeres Selbstbewusstsein als Schiller im Jahre 1804. Schiller holte in der „Huldigung der Künste" die Musen vom Newastrand an die Ilm. Für Mörike bedeutete die „Idylle vom Bodensee" den Beweis für die gesicherte Existenz einer bodenständigen vaterländischen Muse.

Die freundlichen Sendschreiben ohne materiellen Hintergrund genossen am Hofe die ihnen gebührende Aufmerksamkeit. Zahlreiche Spenden und Zuwendungen halfen noch besser, das öffentliche Renommee des Königshauses zu heben. Es zählte auch zu den guten Traditionen, aus gegebenem Anlass besonders der Armen zu gedenken. Der dem König untertane Adel sowie die gebewilligen Bürger, Unternehmen oder Vereine folgten mit Vergnügen der strikten königlichen Weisung, ihre Geld- und Sachspenden nicht dem kronprinzlichen Paar, sondern sozialen Einrichtungen der Kranken- und Armenpflege zukommen zu lassen. König Wilhelm I. ging demonstrativ mit gutem Beispiel voran und ließ 1200 Kindern aus der Katharinen- und Marienpflege, der Katharinenschule sowie aus dem Waisenhaus auf seine Kosten eine warme Mahlzeit verabreichen. Olga kannte diese Gesten aus ihrer Heimat und empfand sie als Normalität aller Festtage, ebenso wie die feierlichen Veranstaltungen, die in großer Zahl den festlichen Einzug abschlossen.

Es gab Tafeln und Empfänge in so reicher Zahl, dass praktisch jeder Stand oder jede Standes- und Berufsgruppe, von der Ritterschaft bis zu den Musikern, Kaufleuten oder Studenten die Möglichkeit erhielt, dem jungen Paar Glückwünsche und Gaben – für die Armen und Waisen – zu überbringen. Bis weit in den Oktober hinein feierte die königliche Familie die Ankunft des jungen Paars mit wechselnden Darbietungen und Gästen, bis der allgemeine Feierelan ermüdete und besonders Karl und Olga nur noch den Wunsch besaßen, endlich mit dem Alltag eines geregelten Ehelebens beginnen zu dürfen.

Eine Großfürstin richtet sich ein

Olga und Karl mussten sich erst einmal aneinander gewöhnen. Besonders der Ehemann hatte bislang ein relativ intensives Eigenleben geführt, wenngleich in mitunter dramatischer Weise vom Vater überwacht. Olga hatte nie den Schoß der Familie verlassen. Sie musste sich schnell in die komplizierte Königsfamilie integrieren, in deren Fallstricke sie bisher nur aus der Sicht Karls eingeweiht worden war. Um sich selbst in dieser Familie behaupten zu können, benötigte sie einen funktionierenden und der Würde ihrer Stellung entsprechenden Hofstaat, der alle administrativen Belange gründlich und unabhängig von der allgemeinen Hofverwaltung regelte. Selbstverständlich sollte die griechische Kapelle unverzüglich eingerichtet werden.

Die stabile Verbindung zur Familie in Petersburg war für die Kronprinzessin unabdingbar. Großfürst Konstantin hatte die Schwester nach Stuttgart begleitet und reiste wieder ab. Ob Olga den Draht zu der zwischen Deutschland und Russland pendelnden Großfürstin Helene nutzen würde, blieb abzuwarten. In Petersburg und in Stuttgart arbeiteten jedoch fest installierte gegenseitige Gesandtschaften mit einer gut organisierten Verbindung. Sonderkuriere der kaiserlichen Familie sorgten für zusätzlichen geheimen Informationsaustausch. Mit dem russischen Gesandten in Stuttgart sprach Olga selbstverständlich über persönliche und politische Fragen. Es gab überdies eine traditionsreiche russische Kolonie. Das von Russen gerne frequentierte Großherzogtum Baden lag ebenso in der Nachbarschaft wie zahlreiche Kurbäder, die ebenfalls lebhaft von reichen Russen aufgesucht wurden. Es dauerte nicht lange und Olga durfte ihre Rolle als gute Gastgeberin für viele gebetene und ungebetene Besucher aus der eigenen Familie und generell aus der Heimat spielen.

Darüberhinaus offenbarte Olga ihre zwischen Neugier und Heimweh schwankende Gefühlslage in zahlreichen Briefen an die Mutter, den Vater und an die Geschwister. Besonders gegenüber den kleineren Brüdern Nikolaus und Michail spielte sie gerne jenes ein wenig belehrende Verständnis aus, dass ihr bei den Geschwistern den Spitznamen „Mamascha (Mütterchen) Olly" eingetragen hatte. Dem Bruder Nikolaus schrieb sie zu dessen 16. Geburtstag im Juli 1847: „... In Deinem Alter war mir schon bewusst, dass das Leben nicht nur ein einziges Vergnügen ist und dass wir uns auf unser künftiges Leben vorbereiten müssen, da man von uns ein gutes Beispiel erwarten wird, von Euch Männern mehr noch als von den Frauen und außerdem seid Ihr ja schon Großfürsten. Je höher man steht, umso schwieriger ist es, solchen Erwartungen zu entsprechen. Deshalb ist es auch in jungen Jahren unerlässlich, darüber nachzudenken und sich auf die kommenden Herausforderungen vorzubereiten."[68] Sie war überzeugt, dass sie selbst diesen eigenen Anforderungen Genüge getan hatte.

Olga wollte zügig Land und Leute kennen lernen, insbesondere im Bereich der sozialen Wohltätigkeitsverpflichtungen. Sie strebte danach, bereitwillig alle Bedingungen zu erfüllen, die einer Kronprinzessin in Württemberg oblagen. Die gute Absicht musste verwirklicht werden. Das ging nur mit Hilfe Karls, der Königsfamilie und mit allen gutwilligen Württembergern, die für die allgemeine Wohlfahrt arbeiteten.

Katharina hatte über die Sozialarbeit ihren indirekten Einfluss auf die Staatspolitik verstärken können.Olgas Entwicklung ließ einen derartigen Ehrgeiz eigentlich nicht erkennen. Aber eine solide und nachhaltige Wohltätigkeit durften die Untertanen auch von einer politisch nicht ambitionierten Kronprinzessin und künftigen Königin erwarten, zumal in den Jahren 1846/47 schlechte Ernten die allgemeine Not im Volke ansteigen ließen.

Eheleben, Eingewöhnung, Kontakte nach Russland und erste Pflichten – das alles ließ sich leichter von einer eigenen Wohnung aus mit einem besonderen Hofstaat in die Wege leiten. Das junge Paar erhielt seine ersten Wohnräume im Residenzschloss, dem Neuen Schloss – in Sichtweite der königlichen Gemächer. Karl und Olga erfreuten sich der unmittelbaren Aufsicht durch den König. Auf eine eigene Wohnung mussten sie noch über Jahre hinweg warten: Erst 1854 durften sie das Kronprinzenpalais in Stuttgart beziehen – etwa zur gleichen Zeit, als auch die Sommerresidenz, die Villa Berg, so ausgestattet war, dass man sie mit uneingeschränkter Freude bewohnen konnte.

Dass fürstliche Eltern und Kinder gemeinsam unter einem Schlossdach lebten, stellte im herrschenden Adel keine ungewöhnliche Ausnahme dar. Aber im konkreten Fall war das für Karls und Olgas Emanzipation von dem gefürchteten Vater keine vertrauensfördernde Maßnahme. Ob Wilhelm die Lösung als glücklich empfand, mag ebenfalls dahingestellt bleiben. Es war nun einmal so und jeder musste sich damit abfinden.

Olga lebte auch nicht gerade ärmlich. Sie verfügte über ein Entrée-Zimmer, einen Speise- und Tanzsalon, ein „Büffett-Zimmer", ein reichhaltig mit Geschirr versehenes Kleines Speisezimmer, einen prächtig möblierten Empfangs-Salon und ein Durchgangs-Kabinett, das direkt an den Schreibsalon grenzte. Dieser, im Inventarverzeichnis der Effekten Olgas vom 20. Dezember 1849 als Schreibsalon ausgewiesene Raum war so umfangreich mit Möbeln, Dekorationen und für den Alltag praktischen Dingen ausgestattet, dass die Vermutung naheliegt: Olga hat sich hier besonders oft und gerne aufgehalten, ihre Korrespondenzen erledigt, gelesen und auch die notwendigen Verwaltungsarbeiten für die von ihr geförderten sozialen Projekte abgewickelt.[69] Darauf deuten auch die vielen kleinen Aquarelle, Vasen und diversen „Nippes" hin, die im Inventar als Geschenke von Freunden und Bekannten ausgewiesen werden. Ganz anders das Schlafzimmer aus geschnitzten Holzmöbeln, die alle zur Aussteuer gehörten. Auch dieses Zimmer sowie die Toilette waren mit Gegenständen vollgestopft und wiesen darauf hin, wie schwierig es über Jahre hinweg blieb, die reichhaltigen Mitbringsel überhaupt unterzubringen. Olga verfügte weiterhin über ein Boudoir und ein Ankleidezimmer sowie einen kleinen Raum für die Kammerfrau. Olga bemühte sich, möglichst viele Stücke ihrer Aussteuer um sich zu versammeln und die Erinnerung an Petersburg und die heimatliche Familie stets wach zu halten. Aber die Räume erlaubten dennoch nur eine begrenzte Ausstattung. Etwa ein Viertel ihrer Aussteuer lagerte auf einem Speicher und wurde erst acht Jahre später im Kronprinzenpalais und in der Villa Berg genutzt.

Unabhängig von den Wohnräumen stand Olga ein ihrem Stand entsprechender eigener Hofstaat zu. Wie bereits im Falle Katharinas legte der König von Württemberg keinen großen Wert auf eine eigenständige Hofhaltung Olgas. Das kronprinzliche Paar verfügte über einen bescheidenen gemeinsamen Hofstaat, an dessen Spitze der alte und eigenwillige Hofmarschall Karl von Berlichingen stand. Er dirigierte den Kammerherrn und Reisemarschall Graf Ferdinand von Zeppelin und eine karge Dienerschaft. Vorwiegend Olga sollten die Hofdame Camille von Sturmfeder und das Hoffräulein Cecile von Kahlden dienen. Zwei Mitglieder des Hofstaats besaßen für Olga besondere Bedeutung: zum einen ihr Geheimsekretär Nikolaus von Adelung, der alle administrativen Fragen einschließlich der Korrespondenz regeln musste. Adelung genoss Olgas Vertrauen, er hatte sich als Erzieher ihrer Brüder Nikolaus und Michail am Petersburger Hof einen Stammplatz gesichert. Ein Wechsel in das Ausland gefiel Adelung außerordentlich, noch dazu in Deutschlands Südwesten, dem bevorzugten Urlaubsparadies angesehener Russen – solange die einträgliche Verbindung zur Zarenfamilie erhalten blieb. Bei Olgas Anhänglichkeit an die Familie musste Adelung in dieser Hinsicht nicht bange sein. Ferner der Priester Pernitzky, der nach Katharinas Tod 1819 in Württemberg geblieben war und bis 1846 die orthodoxe Kapelle der russischen Gesandtschaft betreute. Pernitzky kannte die Verhältnisse in Württemberg bestens und hatte per se die Aufgabe, die Zarentochter sicher durch das geistige und wirkliche Leben zu begleiten.

Im Hof- und Staatshandbuch Württembergs von 1847 nimmt das Verzeichnis der gemeinsamen Angestellten Karls und Olgas lediglich eine knappe Seite ein. Ihr Adjutant war gleichzeitig Chef der Hofhaltung, deren Leitung aus zwei weiteren Männern bestand: dem Sekretär und Kassier und einem Kanzleiassistenten. Neben der Verwaltung gab es die Hauswirtschaft, die Gärtnerei und den Stall, in denen insgesamt 52 Personen arbeiteten. Karl und Olga besaßen ihr jeweils eigenes Büro und ihre separaten Kammerdiener.

Die junge Kronprinzessin durfte sich in einen Kreis der Stuttgarter Hofgesellschaft integrieren, der in erster Linie den bodenständigen Traditionen des Württemberger Adels folgte. Trotz ihres hohen Ranges besetzte Olga zunächst keine politisch exponierte Stellung. Olga begann ihre Tätigkeit dort, wo sie ihr besonders notwendig und möglich erschien – in der eigenen Familie. Sie versuchte durch Verständnis und Zuneigung ein enges Vertrauensverhältnis zu Karl herzustellen. Sie erkannte die charakterlichen Probleme im Verhalten dieses intelligenten und auch sympathischen Menschen, der gerne den Dingen ihren Lauf ließ, sich für viele Fragen interessierte, Freunde um sich sammelte und das Leben liebte. Karl besaß nicht die Prinzipienfestigkeit und den Willen zum Regieren, die Nikolaus I. charakterisierten.

Olga beging leider sofort den subjektiv begründeten Fehler, die Ursachen für die ungenügende Zielstrebigkeit und Entschlussfreudigkeit Karls nahezu ausschließlich im Fehlverhalten des Vaters und in den nach ihrer Ansicht kaltherzigen Familienverhältnissen der Württemberger Dynastie zu sehen. Sie war selbst zu jung und menschlich unerfahren für ein abgewogenes und souveränes Urteil und bewertete die Vorgänge ganz logisch allein nach den Maßstäben, die sie selbst in Russland erlernt hatte. Es erschien ihr unfassbar, dass ein Vater so abweisend zu seinen Kindern, noch dazu gegenüber dem Thronfolger, sein konnte. Ihr Vater umhegte den Zarewitsch mit größter Sorgfalt, obwohl Alexander einen ebenso weichen, zweiflerischen und gar nicht dem Militärischen zugeneigten Charakter wie Kronprinz Karl besaß. Und Nikolaus galt in der Öffentlichkeit wahrlich als gefürchteter Despot.

Zudem verfestigte sich die gegenseitige Abneigung zwischen Vater und Sohn immer mehr, so dass der gute Wille allein nichts mehr bewirkte. Tatsachen mussten eine Wende bewirken! Olga bestärkte ihren Gemahl, sich für alle politischen, wirtschaftlichen und gesellschaftlichen Probleme des Landes zu interessieren, dem Vater zu zeigen, dass er, Karl, sich darauf vorbereitete, dereinst das Land zu regieren. Sie nahm aktiv an seinen Übungen teil, um zu beweisen, wie intensiv sie beide auf ihre künftigen Aufgaben hinarbeiteten.

Allein, zeitlich begrenzte oder als aufgesetzt empfundene Signale aktiven Willens überzeugten Wilhelm nicht. Er kannte seinen Sohn besser als die junge Frau und wusste, dass Karl elementare Charakterschwächen besaß und bislang keine ausdauernde Energie bewiesen hatte, das Unausweichliche zu meistern: Karl musste das Königreich eines Tages übernehmen. Er war dazu verdammt und seinen Vater schreckte dieser Gedanke so sehr, dass er auch die junge Schwiegertochter, die er nach und nach eigentlich recht sympathisch fand, in ihrem Wirken voller Misstrauen beobachtete.

Vor der „Neuen" lag ein schwer entwirrbares Knäuel verwickelter innerfamiliärer Konflikte, die nicht nur das Vater-Sohn-Verhältnis berührten. Sie versuchte die ihr möglich erscheinenden Lösungen auf einem Weg, den sie von der Tante Maria in Weimar gelernt hatte und der eigentlich auch den üblichen Ritualen in Württemberg entsprach. Durch das eigene Beispiel brachte die russische Großfürstin ihren Ehemann dazu, den Traditionen deutscher Adelskultur an den Musenhöfen folgend, Vorträge über Ökonomie, Politik oder Rechtsfragen anzuhören, die von Gelehrten der Universitäten in Stuttgart oder Tübingen gehalten wurden. Die gesellschaftliche Pflicht der Kronprinzessin, sich möglichst schnell persönlich in allen Landesteilen vorzustellen, zwang Karl, sie nicht nur zu begleiten, sondern auf den vielen gemeinsamen Reisen näher zueinander und zu den Aufgaben eines Kronprinzen zu finden. Die Öffentlichkeit erwartete, dass das künftige Herrscherpaar höflich und freundlich auftrat, ein offenes Ohr für die Sorgen der Landeskinder besaß, sichtbare Zeichen für den Willen zur sozialen Wohltätigkeit setzte und unmissverständlich zu verstehen gab, dass es gewillt war, die Thronfolge auf lange Zeit zu sichern. Trotz Industrialisierung, Verfassungsdebatten, Bevölkerungsmigration, bürgerlicher Medien und Parteien oder sozialer Frage – der König und die herrschende Dynastie übten auch in Württemberg noch immer eine entscheidende integrative Funktion und Wirkung aus. Obwohl die Monarchie in den deutschen Bundesstaaten bereits viel von ihrer substanziellen Macht an konstitutionelle Institutionen oder Wirtschaftsunternehmen abgeben musste, stellte das Bürgertum die Monarchie an sich noch nicht in Frage. Olgas Anwesenheit sollte das monarchische Prinzip stärken. Sie musste es nur geschickt anfangen.

Unbeschwertes öffentliches Auftreten, kontrollierte Freundlichkeit und der beiderseitige Wille zu einer harmonischen Ehe, auch in der künftigen Landesherrschaft, waren unveräußerliche Attribute für die Repräsentanz und Akzeptanz eines Königspaars im Volke. Eine elementare Gefährdung für die fürstliche Ehe und für das Ansehen der Dynastie drohte, wenn der zu erwartende Thronfolger nach angemessener Wartezeit ausblieb.

Am Beginn stand eine Irritation

Keine Quelle gibt darüber Auskunft, ob Olga vor der Hochzeit informiert worden ist oder sogar gewusst hat, dass ihr Ehemann Karl gegenüber Frauen unter außergewöhnlichem psychischen Druck stand, weil er homosexuellen Neigungen anhing, unter den Folgen von Geschlechtskrankheiten litt und vielleicht sogar zeugungsunfähig war. König Wilhelm sprach lediglich allgemein von den „hässlichen Lastern" seines Sohnes,[70] denen der Vater nicht durch gefühlvolle psychologische Beratung begegnete, sondern die er als störend für das moralische Antlitz des Königshauses empfand.

Es ging auch nach den Auffassungen der damaligen gesellschaftlichen Moral um absolute Tabu-Fragen, über die man nicht sprach, bei denen man die Notleidenden alleine ließ. Karls Neigungen und Krankheiten mussten im Interesse seiner künftigen Aufgaben völlig geheim bleiben. Außerdem vermochte kein Mediziner nach dem damaligen Stand der wissenschaftlichen Erkenntnis eine definitive Aussage zu treffen, ob Karl durch vorausgegangene Geschlechtskrankheiten noch zeugungsfähig war oder nicht. Darin lag ein zusätzlicher Grund, das Problem zu verschleiern oder ganz zu verschweigen. Olgas sittliche Auffassungen, getragen vom orthodoxen Geist der russischen Autokratie, sahen keinerlei Toleranz gegenüber der Homosexualität vor. Die Romanow-Dynastie zeichnete sich seit alten Zeiten durch extensive Fruchtbarkeit aus. Seit Kaiserin Maria Fjodorowna verlief die Zeugungsfreudigkeit in geregelten familiären Bahnen – Mätressen des Zaren und deren Kinder gehörten zur höfischen Ordnung. Phantastische Gerüchte über erotische Abnormitäten konzentrierten sich auf Katharina II., der die männliche monarchische Welt den Ruhm neidete. Olgas Eltern lebten eine glückliche Ehe mit vielen Kindern.

Man hatte Olga nicht auf Lösungsmöglichkeiten bei derartigen Problemen vorbereitet. Es gab in ihr lediglich die dynastische Disziplin und vielleicht sogar das Mitleid. Sie musste erst verstehen lernen, dass Karl zwar ihre führende Hand dankbar annahm, weil sie ihm gegen den Vater beistand, dass er ihre Leitung aber bald als lästig empfand, weil er sich dadurch in seinen eigenen Vorstellungen bedrängt sah. Offene Aussprachen über die Probleme gab es nicht. Olga suchte durch Liebe und Zärtlichkeit seine Nähe, tat aber unwissentlich gerade das Falsche und drang nicht zu den wahren Ursachen der Konflikte vor. Immer wieder endete sie in ihren Gedanken bei dem Widerspruch zwischen Vater und Sohn. Da Karl weder seinen Charakter noch seine Leidenschaften ändern konnte oder wollte, musste man sich irgendwie arrangieren – vor allem mit dem König, die Konflikte dämpfen und auf das Wunder eines Kindes warten. Die königliche Familie duldete keine Schwächung der Macht, besaß aber auch keine Mittel, Karl von den Zwängen zu befreien, die in ihrer Komplexität den Konflikt mit dem König hervorgerufen hatten.

Olga war bereits am Beginn ihrer Ehe außerstande, in diesen Teufelskreis von Lügen, Verschweigen und falschen Erwartungen überhaupt einzudringen. Jeden Tag musste sie auf neue Weise versuchen, dem Volk und sich selbst den Glauben an eine glückliche Ehe zu geben. Welch ein Drama, das sich über das ganze weitere Leben erstrecken und erst mit dem Tode enden würde! Eine Trennung von Karl lag außerhalb ihres Vorstellungsvermögens, obwohl ihr sehr bald klar geworden sein muss, dass der ersehnte und geforderte Kinderwunsch nur schwerlich in Erfüllung gehen würde. Mit ein wenig Lebensklugheit hätte sie sich ausrechnen können, dass die „Volksmeinung" immer danach tendierte, der Frau die Schuld am Ausbleiben eines Erben zu geben. Es war nicht einmal auszuschließen, dass der psychische Druck, der auf Olga lastete, auch bei ihr psychosomatische Auswirkungen hervorrief, die ihre gesamte Konstitution belasteten.

Es wäre verständlich gewesen, wenn Olga ihre Kindheit im Vergleich zu der Ungewissheit, die sie in Württemberg vom ersten Tag an erlebte, als glücklich betrachtet hätte. Diese Erkenntnis lag noch in der Ferne. Sie gab nicht auf, versuchte ihrem Leben positive Seiten abzugewinnen. Wer wusste schon definitiv zu sagen, ob sich das Blatt nicht doch sehr bald zum Guten wenden würde – hinsichtlich Karls und dessen Vater, denn bei diesen beiden Männern lag im Grunde der Schlüssel zur Klärung aller Probleme, die Olga bedrückten, solange nur eine Hoffnung auf Besserung bestand.

Diese Probleme bestanden im Innern der Familie und erlangten keine Publizität, nicht einmal gegenüber Freunden oder Verwandten. Olgas Disziplin hätte es verboten, sich etwa beim Vater zu beklagen. Wenn sie Einfluss auf die Lösung der Konflikte mit Karl sowie zwischen König und Thronfolger nehmen wollte, durfte das auf keinen Fall durch moralisierende Elogen oder selbstgefällige Belehrungen geschehen. Positive Taten würden vielleicht helfen. Sie wollte bescheidene individuelle Projekte oder Handlungen in den Mittelpunkt der Aufmerksamkeit stellen, mit denen Streitigkeiten im Königshaus abgebaut, Karls Selbstbewusstsein gestärkt und ihre Ehe vielleicht gefestigt werden würde. Eine Kronprinzessin, selbst aus dem großen Russland, besaß keine außergewöhnlichen Spielräume – weder in der Politik noch in der Hirarchie des Herrscherhauses. Das über Jahre währende Ringen um die Villa Berg und die rund herum geplanten Gärten bot eine solche Möglichkeit, die Olga eher instinktiv denn zielstrebig nutzte, ihre eigene Position als russische

Großfürstin in Stuttgart zu festigen. Karl hatte in der Vergangenheit wiederholt Einzelaktionen eingeleitet, mit denen er sich von seinem Vater mehr oder weniger trotzig emanzipieren wollte. Seit 1845 verfolgte er, gestützt auf ihm nahestehende Mitglieder seines männlichen Freundeskreises, insbesondere auf den Privatsekretär, Künstler, Schriftsteller, Lebemann und Allerweltskerl Hackländer, das Ziel, auf dem „Höllschen Brühl", einer Stuttgarter Anhöhe nahe der kleinen Ortschaft Berg, einen Sommersitz im Stile der nachempfundenen italienischen Renaissance zu errichten.

In Stuttgart baute der König im klassizistischen Stil! Bis 1845 gaben die Baumeister Salucci und Thouret vor, wie Häuser und Prachtbauten auszusehen hatten. Karl wählte für seinen Landsitz im römischen und toskanischen Renaissancestil den Freund und Architekten Christian Friedrich Leins. Die Auseinandersetzungen mit dem Vater folgten unausweichlich: Wilhelm lehnte die Baupläne von Leins und Karl kategorisch ab. Er sah darin einen neuen Beleg für die Unfähigkeit seines Sohnes zum Regieren. Karl widersprach mutig und entschlossen, besaß aber die schwächere Position, denn der König weigerte sich entschieden, auch nur einen Taler an den Bau zu verschwenden. Karl interessierte die Finanzfrage nicht sonderlich, er ließ unverdrossen weiter planen und bauen.

Die Kraftprobe ging weit über den Rahmen einer Intimfehde zwischen Vater und Sohn hinaus. Setzte sich Karl durch, würde von der „Villa Berg" mit Sicherheit eine Initialzündung für die künftige Stadtentwicklung Stuttgarts ausgehen. Gelang Karl der Bau sogar zur Zufriedenheit der Bürger, bedeutete das eine Stärkung seines Ansehens im Volke. Da sein engster Berater und Freund Hackländer die Fäden in der Hand hielt, fühlte sich der Bauherr in seiner Zuneigung zu diesem Mann bestätigt. Das kühne Projekt schritt gut voran, als Olga Ende 1845 in den Gesichtskreis Karls geriet und alle Schritte bis zur Eheschließung auch vom Weiterbau an der Villa begleitet wurden.

Der Kronprinz fand für die Vollendung seines architektonischen Traums die bestmögliche Partnerin. Sie hatte gerade lange Zeit in Italien gelebt und schwärmte mit mädchenhafter Begeisterung für alle Formen italienischer Lebensäußerungen. Sie wollte Karls Selbstständigkeit stärken und nichts würde besser dazu beitragen als ein eigener Wohnsitz, unabhängig vom Neuen Schloss. Olgas Familie verfügte über beträchtliche Finanzmittel! Wenn Karl diesen Gedanken schon nicht in seine Überlegungen einbezog, der pfiffige Hackländer hat das bestimmt getan. Wenn Olga nur recht kräftig und einfühlsam an dem Bau mitwirkte, erhielt sie vielleicht eine Chance, Karl ein wenig von seiner Vorliebe für junge Männer zu lösen.

Olga engagierte sich tatsächlich mit ganzer Kraft. Im Mai 1847 schrieb sie mit entwaffnender Offenheit über ihre politischen Interessen und voller Ungeduld an den Bruder Konstantin: „Wir können mit Dir nicht über Politik reden, weil wir keine Zeitung lesen; erinnerst Du Dich noch an die Verwunderung des Grafen Nesselrode [= Außenminister und Kanzler in Russland], als wir nichts über die spanische Königin wussten? Wir haben hier wunderschönes Wetter … Mit unserer Villa geht es nur sehr langsam voran, aber die Orangerie wird in einem Monat fertig gebaut sein …"[71]

Hackländer, der offenbar nicht einmal ahnte, in welche Gefahr ihn Olgas energisches Drängen brachte, berichtete später in seinen Lebenserinnerungen ganz unbefangen: „Der Villabau hatte … recht gute Fortschritte gemacht. Das Hauptgebäude war bis zur Höhe des ersten Stockwerks fortgeschritten, auch die Auffahrtsstraße von Berg hergestellt und ein Teil des Parkes durch den fleißigen Hofgärtner Neuner angelegt. Ja, im untern Teil neben der Orangerie grünte es bei unserer Rückkehr [aus Petersburg] schon ganz vergnüglich. Auch gefiel dies der Kronprinzessin ganz außerordentlich, ebenso wohl die herrliche Lage der Villa als die künstlerische und zierliche Ausführung des Baues. Sie liebte es, den Platz zu besuchen, dort den Arbeiten zuzuschauen, vor allen Dingen aber auf den Mauern umherzuklettern, wobei ich oft die Ehre hatte, sie begleiten zu dürfen und ihr beim Auf- und Absteigen die Leiter zu halten. Sie war dabei freundlich und vergnügt, unbefangen wie ein Kind, voll treffender Vergleiche, Bemerkungen und heiterer Scherze. So fragte sie mich eines Tages, ehe sie nach Hause fuhr: ‚Können Sie auch noch etwas Russisch?' Und als ich ihr bedauernd von nur wenigen Worten sprach, die mir geblieben, verlangte sie von diesen etwas zu hören, worauf ich zu ihrem Kutscher sagte: ‚Paschol damoi', worüber sie herzlich lachen musste, indem sie ausrief: ‚Es ist eigentlich gar nicht schön, dass Sie mich auf diese Art nach Hause schicken.' Für alle Fortschritte des Villabaus interessierte sich die Kronprinzessin sehr, und ich musste ihr darüber, sooft ich etwas Neues erfuhr, Bericht erstatten."[72]

Die aktive Mitwirkung am Bau und an der Inneneinrichtung der Villa Berg, die sich noch bis in das Jahr 1853 hinzogen, erlahmte im Laufe der Jahre nicht. Immer wieder unterbreitete die Kronprinzessin Vorschläge oder legte selbst Hand an, wenn es darum ging, so schnell wie möglich eine eigene und abgeschlossene Sommerwohnung für sich und ihren Mann einzurichten. Hackländer und Leins mussten mit immer neuen

Aufträgen nach Italien oder Paris fahren, um Stoffe, Tapeten, Möbel oder verschiedene Schmuckelemente zur Ausgestaltung der Villa zu kaufen und zu bestellen. Das notwendige Geld beschaffte Olga. Sie setzte bei ihrem Vater durch, dass Karl ein Darlehen von 2 Millionen Rubel erhielt. Der Kaiser knauserte nicht. Nikolaus ging seiner Tochter zuliebe offenbar so weit, dass er nicht einmal eine förmliche Schuldverschreibung aufsetzen ließ. Trotzdem bezahlte Olga das Darlehen 1860 aus der Erbschaft zurück, die ihr die eigene Mutter im gleichen Jahr hinterließ. Sie handelte entgegen dem Ehevertrag, der fixiert hatte, dass jeder Partner für seine Schulden selbst verantwortlich blieb.

Die gemeinsame Arbeit Karls und Olgas am Bau der Villa Berg festigte tatsächlich ihre Bindung zueinander, stärkte sie auch gegenüber dem König. Die schier unüberwindbaren Dauerkonflikte lösten sich dadurch nicht auf. Wilhelms Sympathie für Olga schwand mit jedem Zeichen ihrer Zuneigung zu Karl. Der Kronprinz blieb bei aller Liebe zu seiner Frau immer derselbe Mann mit seinen geheimen Leidenschaften und Krankheiten und Olga wartete ebenso hilflos wie vergeblich auf eine Schwangerschaft, von der sie ganz natürlich das Ende aller drückenden Probleme erhoffte. Sie litt körperliche und seelische Schmerzen, weinte viel, zog sich zurück und musste in der Öffentlichkeit doch eine tadelsfreie Figur abgeben. Olga erhielt keine Gnadenfrist: Die Kernprobleme ihrer Ehe, die so viele Schmerzen bereiteten, begleiteten sie vom ersten Tage in Stuttgart an.

Dazu kamen die ganz normalen Eingewöhnungsprobleme für die junge Kronprinzessin, die in den ersten Monaten selbstverständlich noch näher zu Russland als zu Württemberg stand und ihr Heimweh auch gar nicht verheimlichte. Der russische Gesandte Gortschakow, ein treuer Anhänger ihres Vaters, ohne eigene Phantasie aber voller Diensteifer, versorgte Olga mit Informationen aus der Heimat und übte Einfluss auf ihre politische Meinungsbildung aus. Gortschakow handelte im eigenen Interesse, wenn er Olga ständig darauf hinwies, dass sie eine russische Großfürstin blieb und sich in Württemberg dementsprechend verhalten müsste. Er erreichte zumindest, dass die Kronprinzessin noch strengere Maßstäbe an ihre Selbstdisziplin legte. 1848 schrieb sie an ihre Schwägerin Maria: „... ich denke mit Heimweh daran. Stell' Dir vor. Ich rede niemals über das, was ich vermisse, weil es dann noch schlimmer wird, ich schlucke es hinunter, aber ich schlucke oft."[73] In mehreren Briefen aus dem Jahre 1848 („Ich bin in dieser Familie fremd geblieben und es liegt nicht an mir."[74]) wiederholte Olga ihre Klagen über die Kälte und Herzlosigkeit besonders des Königs und deutete etwas vage an, dass sie in „anderen Kreisen" die von der Königsfamilie verweigerte Zuneigung suchte. Nach zwei Jahren schien die Ehe nach Olgas Gefühl bereits an einem kritischen Punkt angekommen zu sein, obwohl eine nachhaltige oder gar brutale Abwendung Karls von seiner Ehefrau nicht erkennbar war. Vielleicht übertrieb Olga auch in einigen Punkten das Selbstmitleid. Vielleicht meinte sie auch mit den „anderen Kreisen" lediglich die in Stuttgart lebenden Russen und den ergebenen Gortschakow.

Den König ärgerte, dass Olga auf seine Gesprächs- und Sympathieangebote oftmals spröde und abweisend reagierte. Sie ängstigte sich vor ihm und seinen unberechenbaren Stimmungsschwankungen. Olga erfasste zwar politische Fragen mit einiger Sachkenntnis, hatte es aber nur gelernt, sich den Ansichten der von ihr anerkannten Autoritäten anzugleichen. Der König von Württemberg war eine Autorität. Außerdem verfolgte sie keine signifikanten eigenständigen politischen Ziele, außer jenem, dass zwischen der alten und der neuen Heimat gutes Einvernehmen herrschen sollte. Sie begriff offensichtlich, dass intensive Gespräche über Fragen z. B. der württembergischen Landesentwicklung oder der deutsch-russischen Beziehungen mit dem Schwiegervater ohne Karls Beteiligung für den Ehemann kränkend sein könnten, er sich zurückgesetzt fühlen würde und ihr Eheleben darunter leiden müsste. Also reagierte sie gegenüber Wilhelm distanziert. Der König machte einmal mehr seinen Sohn für neue Missstimmungen verantwortlich. Es blieb ein ewiges Karussell gegenseitiger Missverständnisse und Animositäten – eine Atmosphäre des Misstrauens, die weder Olga noch ihre liebevolle aber unbedeutende Schwiegermutter Pauline zu ändern vermochten, ganz abgesehen von der in Kirchheim lebenden klugen und verständnisvollen Herzogin Henriette von Württemberg. Sie gab Olga wohl manchen menschlichen Rat, besaß aber keinen Einfluss mehr auf die konkrete Hofpolitik. Außerdem verschärften sich die familiären Probleme mit einem unruhiger werdenden politischen Umfeld. Nein, Olga erreichte in Stuttgart keinen guten Start. Im Grunde genommen lag die Schuld daran in der Persönlichkeitsstruktur ihres Ehemanns und in der Unaufrichtigkeit eines dynastischen Systems, in dem sie selbst ihre unverrückbaren Wurzeln besaß. Die Kronprinzessin wollte doch nur friedlich in einer glücklichen Familie leben.

Flucht vor der Revolution

Die Integration in das Haus und Land Württemberg erschöpfte sich jedoch nicht in den persönlichen Querelen der Königsfamilie. Als die

Russin an den Neckar kam, litt Württemberg unter einer Hungersnot, die sich 1847 weiter verschärfte, zu Unruhen führte und als elementarer Vorbote radikaler gesellschaftlicher Erschütterungen verstanden wurde, falls die Herrscher und Regierungen keine Mittel fanden, die Not der Menschen zumindest zu lindern. Von der Dürre und den Missernten des Jahres 1847 wurden ganz Deutschland und Russland in gleichem Maße betroffen. Wilhelm I. bemühte sich in Württemberg um eine Lösung der Probleme, belastete damit jedoch das Kronprinzenpaar nicht. Er wusste, dass Karl liberalen Gesellschaftsansichten aufgeschlossen gegenüberstand und wertete auch das als Zeichen von Schwäche. Olga besaß einen aus der Tradition heraus klar definierten Handlungsrahmen, den sie nicht überschreiten durfte – falls sie die ganze Not der Menschen überhaupt zur Kenntnis nahm.

Ihr aktives Engagement für die öffentliche Wohltätigkeit begann 1847 nach den in Russland erlernten Mustern für eine Großfürstin/Kronprinzessin. Königin Pauline wies ihrer Schwiegertochter die Verantwortlichkeiten zu. Olga demonstrierte für jedermann sichtbar, dass sie das Erbe Katharinas in Ehren halten und mehren wollte. Sie gründete zahlreiche neue karitative Einrichtungen für die Versorgung von Kindern und überlegte, wie sie das von Katharina organisierte Wohltätigkeitssystem unter den konkreten Bedingungen der Jahre 1846/47 und ihrer Möglichkeiten als Kronprinzessin weiter ausbauen könnte. Das war ein schwieriges Unterfangen, weil es dazu detaillierter Kenntnisse über die wirtschaftlichen und sozialen Strukturen des Landes bedurfte, über die Olga noch nicht verfügte. Die Mechanismen der gesellschaftlichen Öffentlichkeit erschienen ihr noch weitgehend unverständlich und die Herrschaft ihres Vaters hatte ihr keinen Respekt vor der öffentlichen Meinung vermittelt. Dennoch: Schon im ersten Jahr übernahm sie im Geiste der ihr eigenen Verantwortung Schirmherrschaften und Protektorate über Kinderpflegevereine und gründete neue Kinderkrippen bzw. Stützpunkte für Not leidende Kinder. Der Bedarf an Kindereinrichtungen stieg durch die Industrialisierung und durch die katastrophale Ernährungslage ständig an. Olga förderte auch die bereits bestehende Blindenanstalt „Nikolauspflege". Große finanzielle Hilfe erwies sie geistig kranken und schwachen Menschen.

Karl interessierte sich zunächst wenig für die Arbeit seiner Frau. Er las gerne, spielte Musik und pflegte seine Jugendfreundschaften in dem ihm vertrauten Jungmännerverein „Glocke". Die Hochzeit veränderte sein alltägliches Leben weit weniger als das seiner Gemahlin. Eher einer Pflicht genügend, als dem eigenen Antrieb folgend, hörte Karl ihren Berichten über die Visiten in den verschiedenen Heimen, Schulen oder Krankenhäusern zu. Mahnungen, dass Karl später als König die Gesamtverantwortung auch für die sozialen Aufgaben tragen müsste, verschloss sich der Kronprinz nicht völlig – er begleitete seine Frau gelegentlich in eine ihrer Sozialstationen, mit mokantem Lächeln, manchmal sogar interessiert.

Mit sozialem Engagement, Liebreiz, Demut und dem aristokratischen Stolz ihrer Herkunft festigte die Großfürstin langsam ihre Position. Nur der ewige Konflikt zwischen Vater und Sohn regte sie maßlos auf. Der Gegensatz Vater und Sohn wurde von beiden Seiten derart verbissen ausgetragen, dass jeder Vermittlungsversuch scheiterte. Selbstverständlich beeinflusste der Dauerkrach nicht nur Olgas Gemüt, sondern auch ihren Willen, sich in Württemberg zu Hause zu fühlen, nachhaltig negativ.

Olga lernte trotzdem Land und Leute kennen. Sie festigte auch ihre freundlichen Kontakte zu den verschiedenen Mitgliedern der königlichen Familie. Die Ausgestaltung der Villa Berg machte Fortschritte. Im Januar 1848 schickte Karl Hackländer und Leins nach Paris. Sie sollten neue Muster und Proben für die Einrichtung kaufen oder als Modelle erwerben, damit diese von einheimischen Handwerkern nachgebaut werden konnten. Hackländer und Leins erfüllten den Auftrag vorbildlich und kehrten Ende Februar 1848 mit den Materialien und mit Nachrichten über Unruhen in Paris nach Stuttgart zurück. In Paris brach die Revolution aus, der „Bürgerkönig" Louis Philippe stürzte vom Thron, Frankreich wurde erneut Republik.

Nach wenigen Tagen ergriff die Revolution Deutschland, ohne dass französische Soldaten nachhalfen. Am 2. März 1848 fanden in Stuttgart und Tübingen erste Volksversammlungen statt. König Wilhelm I. versuchte zunächst, die Revolution durch Kompromisse aufzuhalten. Er setzte das liberale Pressegesetz aus dem Jahr 1817 wieder in Kraft und stimmte wohl oder übel einer Regierung unter der Leitung des liberalen Oppositionsführers Friedrich Römer zu. Das am 9. März 1848 eingesetzte „Märzministerium" sorgte dafür, dass es in Württemberg lediglich zu einem „Revolutiönchen" kam, das den König zwar zeitweilig in Bedrängnis brachte, ihn auch gesundheitlich angriff, den Thron aber nicht ernstlich gefährdete.

Dennoch dachte Wilhelm für einen Moment an seine Abdankung. Am 22. Juli 1848 überreichte er Hackländer, der nicht nur Karls und Olgas Vertrauen genoss, sondern beim König in sehr hoher Gunst stand, den Entwurf seiner Abdankungsurkunde. Hackländer sollte Karl das Dokument zur Durchsicht und Kenntnisnahme vorlegen. Angesichts aller vorausgegangenen Zerwürfnisse schien das eine merkwürdige Geste. Unmittelbar nach der Begegnung mit Hackländer ging Wilhelm für vier Wochen nach Meran in den Urlaub. Weder der Sekretär noch Karl oder der König sind auf das Dokument jemals wieder zurückgekommen. Auch aus Olgas Mund ist keine Silbe zu diesem Vorfall bekannt.

Die Kronprinzessin stand der Revolution mit einer Mischung aus Ablehnung und Verständnislosigkeit gegenüber. Sie lebte nun ein und ein halbes Jahr in Stuttgart, aber bei ihrem Urteil über das politische Parteiengefüge, die Spielregeln des Konstitutionalismus oder die Rolle der Presse ließ sie sich nach wie vor von den in Russland gewonnen Erkenntnissen leiten. Den Revolutionsverlauf beurteilte Olga so, wie ihr Vater die Sprachregelung in seinem Manifest vom 14. März 1848 vorgab: „Nach jahrelangem gesegneten Frieden ist der westliche Teil Europas plötzlich in Aufruhr geraten. Schuld daran tragen die gegenwärtigen Unruhen, die drohen, die legitimen Mächte und die gesamte soziale Ordnung zu stürzen. In diesem Augenblick bedroht diese grenzenlose Anmaßung in ihrer Verrücktheit sogar Unser Uns von Gott anvertrautes Russland. Aber sie wird nicht siegen! [...] Wir sind sicher, dass jeder Russe und jeder Unserer treuen Untertanen freudig dem Ruf seines Zaren folgen wird und dass Uns Unser alter Schlachtruf ‚Für den Glauben, den Zaren und Unser Vaterland' jetzt den Weg zum Siege zeigen wird ... Wir alle werden wie ein Mann ausrufen: ‚Gott ist mit uns! Nehmt Euch in Acht Ihr Völker und unterwerft Euch, denn Gott ist mit uns!'"[75]

Die Botschaft galt auch für Württemberg. Russlands Kaiser betrachtete sein Reich erneut als Schutzwall vor der Revolution. Sollte in Deutschland und ganz Mitteleuropa die legitime Herrschaft der Monarchen in Gefahr geraten, würde Russland mit seiner Armee in Deutschland einmarschieren. Allerdings wollte Nikolaus trotz der Mobilisierungsmaßnahmen in den westlichen Gouvernements keineswegs blindwütig gegen die Barrikaden von Baden bis Berlin oder Dresden vorstürmen lassen. Nach seiner Auffassung trugen die Monarchen der deutschen Staaten zunächst eigene Verantwortung für den Erhalt ihrer Kronen. Mit Unwillen verfolgte Nikolaus die Wahlen zur Frankfurter Nationalversammlung, das Zurückweichen des preußischen Königs und den gesamten Revolutionsverlauf.

Nikolaus übersah nicht, dass die seit Jahren latente antirussische Stimmung in der Öffentlichkeit Westeuropas durch Russlands gegensätzliche Haltung zur Revolution neue Nahrung bekam. Olga hielt sich in Stuttgart zwar von politischen Demonstrationen oder Erklärungen fern, stand jedoch unübersehbar zum väterlichen Manifest und stärkte die Positionen des Legitimismus. Als Kronprinzessin durfte sie weder offizielle noch öffentliche politische Verlautbarungen abgeben. Aber in zahlreichen Briefen an ihre Schwägerin Maria in Petersburg informierte sie über jedes mit der Revolution in Verbindung stehende Ereignis. Ihre politische Position war eindeutig. Als Maria über den Ausbruch der Cholera in Russland berichtete, antwortete Olga im Juli 1848 kalt, ironisch und voller Unverständnis für die Ziele der Revolution: „In Deutschland werden wir die Krankheit im nächsten Jahr haben, dieses Jahr muss man sich mit der menschlichen Leidenschaft herumschlagen; moralische Cholera, die den Weg für die physische Cholera bahnt."[76] Sie plädierte in ihren politischen Meinungsäußerungen für die Wiederherstellung des Alten Reichs aus der Zeit vor 1806.

Der Eindruck ist jedoch nicht von der Hand zu weisen, dass sich Olga im Grunde kaum für das politische Geschehen wirklich interessierte und eigentlich nur den Regeln fürstlicher Disziplin folgte. Wie hätte sie sonst im Juli 1848 an ihren Bruder Michail schreiben können: „Es scheint, dass Ihr trotz allem, was so in der Welt passiert, fröhlich seid, und auch ich bin froh, wenn wir bei uns auf der Datscha sind. Wir vergessen die langweilige Politik und leben so, als wäre nichts geschehen."[77] Dennoch schien es Olga besser und wohl auch sicherer, wenn sie das revolutionäre Land verließ und sich unter den Schutz des Kaisers nach Petersburg begab. Im Herbst 1848 reiste sie ab, Karl, Berlichingen und Hackländer brachten sie bis nach Köln, wo sie den Kurierzug nach Berlin bestieg. Die drei Herren sollten ihr später nach Petersburg folgen. Beim Abschied sagte Olga launig zu Hackländer, der ihr einen großen Rosenstrauß überreichte: „Förmlichen Abschied wollen wir nicht nehmen, da ich auch Sie bald in Russland wieder sehe."[78]

Der Schutz vor revolutionären Unruhen bildete nicht den einzigen Grund zur Abreise aus Deutschland. Es war kaum anzunehmen, dass Olga irgendwie in persönliche Gefahr geraten könnte. Sie fuhr entgegen ihrem offiziellen Status in einer politischen Mission, getreu dem Grundsatz: Zarentöchter haben Russland auch in der Ferne zu dienen. In der gleichen Zeit, in der sie die Abreise nach Russland vorbereitete, betrieb König Wilhelm nämlich eine bundesweite Initiative zur Niederschlagung der Revolution und zur Vorbereitung auf die künftige Führungsstruktur des Deutschen Bundes.

Gemeinsam mit dem König von Bayern entwarf Wilhelm die „Punktation über das Verfassungswerk des Deutschen Bundes". Die Punktation wurde von König Max von Bayern am 21. November 1848 unterschrieben. Die darauf aufbauenden und mit dem preußischen König abgesprochenen Dokumente erteilten dem deutschen Kaisertum eine Absage. An die Spitze des Deutschen Bundes sollte ein Direktorium aus den Königen von Preußen und Bayern sowie dem Kaiser von Österreich treten. Württemberg wollte sich mit einer höchsten Kommandostelle in der künftigen deutschen Reichsarmee begnügen. Wilhelm I. dachte darüber nach, vorsorglich Truppen in Stärke von 40 000 Mann um Frankfurt zu sammeln. Mit dieser Demonstration könnte sein Plan besser verwirklicht werden. Der preußische König stand dem Projekt positiv gegenüber und sah Württembergs König gar in der Rolle des Oberkommandierenden einer künftigen Reichsarmee.

Wilhelm wusste, dass seine Machtspiele der Zustimmung durch die europäischen Großmächte bedurften. Er fand jedoch keine Gegenliebe, weder in Paris noch in London. Er informierte Nikolaus I. in Petersburg und erntete auch dort Ablehnung. Der Zar verlor nach dem Verlauf der Revolution das Vertrauen zum preußischen Königshaus. Preußens Krone versagte nach russischer Ansicht in der Stunde der Bewährung. Ganz anders Österreich: Nach dem Sieg der Gegenrevolution und dem Regierungsantritt des Fürsten Schwarzenberg im Herbst 1848 erklärte Österreich selbstbewusst, dass es sich nicht aus dem Bund entfernen, aber auch kein nichtösterreichisches Oberhaupt anerkennen würde. Über Monate hinweg erörterten Monarchen, Fürsten und Regierungschefs die verschiedensten Varianten, wie die Beschlüsse der Frankfurter Nationalversammlung zur deutschen Einheit ausgehebelt und der Deutsche Bund so gestaltet werden könnte, dass Österreichs Macht eingegrenzt und eine starke Zentralgewalt verhindert werden würde. Die Debatten um einen kleindeutschen oder großdeutschen Weg zur Einheit wogten hin und her. Währenddessen eilte Olga mit den Ansichten Wilhelms I. im Gepäck nach Petersburg.

Hatte sich Nikolaus vor ihrer Ankunft gegenüber Wilhelms Plänen skeptisch geäußert, so widmete er diesen nach dem Eintreffen Olgas zumindest eine größere Aufmerksamkeit. Vielleicht hat seine Tochter tatsächlich dazu beigetragen. Auch Wilhelm äußerte sich seit dieser Zeit verächtlicher über die in der Revolution entstandenen Regierungen und Parlamente. Nikolaus befürwortete nach den Gesprächen mit Olga und nach den Informationen durch die beiden Gesandten in Stuttgart und Petersburg eine stärkere Föderation der deutschen Staaten. Er schloss selbst eine Mediatisierung kleinerer und mittlerer Stände nicht aus. Der Zar sandte deutliche Signale, dass Württemberg sich mehr auf das erstarkende Österreich als auf Preußen orientieren sollte. Aber eine konkrete diplomatische Intervention zugunsten der einen oder der anderen Seite im deutschen Einigungsprozess lehnte Nikolaus I. ab. Seine Tochter wird nichts unternommen haben, ihn von dieser Haltung abzubringen.

Olga hielt sich zunächst ohne Karl in Russland auf. Das Revolutionsgeschehen verfolgte sie aus der sicheren Ferne und ohne realistische Möglichkeiten politischer oder sozialer Einflussnahme. Sie hoffte, im Schoß der eigenen Familie auch vor allen familiären Querelen geborgen zu sein. Plötzlich stellte sie jedoch zu ihrer eigenen Überraschung fest, dass die von ihr als ideal empfundene Familienidylle Schattenseiten aufwies.

Bei ihrem letzten Besuch, der erst wenige Monate zurücklag, hatte sie das noch nicht bemerkt. Ihrer Mutter hatte der Aufenthalt in Palermo nur eine vorübergehende Linderung der Leiden verschafft. Kaiser Nikolaus, den Olga bei der Auseinandersetzung mit Metternich so kraftvoll erlebt hatte, schien den Elan früherer Jahre verloren zu haben. Von den engsten Vertrauten, die seinen Weg begleitet hatten, lebten nicht mehr viele. Russland stöhnte nicht nur unter den Folgen gravierender Missernten und dem Hunger. Eine Cholera-Epidemie mit verheerenden Opferzahlen erschütterte das Reich. Infolge der Dürre brachen Feuersbrünste aus, denen ganze Städte und Dörfer zum Opfer fielen. Russlands Probleme verschärften sich und Olgas Blick auf die brennenden Fragen fiel inzwischen kritischer aus.

Dazu kam die Revolution: Der Sturz Louis Philippes in Frankreich löste in Petersburg einen Schock aus. Die Ausweitung der revolutionären Handlungen über ganz Zentraleuropa erschien dem russischen Zaren als Vorbote für den Untergang der legitimistischen Ordnung, für die er wie ein Fels in der wütenden Brandung stehen wollte. Aber der Fels bröckelte. Dass der „Gendarm Europas" damit seinen Ruf in der europäischen Öffentlichkeit weiter verschlechterte, störte ihn nicht. Nikolaus tobte und fluchte auf echt russische Art. Aber er wagte es entgegen seiner Drohung nicht, militärisch in Deutschland einzugreifen. Erst 1849, auf Bitten der Habsburger Monarchie, ließ er den ungarischen Nationalaufstand durch seine Soldaten niederschlagen.

Über Olgas politische Gedanken oder Handlungen während ihres Aufenthalts in Petersburg sind keine verlässlichen Nachrichten bekannt geworden. Gortschakow berichtete aus Stuttgart über die Entwicklung, aber Olga äußerte sich auch dazu nicht. Selbst als das Märzministerium und der Landtag Württembergs im April 1849 der Reichsverfassung zustimmten und Wilhelm I. unter dem Druck der Abgeordneten, der Regierung und einer drohenden Volkserhebung als einziger deutscher Fürst seine Einwilligung zu dem Dokument gab, kamen aus Russland keine Signale, die den König aus dieser für ihn demütigenden Lage befreiten. Die Situation verschärfte sich für Wilhelm weiter, als Reste der Frankfurter Nationalversammlung Anfang Juni 1849 als „Rumpfparlament" nach Stuttgart zogen, zur Erhebung gegen die Regierungen aufriefen und daraufhin vom Württemberger Ministerium aufgelöst wurden.

In diesen kritischen Wochen blieb Olga in Petersburg. Schlimmer noch, der Kronprinz, der eigentlich an die Seite seines Vaters gehört hätte, hielt sich inzwischen ebenfalls am Zarenhof auf. Karl war seiner Frau bereits im Februar 1849 gefolgt und hatte die Nachricht von der Entlassung Hackländers mitgebracht. Dieser Abschied von dem treuen, großzügigen und einfallsreichen Freund erscheint auch im Abstand der Jahre reichlich mysteriös. Stets hatte der Sekretär die in ihn gesetzten Erwartungen erfüllt. Das wichtigste Projekt Karls und Olgas in jenen Jahren, die Villa Berg, gedieh vor allem dank seines Eifers und dem des Architekten Leins. Zwei marginale Nachlässigkeiten Hackländers, ein nicht sofort gemeldeter kleiner Kaminbrand in der Villa und eine angeblich nicht gleich an Karl übermittelte Depesche aus Petersburg, genügten dem Kronprinzen zur Verabschiedung des engsten Vertrauten.

Welche Hofintrige sich dahinter verbarg, bleibt ungeklärt. Es ist nicht auszuschließen, dass Olga die engen Beziehungen zwischen Karl und Hackländer zu weit gingen und ihre Bemühungen um den eigenen Einfluss auf den Kronprinzen störten. Die Kunst der Intrige wäre ein bis dahin bei Olga nicht beobachteter Wesenszug, würde allerdings höchstens von dem immensen moralischen Druck zeugen, der in Stuttgart auf ihr lastete. Denn sie profitierte nur von den Aktivitäten Hackländers um die Villa Berg, obwohl nicht von der Hand zu weisen ist, dass Hackländer besonders seit der Hochzeit Karls und Olgas allzu freigiebig mit dem erst in Aussicht stehenden russischen Geld umging. Für die Villa vertraute er ohne jeden Skrupel darauf, der russische Kaiserhof werde das von Wilhelm ausgesetzte schmale Budget so aufstocken, dass alle aufgenommenen Anleihen abgezahlt werden könnten. Hackländer ging mit seiner Finanzpolitik rund um Villa und Garten Berg ein hohes Risiko ein. Er setzte darauf, dass Karl ihm keinerlei Fesseln anlegen würde.

Mit nur geringem Bedenken steuerten Karl und Hackländer einem finanziellen Eklat entgegen. Zu seiner Reise nach Paris im Januar 1848 hatte Hackländer ganz ungeniert den Kommentar hinzugefügt: „Weniger angenehm war der Einblick in meine Kasse, die sich so leer befand. Dass ich mit Bewilligung des Königs eine größere Anleihe machen musste, der noch verschiedene kleinere folgten. So war ich in die missliche Lage eines Finanzmannes versetzt, dem es mitunter schwer wird, die Zinsen der Staatsschuld aufzutreiben, doch hatten wir ja die reiche russische Hochzeit vor Augen, und war es ja selbstredend, dass die Kronprinzessin, nach deren Wünschen, besonders aber nach denen der Kaiserin [die sich in Italien Hackländers Zeichnungen angesehen hatte], manches verändert, verschönt und vergrößert werden musste, ihr gutes Teil zu den Herstellungskosten beitragen würde."[79] Es ist gut möglich, dass Karl nach dem Willen der kaiserlichen Schatullverwaltung in Petersburg dem finanziellen Treiben Hackländers Einhalt gebieten musste – selbst wenn Olga am Ende alle Kosten übernahm. Karl durfte erst in Petersburg erscheinen, nachdem er Hackländer den Laufpass gegeben hatte. Diese Version darf sich auch darauf stützen, dass Karl vom Kaiserhof finanziell abhängig war. Jeder deutsche Prinz, der eine russische Großfürstin heiratete, erfuhr die gleiche Gnade: Durch ein eigenes Konto mit jährlichen Zuwendungen, die wohlweislich bei der Kaiserlichen Bank mit guten Zinsen angelegt wurden, nahmen ihn die Romanows in ihre wohltätigen Arme.

Es ist natürlich auch möglich, dass die Königin an dem lockeren Lebenswandel des Sekretärs Anstoß nahm. Gegen ihre Mitwirkung an der Entlassung spricht jedoch ihre vollständige Einflusslosigkeit auf die Entschlüsse Wilhelms I., der Hackländer sofort in seine eigenen Dienste nahm und ihm sein ungebrochenes Vertrauen schenkte. Gerade diese Konstellation: Entlassung durch den Kronprinzen – Aufnahme durch den König, spricht dafür, dass Karl Hackländers überdrüssig wurde, weil dieser mit dem König im Einvernehmen stand. Dann hätte Olga gar nichts mit der Entlassung zu tun gehabt. Es sind auch keine Reaktionen Olgas auf die Nachricht von Hackländers Entlassung bekannt geworden und dadurch erscheint eine Bewertung des Vorgangs besonders schwierig, zumal Hackländer diesen in seinen Lebenserinnerungen sehr diskret behandelt hat. Der Dienstwechsel Hackländers erregte in Stuttgart wohl Aufsehen, blieb jedoch für Olgas Stellung am Hofe letztlich ohne gravierende Bedeutung. Die Ausgestaltung der Villa Berg ging weiter und Karl fand neue Freunde.

Olga begrüßte Karl, der auf den ausdrücklichen Befehl seines Vaters nach Petersburg kam, und freute sich darüber, dass ihr Gemahl, entgegen den häuslichen Gewohnheiten in Stuttgart, an der Newa durch den Kaiser demonstrativ mit höchsten Ehren bedacht wurde. Empfänge, Paraden, Orden und das gut gefüllte Konto – Karl durfte sich am Zarenhof wirklich als Thronfolger fühlen. Dafür sorgte seine Frau durch ihren Einfluss auf Nikolaus I. und Karl musste auch lediglich die nicht unbedingt lästigen Repräsentationspflichten erfüllen. Die drängenden Probleme hatte er in Stuttgart zurückgelassen.

Die Ehrungen besaßen einen demonstrativen Charakter. Während in Württemberg die Revolution noch kein Ende fand, dekorierte der russische Kaiser, der im Sommer 1849 durch die Militäraktion gegen Ungarn erneut die Verachtung der westeuropäischen liberalen und nationalen Öffentlichkeit auf sich zog, den Sohn Wilhelms I. Der König erkannte die Brisanz des Vorgangs durchaus. Er schickte Mitte Mai 1849 eine detaillierte Lageanalyse an Karl und betonte darin ausdrücklich, dass die Stimmung gegenüber Russland so extrem negativ wäre, dass er sich Sorgen um die Sicherheit Olgas machen müsste, wenn diese in nächster Zeit zurückkehren würde. Außerdem wäre es auch nicht schlecht für Karl, im Ausland zu bleiben. Sollte der König zum Rücktritt gezwungen werden, könnte das Kronprinzenpaar unbeschadet für den Thron zur Verfügung stehen. Die Argumente besaßen natürlich einen rein hypothetischen Charakter. Aber Wilhelm formulierte den Gedanken, Karl und Olga hielten sich daran und folgten dem Vater in diesem Fall sicherlich nicht ungern.

Da traf es sich vielleicht gar nicht so schlecht, dass Karl und Olga in Petersburg erkrankten. Beide litten, wie offiziell verlautbarte, an „Roten Flecken". Es bleibt zu hoffen, dass es tatsächlich „nur" die Masern waren und dass sie von der Cholera verschont blieben. Leibarzt Martin Wilhelm Mandt erwähnt die Erkrankung in seinen Aufzeichnungen leider nicht. Vielleicht besaßen die „Roten Flecken" ja auch nur eine Alibifunktion, um den Württembergern plausibel zu erklären, warum der Kronprinz an einem kritischen Punkt der Landesentwicklung nicht seinem von Gram gebeugten Vater hilfreich zur Seite trat.

In Petersburg fühlte sich Olga trotz ihrer Sorgen über die Gesundheit der Eltern wieder sehr wohl und heimisch. Stuttgart lag weit weg – geografisch und politisch. An der Newa fand sie die Zuneigung, die sie in Stuttgart so schmerzlich vermisste. Olga durfte sich ungezwungen bewegen. Dabei blieb sich ihr Ehemann allzuviel selbst überlassen, eine Erfahrung, die auch andere deutsche Prinzen vor ihm machen mussten. Karl ertrug das Alleinsein nicht gut. Der vertraute Freundeskreis fehlte ebenso wie die Beschäftigung mit konkreten Interessen oder Aufgaben.

Die Berichte über den Revolutionsverlauf in Württemberg, die Karl vom Vater erhielt und die er auch weitergab (falls die russische Geheimpolizei sie nicht bereits kopiert hatte), besaßen zwar einen interessanten Informationswert, förderten jedoch Karls Ansehen nicht so weit, dass man ihn zu politischen Gesprächen oder gar Entscheidungen herangezogen hätte. Sein Hang zum Müßiggang erhielt reichlich Nahrung. Der Aufenthalt in Petersburg besaß zwar seinen eigenen Glanz, aber die Zarenfamilie, einschließlich Olgas, tat kaum etwas, um Karl in ihren inneren Zirkel hineinblicken zu lassen. Er genoss in Petersburg alle ihm gebührenden Ehren, für einen politisch bedeutenden Partner hielt man ihn nicht.

Die Monate in Petersburg brachten weder für Karl noch für Württemberg einen erkennbaren politischen Gewinn. Das Kronprinzenpaar lebte zwar zusammen an der Newa, aber im Grunde ging jeder seine eigenen Wege. Nur Olga profitierte davon: Die Nähe zur Familie stärkte ihr Selbstwertgefühl – zumindest für die Wochen und Monate, die sie nicht in Württemberg verbringen musste. Karl stand ein wenig allein und ratlos da, wurde unsicher, grollte und sofort stand er in dem Ruf, „Launen" zu haben.

Olga – unfähig zu eigenen Entscheidungen

Es entsprach dem traditionellen Bild in der russischen Herrscherfamilie, dass Olga in Zeiten politischer Krisen durch eine besonders engagierte Arbeit in der öffentlichen Wohfahrt den Menschen unmittelbar half und dadurch Zeichen für den Willen zur Bewahrung konservativer Werte durch die Monarchie setzte. Wohltätigkeit der sozial Starken für die sozial Schwachen war längst kein Privileg des Adels mehr. Aber dessen herausgehobene Stellung in der Gesellschaft verschaffte seiner Art der Wohltätigkeit noch immer eine hohe Popularität.

Das Kronprinzenpaar Karl und Olga traf am 3. September 1849 wieder in Stuttgart ein: nicht, um dem König bei der politischen Bewältigung der Revolutionsfolgen zu helfen, sondern, um am 4. September den Geburtstag der Königin Pauline zu feiern. Außerdem stand ein bedeutendes Ereignis ins Haus, das dringend Olgas Anwesenheit verlangte. Das 1842 von den Ärzten Dr. Georg von Cleß und Dr. Otto Elben gegründete Stuttgarter Kinderkrankenhaus erhielt den Namen „Olga-Heilanstalt für Kinder". Die Kronprinzessin übernahm mit dem Protektorat eine große Verantwortung und beließ es nicht bei der formalen Namensgebung. Das Kinderkrankenhaus besaß bei all ihren karitativen Leistungen in den folgenden Jahrzehnten zentrale Bedeutung und entwickelte sich zum besten und beliebtesten Kinderkrankenhaus Württembergs.

Die Namensgebung wie auch die Unruhen der zu Ende gehenden Revolution änderten nichts daran, dass Olgas Leben in Württemberg in den folgenden Monaten wenig aufregend verlief. Sie kümmerte sich weiterhin um ihre Bildung, suchte Karl zu aktiverem Handeln zu motivieren, lernte Württemberg kennen, ging ihren Aufgaben in der Wohltätigkeit nach, empfing zahlreiche Besucher und investierte nach wie vor viel Geld und Zeit in die Ausgestaltung der Villa Berg. Der Alltag einer Kronprinzessin.

Eine Aufsehen erregende politische Rolle spielte sie nicht. Ihr politisches Engagement, besonders ihre vermittelnde Rolle zwischen Württemberg und Russland, ist von der Nachwelt nahezu ausschließlich auf einen Briefwechsel mit dem russischen Diplomaten und Staatsmann Alexander Gortschakow begrenzt worden. Dafür gab es keine sachlichen Gründe, sondern die überkommene Existenz eines Konvoluts mit Briefen des russischen Gesandten und Außenministers.

Die Briefe Gortschakows und die diesen beigefügten Dokumente oder Schreiben dritter Politiker informieren für einen Zeitraum von etwa zwanzig Jahren über einige – und nur lückenhaft verfolgte – Handlungen der russischen Diplomatie. Mündliche oder schriftliche Reaktionen Olgas auf die Briefe Gortschakows sind bislang nur in ganz seltenen Ausnahmefällen bekannt geworden. Es gibt auch nur wenige Beispiele, in denen Olga auf Grund von Informationen Gortschakows eigenständige politische Aktionen eingeleitet hätte, die nachhaltigen Einfluss auf die von ihr zu verantwortenden Gebiete besaßen.

Dennoch bleibt interessant, über welche Fragen Olga durch Gortschakow im Laufe der Jahre ins Bild gesetzt wurde, in welcher Relation seine Schreiben zu den Berichten des jeweiligen württembergischen Gesandten in Petersburg standen und welche Rolle Olga und Württemberg in der Politik des aufstrebenden Diplomaten Gortschakow gespielt haben. Von nicht minderem Interesse bleibt eine Antwort auf die Frage, welche Funktion Gortschakow im politischen Verständnis Olgas eingenommen hat.

Alexander Gortschakow durfte sich bis zum Ende der vierziger Jahre des historischen Ruhmes erfreuen, als Tippgeber für die Ehe zwischen Karl und Olga gedient zu haben. Er hat da wohl nicht ganz uneigennützig gehandelt. In der Revolution zeichnete er sich nicht durch überquellenden diplomatischen Scharfsinn aus, aber die Mühlen der zarischen Administration vergaßen ihn in seinem stillen Neckarwinkel nicht. Man sagte Gortschakow nach, dass er stets eine Giftampulle bei sich trage und bereit sei, falls man ihn bei einer fälligen Beförderung übergehen sollte, durch eigene Hand aus dem Leben zu gehen. Vielleicht war der böse Satz nur eine hämische Replik liebevoller Kollegen auf den Höhenflug des Durchschnittsdiplomaten Gortschakow. 1850 durfte er die Ampulle jedenfalls sicher verwahren, denn der Kaiser berief ihn auf die nach Stuttgart folgende nächste Stufe der diplomatischen Karriereleiter, zunächst als Gesandten beim Deutschen Bundestag in Frankfurt – er behielt seinen Wohnsitz in Stuttgart bei – und anschließend 1854 am Kaiserhof in Wien.

Nikolaus vergaß zwar die Demütigungen nicht, die er 1845 in Wien hatte erdulden müssen, aber die Ära Metternich war seit der Revolution endgültig vorbei und das Haus Habsburg hatte mit russischer Hilfe den Legitimismus erfolgreich verteidigt. Dem Zug der Zeit und den Streitereien über die deutsche Frage folgend, beorderte der Kaiser Gortschakow vor allem deshalb nach Frankfurt am Main, weil der Bundestag seit dem 30. Mai 1851 auf österreichische Initiative erneut über die innerdeutschen Probleme beriet.

Zwischen dem 10. und dem 20. Juni 1851 richtete Gortschakow fünf Briefe, verbunden mit Abschriften anderer Dokumente an Olga[80], in denen er sie ausführlich über den Stand der Verhandlungen zur „Olmützer Punktation" und über die vielfach kritisierte Rolle des Königs von Württemberg in der Auseinandersetzung von klein- und großdeutschen Interessenvertretern informierte.

Als Olmützer Punktation bezeichnete man ein diplomatisches Abkommen, das am 29. November 1850 zwischen Preußen, Österreich und Russland über die Beendigung des preußisch-österreichischen Konflikts von 1848/1850 abgeschlossen worden war.

Einen Konflikt zwischen dem hessischen Kurfürsten und seinen Untertanen hatte der österreichische Kanzler Felix Fürst zu Schwarzenberg zum Anlass genommen, Preußen zu isolieren. Am 8. November 1850 war es zu einem Vorpostengefecht zwischen der Österreich nahe stehenden bayerischen und der preußischen Armee bei Bronnzell, in der Nähe von Fulda, gekommen, bei dem allerdings nur ein Schimmel getötet wurde. Preußen lenkte ein. In der Punktation verzichtete Preußen auf den Führungsanspruch über die deutschen Staaten. Gleichzeitig wurde der Deutsche Bund unter der Leitung Österreichs wiederhergestellt. Da Preußen durch das Abkommen von Olmütz an Ansehen verlor, trug es letztlich zur weiteren Zuspitzung des Gegensatzes zwischen Preußen und Österreich bei.

In diesen Zusammenhang gehörte auch die Kritik an Württembergs König. Wilhelm I. hatte am 15. März 1850 eine Thronrede gehalten, in der er das Dreikönigsbündnis zwischen Preußen, Hannover und Sachsen vom 26. Mai 1849 als höchst gefährlich für die deutsche Nation bezeichnete. Er pries dagegen das am 27. Februar 1850 zwischen Österreich, Bayern, Sachsen und Württemberg geschlossene Vierkönigsbündnis (die geschickten Sachsen beteiligten sich an beiden Bündnissen!), weil es dem Geist des Föderalismus, der einzig möglichen Organisationsform in Deutschland, verpflichtet war. Preußen fühlte sich brüskiert und berief seinen Gesandten aus Stuttgart ab.

Gortschakow verharrte in den Schreiben an Olga vom Juni 1851 nicht bei allgemeinen Floskeln, sondern schrieb über Sachfragen, wobei er Wert darauf legte, dass Olga die Briefe nicht als Teil ihrer Privatkorrespondenz betrachtete, sondern diese sowohl an den Geschäftsträger der russischen Gesandtschaft in Stuttgart, Kollegienrat von Stoffregen, als auch an ihren Sekretär Adelung zur Archivierung weitergab. Als einfacher diplomatischer Gesandter des russischen Kaisers hätte es Gortschakow nicht wagen dürfen, sich in privaten Briefen an ein Mitglied der kaiserlichen Familie zu wenden. Diese Voraussetzungen galten in den nachfolgenden Jahren für alle seine Briefe an Olga.

Gortschakow schrieb über die Verhandlungen in Frankfurt: „... Ich habe hier als Zeichen einer wirklichen Verbesserung des Zustandes Deutschlands die Verständigung zwischen Österreich und Preußen vorgefunden: Die beiden großen Höfe sind sich über die Hauptpunkte einig, und der persönliche Charakter der beiden Repräsentanten verstärkt diese Einigung. Solange dieses Ergebnis bestehen bleiben wird, werden sie notwendigerweise entscheidenden Einfluss auf die Interessen, die es zu regeln gilt, haben. Sie werden ihn hoffentlich nicht missbrauchen, und folglich kann ich mich nur darüber freuen, denn nur durch Stärke kann man die Sicherheit der Zukunft inmitten der schlechten Elemente, die sich noch regen, gewährleisten ... Morgen wird wahrscheinlich eine Entscheidung in den dänischen und hessischen Angelegenheiten fallen. Die beiden Höfe wünschen eine Delegation von Bevollmächtigten, um direkt mit Kopenhagen und Kassel zu verhandeln, ohne die Möglichkeit auszuschließen, das Ergebnis der Endsanktionierung durch den Bundesrat vorzulegen. Sie werden sie erhalten, ich zweifle nicht einmal, dass es zum Besten sein wird ... Der einzige wichtige Beschluss, der bislang gefasst worden ist, ist die Auflösung der alten Zentralkommission und die Ernennung eines Komitees, um deren Funktionen zu erfüllen.

Hier hat Württemberg eine Niederlage erlitten. Als einziger unter den

Königshöfen findet es sich ausgeschlossen. Der König war darob zutiefst gekränkt, obwohl er sein Missfallen unter geheuchelter Gleichgültigkeit verbirgt. Seine Majestät glaubt, sich die Sympathie der Staaten zweiter Ordnung durch Seine berühmte Thronrede erworben zu haben. Dieser Irrtum ist mir hier vor Augen geführt worden. Als es darum ging, die Mitglieder dieses Komitees zu benennen, hat Württemberg nur drei Stimmen erhalten, darunter Österreich und Preußen. Seine Position ist unhaltbar, solange die gegenwärtigen Beziehungen zum Berliner Kabinett bestehen bleiben. Es ist dringlich für Württemberg, dem ein Ende zu setzen."[81]

Der Brief Gortschakows, hier als exemplarisches Beispiel außergewöhnlich umfangreich zitiert, resultierte nicht aus dem Wunsch, Olga lediglich Kenntnisse über den Verhandlungsstand zu vermitteln. Es ist sogar möglich, dass Olga den Diplomaten zu diesem Rapport direkt aufforderte. Sie wollte selbst nach Frankfurt fahren. Gortschakow setzte offensichtlich Hoffnungen darauf, dass Olga durch ihr persönliches Erscheinen in Frankfurt, durch den Charme ihrer Persönlichkeit positive Stimmen für Württembergs König sammeln könnte. Um Olga Mut zu machen, fügte Gortschakow noch psychologisch geschickt hinzu: „Alle Briefe aus Olmütz strahlen die Begeisterung des Zaren aus. Seine Majestät muss gestern Warschau verlassen haben, Ihre Majestät die Zarin heute, direkt nach St. Petersburg. Die Zarin hat mit großem Bedauern auf den Besuch in Berlin verzichtet."[82] Olga schlussfolgerte daraus, dass es ihr Vater vielleicht nicht ungern sehen würde, wenn sie zumindest ihre Stellung zur Beruhigung der deutschen Kampfhähne einsetzen und Wilhelm I. ebenso maßvoll wie ehrenvoll an seine deutsche Pflicht erinnern würde. Gortschakow signalisierte ihr durch die privaten Mitteilungen, wie nahe er doch bereits der kaiserlichen Familie stand.

Die Kronprinzessin fuhr wenige Tage, nachdem sie Gortschakows Brief gelesen hatte, mit der Eisenbahn nach Frankfurt. Dort stellte sich schnell heraus, dass sich der brave Diplomat ganz umsonst so viel Mühe gegeben hatte beziehungsweise dass er lediglich seine Pflichten gegenüber einem Mitglied des Kaiserhauses erfüllt hatte. Olga plante gar keine Einmischung in die politischen Händel der Deutschen. Sie war erneut auf dem Weg nach Russland, ganz unbeschwert, und legte in Frankfurt lediglich einen Zwischenstopp ein, unberührt von den dramatischen Verwicklungen, in die sich König Wilhelm I. durch seine Attacke auf Preußens Politik verstrickt sah. Otto von Bismarck, der zur preußischen Politikergruppe auf dem Bundestag gehörte, schrieb am 3. Juli 1851 an seine Gemahlin, wie sehr er sich in Frankfurt langweilte, vor allem in der Gesellschaft mit allerlei „ins and offs"[83], die mit Olga in Frankfurt weilten und sich ausschließlich dem Müßiggang hingaben. Bismarck widmete Olga keine politische oder persönliche Aufmerksamkeit. Ob Gortschakow über die Fürstin enttäuscht war? Gewiss nicht, denn er stand erst auf einer mittleren Sprosse seiner Karriereleiter und wollte auch dort nicht zur Giftampulle greifen. Außerdem wusste er, dass sich die Großfürstin auf dem Wege zu den Feierlichkeiten des 25-jährigen Thronjubiläums ihrer Eltern nach Moskau befand. Wozu also die detaillierte politische Analyse in dem Brief Gortschakows? Die Dignität der Kronprinzessin verlangte es! So ein Mitglied der Zarenfamilie durfte den Deutschen Bundestag nicht politisch blind kontaktieren. Sie musste sich zumindest wissend geben. Aber Bismarck hat das nicht beeindruckt. Er kannte das Spiel der „ins" und „offs" aus eigener politischer Erfahrung im Umgang mit den Russen.

Olga zeigte sich frohen Mutes, nachdem Karl in Frankfurt zugestiegen war und sie nun gemeinsam über Prag, Olmütz und Krakau – soweit das nur ging – per Eisenbahn nach Moskau fahren konnten. Das Thronjubiläum war eine vorzügliche Gelegenheit zu ausuferndem Familienklatsch, zu imperialer Prachtentfaltung und zur Diskussion schwieriger politischer Probleme, auch mit Gortschakow. Im Jahre 1851 bot Russland ein höchst widersprüchliches politisches Bild, besonders hinsichtlich seiner Stellung gegenüber Westeuropa und den deutschen Problemen. Olga durfte die Zeichen der Zeit eigentlich nicht ignorieren.

Russlands Außenminister Nesselrode schrieb Nikolaus zum 25. Jahrestag der Thronbesteigung: „Unmittelbar nach ... den Revolutionen wurden (Eure Majestät) für die Welt zum Repräsentanten des monarchischen Ideals, zur Hauptstütze der Prinzipien der Ordnung und zum unparteilichen Verteidiger des europäischen Gleichgewichts."[84] Einflussreiche Herrscher nannten ihn gar den „Herrn über Europa"[85] Russlands Macht rief Sympathie, Angst, Hass und Verachtung hervor. Die Zarenfamilie lebte im Stolz ihrer Macht. Sie hatte seit 1825 alle Revolutionen in Europa siegreich überstanden. Die Olmützer Punktation diktierte Deutschland den russischen Willen. Russische Soldaten unterwarfen Ungarn und Polen. Nikolaus wusste aber auch, dass der wirtschaftliche und technologische Zustand Russlands keine ernsthafte Konfrontation mit den westlichen Großmächten aushalten würde. Er begriff, dass Österreich sich nicht wohl fühlte, weil es Russland bei der Niederschlagung des ungarischen Aufstands um Hilfe bitten musste. Nach England und Frankreich unterhielt Nikolaus gar keine intensiven Beziehungen. Das Nichtwissen um die Furcht der Westmächte verstärkte die Unruhe in der mächtigen Zarenfamilie. Niemand durfte sich seiner uneingeschränkten Macht sicher sein – auch nicht der König von Württemberg, der ob seiner Beziehungen zu Preußen, Österreich und Russland sowie als Nachbar Frankreichs immer in der Gefahr lebte, in Konflikte der Großmächte hineingezogen zu werden.

Für das großmächtige Russland erwuchs die Gefahr, von den Westmächten als Bedrohung für das europäische politische Gleichgewicht empfunden zu werden. Auf leisen Sohlen kehrte der „kranke Mann vom Bosporus", das Osmanische Reich, wieder in die Aufmerksamkeit der Diplomaten zurück, auch auf das glatte Parkett der Ballsäle im Kreml, auf dem Nikolaus sich den Freuden seines Jubiläums hingab und seine Macht genoss. Die Gesandten und Botschafter kolportierten die orientalische Frage bereits so intensiv, dass auch im Umfeld Olgas erste Signale für neue Konflikte auftauchten.

Von Moskau aus fuhren Olga und Karl am 21. September 1851 zu einer kurzen Stippvisite nach Petersburg. Dort nahm auch Eveline von Massenbach, die Olga bereits im Sommer zu einer Kur nach Liebenzell begleitet hatte, offiziell ihren Dienst als Hoffräulein auf. Angesehene Höflinge brachten Eveline nach Zarskoje Selo und führten sie in die kaiserliche Familie ein. Die Begegnung verlief außerordentlich herzlich. Mit „Eva", wie man das Hoffräulein vertraulich nannte, trat eine junge Persönlichkeit mit scharfem Verstand in Olgas Leben.

Die junge Frau setzte Olga in Erstaunen. Erst wenige Tage im Dienst, erfasste Eva aus ihren Beobachtungen bereits Zusammenhänge, über die ihre Dienstherrin nicht einmal nachdachte. Zar Nikolaus inspizierte die russischen Truppen und Festungen in Südrussland. Derartige Inspektionen standen oft mit kriegerischen Absichten in Verbindung. Der Thronfolger erschien ihr als gutmütiger und freundlicher junger Mann, der auf Scherze etwas schwerfällig reagierte. Die Kaiserin Alexandra „sagte noch, dass Olly sich so schwer entschließt, sie sei ja so froh, dass ihr jemand recht sei …"[86]

Alexandra öffnete ihr Herz und sprach aus, was sie während der ganzen Brautwerbung Olgas bedrückt hatte: Das Mädel fällte keine eigenen Entscheidungen und wartete stets auf Weisungen des Vaters. Da kaiserliche Majestäten bekanntlich nur ganz selten keine großen Worte in die Welt setzen, enthielten auch diese einen Auftrag an Eveline von Massenbach: fest zu Olga stehen und dieser zu helfen, königliche Entschlussfreudigkeit zu demonstrieren und den Menschen, die sie liebten, Vertrauen zu bezeugen. Eva begriff sehr schnell, dass Olga in dieser Hinsicht ein schwieriger Fall war, an dem sich ganz gewiss auch

Gortschakow im politischen Dienste seines Kaisers versuchte. Doch wie sollte es der jungen Hofdame gelingen, den Charakter der Kronprinzessin zu ändern, der durch deren gesamte Erziehung geprägt war?

Dass es generell eine komplizierte Aufgabe war, ein realistisches Bild von der Familie Romanow zu gewinnen, und dass sie sich dabei stets ihrer eigenen Stellung bewusst sein musste, um den Dienst bei Olga korrekt erfüllen zu können, erfuhr Eva schon in der Woche, die bis zur Abreise in die Heimat blieb. In ihrem Tagebuch fand sie offene Worte. In Zarskoje Selo wohnten auch Maria Pawlowna und Carl Friedrich aus Weimar, „er sehr liebenswürdig – sie, Frau von Geist, hässlich, sich sehr reich kleidend, selbst die Hüte mit Diamanten gespickt."[87] Laut hätte Eva das nie gesagt! Diamanten blitzten sie auch im Theater an, als sie in der Loge der Großfürstin Helene sitzen durfte, von der sie immerhin wusste, dass diese einen Salon unterhielt, in dem sich allerlei intelligente Leute trafen. Es war ganz logisch, dass Eva vor allem jene Lebensbereiche in den Blick nahm, die Olga berührten. Dazu gehörten nicht nur die Familienmitglieder, sondern auch der ganze Schwarm von Hofdamen, die, unabhängig von Schönheit, Intelligenz oder Alter einen verbissenen Kampf um den besten Platz in der Gunst der Zarin führten. Die Damen unterschieden sich darin keineswegs von den männlichen „Großuhrmachern" oder „Schalträgern" der Kaiserin. Es ist geradezu erstaunlich, wie viele Menschen Eva aus dem Petersburger gesellschaftlichen Umfeld innerhalb weniger Tage kennen lernte, Menschen, die ihre Herrin aus der Höhe ihres Standes kaum wahrnahm.

Am 1. Oktober 1851 reisten Olga, Karl und ihre Suite nach Stuttgart ab. Die Kaiserin wiederholte beim Abschied noch einmal die Mahnung an Eva aus der ersten Begegnung: „Ja, Sie sind eine treue Anhängerin von Olly, ich weiß es, bleiben Sie es!"[88] Eva erhielt eine hübsche Brosche zum Abschied. Olga stand abseits und weinte. Selbst als die Reisegesellschaft in Kronstadt ein Kriegsschiff bestieg, hatte Olga noch immer gerötete Augen. Sie trauerte über diesen neuerlichen Abschied, biss jedoch die Zähne zusammen. Vielleicht hat sie sich in dem Augenblick an den Wahlspruch ihrer Tante Maria erinnert, dass es ihr Schicksal sei, stets, auch in der Ferne, für Russland arbeiten zu müssen. Vielleicht hat sie auch an die Worte ihres Beichtvaters Bajanow gedacht, der bei ihrer Abreise nach der Hochzeit voller Hoffnung sagte: „Das ist eine junge Frau, die gut auf die Prüfungen vorbereitet ist, die Gott ihr auferlegen wird."[89] Alle Schwermut stieg wieder auf, als Olga drei Tage später das russische Schiff in Kiel verlassen musste. Aber ein ganzer Schwarm von russischen Verwandten, Ehrenbegleitern und Bediensteten halfen ihr während der Weiterfahrt auf den einzelnen Eisenbahnabschnitten, sich wieder auf die Wirklichkeit in Stuttgart einzustellen. Am 9. Oktober 1851 traf sie in Württembergs Hauptstadt ein.

Höfischer Alltag in Stuttgart

Der gewöhnliche Alltag kehrte sofort zurück. Der Ausbau der Villa Berg ging trotz der Entlassung Hackländers weiter, der König übernahm den quirligen Mann bereitwillig, beförderte ihn quasi und desavouierte Karl dadurch ein weiteres Mal. Die karitative Arbeit in Heimen, Kranken- oder Pflegeanstalten bewältigte Olga unauffällig und ohne propagandistischen Aufwand. Villa und Sozialfürsorge befriedigten ihren Gestaltungswillen. Weit schwieriger blieben die innerfamiliären Beziehungen. Mit ihren russischen Verwandten hatte Olga kaum Probleme. Lediglich die impulsive Schwester Mary suchte gelegentlich Streit. Aber mit der sanften Olga gelang nur sehr selten eine richtige Auseinandersetzung, sie zog sich höchstens in sich selbst zurück. In Petersburg kannte jeder ihre Friedfertigkeit und respektierte ihre unaufgeregte Ausgewogenheit.

In Stuttgart musste Olga dem nervenaufreibenden Dauerstreit zwischen König und Kronprinz eigene Stärke entgegenstellen. Nichts fiel ihr so schwer, wie tagtäglich den Ärger herunterzuschlucken und Ruhe bewahren zu müssen. Sie beherrschte sich, aber ihr Körper rebellierte mit Kopfschmerzen und Magenkrämpfen. Königin Pauline wollte zwar immer lieb und gut sein. Ihre eigentliche Funktion als Zentrum und Stütze der Familie erfüllte sie nicht. Sie resignierte ob der abstoßenden Eigenwilligkeit ihres Mannes und suchte Trost im Pietismus. Ihre Tochter Katharina, die den Prinzen Hermann von Sachsen-Weimar-Eisenach geheiratet hatte, vertrat die feste Überzeugung, dass keiner der Schwiegersöhne des Königs klug oder gescheit sei. Das alles und viele weitere innerfamiliäre Querelen wären zu ertragen gewesen, wenn Olgas Hoffnung auf ein Kind ihr einen gewissen Halt gegeben hätte, wenn ihr Karl Tendenzen zu einer reifenden Persönlichkeit mit wachsendem Verantwortungsgefühl gezeigt hätte. Er durfte doch nicht ewig der große Junge bleiben, mit vielen Launen und Leidenschaften, aber ohne Durchsetzungsvermögen. Das machte Olga zunehmend Angst.

Der russische Hof in Petersburg konnte Olga wahrlich nicht als Hort von Prinzipien und aufrechter Gradlinigkeit gelten, aber der Zar und dessen Frau hatten es immer verstanden, Olga zu führen und zu motivieren. Das war wohl ihr größtes Problem in Stuttgart: Niemand vermochte sich in ihre Denk- und Handlungsweise zu versetzen, niemand zeigte ihr den Weg durch das Labyrinth württembergischer Herrschaftstraditionen. Je mehr Enkel König Wilhelm zuwuchsen, denen gegenüber er sich gar nicht als hartherzig erwies, umso mehr fühlte sich Olga in die Isolation gedrängt. Eine der wenigen Menschen, denen sie immer wieder vertraute und denen sie sich öffnete, war Herzogin Henriette von Württemberg in Kirchheim, die hin und wieder Olgas wunde Seele tröstete.

Olga hat es sich sehr gewünscht, doch einmal ihren reiselustigen Vater in Stuttgart begrüßen zu dürfen. Aber Nikolaus, der so weite Wege für seine Tochter gegangen war, kam niemals an den Neckar. Olga musste sich im Alltag mit der Familie der Württemberger begnügen, daran änderten die Besuche von 1849 und 1851 in Russland nichts. Bei ihrer Rückkehr fand sie immer den gleichen Kreis des Hofadels vor, mit dem alle gesellschaftlichen Ereignisse bestritten werden mussten. Jeder, König, Königin, Kronprinz und Olga, besaß einen eigenen Zirkel von Damen und Herren, mit dem man sich unterhielt, Karten spielte, Ausflüge unternahm oder Veranstaltungen besuchte. Diese geselligen Kreise überschnitten einander bei den beteiligten Personen durchaus.

Zu den „älteren" Frauen in Olgas und Karls Umfeld zählten u. a. die Freifrau Albertine von Berlichingen, die Gräfin Albertine Uxküll, Gräfin Ernestine von Degenfeld oder auch Fräulein Marie von Wächter. Dazu kamen junge und fröhliche Damen wie die Gräfin Clara Zeppelin, Gräfin Ludmilla Scheeler, Gräfin Sophie Larisch, Pauline Görlitz oder Fräulein Pauline Fleischmann oder eine Schwester des Herzogs Max von Leuchtenberg und die geistvolle Gräfin Marie von Taubenheim.

Wo schöne Frauen parlierten, fehlte es nicht an männlicher Begleitung. Hier trafen sich, wie in den Jugendjahren Karls, die Prinzen Hugo, Fritz und Felix zu Hohenlohe-Oehringen, Karl und Julius von Hügel, der Kanzler der Universität Tübingen, Dr. von Wächter, der Präsident der Kammer, Fürst Konstantin Zeil, oder auch die beiden Barone Wilhelm und Dagobert von Wimpffen.

Die Gastgeber pflegten nicht das bürgerliche Prinzip der gemeinsamen Unterhaltung mit fest gefügten Ehepaaren, sondern wählten ihre Gesprächspartner je nach eigenem Interesse und persönlichem Gefallen. Die Atmosphäre der Geselligkeit, die am Hofe herrschte, reflektiert ein privater Brief Eveline von Massenbachs aus dem Herbst 1851, in dem sie über die Einweihung des Großen Saals der vom König erbauten Wilhelma in Stuttgart berichtet: „Letzten Dienstag aufwendiges Fest in der Wilhelma, um einen schönen Saal einzuweihen, der kürzlich fertiggeworden ist. Trotz aller großen Beispiele, die mir vor Augen gekommen sind, muss ich gestehen, dass diese Schöpfung des Königs feenhaft ist, von einem Luxus, einem guten Geschmack und einem seltenen Ensemble. Seine Majestät ließ uns sagen, erst um 5 Uhr pünktlich zu kommen, weil er alle selbst empfangen wollte. Wir waren in großer Toilette und Hüten. Das Diner begann, während eine reizende Musik die banale Konversation übertönte. Der Graf N... saß an der Seite der Gräfin M-T... Ein Nachbar bemerkte: ‚sie sprach nicht – er sagte nichts – so endete diese liebenswürdige Unterhaltung'. Die Tafeldekoration, Sitze, Lüster, alles war im arabischen Geschmack der Alhambra, den der Architekt, Herr von Zanth, eigens studiert hatte. Was das Essen betrifft, so hätte ich es mir für meinen vulgär hungrigen Magen sympathischer gewünscht. Nach Aufheben der Tafel verteilte sich die Gesellschaft in zwei Nischen auf den gegenüberliegenden Seiten des Saales – man zog die Vorhänge – der Tisch wurde prompt abgeräumt – die Vorhänge hoben sich wieder und man fand sich in einem schönen Tanzsaal ..."[90]

Es war kein Wunder, dass Frau von Massenbach sehr schnell herausfand, dass das Wesen des Dienstes bei der Kronprinzessin vor allem darin bestand, „Nichtigkeiten" auszufüllen. Eva hatte gelobt, treu, verlässlich und loyal ihrer Herrin zu dienen. Sie wird mit den „Nichtigkeiten" einen Nerv des Hoflebens getroffen haben: Alle Tage nur Gesangs- oder Malunterricht, die Routine der Sozialarbeit. Das bot wenig Abwechslung oder Aufregung. Da durfte man sich um so besser echauffieren, wenn der König wieder einmal gegen seinen Sohn wetterte und dabei die Schwiegertochter in Bausch und Bogen mit verurteilte.

Karl handelte natürlich extrem unklug, als ihn der Vater nach seiner Meinung zum Staatsstreich Napoleons III. vom 2. Dezember 1851 befragte und er antwortete, darüber sollte man besser den russischen Gesandten anhören. Bei allem Respekt vor der Schutzmacht Russland, in den württembergisch-französischen Beziehungen wollte der König seine eigene Autorität gewahrt wissen. Da ließ er sich von keiner russischen Partei etwas vorschreiben. So ganz ernst musste man das Donnerwetter allerdings nicht nehmen. Der Ruf Karls bei seinem Vater war auf dem tiefsten Punkt angelangt und Olga widerfuhr dagegen die Ehre, dass 1851 eine Straße in Stuttgart ihren Namen erhielt.

Die relative Ruhe höfischer Genügsamkeit hielt auch im folgenden Jahr 1852 an. Keine neue Revolution und kein Krieg erschütterten den Kontinent. Selbst Preußen und Österreich sammelten nach dem Vertrag von Olmütz unter den wachsamen Augen Russlands erst einmal wieder Kräfte im deutschen Vormachtsstreit. Olga sah keine Veranlassung für politische Ängste. Die Villa und der Garten Berg gingen ihrer Vollendung entgegen, die Orangerie bewohnten Olga und Karl bereits. Am Kronprinzenpalais, ihrem künftigen ständigen Wohnsitz, wurde immer noch gebaut. Das Jahr verging im gewohnten Rhythmus eines fürstlichen Alltags.

Über die Osterfeiertage besuchten Olgas kleinere Brüder Nikolaus und Michail, die gerade eine Bildungsreise nach Italien unternahmen, Stuttgart. Olga ging regelmäßig in das Kinderhospital sowie in andere Einrichtungen zur Kinderpflege oder sie nahm an Beratungen karitativer Vereine teil – voller Interesse und Anteilnahme, aber stets mit dem bohrenden Schuldgefühl der eigenen Kinderlosigkeit.

Im Frühjahr 1852 besuchte der Schlachten- und Historienmaler Alexander von Kotzebue Stuttgart und weckte neue Erinnerungen an die Heimat. Aber Olga empfand auch Sympathie für Württemberg, wenn sie z. B. an warmen Abenden mit ihren Gästen auf der bereits benutzbaren Veranda oder in der Orangerie ihrer Villa saß und über Gott und die Welt plauderte. Ein ungutes Gefühl saß allerdings stets mit am Tisch, weil Olga und Karl zu spät begriffen, welche Unsummen an Schulden die Finanzführung Hackländers hinterlassen hatte.

Im Sommer fuhr Olga mit Karl und ihren Damen zur Kur nach Schlangenbad. Liebenzell hatte im Vorjahr keinen Erfolg gebracht – Olga wurde nicht schwanger. Nun hoffte sie in Schlangenbad auf eine Wende. Dort hielt sich auch Kaiserin Alexandra mit großem Gefolge und ihren preußischen Brüdern Karl und Wilhelm auf. Da durften auch Olgas Brüder Nikolaus und Michail nicht fehlen. Sie kamen gerade aus Italien zurück und schauten sich, bislang vergeblich, nach geeigneten Bräuten um. Außerdem hielt Fürstin Dorothea von Lieven in Schlangenbad Hof, als eine der schillerndsten Damen dieses Kreises, voller politischer Beziehungen und Interessen. Aber sie langweilte sich in diesem Kurbad offenbar, denn die Damen tauschten sich, mit Ausnahme der Kaiserin Alexandra, lieber über persönliche oder modische Fragen als über politische Probleme aus, obwohl nach und nach ein recht illustrer Kreis von Persönlichkeiten des Württemberger Königshauses und der russischen Aristokratie eintraf, nicht zu vergessen der geistvolle und gebildete Russlandkenner August Freiherr von Haxthausen, dessen mehrbändige „Studien über die inneren Zustände, das Volksleben und insbesondere die ländlichen Einrichtungen Russlands" der Kaiserin an Regentagen zumindest kursorisch vorgelesen werden durften. Man wollte ja schließlich wissen, warum es in der russischen leibeigenen Bauernschaft ständig rumorte.

Offenbar fand unter den hochrangigen Damen bei den Bädern, Teestunden oder Konzerten mit Tiroler Volksmusik eben doch ein heimlicher Wettstreit zwischen Geist und Glanz statt. Olga jedenfalls brillierte durch ihre „unvergleichliche Schönheit", Erhabenheit und die „Anmut ihrer Unterhaltung"[91] auf eine Weise, welche die weltläufige Fürstin Dorothea von Lieven zu der sinngemäßen Bemerkung veranlasste, Olgas Auftreten störte nicht weiter. Es ist ja wohl bekannt, dass Damen der Gesellschaft durch natürlichen Liebreiz töten können. Die Bemerkung der Fürstin war boshaft, selbst wenn sie der Wahrheit nahekam.

Olga erreichte als Gesamtpersönlichkeit niemals das Niveau der Lieven. Eveline von Massenbach, stets erfüllt vom ernstem Eifer, Olga auch in den „Nichtigkeiten" dienen zu dürfen, bewunderte insgeheim die faszinierende Ausstrahlung der Lieven: „Sie versteht den Gebrechen des Alters Gewalt anzutun, um sich aufmerksam, liebenswürdig und heiter zu geben. Sie behauptet, wie Ludwig XIV. brauche sie immer Gesellschaft von jemand, um wie eine Maschine, deren Altersrost ein wenig die Beweglichkeit beeinträchtigt, aufgezogen, ermuntert zu werden. Welche Anmut des Ausdrucks, welches Gedächtnis, welcher europäische, aus den besten Quellen geschöpfte Gesprächsstoff, aufbewahrt in den Schatzkammern eines Gedächtnisses, in dem seit 50 Jahren nichts verlorengegangen ist. Sie spricht von den kleinen Spielen, die sie mit Kaiser Paul und dem Marschall Suworow gespielt hat."[92] Niemals äußerte sich Eva in ähnlicher Weise über Olga, die bis zu diesem Zeitpunkt bereits mehrere Chancen verpasst hatte, über die Großfürstin Helene in den Zirkel der geistvollen Frauen Europas aufzurücken. Olga beherrschte eher die Kunst, leidend zu sein, ohne dass dadurch auch nur ein einzelner Angriff des Königs oder des Kronprinzen gegen sie gerechtfertigt werden dürfte.

Die Kur in Schlangenbad ging für Olga ohne absehbaren Erfolg zu Ende. Sie fuhr über Frankfurt am Main nach Stuttgart zurück. Bemerkenswerte Kontakte zu den Politikern des Bundestags sind nicht überliefert. Dafür schmiedete die Familie zwischen ihren Aufenthalten in Darmstadt, Stuttgart und Friedrichshafen neue Reispläne nach Ostende, feierte im Kreise zahlreicher Familienmitglieder aus Deutschland und Russland Geburtstage, unternahm launige Ausflüge in die schönsten Regionen der deutschen Berg- und Weinstraßen. Fürst Gortschakow nahm an dem Amüsement lebhaften persönlichen Anteil. Im Herbst 1852 drang aus der vielfach verästelten adligen Umgebung Olgas kein Laut, der Auskunft über Sorgen gegeben hätte, die sich diese Gesellschaft um den Frieden in Europa gemacht hätte.

Zeugnisse über den Zustand Olgas gegen das Jahresende sprechen lediglich von ihrer ständigen Migräne und davon, dass sie eine spezielle „Migränesuppe" zu sich nahm. Wollte sie das Leiden damit heilen oder war die Migräne eine Folge ihrer auf extreme Schlankheit bedachten Ernährung – mittels Migränesuppe? Eindeutige Belege fehlen zwar bislang, aber auch Österreichs Kaiserin Elisabeth trieb ihre Schönheitsdiät bis zur Gesundheitsschädigung. Die Wasser der Nobelkurorte allein festigten die natürlichen biologischen und psychischen Funktionen des weiblichen Körpers nicht. Aus dieser Sicht ist die Frage nach einer Mitverantwortung Olgas für ihre Kinderlosigkeit durchaus berechtigt.

Um sich von der Kur, den vielen Familienfesten und den Verwandten zu erholen, fuhr Olga am 1. November 1852 mit ihrem Mann und ihrem Bruder Alexander sowie dessen Frau für einige Wochen nach Italien. Man genoss das sonnige Land unter österreichischer Herrschaft – geführt und behütet vom ebenso liebenswürdigen wie schneidigen Feldmarschall Radezky. Über Mailand, Verona, Venedig und Triest ging es quasi im Eiltempo nach Wien. Olga und Wien – diese Geschichte gehörte der Vergangenheit an. Als offizielle Repräsentantin Russlands musste Olga sogar gemeinsam mit dem russischen Gesandten Meyendorff an einer Militärparade teilnehmen. Nicht nur in Stuttgart, auch und gerade in Wien gaben die Mitglieder des europäischen Adels einander die Klinke in die Hand. Olga erlebte in wenigen Tagen alle Nuancen des spanischen Hofzeremoniells – bis zur klassischen Fächeraudienz bei der Kaiserinwitwe: Die Geladenen mussten sich in der Form eines Fächers aufstellen. Der Kaiserhof gab sich große Mühe, den russischen und württembergischen Gästen alle Ehren zu erweisen. Nur den Erzherzog Stephan bekam Olga nicht zu Gesicht.

Eine gute Atmosphäre bei dieser an und für sich ganz normalen österreichisch-russisch-württembergischen Begegnung schadete keinesfalls, denn die politischen Signale aus ganz Europa verhießen Ende 1852 wenig Gutes. Das war allerdings kein Grund dafür, dass Olga und Karl nach dem Eilbesuch in Italien und Österreich bereits am 21. November wieder in Stuttgart eintrafen.

Alexandra Fjodorowna (1798–1860), Kaiserin von Russland, geb. Friederike Louise Charlotte Wilhelmine Prinzessin von Preußen. Die „schönste Prinzessin Europas". Mutter der Königin Olga. – Porträt von Gerhard von Kügelgen, 1817. Marmorpalast, St. Petersburg.

Nikolaus I. Pawlowitsch (1796–1855) aus dem Haus Romanow-Holstein-Gottorf, Kaiser des Russischen Reichs und letzter gekrönter König von Polen. Der „Gendarm Europas". Vater der Königin Olga. – Porträt von Franz Krüger, um 1850.

Der Anitschkow-Palast in St. Petersburg. Der Geburtsort Olgas. –
Kupferstich von Niquet nach Charles de Lespinasse, um 1780.

Großfürstin Olga als Kleinkind. –
Aquarell von P. I. Sokolow. Staatsarchiv der Russischen Föderation, Moskau.

St. Petersburg: Spielzimmer der Kinder Nikolaus' I. im Winterpalais. – Aquarell von Konstantin A. Ukhtomsky, 1837. Staatliche Eremitage, St. Petersburg.

Peterhof – das „russische Versailles" am Finnischen Meerbusen. Peter der Große ließ die Palastanlage seit 1714 errichten. Hier fühlte sich Olga nicht nur in der Kindheit glücklich.

Stephan Franz Viktor, Erzherzog von Österreich (1817–1867), Sohn des Palatinus von Ungarn. Olgas langjähriger „Verlobter“, den sie erst 1846 persönlich kennen lernte. – Lithografie von Josef Kriehuber. Privatbesitz.

Selbstbildnis der Großfürstin Olga vom 21. Dezember 1839. – Bleistiftzeichnung. Staatsarchiv der Russischen Föderation, Moskau.

Das Kronprinzenpaar Olga und Karl, der Welt entrückt im Walzerschritt … – Titelblatt des Notendrucks eines Olga gewidmeten Walzers von Louis Antoine Jullien. Kolorierte Kreidelithografie um 1845.

König Wilhelm I. von Württemberg (1781–1864). Olgas gefürchteter Schwiegervater. – Gemälde von Joseph Stieler, um 1816. Schloss Ludwigsburg.

Das Neue Schloss in Stuttgart wurde zwischen 1746 und 1807 als Residenz- und Wohnschloss erbaut. Nachdem Karl 1864 die Nachfolge seines Vaters als König von Württemberg angetreten hatte, haben er und Königin Olga das Schloss nach ihren Wünschen umgestaltet. – Postkarte von 1899.

Olgas Refugium in Stuttgart: die Villa Berg. Mit der Villa, finanziert vom russischen Kaiserhaus und eingeweiht 1853, begann der Historismus in der deutschen Baukunst des 19. Jahrhunderts. – Postkarte um 1900.

Kronprinzessin Olga von Württemberg. – Gemälde von Franz Xaver Winterhalter, 1856. Landesmuseum Württemberg.

Großfürstin Helene (Jelena Pawlowna, 1806–1873), geb. Friederike Charlotte Maria Prinzessin von Württemberg. Seit 1824 mit dem Bruder Olgas, Großfürst Michail Pawlowitsch, verheiratet. Nikolaus I. nannte Helene *„le savant de notre famille“:* die einzige Gelehrte der Romanows. – Gemälde von Josef Grassie, 1802. Pavlovsk Museum, St. Petersburg.

Eveline von Massenbach (1830–1904). Die intelligente diplomatische Staatsdame Olgas; Tochter des Freiherrn Herman von Massenbach (1799–1847). – Koloriertes Foto. Württembergische Landesbibliothek, Stuttgart.

Maria Pawlowna (1786–1859), Großherzogin von Sachsen-Weimar-Eisenach seit 1828. Einflussreiche, strenge und kunstsinnige Tante der Königin Olga. – Lithografie nach H. Müller, undatiert.

Königin Olga von Württemberg. Das letzte große Porträt der Königin. – Gemälde von Franz Xaver Winterhalter, 1865. Landesmuseum Württemberg.

König Karl von Württemberg im Alter. –
Holzstich von Johann Lindner, 1875. Privatbesitz.

Am Vorabend des deutsch-französischen Kriegs: Olga begrüßt ihren Bruder, Kaiser Alexander II., 1871 auf dem Bahnhof in Bad Ems. – Holzstich nach einer zeitgenössischen Zeichnung.

Königin Olga und König Karl besuchen 1871 gemeinsam den Württembergischen Sanitätsverein im großen Saal des Königsbaus von Stuttgart. – Holzstich nach einer Zeichnung von Gustav Kühn, 1871.

Friedrich Karl Gottlob Freiherr Varnbüler von und zu Hemmingen (1809–1889), Württembergischer Minister, der das Land auf schwierigen Wegen in das Deutsche Reich manövrierte. – Fotografie um 1880.

Hermann Carl Friedrich von Mittnacht, ab 1887 Freiherr von Mittnacht (1825–1909). Erster Ministerpräsident des Königreichs Württemberg. Olga beobachtete ihn mit einer Mischung von Misstrauen und Wohlwollen. – Holzstich nach einer Zeichnung von Carl Kolb, 1875.

Fürst Alexander Michailowitsch Gortschakow (1798–1883) war russischer Diplomat, Außenminister und Kanzler. Korrespondenzpartner Olgas. – Fotografie um 1875.

Königin Olga und König Karl von Württemberg mit ihrer „schwer erziehbaren“ Adoptivtochter Wera Konstantinowna (1854–1912). – Fotografie um 1871. Landesmuseum Württemberg.

Königin Olga, gezeichnet von Krankheit und Leid. –
Fotografie um 1890. Privatbesitz.

1847 wurde das später im Volksmund „Olgäle" genannte Kinderkrankenhaus unter den Schutz Olgas gestellt – eine zeitlos wohltätige Einrichtung für ganz Württemberg.

Das 1898 von Wera Konstantinowna errichtete Karl-Olga-Denkmal in Stuttgart. Es fiel im Zweiten Weltkrieg einem Bombenangriff zum Opfer. – Postkarte von 1907.

Kapitel IV

Politische Lehrjahre – Verpasste Chancen

„Olga wohnt himmlisch!"

Die Weihnachtsfeiertage und den Jahresbeginn 1853 verbrachte Olga in der königlichen Familie, mit Besuchern und den traditionellen Wohltätigkeitsveranstaltungen, die zum herrschaftlichen Selbstverständnis gehörten. Nichts deutet darauf hin, dass Olga sich genauer für die heraufziehenden Auseinandersetzungen interessierte, die bald in einen Krieg münden sollten. Als sie am 13. Januar 1853 an einem Empfang bei Alexander Gortschakow in Stuttgart teilnahm, erfreute sie sich lediglich an den russischen Gästen, den Grafen Alexander und Wladimir Puschkin, die so lustige Gesellschaftsspiele kannten.

Olga las in diesem Winter viel – gemeinsam mit Karl sogar die Bibel. Sie musizierte oder besuchte weiterhin die Stuttgarter Kranken- und Waisenhäuser. Die Schwester Maria begleitete ihren Sohn Nikolaus nach Württemberg. Der Junge litt an einem verkrüppelten Fuß und die Familie hoffte, dass Dr. Jakob Heine, der in Cannstatt eine orthopädische Heilanstalt unterhielt, dem Übel abhelfen würde. Gesundheitliche Probleme nahmen aus verständlichen Gründen einen bedeutenden Platz in Olgas Denken und Fühlen ein. Die Kur in Schlangenbad 1852 hatte bei ihr ja keine positiven Resultate hinsichtlich des Kinderwunschs bewirkt. Die betreuenden Ärzte Dr. Ludwig und Dr. Hartmann rieten diesmal zu einem Kuraufenthalt am Meer und Olga verabredete mit Karl eine Reise an die englische Küste. Die in der Presse kolportierte Möglichkeit eines drohenden Konflikts mit England schien beide nicht zu beunruhigen. Für das gesamte erste Halbjahr 1853 sind keine Gedanken, Briefe oder Aufzeichnungen bekannt, aus denen eine Meinungsäußerung Olgas zur russischen Politik gegenüber dem Osmanischen Reich oder zu den Reaktionen der westlichen Großmächte darauf hervorgegangen wäre. Das mag Erstaunen hervorrufen, weil diese Monate für Russland dramatisch verliefen.

Nikolaus I. schickte Ende Februar den Fürsten Menschikow nach Konstantinopel. Russland suchte nach dem ideologischen Vorwand für einen neuen Waffengang gegen das Osmanische Reich. Formal beanspruchte der Zar das Protektorat über die griechisch-orthodoxen Christen im Heiligen Land, d. h. in der Region Palästina. Nikolaus wollte damit auch dem wachsenden Einfluss der katholischen Kirche begegnen, die sich auf den im Dezember 1852 zum Kaiser Frankreichs proklamierten Napoléon III. stützte. Im Osmanischen Reich deutete sich seit einiger Zeit ein Machtverfall an. Russland sah die Zeit gekommen, durch einen Waffengang gegen den „kranken Mann vom Bosporus" seine eigenen Positionen auf dem Balkan, an den Meerengen und im ganzen Mittelmeerraum auszubauen.

England und Frankreich unterstützten die Osmanen, um den Status quo zu erhalten und ihre eigene Machtposition in Südosteuropa zu sichern. Ein Zusammenbrechen des Osmanischen Reichs hätte nach englischer und französischer Auffassung ein Machtvakuum verursacht. Für Großbritannien ging es außerdem darum, die Verbindungswege nach Indien zu kontrollieren und Vormachtsbestrebungen Russlands in Asien zu unterbinden. Der britische Botschafter riet dem Sultan im Frühjahr 1853, alle russischen Forderungen abzulehnen. Menschikow reiste am 21. Mai 1853 ohne Ergebnisse aus Konstantinopel ab. Russland brach daraufhin die diplomatischen Beziehungen zum Osmanischen Reich ab und begann am 3. Juli 1853 mit der Besetzung der Donaufürstentümer Moldau und Walachei.

Olga durfte dem Geschehen doch nicht gleichgültig gegenüberstehen! Die Folgen eines Konflikts auf dem Balkan würden die deutschen Bundesstaaten auf jeden Fall erreichen. Ein Eingreifen Österreichs zog Auswirkungen auf die gesamte politische Konstruktion des Deutschen Bundes nach sich. Aber Olga schwieg. Sie befriedigte auch die Informationswünsche des besorgten Königs Wilhelm nicht. Darin lag kein böser Wille oder gar Interesselosigkeit. Es war selbst für Olga äußerst kompliziert, sich in Württemberg ein klares Bild über die militärpolitische Lage zu verschaffen. Die russischen Generäle betrieben den Aufmarsch geheim und sparten nicht an Mitteln zur Desinformation der potenziellen Kriegsgegner. Die wiederum entfalteten ihre ganze Phantasie, Russland bereits im Vorfeld mit einem Netz von Lügen und Verleumdungen zu überziehen. Die russischen Gesandten im Ausland erhielten nur die Informationen, die unbedingt erforderlich waren, und Württemberg gehörte nicht zu den Ländern, die unmittelbar vom Krieg bedroht schienen. Zwar wurden wichtige russische Militärs, Diplomaten und Politiker zur sofortigen Heimkehr aufgefordert, aber zu diesen Persönlichkeiten zählte Olga nicht. Sie bereitete sich ganz und gar unpolitisch auf die Kur in England vor und selbst der Kontakt mit Alexander Gortschakow beschränkte sich in den ersten Kriegswochen auf den rein persönlichen

Bereich, zumal dessen Frau im Juli 1853 in Baden-Baden gestorben war und der Fürst nur sehr schwer über ihren Tod hinwegkam.

Olga blieb über den August hinaus in England. Als sie zurückkehrte, bezog sie endlich mit ihrem Mann die Villa Berg! Am 29. Oktober 1853 wurde die Villa mit einem großen Fest eingesegnet. Ein neuer glänzender Bau und Garten schmückten Stuttgart und Württemberg. Als Olgas Mutter drei Jahre später Stuttgart besuchte, telegrafierte sie, die in den Prachtschlössern Petersburgs lebte, nahezu fassungslos an ihren Sohn, den Kaiser Alexander II.: „Olga wohnt himmlisch."[93] Vielleicht hat diese neidlose Bewunderung dazu beigetragen, dass auch die Kaiserin darauf hinwirkte, die immensen Kosten von 2 Millionen Rubel durch die Familie Romanow zu begleichen.

Nahezu zehn Jahre hatte man unter größten finanziellen Belastungen an der prächtigen Villa gearbeitet. Der Renaissance-Bau bildete einen immerwährenden Stein des Anstoßes für den Konflikt zwischen König, Kronprinz und dessen Gemahlin. Letztlich endete der Kampf mit einem vollen Sieg Karls – dank der Standhaftigkeit Olgas und ihres finanziellen Hintergrunds. Der König hatte es nicht vermocht, seinen Sohn zu einem Sommersitz im klassizistischen Stil zu zwingen. Weder Olga noch Karl wollten ihren Triumph auskosten. An der Einweihung nahm Prinz Napoleon, ein französischer Cousin Karls, teil. Dreizehn Tage zuvor hatte das Osmanische Reich Russland den Krieg erklärt. Frankreichs Sympathie für Konstantinopel war kein Geheimnis. Manche Zeitgenossen betrachteten das Zusammentreffen Olgas mit Napoleon unter diesen Umständen als politisch bedenklich. Sträfliche Gedankenlosigkeit unterstellte niemand.

Die Begegnung dokumentierte höchstens, dass militärische und politische Konflikte im 19. Jahrhundert nicht unbedingt Gegnerschaften in den dynastischen Verbindungen nach sich ziehen mussten. Der europäische Adel bildete mit seinen dynastischen Beziehungen ein schier unüberschaubar verschachteltes Geflecht, in welches auch die herrschenden Dynastien eingebunden waren. Zwischenstaatliche Konflikte aus macht- oder wirtschaftspolitischen Gründen hätten im Fall ihrer Identität mit persönlicher Feindschaft zwischen Adelsgeschlechtern zu unendlichen Kettenreaktionen führen müssen. Die Zeit dynastischer Fehden gehörte längst der Vergangenheit an. Der Prinz Napoleon fand gar nichts Außergewöhnliches an seinem Besuch in Stuttgart, sondern fühlte sich sehr geschmeichelt, mit Olga am Arm durch die prächtigen Hallen und kunstvollen Gärten der Villa spazieren zu dürfen.

Aber gänzlich waren die Dynastien nicht aus ihrer politischen Verantwortung entlassen, schon gar nicht, wenn sie den Staat repräsentierten oder, wie im Falle Russlands, noch reale Macht ausübten. Wenige Tage nach der Einweihung der Villa fiel die Entscheidung. Angesichts der Kriegslage und der ungewissen Zukunft des Deutschen Bundes sollte oder wollte Olga nach Russland zurückkehren. Eine absolut zwingende Notwendigkeit bestand dafür nicht. Bei ihrer so oft zur Schau gestellten Leidensmiene und den häufigen Kuraufenthalten warnten besorgte Freunde vor einer Reise in das winterliche Petersburg. Olga empörte sich über die kursierenden Glossen und schrieb Mitte Oktober erbost: „Ich verstehe nicht, wer diese Gerüchte über mich in Umlauf bringt, hier hält man mich für schwanger, in Petersburg für schwindsüchtig …" Sie befürchtete, dass derartige Redereien, die einer sachlichen Grundlage entbehrten, lediglich ihren Vater verunsichern könnten.[94] Zu ihrer eigenen Verwunderung fand sie beim Schwiegervater Unterstützung. Der änderte plötzlich und ohne erkennbare Motivation sein Verhältnis zu Karl und Olga. Er gab sich aufgeknöpft, geradezu freundschaftlich, lobte den Sohn und erlaubte ihm trotz der angespannten politischen Situation die Reise nach Petersburg. Verbarg sich dahinter ein bestimmter Plan?

Am 15. November 1853 verließen Olga und Karl Stuttgart und reisten zuerst nach Weimar. Sowohl Gortschakow als auch der russische Gesandte in Karlsruhe, Stolypin, begleiteten das Kronprinzenpaar jeweils ein Stück des Weges. Am 17. November kam Olga mit ihrer Begleitung in Weimar an, und Eveline von Massenbach hat eine skurril anmutende Szene beschrieben, die am wenigsten von einer Furcht vor kriegerischen Ereignissen zeugte: „Wir waren hier um 5.30 Uhr. Großer Empfang an einem vortrefflich organisierten Hof, pedantisch, aber seine Traditionen sind anziehend. Sie sind zwar mittelalterlich, haben aber viel Stil. Die Großfürstin Maria Pawlowna ist wahrlich die Lieblingstante meiner Prinzessin. Alle Damen sind in tiefer Trauer wegen des Großherzogs [Carl-Friedrich war im Juli 1853 verstorben], tragen große Schleier und Dreieckstuch auf der Stirne. Die Soiree war in höchstem Maße deutsch. Ich habe es aber genossen, nicht dauernd über Russland räsonieren zu hören wie anderswo … Man sprach über Politik und wie Konstantinopel eine freie Stadt würde." Maria Pawlowna und die Nichte Olga strahlten offensichtlich Siegesgewissheit aus, dass der gerade begonnene türkisch-russische Krieg mit der Niederlage Konstantinopels enden würde. Lange hielten sie sich nicht mit dem Thema auf, denn „… man hält darauf, dass Weimar ein Musensitz sei – großes Abendessen – eindrucksvolle Gesellschaft – die Gräfin Fritsch hatte mich dem Wohlwollen der Großherzogin-Mutter empfohlen, so ehrwürdig, aber sehr schwerhörig.

Ihr Sohn [Carl-Alexander], der Regent, ist ein unterrichteter Mann, der viele Grimassen schneidet; ich habe ihn später sehr geschätzt. Seine Frau ist eine geborene Prinzessin Sophie der Niederlande, sehr hässlich aber sehr geistreich ... Sie sind alle schwerhörig, sehr gut glaube ich, aber sehr affektiert und haben gekünstelte Manieren, selbst wenn sie sich in die Ohren schreien."[95]

Eveline von Massenbach kopierte unbesehen Olgas ironische Vorbehalte gegen die deutsche Kleinstaatenkultur. Es schwang wohl auch ein wenig Neid mit, denn so bedeutende literarische und künstlerische Traditionen, die Weimar zur Hauptstadt der deutschen klassischen Literatur reifen ließen, wies der Hof in Stuttgart nicht auf.

Angst vor dem Krimkrieg

Der spöttische Blick auf den Weimarer Musenhof blieb in der konkreten Situation natürlich eine Marginalie. Olga eilte nach Berlin, wohnte in der russischen Gesandtschaft und empfing gleich am ersten Abend alle russischen Diplomaten, angeführt vom Gesandten Meyendorff, zu einer Lagebesprechung. Für eine Großfürstin war das ein bemerkenswerter politischer Vorgang und für Olga durchaus nicht typisch. Erst anschließend suchte sie die preußische Königsfamilie in Potsdam auf. Sie absolvierte einen reinen Höflichkeitsbesuch.

Am 23. November passierte die Reisegesellschaft, zu der auch der inzwischen genesene kleine Sohn der Schwester Maria, Nikolaus, gehörte, Königsberg. Eisenbahn und Kutschen! Der Weg nach Petersburg blieb noch immer beschwerlich. Kaiser Nikolaus kam seiner Tochter und deren Gemahl kurz vor Gatschina entgegen. Sofort erlag sie wieder seinem fordernden und bestimmenden Einfluss. Wenn Eveline von Massenbach nach der Begegnung mit Nikolaus I. schwärmte, „aber ich fühlte, dass man ein gutes Gewissen haben müsse, ihm entgegenzutreten"[96], wiederholte sie lediglich Olgas sehr viel früher formulierte Rechtfertigung für die eigene Abhängigkeit vom Vater.

Olga akklimatisierte sich eine Woche lang im Schloss und Park von Gatschina. Anschließend fuhr sie mit den Begleitern nach Petersburg. Karl und Olga durften im Winterpalais in Olgas Jungmädchenzimmer wohnen. Alles erinnerte noch an die sorgenfreie Kindheit, und das Hofleben verlief wie eh und je, einschließlich des Ärgers über das ungesunde Raumklima im Palast. Der gewöhnliche Alltag erinnerte keineswegs daran, das Russland gerade wieder einen Krieg gegen die Türkei führte. Man feierte das Weihnachtsfest mit vielen und kostbaren Geschenken, besuchte im Familienkreis das Smolny-Institut für junge adlige Damen und ging immer wieder zum Gottesdienst in die Kirche, in der – fast ganz nebenbei – ein Tedeum gefeiert wurde: für den jüngsten Sieg über die Türken, der 5000 Tote gekostet, aber 12 Kanonen und 3 Fahnen eingebracht hatte.

Trotz der Nähe zur Familie blieben Olga die Kriegsursachen ein Rätsel. Sie sah den Vater oft, sorgte sich um sein gealtertes und abgehärmtes Aussehen, aber seine Politik und Handlungsmotive hat sie kaum verstanden. Die Zuspitzung und Ausweitung des Krieges im Frühjahr 1854 zwangen Olga jedoch, sich intensiver mit seinen Wirkungen und Folgen zu beschäftigen. Russland geriet in die politische und militärische Isolation. Ob sie es wollte oder nicht, die Kronprinzessin musste sich mit den Ereignissen in Russland, Deutschland und Europa beschäftigen. Sie blieb mit Ihrem Mann noch bis Mitte Mai 1854 in Petersburg, erlebte dort jene kritischen Momente, in denen der russisch-türkische Krieg in eine internationale Krise hinüberwuchs.

Im Januar schien die Lage noch relativ ruhig. Gortschakow berichtete ihr in zwei Briefen aus Stuttgart, dass König Wilhelm mit dem laufenden Kontakt nach Petersburg sehr zufrieden sei, dass in der orientalischen Frage zumindest in der Optik Wilhelms wohl vorerst keine neue Phase abzusehen sei und dass er, Gortschakow, sich nach den vielen Jahren in Stuttgart allmählich Gedanken über seine Zukunft machen müsste. Es ist möglich, dass Olga diesen „Wink mit dem Zaunpfahl" verstand und dass sie die Anregung auch weitergab. In der Realität besaß Olga damals jedoch keinen wirklichen Einfluss auf die personellen Rotationen im diplomatischen Dienst. Es existiert auch kein Beleg, dass sie an Personalentscheidungen im politischen Bereich entscheidend beteiligt gewesen wäre. Sie beschäftigte sich viel zu sehr mit den eigenen Sorgen. Zum ersten Mal stellte Olga offen die Frage, ob Ihr Ehemann sie wirklich liebte, so, wie sie sich ihm in Liebe öffnete. Die Hofdame Eveline beruhigte ihre Herrin zwar pflichtgemäß, aber die Frage war ausgesprochen – laut und vor dritten Personen, zunächst im schützenden Petersburger Familienkreis. Natürlich wollte sich Olga zu diesem Zeitpunkt gerne beruhigen lassen, denn die Hoffnung lebte noch in ihr.

Zudem verdrängten politische Probleme die aufkeimende Angst. Gortschakows Briefe vom Februar 1854 berichteten, dass König Wilhelm fest an der russischen Seite stehe, obgleich die öffentliche Meinung sich mit anhaltendem Krieg immer stärker gegen Russland wandte. Die Kronprinzessin fühlte sich durch diese Information nicht erleichtert.

Der englisch-französische Druck wuchs und selbst in Russland stellten die Presse, die Literaten und Intellektuellen an den Universitäten trotz der Zensur immer lauter kritische Fragen an die Regierung und die Kriegsführung. Die patriotische Grundstimmung und der Glaube an den Zaren blieben dennoch ungebrochen. Aber Olga wusste inzwischen aus Württemberg, welche Macht die Presse und die öffentliche Meinung wirklich darstellten. Getreu dem Trauma der Autokratie, alles Böse kommt aus dem Westen, sah sie die Ursachen für die Unruhe in den russischen Medien allein in den Fehlinformationen durch westliche Journalisten, Publizisten und russische Dissidenten, die von Paris, London oder Berlin aus gegen Väterchen Zar und Mütterchen Russland hetzten. Diese Schlussfolgerung zog Olga auch aus ihrer nun bereits acht Jahre währenden distanzierten Bekanntschaft mit der liberalen und freigeistigen Presse in Württemberg.

Am Zarenhof versuchte man, die westliche öffentliche Meinung aus dem Tagesgeschäft möglichst auszuklammern und einfach zu ignorieren. Dafür besaß der Zar die Zensurbehörden. Die Kaiserfamilie begann, die ausländischen Besucher oder Diplomaten zu isolieren. Die Gesandten, vor allem die Österreichs, Englands und Frankreichs, spürten den Argwohn, den man ihnen entgegenbrachte. Nikolaus unterstützte derartige Tendenzen allerdings nicht und das gab für Olga den Ausschlag: Der Krieg, das war für sie zunächst keine Tragödie Russlands, sondern das Leid ihres Vaters, dessen Güte und Gerechtigkeit die Welt missverstand. Olgas Ansichten über den Krieg wurden in den Monaten vor der dramatischen Wendung im März 1854 voll und ganz durch Eigenschaften geprägt, die ihre junge Hofdame klug charakterisierte: „Sie hat die Geradheit, den Adel und die Ausdauer des Kaisers, auch seine Entschlossenheit; von der Mutter ein demütiges Herz, Mangel an Selbstvertrauen, die Fähigkeit, ihre Neigungen anderen zu opfern und dabei immer noch genug für sich selbst zu haben, wenig zu fordern und durch Worte und Aufmerksamkeiten zu belohnen.“[97]

Im Krieg und in Württemberg brauchte Olga, wenn sie wirklich Russland dienen wollte, einen realistischen und politischen Verstand. Ob dieser im engen Kreis der russischen Familie tatsächlich wuchs, ist zu bezweifeln. Man kümmerte sich Anfang März mehr um die Taufe des jüngsten Sprosses der Familie, die kleine Wera Konstantinowna, Tochter von Olgas Bruder Konstantin. Gortschakow schrieb aus Württemberg beruhigend, Preußen würde in dem anhaltenden Konflikt mit der Türkei Neutralität bewahren und man sollte doch auch in Petersburg erst einmal in Ruhe abwarten, wie sich die Dinge entwickeln würden.

Damit gab Gortschakow Olga keine besonders glückliche Empfehlung, denn Ende März 1854 erklärten England und Frankreich Russland den Krieg. Die Kronprinzessin schien zunächst ebenso geschockt und ratlos wie ihr Vater. Karls Wunsch, in der russischen Armee dienen zu wollen, mag einer emotionalen Aufwallung am Petersburger Hof entsprungen sein, stieß jedoch weder bei König Wilhelm noch in der württembergischen Öffentlichkeit auf Beifall. So sehr das Königshaus seinen familiären Draht nach Petersburg pflegte, die antirussisch gesinnte öffentliche Meinung bewirkte einen lastenden Druck auf den Monarchen, der nicht leichter wurde, als Österreich und Preußen sich am 20. April 1854 für die Dauer des Krieges zu einem Defensivbündnis vereinten.

Olga gab sich trotzdem optimistisch. „Kommen die Wolken, gehen wir durch die Wolken".[98] Instinktiv begriff sie, dass ihr Platz jetzt nicht in Petersburg, sondern im deutschen Südwesten, an der Grenze zu Frankreich sein sollte. Aber der Mai zog ins Land und Olga ebenso wie ihr Gemahl folgten noch immer nicht den brieflichen Forderungen des Königs, unverzüglich nach Stuttgart zurückzukehren. Gortschakows Schreiben enthielten keine klaren Einschätzungen zur Kriegslage und ängstigten Olga. Sie zögerte, aber am 16. Mai 1854 erfolgte endlich der Aufbruch. Schweren Herzens trennte sie sich von ihrer Familie und kam elf Tage später mit Karl in Stuttgart an. Der Abschied geriet so traurig, so herzzerreißend, dass Olgas Bruder Nikolaus ihr am 1. Juni einen Brief nachschickte, in dem er beteuerte, dass er alles versuche, was in seinen Möglichkeiten stünde, „um Dich zu erheitern, Dich zum Lachen zu bringen und Dich an die zu erinnern, die Dich lieben und oft an Dich denken."[99]

Wenn sie hoffte, in Württemberg Verständnis für ihre Sorge um den Vater und um Russland zu finden, sah sich Olga getäuscht. Sie selbst geriet zwar bei dem Gedanken an die Möglichkeit von Kriegshandlungen um den Hafen Kronstadt in Unruhe, aber der praktische Umzug vom Neuen Schloss in die Villa Berg schien dann doch wichtiger! Krieg hin oder her, Württemberg führte keinen Krieg. Der größte Teil der königlichen Familie, einschließlich Wilhelms I., reiste in diverse Sommerfrischen ab. Im Lande gab es nach wie vor keine Sympathie für die Russen, und Gortschakow, der ihr bislang als Stütze diente, musste nach Petersburg abreisen. Er sollte eine neue Aufgabe übernehmen und würde wohl nicht nach Stuttgart zurückkehren. Olga blieb nur Ehemann Karl und der hielt ihr in diesem sorgenvollen Sommer 1854 durchaus die Treue. Gemeinsam verfolgten sie die Nachrichten über den Verlauf des Krieges, die sie aus der Korrespondenz mit Freunden oder Verwandten schöpften. Olga nahm die Informationen mit dem gebotenen persönlichen Ernst auf. Mehr konnte sie in der gegebenen Situation nicht leisten. Ein kurzer Zwischenaufenthalt in Friedrichshafen und ein sommerliches Familientreffen brachten etwas Abwechslung in den Alltag, lösten jedoch die Olga quälenden Probleme nicht.

Gortschakows Aufstieg: Briefe, Briefe ...

Ab September 1854 bekam die Kronprinzessin noch bessere Informationen. Gortschakow, bereits 56 Jahre alt, erhielt den Gesandtenposten am Kaiserhof in Wien. Gortschakow kletterte sichtbar auf der Karriereleiter empor und näherte sich der Reichsregierung. Durch die Darlegung seiner eigenen Ansichten bezog er Olga auf eine Weise in die Diskussion politischer Probleme ein, die sie vorher kaum erlebt hat. Gortschakow gab in den Briefen an Olga nicht nur eigene Informationen und Gedanken preis. Er schickte ihr Kopien von Briefen, die er von dritten Personen erhalten oder selbst an diese gerichtet hatte. Als exemplarisches Beispiel: Gortschakow schrieb am 8./20. September 1854 einen Brief an Olga, dem er eine Kopie seines Briefs an den Prinzen Friedrich von Württemberg vom gleichen Tage beilegte.[100] An Olga berichtete er:

„Der Kurier von Golizyn hat mir gestern Abend das Glück zuteil werden lassen, den Brief Eurer Kaiserlichen Hoheit vom 4./16. zu erhalten. Ich sende heute meinerseits einen ab; es ist mein italienischer Kurier, der den Befehl hat, in Stuttgart auf mich zu warten. Wir leben im politischen Waffenstillstand und in Erwartung der Ereignisse am Schwarzen Meer. Es ist also fast schon indiskret meinerseits, Eure Kaiserliche Hoheit mit diesen Zeilen zu ermüden. Seit meinem letzten Rapport hat sich nichts Neues ergeben. Ich möchte Ihnen also nur einige Nuancen zu Füßen legen – Sie finden sie, Madame, in den Kopien der beiden beigefügten Briefe, der eine, der das Wesentliche meiner letzten Sendung enthält, an den Kanzler. Ich wage Eure Kaiserliche Hoheit zu bitten, sich die ausschließliche Kenntnisnahme vorzubehalten. Der andere ist an Prinz Friedrich; wahrscheinlich wird Er ihn dem König vorlegen. Er ist in dieser Absicht geschrieben, und ich habe darin ein indirektes Mittel gesucht, den Schatten, auf den Eure Kaiserliche Hoheit anspielt, der in Berlin auf die Dispositionen Seiner Majestät geworfen wurde, zu beseitigen ...“[101]

Andeutungen über politische Zusammenhänge oder Wertungen bestimmten den Inhalt des Briefs ebenso wie die Gewissheit, dass Olga auf die Schreiben Gortschakows geantwortet hat, dass sie im Rahmen der

Möglichkeiten einen vertrauten Umgang miteinander pflegten und dass ihr Briefwechsel weder vom Inhalt noch in der Form etwas Geheimes besaß. Gortschakow forderte Olga direkt zur Mitteilung an den König von Württemberg auf und bezog seinen Stuttgarter Vertreter Titow in die Kommunikation ein. Dass der Briefwechsel Gortschakows mit Olga sie unter den Kriegsbedingungen dazu veranlasste, sich intensiver mit politischen Fragen zu beschäftigen, steht außer Zweifel. Die Korrespondenz besaß jedoch keine Exklusivität und fußte nicht auf einer außergewöhnlich engen Verbindung zwischen Olga und dem russischen Gesandten in Wien. Diese Erkenntnis wird auch durch den Brief Gortschakows an den Prinzen Friedrich von Württemberg vom gleichen Tage erhärtet: „… Eure Königliche Hoheit weiß, dass ich mich Ihrer Majestät gegenüber vorbehaltlos auszusprechen pflege. Diese Gewohnheit ist auch – ich will mich nicht besser machen, als ich bin – Berechnung. Ich weiß, dass der König das, was man ihm nicht sagt, errät. Deswegen kann man auch das Verdienst der vertraulichen Mitteilung erwerben. Wenn Sie also der Meinung sind, Monseigneur, dass dieser Brief von Interesse für Seine Majestät sein kann, liegt es an Ihnen, ihn Ihr zu Füssen zu legen. Ich wage auf jeden Fall Sie zu bitten, ihn Monseigneur dem Königlichen Prinzen zu übermitteln."[102]

Gortschakow informierte Friedrich in einer Offenheit über die am meisten drängenden außenpolitischen Probleme Russlands, die er gegenüber Olga nicht an den Tag legte. Dieser Brief bestätigte, dass Gortschakow der Zarentochter wohl den gebührenden Respekt erwies, dass zwischen ihnen aber nicht das vertrauliche und enge wie sachliche Verhältnis bestand, das ihn beflügelte, Olga in die Lösung politischer Aufgaben einzubeziehen. Es ist auch nicht zu erkennen, dass Olga in den Jahren des Krimkriegs Handlungen beging, zu denen sie durch die Korrespondenz mit Gortschakow veranlasst worden wäre. In der Außenpolitik Württembergs lag die Autorität alleine beim König. Gewiss erhielt Olga durch Gortschakow und andere russische Korrespondenzpartner wichtige Informationen. Alle Briefe des russischen Gesandten aus Wien zwischen September und Dezember 1854 reflektieren die Kriegsereignisse um das Schwarze Meer, die zwiespältige Politik Österreichs und die Angriffslust Englands und Frankreichs. Olga erfuhr im September von der Landung der Alliierten auf der Krim und auch vom Dezemberbündnis zwischen Großbritannien, Frankreich und Österreich gegen Russland. Im Grunde genommen erhielt sie über Gortschakow lediglich Nachrichten, die wenig später auch in der deutschen Presse veröffentlicht wurden.

Die Katastrophe: Der Vater stirbt!

König Wilhelm erfuhr von Olga die Neuigkeiten aus der Feder Gortschakows und er kannte auch die Berichte Titows. Die Sorge, Württemberg könnte irgendwie in den Krieg involviert werden, beflügelte Wilhelm jedoch nicht, den Kontakt mit Olga intensiver auszubauen.

Sie enttäuschte den König immer mehr, weil sie Karl nicht nach Wilhelms Wünschen änderte. Der Familienhader stimulierte Olga nicht zum aktiven Handeln, sondern lähmte sie in einer Situation, in der Russlands Kaiser ihre lebendige Parteinahme für die Heimat forderte. Neben dem permanenten Familienstreit und dem Krieg gab es noch den Alltag am Hof. In der Villa Berg und in Friedrichshafen suchte Olga auch im Sommer 1854 diesen Alltag, die Sonne und den Umgang mit befreundeten Menschen. Nur die Anwesenheit von Kindern stimmte sie oft traurig. Acht Jahre nach der Eheschließung gab es keine Aussicht auf eigene Kinder.

Im Dezember 1854 wurde das Kronprinzenpalais nach langer Bauzeit endlich eingeweiht. Einrichtung und Umzug begannen. Olga hatte sich mit dem Provisorium ihrer Wohnung im Neuen Schloss eigentlich gut abgefunden. Zumindest lagen die Ursachen für Spannungen in der Ehe mit Karl nicht in beengten Wohnverhältnissen. Das eigene Palais würde die Repräsentanz des Herrscherhauses verbessern, aber nicht die Wurzeln für das Unglück Olgas beseitigen.

Der Januar 1855 brachte neue und beunruhigende Nachrichten. Olga musste zur Kenntnis nehmen, dass Piemont-Sardinien am 16. Januar an der Seite der Alliierten in den Krieg eintrat. Preußen wahrte dank des Einsatzes Ottos von Bismarck, der sich mit Gortschakow sogar anfreundete, Neutralität. Diese Freundschaft allein beruhigte Olga nicht. Sie achtete vor allem auf den Zustand ihres Vaters, der unter dem Eindruck der russischen Niederlagen weiter an Kraft und Selbstvertrauen verlor. Sie nahm wohl an den Karnevalsfeiern der russischen Kolonie in Stuttgart teil, aber die innere Unruhe blieb. Zu allem Überfluss versetzte man den Geschäftsträger Titow zur Unterstützung Gortschakows nach Wien. Gortschakow selbst meldete sich in den ersten Wochen des Jahres 1855 auch nicht in Stuttgart.

Dann traf die Nachricht ein, die Olga mehr fürchtete, als jeden Zornesausbruch Wilhelms oder Karls. Am 17. Februar/1. März forderte ein Telegramm des Thronfolgers die sofortige Heimkehr nach Petersburg: Der Vater lag im Sterben! Olga und Karl reisten unverzüglich ab. Einen Tag später traf bereits die Todesnachricht in Stuttgart ein. Olga sah ihren Vater nicht mehr lebend wieder.

Karl erhielt die Information bereits in Frankfurt, wagte es aber nicht, seiner Frau sofort die Wahrheit zu sagen. Erst am nächsten Tag besaß er den Mut dazu. Für Olga starb nicht einfach nur der Vater. Der Kaiser hatte Olga geprägt, ihrem Leben Haltung und Inhalt gegeben. An ihm richtete sie sich in schweren Stunden auf. Nun lebte er nicht mehr. Olga hatte in den letzten Jahren das Leben in der Petersburger Familie zwangsläufig und trotz der Besuche aus einer gewissen Entfernung betrachtet. Der Kaiser hatte sein Leid auch von ihr fern gehalten. Sie kannte nicht die ganze Wahrheit: „In seiner schmerzlichen Unentschlossenheit, seinen religiösen Bedenken auf der einen und humanitären Zweifeln auf der anderen Seite, in seinem gekränkten Stolz, im Angesicht des Nationalgefühls und der seinem Reich drohenden Gefahren und im heftigen Widerstreit mit diesen unterschiedlichen Gefühlen, ist Zar Nikolaus um zehn Jahre gealtert. Er ist wirklich krank – körperlich und geistig."[103] Mitte Februar hatte er sich erkältet. Dr. Mandt, der dem Kaiser noch immer diente, hielt die Erkrankung zunächst nicht für lebensgefährlich. Am Morgen des 18. Februar/2. März trat eine rapide Verschlechterung ein – Mandt gab dem Kaiser jetzt nur noch wenige Stunden. Nikolaus regelte, was ihm möglich war. Als letztes Dokument sandte er ein Telegramm an den preußischen König mit der Bitte, treu zum Bündnis mit Russland zu stehen. Er starb am selben Tag – wie er gelebt hatte, in der unerbittlichen Pflichterfüllung.

Olga reiste in Verzweiflung und Trauer über den für sie unersetzlichen Verlust nach Petersburg weiter. Erst auf russischem Gebiet erfuhr sie, dass zumindest für ihre gesundheitlich schwache Mutter keine ernste Gefahr bestand. Die Nachricht beruhigte sie ein wenig. Aber nichts und niemand ersparte ihr den schweren Gang zum Vater, von dem sie inmitten der Familie, des Hofs und des europäischen Adels Abschied nehmen musste. Keines der gewohnten Worte las sie mehr von seinen Lippen ab. Ob Olga es sich eingestand oder nicht: Mit dem Tod des Vaters hatte sie den für ihr eigenes Leben entscheidenden Menschen verloren. Umso bemerkenswerter war, dass Karl ihr in dieser Situation fest zur Seite stand. In Petersburg, bei den Trauerfeierlichkeiten, bewies er ein Maß an Rücksicht, das sie so noch nicht erfahren hatte und das ihr eine wirkliche Hilfe war.

Weniger rücksichtsvoll benahm sich dagegen Wilhelm I., nachdem sein Sohn und dessen Gemahlin wieder nach Württemberg zurückgekehrt waren. Gerade in diesen Wochen der russischen Kriegsniederlagen, der tiefsten Trauer Olgas und einer sichtbaren Zuneigung Karls zu seiner Frau fiel der König mit besonderer Gemeinheit und Schärfe über die

Schwiegertochter und den Sohn her. Im Juni 1855 erklärte er dem späteren Außenminister Freiherr von Varnbüler: „Mein Sohn ist sehr unklug und schwach. Seine Heirat habe ich gewünscht und gemacht, obgleich ich nicht russisch bin, weil ich mir sagte, das Regiment meines Sohnes wird einer mächtigen Stütze bedürfen, und diese findet er in Russland. Freilich hätte ich nicht geglaubt, dass er unter die Schürze seiner Frau schlüpfen wird, wie es geschieht. Diese Frau ist nicht bedeutend, sie hat weniger Gaben als er, aber sie ist schlau, wie die Frauen es meist sind, sie sagt ihm immer nur: ‚Du bist ein Genie, du bist verkannt, niemand schätzt dich nach Gebühr, nur ich erkenne deinen Wert' – und dafür macht sie mit ihm, was sie will, weil er unbeschreiblich eitel und eingebildet ist. Wenn er sich nur beschäftigen wollte, jetzt kann er es gar nicht mehr."[104] Wilhelm behauptete, Olga mache ihm Szenen, wenn er Karl zur Regierungsarbeit anhielte. So sehr er sie zunächst gemocht hatte, so sehr verachtete er sie jetzt.

Der Grund für die massive Attacke ist schwer erkennbar. Natürlich entsprach Karl nach wie vor nicht Wilhelms Vorstellungen von einem künftigen Regenten. Sicherlich enttäuschte ihn auch die Schutzmacht Russland. Nikolaus hatte noch nicht einmal den Tiefpunkt erlebt, denn russische Soldaten verteidigten im Frühjahr 1855 noch immer den Schwarzmeer-Hafen Sewastopol gegen die Alliierten. Aber Russlands kommende Niederlage im Krimkrieg zeichnete sich bereits ab. In den deutschen Mittelstaaten, besonders in Württemberg, das an der französischen Grenze lag und die schwankende Haltung Österreichs sorgenvoll beobachtete, ging die Furcht um, selbst in den Konflikt verwickelt zu werden. Olga besaß keine wirksamen Mittel gegen diese Angst, zumal die antirussische Stimmung in der Öffentlichkeit ständig wuchs.

In Russland herrschte jetzt Olgas Bruder Alexander II., ein weicher, wenig entschlossener junger Mensch, geleitet von dem besten Willen, das väterliche Erbe zu bewahren und gleichzeitig das Land durch Reformen zu modernisieren. Alexander musste zunächst das tiefe Tal der Niederlagen im Krimkrieg durchschreiten. Für Olga standen die Herrschaftsprinzipien ihres Vaters nicht zur Disposition, weder in Russland noch in Europa. In dieser Situation meldete sich Gortschakow zu Wort und erwies sich seines Berufsstandes würdig. Zwischen dem 7. März und dem 6. Mai, in der Zeit, in der Olga im Wesentlichen in Russland weilte und zumindest potenzielle Zeugin der politischen Beratungen über die Fortsetzung des Krieges und der Regierungspolitik war, erhielt sie von Gortschakow vier Briefe, in denen er die Herrschaft Nikolaus' über die Maßen lobte, seine eigenen Verdienste in der Diplomatie bescheiden aber selbstbewusst lobte und immer wieder auf die künftigen Aufgaben des Kaisers verwies. Gortschakow empfahl sich für höhere Aufgaben und baute auf Olgas Zuspruch, denn niemand verstand es so gut wie er, die Erinnerung an die Vorzüge des Vaters in ihr wachzuhalten. Der lebendige Gortschakow baute Olga immer wieder die Brücke zu dem von ihr so sehr verehrten, toten Vater. Darin lag eine seiner beruflichen Chancen, denn Gortschakow war nicht nur politischer Opportunist um der eigenen Karriere willen. Er konservierte in seiner Person das Nikolaitische System und sorgte in der Politik für Kontinuität. So einen Menschen benötigte die Familie Romanow, um den idealen Schwärmereien des jungen Zaren das Korsett des Traditionalismus überzustreifen.

Zurück in Württemberg, verbrachte die Familie den Sommer und Herbst in Friedrichshafen am Bodensee – so auch Olgas Geburtstag im September, der von der anhaltenden Trauer um den Vater sowie von der Erstürmung Sewastopols durch die alliierten Truppen überschattet wurde. Der Krieg neigte sich für Russland ungünstig dem Ende entgegen und es schlug wieder die Stunde der Diplomaten. Noch leitete Karl Robert von Nesselrode die russische Außenpolitik, aber Gortschakow festigte seine Position in Wien so umfassend, dass er Olga noch im Jahre 1855 geheime Materialien und Entwürfe Nesselrodes senden konnte, mit denen sie auf die kommenden Friedensverhandlungen vorbereitet wurde. Dadurch verfügte die Kronprinzessin auch gegenüber dem Schwiegervater über einen Informationsvorlauf, den sie wohlweislich nur zu dem Zweck nutzte, Karls Stellung beim König zu verbessern und Argumente gegen die antirussische Stimmung in der Öffentlichkeit Württembergs zu liefern. Eigene aktive Politik hat sie mit den Informationen nicht betrieben, zumal Olga sich noch nicht sicher schien, welche außenpolitischen Prioritäten der neue Kaiser von Russland in der konkreten Situation setzen würde.

Ein Krieg endet

Ein Blick auf den Ablauf des Jahres 1856 vermittelt sogar den Eindruck, dass Olga sich nahezu ausschließlich auf ihr Familienleben konzentrieren wollte. In den Briefen an ihren kleinen Bruder Michail betonte sie Anfang 1856 mit gefühlvollen Worten, dass die Kinderjahre in Petersburg die unvergesslichste und segensreichste Zeit ihres Lebens gewesen seien. Die Mutter kam 1756 für mehrere Monate nach Württemberg. Im Tross der Kaiserinwitwe Alexandra weilten zahlreiche Familienmitglieder und russische Aristokraten über Monate hinweg in Stuttgart oder in Wildbad und Liebenzell. Olga bewies sich als gute Gastgeberin im Schwabenland. Auch Kaiser Alexander II., den Olga im Mai für einige Tage in Warschau besuchte, absolvierte noch vor seiner Krönung im August eine Kur in Bad Kissingen und stieß während dieser Zeit zur großen Romanow-Familie. Wenngleich nur wenig über die Inhalte der Gespräche bekannt ist, dürften diese vor allem um Russlands Situation nach dem Ende des Krimkriegs und auf der Pariser Friedenskonferenz gegangen sein. Das ist zumindest zu erhoffen, denn eine völlige Trennung zwischen der Reichspolitik und dem zarischen Familienleben wäre doch zu blamabel gewesen.

Am 30. März 1856 unterzeichneten die Vertreter des Osmanischen Reichs, Russlands, Piemont-Sardiniens, Frankreichs, Großbritanniens, Österreichs und Preußens den Vertrag, der Russland veranlasste, alle während des Kriegs besetzten Gebiete zurückzugeben. Bis auf die Preisgabe Bessarabiens blieb das Territorium Russlands unangetastet. Die Integrität des Osmanischen Reiches wurde garantiert und das Schwarze Meer entmilitarisiert. Für Russland bestand die heilsame Lehre aus dem Krieg in der Erkenntnis, dass das Reich in seiner wirtschaftlichen, industriellen, sozialen und politischen Entwicklung weit hinter den westeuropäischen Mächten stand und einer grundlegenden Modernisierung auf allen gesellschaftlichen Gebieten bedurfte.

Olgas Briefwechsel mit Gortschakow umfasste im Frühjahr 1856 nur wenige Schreiben, die vor allem unter dem Aspekt zu betrachten sind, dass Gortschakow am 23. April 1856 endlich die Stellung erhielt, die er seit langer Zeit ersehnte: Der Kaiser ernannte ihn zum Außenminister des Russischen Reichs. In seinen Briefen vom 21.Februar/4. März und vom 23.März/4.April 1856 konzentrierte sich Gortschakow im Vorgefühl allerhöchster Gnade darauf, das Hohelied der kaiserlichen Familie zu singen. Immer wieder betonte er jenen Aspekt, der Olga besonders gefiel, die Treue zu den Prinzipien des Nikolaitischen Systems und – er schmeichelte ihr ohne Ende: „... Seine Majestät der Kaiser wünscht mich in St. Petersburg zu sehen. Ein Feldjäger, der unsere Hauptstadt am 15./27. Februar verlassen hat, hat mir die diesbezügliche Order überbracht. Ich werde erst in 10 Tagen aufbrechen können. Ich habe noch einiges zu regeln ... Bis dahin kann ich noch in Wien die Befehle Eurer Kaiserlichen Hoheit entgegennehmen, wenn Ihr geruht, mich damit zu ehren ... Ich schätze mich glücklich, mich meinem Souverän zu nähern und aus Seinen erlauchten Worten eine Bestätigung des Vertrauens zu schöpfen, das ich in die Zukunft Russlands lege ... Eure Kaiserliche Hoheit weiß, dass ich in die vorderste Linie der glücklichen Ereignisse meines Lebens das Glück stelle, zu glauben, dass ich Euch gehöre. Es scheint mir, dass ich teilweise in den Genuss dieses Glückes zurückkehre, wenn ich mich wieder an den Orten Eurer teuersten Zuneigung und Eurer angenehmsten Erinnerungen befinde. Erst in St. Petersburg werde ich die Dauer meiner Abwesenheit ermessen können ..."[105]

Es war der reine, tief empfundene und für den Umgang mit Olga geeignete Byzantinismus. Gortschakow war vielleicht kein besonders glücklicher Politiker, aber die hohe Kunst der höfischen Schmeichelei beherrschte er. Olgas innere Qualen durchschaute er perfekt, auch, um die Kronprinzessin für seine politischen Interessen einzuspannen. Aus Petersburg folgte Gortschakows ergebenes Bekenntnis, sich bedingungslos in den Dienst des neuen Kaisers zu stellen: „Wir alle müssen ... unsere Kräfte vereinen, um dem Kaiser bei der ungeheuren Aufgabe, die Gott Ihm auferlegt hat, zu helfen ... Ich vermag Eurer Kaiserlichen Hoheit nicht zu sagen, wie tief bewegt ich das Arbeitszimmer des Kaisers nach der ersten Unterredung, mit der Seine Majestät mich geehrt hat, verlassen habe. Ich habe, so wie Sie, Madame, es mich in Ihrem Brief hatten ahnen lassen, dieselben heiligen Inspirationen gefunden wie die jene desjenigen, den zu beweinen wir nicht aufhören dürfen: einen genauen, illusionslosen Blick auf die Schwierigkeiten der Gegenwart, einen demütigen Glauben an Gott und auf dem Gipfel einer unermesslichen Macht diese bescheidene Selbsteinschätzung, die die Hilfe, die Unterstützung und die Erleuchtung des Herrn mit sich bringt."[106] Die zu Herzen gehenden Elogen Gortschakows über seine bedingungslose Kaisertreue hinderten ihn nicht, Olga ganz unspektakulär zu empfehlen, Titow als neuen ständigen Gesandten in Stuttgart berufen zu lassen. Der neue Außenminister nutzte seine Stellung, um Olga im fernen Württemberg weiterhin eng an den russischen Thron zu binden, ihr Gefühl wach zu halten, in Russland die wahre Heimat zu erkennen. Die Kronprinzessin folgte den einschmeichelnden Worten nur zu gerne. Insofern trug Gortschakow einen Teil der Schuld, dass Olga sich niemals so in Württemberg integrierte, wie es eigentlich ihrer Aufgabe entsprochen hätte.

Aus bislang unbekannten Gründen fuhr Olga jedoch im August 1856 nicht zur Kaiserkrönung Alexanders II. nach Moskau, obwohl sie sonst keine Gelegenheit zu Reisen nach Russland ausließ und selbst die greise Maria Pawlowna aus Weimar sich noch einmal auf den beschwerlichen Weg machte. Olgas Fernbleiben fand in der Familie keinen Beifall und ein Brief ihrer Mutter, geschrieben in liebenswürdiger Herzlichkeit, enthielt eine durchaus als Kritik zu bewertende Abmahnung „Olly! wie war die Krönung ergreifend! Welche Anteilnahme Sascha [Kaiser Alexander II.] fand! Welch gerührte Miene hatte Marie [Olgas Schwester], durch und durch betend und andächtig! Wenn ich an mich im Jahr 1826 zurückdenke, erinnere ich mich, dass ich viel mehr im Himmel als auf der Erde war, ganz in Gott und dem Kaiser! Und diesmal erst! Meine Seele suchte eine andere, glücklich schon und doch für seinen Sohn und Russland betend. Ich hatte Mut bis zum Schluss. Tränen, ja, aber kein Schluchzen und sehr zufrieden, diesen ältesten und geliebten Sohn auf dem Thron am Tag seiner Weihe segnen zu können. Ich betrachtete es unter diesem Gesichtspunkt und der Herr gab mir die Kraft."[107] Diese Kraft hätte Olga ebenfalls aufbringen können. Als Mitglied der Zarenfamilie blieb man keiner Krönung fern, weil man die geschlossene Kraft der Dynastie zu repräsentieren verpflichtet war!

Durch ihr Fernbleiben gab Olga auch in Württemberg ein falsches Signal. Man fragte sich, wie stark ihre Stellung in der kaiserlichen Familie war, wie verlässlich ihre Position für die württembergisch-russischen Beziehungen blieb. Der König war erst im Juni, zwei Monate vor den Krönungsfeierlichkeiten, in dem Gespräch mit Varnbüler massiv über Olga hergefallen. Ihre Reise nach Moskau wäre die passende Antwort gewesen – diese Antwort unterblieb.

König Wilhelm I. hatte während des Krimkriegs die Großmächte sorgfältig beobachtet und unter dem Gesichtspunkt bewertet, keine Gefahr für Württemberg heraufzubeschwören. Eine deutsche Neutralität schien ihm die günstigste Voraussetzung, nicht in eine gegen Russland gerichtete Position gedrängt zu werden. Die antirussische Stimmung in der Öffentlichkeit erschien ihm belastend genug. Wilhelm bemühte sich um eine russlandfreundliche Politik aller deutschen Klein- und Mittelstaaten. In diesem Bemühen hätte eine politisch aktive Kronprinzessin Olga mit weit reichenden Verbindungen in die europäische Aristokratie durchaus nützliche Dienste leisten können, zumal Wilhelms Überlegungen und politisch-diplomatischen Bemühungen von vielen Seiten mit Ablehnung und Misstrauen beantwortet wurden.

Letztlich blieb Wilhelm gar nichts anderes übrig, als auch dem zwischen Preußen und Österreich im April 1854 geschlossenen Koalitionsvertrag beizutreten – ohne dass Olga in irgendeiner Weise im russischen Interesse aktiv geworden wäre. Das schien auch gar nicht nötig, denn Wilhelms Politik entfernte das Land ohnehin von Österreich, näherte sich durch die eigene Neutralität Preußen an und stützte dadurch objektiv die russische Position im Krimkrieg, während die Presse und die gesellschaftliche Öffentlichkeit unverändert an ihrer feindseligen Haltung gegenüber Russland festhielten.

Württemberg geriet eigentlich nicht in die unmittelbare Gefahr, in die Kriegshandlungen hineingezogen zu werden. Dies verdankte das Land nicht nur der allgemeinen Kriegsentwicklung und der Politik der großen Kabinette, sondern auch der Tapferkeit seiner Diplomaten, die die Neutralitätspolitik gegen alle Anfeindungen verteidigten. Gortschakow lobte im November 1855 gegenüber Olga ausdrücklich die Prinzipienfestigkeit des württembergischen Gesandten in Wien und späteren Außenministers Hügel.[108] Natürlich diente die Neutralitätspolitik der deutschen Mittelstaaten den russischen Interessen. Olgas Anwesenheit in Stuttgart förderte die Interessenübereinstimmung durchaus und Wilhelms Außenpolitik ließ die Existenz der dynastischen Beziehungen zu Russland auch nicht unberücksichtigt.

In Moskau, bei den Krönungsfeierlichkeiten, hätte Olga ihre Kontakte vertiefen können, denn dort gab sich der europäische Hochadel ein Stelldichein. Es ging jedoch auch um die reine Symbolkraft. In einer Zeit, in der fürstliche Repräsentation mehr und mehr als Wert für sich selbst galt, durfte sich niemand, der zur aristokratischen High Society gehören wollte, dem Zwang, gesehen zu werden, entziehen. Eine Kaiserkrönung gehörte zu den ganz großen gesellschaftlichen Ereignissen.

Doch der politische Alltag kehrte wieder zurück. In einem Schreiben vom 30. November 1856 informierte Gortschakow Olga sehr allgemein über die laufenden russischen Gespräche mit Frankreich und England, über die aus russischer Sicht anhaltende politische Labilität Österreichs, über englisch-französisch-russische Gespräche zur Lage in Griechenland sowie über englische Kriegsvorbereitungen gegen Persien. Der Minister wollte Olgas Bewusstsein für die Großmachtrolle Russlands stärken, damit sie ihren König weiter über die politischen Vorgänge informierte. Darum schrieb er: „Inmitten des Europäischen Gezeters und der Ohnmacht, an denen es rings um uns nicht mangelt, hat der Kaiser keinen Augenblick gezögert. Ich konnte mich auf sein Vertrauen und seine Unterstützung, auf seine Zuversicht verlassen und mich dadurch auf dem Feld meiner eigenen Überzeugungen behaupten … Unsere Beziehungen zu Frankreich sind weiterhin ausgezeichnet. In den Tuilerien gewöhnt man sich an den Gedanken, dass eine Allianz mit Frankreich für uns heute eine Angelegenheit erster Wahl und der Sympathie ist, aber keine der Notwendigkeit mehr. England seinerseits schlägt offiziell einen ganz anderen Ton uns gegenüber an, als es die Heftigkeit der Zeitungen vermuten ließe … Mit einem Wort, wir machen heute niemandem Avancen, sondern wir lassen die Dinge auf uns zukommen, und wir werden gemäß den Interessen des Landes entscheiden … Allein Österreich findet bislang kein Wohlwollen …" Am Ende betonte Gortschakow, in welch starkem Maße ihm daran gelegen war, die guten persönlichen Beziehungen zu Olga zu bewahren: „Möge Eure Kaiserliche Hoheit geruhen, mich zu entschuldigen, wenn ich heute mit derselben Ausführlichkeit geplaudert habe wie damals, als ich das Glück hatte, in Eurem rosa Kabinett vorgelassen zu werden."[109]

Wilhelm nutzte wohl die durchaus wertvollen Informationen aus erster Hand, aber sein Verhältnis zu Olga wurde immer frostiger und machte sich bisweilen sogar in Ausfällen gegen die „russische Partei" am Hofe Luft. Olga zeichnete sich nicht gerade durch politischen Gestaltungswillen aus. Aber der ständige Widerspruch zermürbte sie: auf der einen Seite die höchste Ehrerbietung und Sachinformation durch den Außenminister des großen Russischen Reichs – auf der anderen Seite der demütigende Kleinkrieg am Stuttgarter Hof.

Der Krimkrieg zwang Olga, sich stärker als bisher politischen Fragen zuzuwenden. Die Ergebnisse des Krieges leiteten eine neue Etappe in den internationalen Beziehungen, in der russischen Gesellschaftsentwicklung und auch in den innerdeutschen Beziehungen ein. In allen drei Bereichen war Württembergs Mitwirkung wichtig.

Neue Alternativen aus dem Schwarzwald

Das Jahr 1857 begann mit einem traurigen Ereignis. Am 2. Januar starb die Herzogin Henriette, zu der sich Olga stets hingezogen gefühlt und der sie vertraut hatte. Olga versank wie stets bei derartigen Anlässen in sichtbare Traurigkeit und nahm kaum an Geselligkeiten teil. Sie floh regelrecht zu ihrer Mutter nach Nizza, die sich dort seit Monaten aufhielt. Die Kronprinzessin fuhr über Karlsruhe, Mömpelgard, Lyon und Marseille. Die Mutter erholte sich im südlichen Klima wieder gut. Niemand drängte sie mehr zur eiligen Rückreise. Auch die Großfürstin Helene hielt sich in Nizza auf. Sie litt zum allgemeinen Bedauern unter heftigen Nervenschmerzen.

Die Tage und Wochen verstrichen mit süßem Nichtstun im üblichen Kreis russischer und deutscher Nobelgäste. Es gehörte bereits zu den besonderen Aufregungen, dass junge pubertierende Hofdamen rote Blusen trugen, weil sie für Giuseppe Garibaldi schwärmten! Die geistvollen und unterhaltsamen Gespräche der Großfürstin Helene stießen auf keine interessierte Resonanz. Abwechslung brachte erst im April/Mai eine Reise nach Rom, an der auch die Kaiserinwitwe teilnahm – standesgemäß empfangen von Papst Pius IX. Man ließ es gemächlich angehen,

Olga benötigte von Rom aus einen ganzen Monat, ehe sie sich in ihrer Villa Berg wieder von den Reisestrapazen erholen durfte. Allerdings nur für wenige Tage, denn im Juni fuhr sie bereits nach Wildbad im Schwarzwald.

In Wildbad und in Kissingen traf sich im Juni/Juli 1857 der innerste Kern der Familie Romanow unter dem Zaren Alexander II. mit einflussreichen Beratern, Ministern und Würdenträgern des Russischen Reichs. Sie debattierten über Schicksalsfragen Russlands und der Dynastie. Nikolaus' zaghafte Reformansätze, besonders zur Aufhebung der Leibeigenschaft, waren im Grunde ins Leere gelaufen, auch wenn die Großfürstin Helene auf ihrem Gut Karlowka dazu praktische Experimente durchgeführt hatte. Alexanders Lehren aus dem Krimkrieg besagten, dass das Reich grundlegender Strukturreformen bedurfte. Durch die Aufhebung der Leibeigenschaft und eine verfasste Ordnung, durch die Industrialisierung des Landes bei Bewahrung der Autokratie sollte sich Russland als europäische Großmacht behaupten.

Am 3. Januar 1857 eröffnete Alexander II. die Beratungen einer Geheimkommission, die Festlegungen zur Neuordnung des Verhältnisses zwischen den Bauern und den Gutsbesitzern erarbeiten sollte. Zu der gleichen Frage verfasste Großfürstin Helene eine Denkschrift an den Zaren. Helene wusste über den Inhalt der Beratungen in der Geheimkommission gut Bescheid. Ebenso ihre Gesprächspartner. Sie lud für Ende Juli 1857 Persönlichkeiten nach Wildbad ein, die in der russischen Regierung genügend Einfluss und Vertrauen besaßen, um eine umfassende Agrarreform auf den Weg zu bringen. Dazu zählte auch der ehemalige Domänenminister und neue russische Botschafter in Paris, Graf Pawel Kisseljow, der Alexander II. persönlich über den Fortgang der Beratungen im Geheimkomitee informieren durfte. An den Gesprächen in Wildbad nahm auch der russische Legationsrat in Stuttgart, Fürst Leonid Golizyn, teil. Die kompetenten Fachexperten, die mit ihrem Rat bei den Gesprächen helfen sollten, waren der russische Professor Konstantin Kawelin und vor allem der Freiherr August von Haxthausen, dessen großes Werk über die russische Landwirtschaft sogar bis in die Lesestunden der russischen Kaiserinwitwe vorgedrungen war – leider nur bis zur kursorischen Durchsicht.

Die Gespräche und Materialien von Wildbad entschieden nicht die Aufhebung der Leibeigenschaft in Russland. Sie gingen in die Regierungsberatungen ein und fanden dort ein kritisches, aber aufmerksames Echo. Sie dokumentieren, dass Mitglieder der Zarenfamilie, wie eben die Großfürstin Helene, die erst mit dem Herrschaftsantritt Alexanders II.

ihre geistigen und politischen Fähigkeiten voll entfaltet hatte, konkreten und persönlichen Einfluss auf Russlands strategische Entwicklung nahmen. Diese gleiche Chance besaß auch Olga, die sich im Juli in unmittelbarer Nähe zu den Gesprächsteilnehmern aufhielt und die obendrein durch den Fürsten Golizyn alle notwendigen vertraulichen Informationen erhielt. Aber wie bereits in ihrer Jugend, als sie den Gesprächsangeboten Helenes in deren Petersburger Salon ohne sichtbare Gründe ausgewichen war, unternahm Olga in Wildbad ebenfalls keine Anstrengungen, sich zumindest mit dem Thema der Leibeigenschaft ernsthaft auseinanderzusetzen: Papa hatte dieses Problem nur mit äußerster Vorsicht aufgegriffen! Mit Gortschakow führte sie keine briefliche Debatte zu dieser Kernfrage der russischen Gesellschaftsentwicklung. Und vor Haxthausen schreckte sie ohnehin zurück. Sie kannte ihn nicht nur aus den Lesestunden bei der Kaiserin.

1852 hatte Haxthausen in Schlangenbad ein Gespräch mit Olga geführt und versucht, sie von der Notwendigkeit einer katholisch-orthodoxen Kirchenunion zu überzeugen. Weil Olga nicht zustimmte, schickte er ihr 1854 einen ausführlichen Brief zu diesem Thema. Haxthausen malte das Gespenst eines Kulturkampfs zwischen dem Abend- und dem Morgenland, zwischen Christentum und Islam an die Wand. Er entwickelte Gedanken über das Verhältnis von staatlicher und kirchlicher Gewalt. Russland sollte sich doch als ein Teil des Abendlandes verstehen und die von ihm vorgeschlagene Kirchenunion unterstützen.[110] Für Olga galt jedoch nur die unumstößliche Einheit von Autokratie, Orthodoxie und wahrem Volkstum. Die Überwindung der Kirchenspaltung gehörte nicht zu den Überlegungen in ihrem Alltag. Ebenso wenig beschäftigte sie sich ernsthaft mit der nun diskutierten russischen Agrarreform. Sie war Kronprinzessin in Württemberg und hatte sich bestenfalls für Stabilität in den deutsch-russischen Beziehungen zu interessieren. Die Problematik war schwierig genug, denn sie hing auch von den Verhältnissen im Deutschen Bund sowie von den Beziehungen Württembergs zu Frankreich ab. Haxthausens Offerte überging Olga ohne erkennbare Reaktion. Einer Debatte über so schwierige philosophische, religiöse und politische Fragen vermochte sie nicht zu folgen.

Aus Wildbad reiste Olga jedenfalls ab, bevor die entscheidenden Gespräche Helenes mit Kisseljow, Haxthausen und Kawelin begannen. Sie fuhr zunächst nach Kissingen, wo sich der Kaiser mit seiner Suite aufhielt. In dem Kurort setzte Olga – freiwillig oder dem Trend gehorchend – ganz andere Schwerpunkte: „Hier sind wir im Hinblick auf Toiletten sehr viel mehr angestrengt als in Wildbad. Man isst mit den Majestäten zu Mittag, man promeniert mit ihnen und am Abend speist man an ihrem Tisch. Um 10 Uhr ist alles zu Ende, aber dafür muss man schon um $^1/_2$ 7 Uhr aufstehen und die Promenade entlanggehen, die hinsichtlich ihrer Gezwungenheit und Monotonie all denen in den kleinen Bädern Deutschlands gleicht."[111]

Nein, Olga wollte wohl dem Gang der Debatten von Kissingen aus lieber nicht folgen. Am 1. August 1857 befand sie sich bereits im holländischen Seebad Scheveningen. Als Gast ihrer Tante, der holländischen Königinmutter Anna Pawlowna, verwunderte Olga das umständliche und steife Hofzeremoniell, das z. B. vorschrieb, dass man, wenn die eigene Kutsche dem Wagen der Königinmutter begegnete, anzuhalten hatte und sich verbeugen musste. Richtig ärgerlich empfand Olga jedoch, dass man ihr im Schloss nur kleine und schlecht möblierte Zimmer zuwies. Aber das Meer, Reisen nach Den Haag oder Rotterdam entschädigten für die Unzulänglichkeiten. Auch in Scheveningen kamen zahlreiche Besucher zu Olga und sie lebte recht unbeschwert, frei von den Sorgen am Neckarstrand und unbelastet von den Zukunftsproblemen Russlands.

Zwei Kaiser in Stuttgart

Während die Kronprinzessin in Scheveningen zum Baden ging und auf diversen Empfängen ihre schönen Kleider vorführte, die sie mit besonderem Chic trug, weil sie auf außergewöhnliche Schlankheit hielt, schickte ihr Gortschakow am 3. August 1857 die Kopie eines Kabinettsschreibens an König Wilhelm von Württemberg.[112] Der Brief kündigte für den September ein Treffen Alexanders mit dem französischen Kaiser Napoleon III. in Stuttgart an. Der württembergischen Hauptstadt stand ein großes Ereignis bevor. Russland und Frankreich wollten die Gräben des Krimkriegs zuschütten, zu neuer Freundschaft finden und Württemberg leistete dabei, ob seiner geografischen Lage und seines Willens zu friedlichen Beziehungen mit beiden Großmächten, gute Dienste.

Olga erwuchs aus dieser Kombination objektiv eine nicht unwichtige politische Rolle. Aber die Kronprinzessin nutzte die Gelegenheit leider nicht als Chance für sich und für die Profilierung ihres Ehemanns. Sie kehrte erst am 15. September, eine Woche vor dem Zweikaisertreffen, nach Stuttgart zurück. Das Treffen entsprang nicht der Initiative Württembergs, Wilhelm I. profitierte jedoch von einem positiven Ausgang. Mit Russlands Kaiser kamen die Großfürstin Helene, die sich einmal mehr als aktive politische Beraterin Alexanders betätigte, sowie Sophie, die Königin der Niederlande und Amalie, die Königin von Griechenland. Alexander II. wurde von seiner Gemahlin Maria begleitet. Lediglich Eugenie, die französische Kaiserin, blieb dem Treffen nach mehrmaligem Hin und Her fern – sehr zum Ärger Napoleons. Dennoch verlangte die Begegnung ein repräsentatives Damenprogramm und damit den vollen Einsatz Olgas. Leider verabredeten sich die Damen lediglich auf die allseits beliebten Schreibspiele.

Olga besaß keine Initiatorinnenenrolle bei der Stuttgarter „Entrevue". Diese Frage, wer das Treffen veranlasst habe, ist im Nachhinein breit und widersprüchlich debattiert worden. Wilhelm I., Napoleon III., Alexander II., sogar Alexander von Hessen – für jeden sprechen bestimmte Indizien, die Idee entwickelt zu haben. Alle drei Monarchen besaßen ein Motiv. Nach dem Krimkrieg sollte ein Zeichen der Aussöhnung gesetzt werden. Gortschakow initiierte die Annäherung Russlands an Frankreich, die Fortsetzung freundlicher Beziehungen zu Preußen und Württemberg, die demonstrative Abgrenzung von Österreich. Damit leisteten Gortschakow und das Stuttgarter Treffen ganz objektiv einer Polarisierung des preußisch-österreichischen Konflikts Vorschub, der in den kommenden Jahren nicht nur für Württemberg zentrale Bedeutung erlangen sollte, sondern natürlich auch Olgas Verhalten maßgeblich beeinflusste. Eines nicht mehr fernen Tages würde sie Königin von Württemberg sein.

Olga hat die Einberufung des Treffens höchstens durch die Tatsache ihrer Existenz beeinflusst. Die Beratungen, bei denen sich selbst König Wilhelm I. sehr diskret im Hintergrund hielt, endeten lediglich damit, dass Russland und Frankreich künftig alle mit der Orientalischen Frage in Verbindung stehenden Probleme friedlich und einvernehmlich behandeln wollten. König Wilhelm statteten die Kaiser ihren herzlichen Dank für die erwiesene Gastfreundschaft ab und sie versicherten ihn ihrer höchsten Wertschätzung. Über die Kronprinzessin hätte niemand gesprochen, wenn es da nicht zu einem Zwischenfall gekommen wäre, den Frau von Massenbach in die kurzen Worte fasste: „Die Kaiser aber fanden und sprachen sich, besonders nach einem gewissen Dejeuner auf der Villa, wo König Wilhelm nicht geladen war und diese vermeintliche Zurücksetzung seinem Sohn und seiner Schwiegertochter nie verzieh und lange fühlen ließ."[113] Es war objektiv ein kleiner Seitenhieb in Richtung Olga, dass Eveline von Massenbach in diesem Zusammenhang erwähnte, dass im Kreis der anwesenden Damen die Großfürstin Helene die einzige zu sein schien, die eine „Richtung" besaß und überdies „immens begabt" war.[114]

Olga hatte natürlich ungeschickt gehandelt, als sie zwar die beiden Kaiser zu einem Treffen in die Villa Berg einlud, aber den Schwiegerpapa dabei als eigentlichen Gastgeber aussparte. König Wilhelm fürchtete sicherlich nicht, dass bei dem Essen politische Fragen erörtert wurden, von deren Behandlung er nichts erfahren sollte. Er betrachtete den Vorgang zu Recht als Stilbruch und Unverschämtheit, als einen Anlass, der es ihm wieder einmal erlaubte, seinen Ärger über den Sohn Karl und über die Schwiegertochter und damit über die ganze „russische Partei" in Württemberg abzuladen.

Aber der treue Gortschakow nahm Olga die Verantwortung für den Zwischenfall ab. Talleyrand nannte ihn einmal „brillant und steril", weil Gortschakow wohl kunstfertige Formulierungen, aber keine handhabbaren Pläne hervor brachte. Er vergaß schon einmal einen kleinen König. Dieses Mal sprang er nur in die Bresche und wollte den königlichen Zorn von Olga ablenken.

Wilhelm durfte natürlich kein Mitglied der kaiserlichen oder der königlichen Familie für die protokollarischen Fehltritte öffentlich anklagen. Einzelne Zeitungen mokierten sich bereits über das große Aufgebot der Russen in Stuttgart. Letztlich verzogen sich die dunklen Wolken. Die endgültige Berufung Wladimir Titows zum russischen Gesandten – anstelle des verstorbenen Benkendorff – diente als ein Signal der freundschaftlichen Verbundenheit Petersburgs mit dem Hof in Stuttgart. Olga hat in den Räumen und Gärten der Villa Berg als vorzügliche Gastgeberin brilliert – nicht nur beim Schreibspiel. In diesem wohl vertrauten Metier erfüllte sie den Auftrag der Familie Romanow ganz vorzüglich. Daran änderte auch die königliche Schelte nichts.

Meisterpädagogen in St. Petersburg

Die Rolle Olgas während des Zweikaisertreffens entsprach im Grunde ihrer Gesamtsituation. Sie erfüllte ihre karitativen Pflichten, empfing Gäste in der Villa und im Kronprinzenpalais, reiste viel, besuchte das Theater, besaß aber keine staatspolitische Verantwortung. Dazu kamen die an ihre Nerven gehenden permanenten Spannungen mit dem immer eigenbrötlerischer werdenden König. Karls Aufmerksamkeit ließ gegenüber Olga bis zum Sommer 1857 deutlich nach. Selbst wenn Olga nur ein Buch las und mit ihrem Mann darüber sprechen wollte, winkte er ab, weil er sich eben gerade mit dem sehr geschätzten Privatsekretär Sakville-West spiritistischen Phantasien hingab. Im Umfeld der Kronprinzessin gab es wohl Persönlichkeiten wie den Oberstallmeister des

Königs, Wilhelm Graf Taubenheim, die auf eine adäquate Würdigung der Persönlichkeit Olgas hinwirkten, aber leider keine sichtbaren Erfolge verbuchten.

Niemand musste sich wundern, dass Olga im Mai 1858 wieder nach Petersburg reiste. Sie erlebte dort einen sorgenfreien Sommer zwischen Zarskoje Selo, Peterhof, Oranienbaum und Petersburg und inmitten ihrer russischen Familie. Karl begleitete sie nur zeitweise, der Kaiser nahm ihn auf eine Inspektionsreise durch den russischen Norden nach Archangelsk mit. Als die Herren zurückkehrten, fuhr ihnen Olga auf der Newa bis zum Ladogasee entgegen und sah die Festung Schlüsselburg, in der Katharina II. im Jahre 1764 den legitimen Thronerben Zar Iwan VI. hatte ermorden lassen. Dieses Trauma der Zarenfamilie berührte Olga nicht mehr. Sie freute sich über das Wiedersehen mit Karl.

In Petersburg war Karl dem unmittelbaren Einfluss seines Vaters zumindest zeitweilig entzogen. Olga spannte die Familie ein, ihren Ehemann dem Verhaltenskodex der Romanows zu unterwerfen und vor allem, ihn zu veranlassen, Klarheit über seine mögliche Verantwortung für die Kinderlosigkeit in seiner Ehe mit Olga zu schaffen.

Das war ein zwiespältiges Unterfangen mit einem hohen Risikofaktor. Traditionell genossen die Prinzen aus den deutschen Klein- und Mittelstaaten am Petersburger Hof wenig Achtung und der Hof reagierte abweisend, wenn der jeweilige Prinz Respekt für seine individuellen Eigenschaften forderte. Karl merkte das nicht zum ersten Mal. Zum anderen verlangte die kaiserliche Familie endlich den geschuldeten Nachwuchs. Wenn Olga Kindern begegnete, schossen ihr in der Regel Tränen in die Augen. Diese Trauer entging ihrer Familie nicht. Bei den Romanows kannte man keine Kinderlosigkeit. Für sie stand fest: Nur Karl trug daran die Schuld! Aber der wehrte sich gegen Mahnungen aus der kaiserlichen Familie. Die Folge: Karl wurde unwirsch, reagierte ungnädig oder kränkte sogar seine Frau und deren Angehörige. Olga bewies sehr viel Großmut. Mit Freundlichkeit und Nachsicht gelang es ihr, Spannungen abzubauen – besser als in der Württembergischen Familie. Leicht ist das sicher nicht gewesen. In der Petersburger Hofgesellschaft erfreuten sich Spiritisten großer Beliebtheit, selbst die Kaiserinmutter ging zu einschlägigen Séancen und musste Karl nicht erst überreden, mitzukommen. Olga sah das gar nicht gerne, gab aber dem Wunsch ihres Mannes notgedrungen nach, weil sich selbst der Kaiser an verbogenen Gabeln und am Tischerücken erfreute.

Sogar mit Gortschakow musste Olga das Problem besprechen und beide teilten ihre Besorgnis über die komplizierte seelische Verfassung

Karls. Der ließ sich in seinen Leidenschaften nur schwer zügeln. Seine Launen begannen bereits, zu einem Ärgernis am russischen Hofe auszuarten. Olga verhielt sich immer wieder großzügig, fuhr ihn mit der Kutsche sogar zu spiritistischen Sitzungen, verstand aber nicht, warum er in Petersburg, inmitten einer ihm nach ihrer Ansicht freundlich zugeneigten Familie, nichts von seinem launischen und sprunghaften Wesen ablegte. Sie zeigte sich oft betrübt über Karls Unberechenbarkeit und sie schämte sich, wenn der Hof die Launen mitbekam. Der Ärger wirkte sich sofort negativ auf ihre relativ schwache körperliche Konstitution aus und sie benötigte immer wieder längere Ruhepausen. Das Kaiserpaar Alexander II. und Maria halfen ihr, indem sie Karl zu Inspektionsreisen in das Land mitnahmen. Doch Olga fühlte sich anhaltend schwach und atmete erleichtert auf, als der Plan, zum ersten Jahrestag der Krönung Alexanders II. in einer aufwändigen Aktion nach Moskau zu fahren, aufgegeben wurde. Der Gedanke, Karl könnte die Lebensgewohnheiten am Kaiserhof als fremd und belastend empfinden, ist Olga nicht gekommen. Die drängenden Fragen nach der Kinderlosigkeit konnten sie beide zu diesem Zeitpunkt nicht definitiv beantworten. Offensichtlich hat die kaiserliche Familie in diesem Punkt massiven Druck ausgeübt und von Karl wie von Olga verlangt, sich einer medizinischen Untersuchung zu stellen.

Am 8. September 1858 sagte Olga ganz offenherzig zu ihrer Hofdame: „Wenn ich auch manchen kleinen Kummer hatte, so wird mir doch nichts fehlen."[115] Sie fühlte sich organisch gesund. Sollte sie daran zweifeln? Der Satz lässt die Interpretation zu, dass sie noch immer daran glaubte, diesen Makel der Kinderlosigkeit selbst beheben zu können. Eveline von Massenbach notierte mit einem Anflug von bitterer Ironie in ihr Tagebuch: „Welch lobenswerte Illusion …"[116] Sie ahnte zumindest die wirklichen Ursachen dafür, dass Olga keine Kinder bekam. Es wurde genügend über das Kronprinzenpaar geklatscht. So oder so, das Problem musste über kurz oder lang geklärt werden.

Vier Monate verbrachte Olga in Petersburg. Als Mitte September der kalte Herbstregen einsetzte und ein erster eisiger Wind durch die Straßen pfiff, durfte der Aufenthalt wirklich nicht weiter ausgedehnt werden. Olga und Karl mussten wieder nach Hause zurückkehren. Olga merkte man an, dass sie viel lieber an der Newa geblieben wäre. Auch ihre Mutter Alexandra sah dem Abschied mit gemischten Gefühlen entgegen. Ihre Tochter litt ganz offensichtlich und sie verfügte selbst als Mutter über so wenige Hilfsmöglichkeiten. Ihrem Schwiegersohn sagte sie in Bezug auf die ungeklärte Frage der Kinderlosigkeit eine „unerlaubte Aufrichtigkeit" nach, was nichts anderes bedeutete, als dass sie ihn generell für undiszipliniert und schlecht erzogen hielt.

Am 16. September kam der unvermeidliche Abschied, an dem die Familie in gewohnter Einmütigkeit teilnahm. Der Unterschied zu früheren Trennungen bestand darin, dass Olga, die jedes Mal bitterlich weinte, in diesem Fall den Eindruck erstarrter Resignation hervorrief. Karl trat dagegen liebenswürdig und charmant auf.

Über die Ostsee ging es mit Schiffen nach Swinemünde und Stettin, und dann mit der Eisenbahn nach Berlin und Weimar. Olga traf ihre Tante Maria, die außerordentlich liebenswürdig, aber inzwischen vollkommen taub war. Olga und Karl wohnten in dem kleinen Schloss Belvedere. Der Empfang erschien ihnen zwar prunkvoll, aber recht steif und förmlich. Dagegen gefiel es ihnen sehr, dass sie in Eisenach vom großherzoglichen Paar Sophie und Carl Alexander ganz ungezwungen begrüßt wurden. In aller Ruhe bestiegen und besichtigten sie die Wartburg. Die Verlegenheit der einstigen Brautwerbung durch Maria Pawlowna war längst vergessen. Stattdessen sah Olga mit staunenden Augen, wie intensiv Carl Alexander die Wartburg in eine Kulturstätte deutscher Nationalgeschichte verwandeln ließ – mit üppigem russischem und holländischem Geld. Sie respektierte Carl Alexanders geistvolle Erzählungen, plauderte mit Sophie über deren Mutter Anna Pawlowna und sehnte sich im Übrigen nach der Renaissancevilla in Berg.

Frankfurt am Main blieb einem Einkaufsbummel vorbehalten und endlich nahm die Villa Berg ihre Bewohner wieder auf. Der württembergische Alltag kehrte zurück: zahlreiche Besucher aus Russland und von den europäischen Höfen, Besuche bei Frauenvereinen und in sozialen Einrichtungen, Konzerte, Theater, Ausflüge und dann und wann ein geistvolles Gespräch über Redlichkeit, Freundestreue oder über die Kunst des Verzeihens ...

Operation Einiges Italien

So ganz unberührt vom politischen Geschehen blieb Olga nicht, wenngleich eine Entscheidung über die Frage des Thronfolgers immer stärker in das Zentrum ihrer Aufmerksamkeit rückte. Sowohl im Oktober, als auch im November 1858 analysierte Gortschakow in Schreiben an die Kronprinzessin die deutsche und europäische Situation und richtete ihr besonderes Augenmerk auf das russische Verhältnis zu Preußen. Die Monarchen beider Staaten besaßen ein traditionell gutes Verhältnis zueinander, während der Draht nach Wien sehr angespannt war, seit

Österreich im Krimkrieg faktisch eine Gegenposition zu Russland bezogen und sich als unsicherer politischer Kantonist erwiesen hatte. Um die italienischen Besitzungen Österreichs bildete sich Ende 1858 ein neuer Spannungsherd.

Österreich erklärte Piemont-Sardinien 1859 den Krieg. Die Österreicher wurden von den vereinigten italienischen und französischen Truppen im Juni bei Solferino geschlagen. Der Krieg berührte Württemberg zwar nicht unmittelbar und König Wilhelm hielt sich auch weit bis in das Frühjahr hinein in Nizza auf. Aber der Krieg bewegte die im Deutschen Bund herangereiften Probleme einer dringend notwendigen Bundesreform im Verhältnis zwischen Preußen, Österreich und den Mittelstaaten. Damit ging zwangsläufig die Stabilität der Beziehungen Württembergs zu Russland einher. Ein großer politischer Bogen wurde mit dem Krieg in Italien weiter gespannt, der Olga in ihrer Mission für Russland nicht gleichgültig lassen durfte.

Die Briefe Gortschakows an Olga vom Frühjahr 1859 wiesen die Kronprinzessin gerade auf die gravierende Bedeutung Österreichs und Preußens für die Zukunft des Deutschen Bundes hin. Am 7. Februar 1859 erhielt Olga eine exakte politische Orientierung darüber, welche Ziele Russland in dem Konflikt verfolgte, wie es die Lage in Deutschland beurteilte und welche Politik die deutschen Mittelstaaten einschlagen müssten. Der Brief vertiefte adäquate Weisungen an den Gesandten Titow und gelangte darum in jedem Fall König Wilhelm zur Kenntnis. Gortschakow schrieb u. a.:

„Das zweitrangige Deutschland [die Mittelstaaten] ist sehr erregt und scheint geneigt, sich um die österreichische Standarte zu sammeln, so wie es Schafe während eines Gewitters tun. Ich weiß nicht, ob dies das beste Mittel ist, die ersehnte Sicherheit zu finden und ob es nicht klüger wäre, Preußen einzuladen, das, zumindest bisher, nicht alle Brücken hinter sich abgebrochen hat."[117] Gortschakow vergaß als geschickter Diplomat nicht, anzumerken, dass er sowohl Olgas Neigung zu „Nichtigkeiten", als auch ihren Kummer kannte. Er wusste, dass sie ihr wahres Glück in der Zarenfamilie sah und dass er selbst sich der anhaltenden Gunst dieser Familie erfreute. Das alles brachte er in der kurzen Anmerkung unter: „Ich möchte die Zeit Ihrer Kaiserlichen Hoheit nicht weiter missbrauchen. Ich war glücklich zu erfahren, dass Sie einen angenehmen und vor allem ruhigen Winter verbringen. Ihm wird ein Sommer folgen, der Ihnen angenehme Gemütsregungen bescheren wird, indem er Sie mit der Zarin Mutter vereint, deren Gesundheit völlig wiederhergestellt ist und die die ganze Spannkraft ihres

Gemüts wieder gewonnen hat. Ich habe oft das Glück, mich davon zu überzeugen."[118]

Der Außenminister schrieb ihr am 5. März 1859 seinen nächsten Brief – in der Art eines vertiefenden Kommentars zu den offiziellen Weisungen an den Gesandten Titow, aber auch mit dem klaren Hinweis, unbedingt die direkten diplomatischen Schriftstücke einzusehen. So beiläufig die Anregung klang, sie verwies zum wiederholten Male darauf, dass die Briefe Gortschakows an Olga keine Aussagen enthielten, die der offiziellen Politik zuwider laufen und den Argwohn König Wilhelms hervorrufen konnten.[119] Gortschakow legte größten Wert auf die Feststellung, dass seine Ansichten mit denen des russischen Kaisers übereinstimmten. Er legte Olga ans Herz, zur Komplettierung ihrer Informationen unbedingt alle an Titow gerichteten Korrespondenzen zu lesen. Sie erhielt während der italienischen Krise Einblick in die geheimsten Überlegungen zur russischen Reichspolitik.

Die Kronprinzessin reagierte mit einem Schreiben vom 18./30. Mai 1859, das Gortschakow so schnell erhielt, dass er bereits nach zwei Wochen, am 1. Juni, antwortete. Wie üblich berief er sich auf die Übereinstimmung mit dem Zaren und auch der Hinweis, den direkten Brief an Olga in den Zusammenhang zur diplomatischen Post an Titow zu stellen, entsprach bereits gebräuchlicher Praxis. Der Minister berichtete, dass Titow im Namen des Zaren König Wilhelm gebeten hatte, den württembergischen Gesandten Lobstein aus Petersburg abzuberufen, weil dieser für die guten beiderseitigen Beziehungen schädlich sei.

Gortschakow legte in aller Offenheit die Auffassungen Alexanders II. zu brennenden innerdeutschen Fragen dar:

„Die Preußen sind ehrenwerte Leute, aber nicht erst seit gestern weiß ich, wie ungeschickt ihre Manipulation angesichts der sekundären Höfe Deutschlands ist.

Anlässlich meines vorletzten Besuchs in Sanssouci war ich in der Lage, mich ungeschminkt von Angesicht zu Angesicht mit dem preußischen König auszusprechen. Aber ich wusste auch, dass die natürlichen Mängel des Nationalcharakters unkorrigierbar sind. Deshalb wünschte ich, dass man in Süddeutschland den praktischen Sinn hätte, sich an das Wesentliche zu halten und sich nicht über Formales zu entsetzen. Preußen wird Deutschland nicht ausliefern, wenn dieses ernsthaft bedroht wäre. Aber die Staaten der Konföderation würden sich selbst zugrunde richten, wenn sie die Revolution auslösen würden, indem sie den Krieg allgemein verbreiten. Schon hat man nicht nur in einigen Teilen Deutschlands, sondern sogar in der Berliner Presse das Wort von einem nationalen Parlament der Einheit ausgesprochen. Das bedeutet nichts anderes als seine Batterien zu enttarnen, bevor man schießt. Wenn die deutschen Regierungen diese Indizien, die deutlich genug sind, nicht zu Rate ziehen wollen, können wir nichts machen …"[120]

Russland unterstützte im italienischen Konflikt die Neutralität Preußens, blickte argwöhnisch auf Österreich und Frankreich und befürwortete eine moderate preußische Politik gegenüber den deutschen Klein- und Mittelstaaten, um jede Möglichkeit, dass aus dem Krieg freiheitlich-demokratische, nationale oder gar revolutionäre Unruhen hervorgingen, auszuschalten.

König Wilhelm hielt vielleicht auch dank Olgas Einflusses an seiner freundschaftlichen Politik zu Russland fest, obwohl Russlands Ermahnungen vor freiheitlichen und liberalen nationalen Bestrebungen in der württembergischen Öffentlichkeit immer auch als Warnungen verstanden wurden, denn unübersehbar griffen Meinungen in der Presse um sich, die das Stuttgarter Zweikaisertreffen von 1857 dafür verantwortlich machten, dass Frankreich so aggressiv gegen die italienische Nationalbewegung und gegen Österreich vorging. Der Krieg in Italien und die Lösung der in Deutschland herangereiften Probleme um die Schaffung eines Nationalstaats verbanden sich miteinander. Das waren alles genug Gründe, die Olga zum politischen Handeln hätten motivieren können.

Aber für Olga blieb das reichhaltige Personal der russischen Gesandtschaft vor allem hinsichtlich seiner Gesellschaftsfähigkeit interessant: Der erste Sekretär Felix Meyenhoff galt ihr als kluger Kunstliebhaber, der zweite Sekretär Graf Karl Toll als ein braver und fügsamer Offizier, der Militärattaché Graf Lambsdorff führte ein großes und für die feine Gesellschaft offenes Haus.

Hausbälle und Karnevalsveranstaltungen erfüllten die Tage und Nächte Olgas, aber keine Handlungen von politischer Relevanz – weder für Russland, noch für Württemberg. In ihren angestammten Pflichten ließ sie keine Nachlässigkeit zu. Sie besuchte regelmäßig ihre Olga-Heilanstalt, die Nikolauspflege oder das Diakonissenhaus, das eigens zur Ausbildung junger Mädchen und Frauen in der Krankenpflege gegründet worden war. Auch diese Besuche bildeten einen durchaus nützlichen Teil der Inszenierung Olgas, die sich gerne als feinnervig, esoterisch und auch ein wenig morbid darstellte, was ihr bei der äußeren grazilen Schönheit und der von tapfer ertragenen Diäten geprägten schlanken Figur nicht schwerfiel. Beschreibungen von ihr wie jene aus dem Umkreis des russischen Naturlyrikers Fjodor Tjutschew gefielen ihr außerordentlich gut: „Die Großfürstin Olga ist wahrhaft charmant, so weiblich und so rein. Und der feenhafte Wohnsitz, in dem sie lebt mit einem Horizont von Hügeln, der ihn umgibt, gleicht einem Mittelpunkt des Friedens, des Lichtes und des Wohlbefindens, die von ihr auszuströmen scheinen; alles zusammen passt so gut zu ihrer Person. Noch ein Löckchen von ihr ist bezaubernd! Ihr Gemahl, der einen wahren Kult mit ihr treibt, hat mich gerührt, als er mir gegenüber naiv den Kummer zum Ausdruck brachte, den er darüber empfindet, dass er das Geschenk einer solchen Frau nicht genügend zu würdigen vermag. Und man hörte aus dem Ton, in dem er das sagte, dass es ein zutiefst ehrliches Gefühl war, das er dabei empfand."[121]

Olga las solche Hymnen bestimmt lieber, als die politischen Frontberichte Gortschakows, denn drohender als der Krieg in Italien stand der Zwang zur Klärung der Frage vor ihr: Warum bekommen wir keinen Thronfolger? Die liebenswerte Eloge an den von Selbstmitleid geprägten Kummer Karls besaß in dem gleichen Kontext ebenfalls einen merkwürdigen Beigeschmack: Sollte er am Ende selbst dafür büßen müssen, weil Olga keinen Thronfolger zur Welt brachte?

Der Lebenstraum zerplatzt!

Wer so viel Leid auf sich nahm wie Olga, benötigte nicht viel Kraft, der Schmeichelei zu erliegen. Sie durfte sich darüber freuen, dass König Wilhelm, als er Anfang April 1859 endlich aus Nizza nach Stuttgart zurückkehrte, nicht gleich wieder mit Kränkungen über seinen Sohn herfiel. Jeder Impuls regte Olga an: Vielleicht einigten sich Vater und Sohn doch noch, es blieb ihnen ohnehin keine andere Wahl, wenn der Thron nicht in fremde oder unpassende Hände geraten sollte. Olga wollte ihren Beitrag leisten. Im Mai 1859 kümmerte sie sich intensiv um die 1838 gegründete Kleinkinderanstalt und Industrieschule in Berg. Beide Einrichtungen nahmen bis zu 130 Kinder auf. Die Sorge um fremde Kinder verstärkte allerdings wiederum den Druck, das eigene Nachwuchsproblem zu lösen.

Kurze Zeit später, am 23. Juni 1859, starb in Weimar Maria Pawlowna. Olga hatte zu ihr stets ein zwiespältiges Verhältnis besessen. Die konservative Würde Marias flößte Respekt ein, die etwas antiquierten Rituale ängstigten, die zur Schau gestellte Weimarer Musenhoftradition amüsierte und der Wunsch, sie als Schwiegertochter zu gewinnen, verschreckte Olga. Aber Maria Pawlowna galt in der Familie Romanow als Autorität in dynastischen und künstlerischen Fragen, und genoss die

Achtung vieler Leute, weil sie Tatkraft mit Anstand, wahrer Religiosität und aristokratischer Mildtätigkeit verband.

Olga empfand Trauer und Schmerz: Eine vertraute Persönlichkeit aus der Familie Romanow fehlte nun. Olga fuhr zu ihrer Mutter nach Bad Ems, die dort zur Kur weilte. Gemeinsam dachten sie an Maria Pawlowna und an die Vergangenheit, als noch ein Schatten aufstieg. Der ehemalige „Verlobte" Erzherzog Stephan, der 1847 zum Palatin von Ungarn aufgestiegen war, ein Jahr später jedoch unter dem Druck der Revolution abtreten musste, befand sich ebenfalls in Bad Ems. Stefan privatisierte nur noch und erweckte den Eindruck einer ritterlichen, ältlichen, „aber etwas zum Don Quichotte neigenden Erscheinung."[122] Stefan wurde nicht die Attraktion der Saison. Die Gesellschaft nahm die Nachricht mit Erleichterung auf, dass sich Österreich, Frankreich und Piemont-Sardinien nach der Schlacht von Solferino in Villafranca auf einen Waffenstillstand verständigt hatten.

Ansonsten störten die adligen Damen die Ereignisse auf dem Kriegsschauplatz weniger. Man reiste von Ems nach Friedrichshafen, plauderte, plauderte, plauderte ... immer fröhlich und guter Dinge, auch Olga. Frau von Massenbach schrieb am 30. August 1859 an ihre Mutter: „Wir führen ... ein äußerst ruhiges Leben, ein Tag ist wie der andere, dieselben Gewohnheiten, kleine Spaziergänge. Zu den Soireen kann man kommen oder wegbleiben, wie man will."[123] Diese Idylle entsprach nicht ganz den realen Gegebenheiten und überspielte Olgas außerordentliche Erregung. Man reiste nach Interlaken und das ewige Lächeln erstarrte auf den Lippen.

Anfang September 1859 kam es zu einem Ereignis, das höchster Geheimhaltung unterlag und von Olga und Karl außerordentliche Disziplin verlangte, weil es elementar in ihre Ehe eingriff. Der 1858 im Petersburger Zarenhaus ausgeübte Druck löste längst überfällige Reaktionen aus. In der 1884 von den behandelnden Ärzten begonnen Krankengeschichte des Königs Karl wird überaus trocken und sachlich ausgeführt: „Nach nachträglich darüber eingegangenen Briefen ist der König am 5./6. September 1859 in Interlaken von Professor Leroc d'Etiolles unter Assistenz von Dr. Karell aus Petersburg operiert worden und zwar handelte es sich dabei um eine en deux temps ausgeführte Intraurethrotomie mit dem Stenostom, auf welche bonziale Latation folgte. Am 5. Sept. wurde an 2 Stellen der Urethra ein Einschnitt gemacht und eine Drahtspitze eingeführt, welche am andern Tag (6 Sept.) wieder entfernt wurde, wonach das schneidende Instrument durch die tiefste u. stärkste Verengerung durchgeführt wurde. Die nachfolgende Blutung war gering, der Urinalfluß ging leicht u. in starkem Strahl. Nach mehrtägiger Ruhe führte Leroq d'Etiolles am 14. September nacheinander im Laufe des Tages fünf, gradatim volumiculare Bouques ein, wonach sich ein starker Ausfluss einstellte, welcher aber nach einigen Tagen wieder aufhörte. Die Applikation der Bouques wurde leicht ertragen, nur das zwölfstündige Liegenlassen des 1sten Bouques in der Blase griff die Nerven des hohen Kranken an. Leroq d'Etiolles empfahl, demselben ungefähr einen Monat lang Ruhe zu gönnen, und dann die Dilatationscur wieder aufzunehmen. Auch eine Nachcur in einem Seebad wurde in Aussicht genommen. – Ob u. wie dieselben ausgeführt wurden, geht aus dem darüber vorliegenden Briefe der beiden Ärzte nicht hervor."[124]

Wenn auch nie ein Wort darüber bekannt geworden ist, muss Olga selbst ohne das exakte Verstehen der lateinischen Fachbegriffe spätestens seit diesem Zeitpunkt gewusst haben, dass die Kinderlosigkeit ihrer Ehe nicht primär aus ihren Hungerkuren und den damit verbundenen biologischen Schäden resultierte. Ein absolutes Urteil gab es nach dem damaligen Stand des medizinischen Wissens nicht. Aber mit an Sicherheit grenzender Wahrscheinlichkeit trug Karls Gesundheitszustand dafür die Verantwortung. Die drakonischen Operationen bestätigten, dass die Spätfolgen der Geschlechtskrankheiten früherer Jahre Karls Zeugungsfähigkeit in außergewöhnlichem Maße behinderten. Bemerkenswert war, dass extra ein Arzt aus Petersburg hinzugezogen wurde, der die Zarenfamilie über die Ausführung ihrer Forderungen und über die Konsequenzen der Operationsergebnisse aufklärte.

Doch worin sollten die praktischen Folgerungen für die Romanows und die Württemberger bestehen? Eine Scheidung stand auf keiner Seite zur Debatte. Die Dignität musste gewahrt bleiben. Das Kronprinzenpaar bezog seinen Ärger bislang höchstens aus Konflikten mit dem König und sowohl Olga als auch Karl erweckten in der Öffentlichkeit stets den Eindruck glücklicher Harmonie. Aber welches Leid zwei so sensiblen Menschen zuwächst, wenn sie zu der Gewissheit gelangen, dass ihre Ehe kinderlos bleiben wird, dass die Kronprinzessin ihre wichtigste Aufgabe – den Thronfolger – ohne eigenes Verschulden nicht erfüllen würde, darüber wird in den Geschichtsbüchern nichts verzeichnet. Es bleibt die harte Tatsache bestehen, dass Olga im Jahre 1859 trotz aller Erkenntnisgrenzen, welche damals in der medizinischen Wissenschaft lagen, ihren Kinderwunsch nahezu endgültig aufgeben musste.

Erst gegen Ende September 1859 kehrten Olga und Karl, äußerlich gefasst, nach Stuttgart zurück und erfreuten sich zumindest an dem herrlichen Spätsommer und an der Weinlese. Der Frieden von Zürich, der im

November 1859 den italienischen Krieg beendete, rief bei den beiden keine erkennbaren Emotionen oder Reaktionen hervor, ganz im Gegensatz zu dem sehr aktiven Engagement König Wilhelms oder gar Russlands.

Der Krieg in Italien besaß zwar keine direkten Auswirkungen auf Württemberg, aber die mit ihm einher gehende holprige Politik und Diplomatie innerhalb des Deutschen Bundes sowie zwischen den Bundesländern und den europäischen Großmächten erforderte dringend eine Bundesreform. Die politische Uneinigkeit zwischen den deutschen Staaten, besonders zwischen Preußen und Österreich, schmälerte die Handlungsfähigkeit aller Beteiligten. Andererseits stimulierte der widersprüchliche Kampf um einen italienischen Nationalstaat auch die deutschen Länder zu einem neuen Ansatz für die deutsche nationalstaatliche Einheit.

Zugleich berührte das Ende des Kriegs auch die europäischen Großmächte. Russland sah den Veränderungen im Bund nicht gleichgültig zu. Insbesondere in dem Quintett Russland-Österreich-Preußen-Frankreich-Württemberg konnte vielleicht sogar Olga aktiv werden, zumal König Wilhelm I. zu den eifrigsten Verfechtern einer Bundesreform zählte. In Petersburg oder in Stuttgart verlangte allerdings niemand von Olga, dass sie sich, wie Maria in Weimar oder wie Königin Katharina, so stark in den Dienst politischer oder sozialer Aufgaben stellte, dass diese ihr ganzes Leben erfüllten. Das verbot bereits der eigenwillige Regierungsstil des Königs, der die außenpolitischen Fragen nicht aus der Hand gab, sich dabei aber mit fortschreitendem Alter immer öfter aus der Hauptstadt entfernte.

Allerdings, nur auf Hofbällen durch Anmut und Schönheit zu brillieren und anschließend mit stets wiederkehrender Migräne ausgedehnte Ruhepausen zu absolvieren, das passte nicht zum praktischen Sinn der Württemberger, schon gar nicht zur Handlungsfreudigkeit Wilhelms. Im Winter 1859/60 entwickelten sich die Dinge ein wenig aufgeschlossener. Der König verbrachte die kalte Jahreszeit wieder in Nizza und übertrug seinem Sohn während dieser Zeit tatsächlich die Regierungsverantwortung. Karl gab sich redliche Mühe und Olga freute sich, dass er eine sinnvolle Beschäftigung bekam. Frau von Massenbach schwärmte bereits, ohne das Fatale der Aussage zu bemerken: „Ganz allgemein ist dieser Winter der erste, den sie [Olga] hier mit wahrer Seelenruhe verbringt. Die königliche Familie ist geeint.“[125] Die Ursachen für die Ruhe lagen dieses Mal nicht nur in der Abwesenheit des ewig grantelnden Königs.

Es mag überraschen, aber die Erkenntnis endgültiger Kinderlosigkeit führte zunächst zu einer Beruhigung der Beziehungen zwischen Olga und Karl. Man wusste nun Bescheid, die ewig bohrende Ungewissheit fiel ab. Die ungeduldig wartenden Mitglieder beider Familien erhielten eine klare Auskunft. Die württembergische Thronfolge musste vollkommen neu durchdacht werden. Vielleicht gab es auch noch andere Möglichkeiten, z. B. durch die Adoption eines Kindes aus den Reihen der beiden Dynastien, Olga und Karl zu dem bislang vermissten Familienglück zu verhelfen.

Olgas Mutter, die trotz permanenter Kuren in Nizza, Ems oder Wildbad dem Alter Tribut zollen musste, verlangte wieder und wieder den Besuch der Tochter in Petersburg. Was sollte denn nun werden? Die Kronprinzessin sah diese Bitte jedoch nicht als unbedingt zwingend an und reiste im August erst einmal über Köln und Ostende auf die britische Insel Wight. Abgesehen von einem Ausflug nach London bewegte sie sich mit persönlichem Genuss im Kreise der Damen des europäischen Adels, unter denen die Russinnen eine eigene und starke Kolonie bildeten. Erst Ende September fuhr sie wieder zurück nach Stuttgart. Es wäre besser gewesen, Olga hätte auf die Bitte ihrer Mutter gehört, denn nun häuften sich die dringenden Appelle, sie möge sofort nach Russland aufbrechen, der Zustand der Kaiserinmutter verschlechtere sich nahezu täglich. Olga reiste dann mit ihrem Gemahl auch wirklich ab – überstürzt, unorganisiert und chaotisch. Trotz aller Unruhe erreichte sie Petersburg noch bevor Alexandra Fjodorowna am 1. November 1860 starb. Die Tochter trauerte aufrichtig, ging doch nach dem Vater nunmehr auch die zweite wichtige Bezugsperson, die sie durch das Leben geleitete, unwiederbringlich dahin.

Olga blieb in der russischen Hauptstadt, bis die Erbschaftsangelegenheiten geregelt und sie vollkommen sicher war, ihren Anteil am Schmuck der verstorbenen Kaiserin zu erhalten, aus dem sie dann 2 Millionen Rubel für die Villa Berg bezahlte. Der Schmuck und die 2 Millionen zeigten die eine Seite der Medaille im Verhältnis Olgas zum Württemberger Königshaus. Die andere Seite war dramatischer. Bereits 1855, nach dem Tode des Vaters, war Olga die Rückkehr nach Stuttgart unendlich schwergefallen. Nun, 1860, nach dem Tode der Mutter und mit der Gewissheit der Kinderlosigkeit, steigerte sich ihre Angst vor dem Königshaus. Sie schrieb an Wilhelm, wie dankbar sie ihm sei, dass er ihr persönlich nie die Kinderlosigkeit vorgeworfen habe und dass Karl, der nach dieser bitteren Erkenntnis über die Krankheitsfolgen nicht weniger leide als sie selbst, in den schweren Wochen nach dem Ableben der

Mutter bei ihr bleiben dürfe. Es war objektiv schwer erklärbar. Aber Olga bezog im Grunde eine resignative Position, fühlte sich schuldig und brachte keine Kraft auf, den unbegründeten Schuldkomplex abzuwerfen und den zusätzlichen großen Kummer über den Verlust des Elternhauses zu kompensieren. Es wäre ihr leichter gefallen, wenn sie eine wichtige Aufgabe vor sich gesehen hätte.

Als Olga 1860 nach Petersburg gekommen war, residierte Bismarck dort schon seit über einem Jahr als preußischer Gesandter und kannte sich in der höfischen und diplomatischen Szene bestens aus. Gerade darin aber lag das Problem: Bismarck schaute hinter die glänzende Fassade und analysierte die Rolle der deutschen Klein und Mittelstaaten in der großen Politik mit brutaler preußischer Offenheit – und nicht ohne Wirkung auf Gortschakow.

Man könnte meinen, Olga hätte sich unbeschwert mit Gortschakow, Bismarck sowie mit dem württembergischen Gesandten Carl von Spitzemberg zusammensetzen und über württembergische, deutsche oder europäische Angelegenheiten sprechen können. Sie saß in der Tat mehrfach mit Bismarck zu Tisch. Man plauderte zwar über dies und das, Kaiser Alexander II., amüsierte sich über die kleinen deutschen Staaten. Politik aber kam nicht zur Sprache. Dafür gab es natürlich eine ganze Reihe von Gründen. Abgesehen davon, dass König Wilhelm I. der Kronprinzessin keine Vollmacht erteilt hatte, für Württemberg politische Gespräche zu führen oder gar Entscheidungen zu treffen, gab es weder bei Bismarck noch am Kaiserhof das Bedürfnis, mit Olga Probleme der deutschen Reformen zu diskutieren. So, wie Olga von Kindheit an eine gewisse Überheblichkeit gegenüber den vielen deutschen Prinzessinnen und Prinzen aus den Klein- und Mittelstaaten anerzogen worden war, verhielt sich auch die russische Reichspolitik. Selbst ein lebendiger und geistreicher Carl von Spitzemberg, den Bismarcks Ehefrau sehr schätzte, teilte das Schicksal seiner Kollegen aus Hannover, Sachsen oder Bayern: Er musste zu Bismarck gehen, wenn er politisch Wichtiges erfahren wollte, weil Gortschakow seinesgleichen nur höchst selten empfing. Bismarck vertrat Preußens Interessen und musste dessen „große“ Politik betreiben. Er informierte die im Grunde nutzlosen Gesandten der Mittelstaaten im Sinne preußischer Absichten. Daraus zogen Gesandte wie Spitzemberg oder der aus Hannover gekommene Graf Münster den falschen Schluss, auch ihrerseits eine an Russland und Preußen angelehnte Großmachtpolitik betreiben zu müssen, wozu sie von ihren Souveränen jedoch keine Prokura besaßen.

Die Diplomaten der deutschen Klein- und Mittelstaaten schieden als konstruktive Transporteure russischer oder preußischer Reichspolitik zumindest in Petersburg faktisch aus, obwohl sie auf wirtschaftlichem, kulturellem oder gesellschaftlichem Gebiet nützliche Dienste leisteten. Die Diplomaten agierten oftmals neben den vielfältigen direkten dynastischen Beziehungen. Im Falle Olgas schloss der Briefwechsel mit Gortschakow die Gesandten Württembergs und Russlands mit ein.

Vielleicht sah Olga gerade darin Anknüpfungspunkte, württembergische und russische Interessen in Übereinstimmung zu bringen, obwohl sie bislang außer gesellschaftlichen Bindungen keine ernsthaften Belege dafür lieferte, dass Württemberg von ihrer Vermittlung der russischen Politik profitierte. All die Prinzessinnen oder Prinzen aus deutschen Staaten, die mit russischen Großfürstinnen oder Großfürsten verheiratet waren, versuchten, ihre regionalen Interessen über Russlands Einfluss auf Preußen oder Österreich durchzusetzen. Olga befand sich in dieser Hinsicht keineswegs in einer außergewöhnlichen Position. Eine Ausnahmerolle spielte einzig und allein die Großfürstin Helene. Weil sie sich durch persönliche Klugheit, Engagement und Souveränität in der Reformpolitik Alexanders II. einen Namen machte, durfte sie auch in der Außenpolitik gegenüber den deutschen Staaten mitreden. Die regionalen Interessen fanden in der russischen Deutschlandpolitik in der Regel Beachtung, wenn sie sich an Russlands Politik gegenüber Preußen oder Österreich adaptieren ließen. Die starke preußische Position wurde auch dadurch gestützt, dass die gerade verstorbene Kaiserinwitwe zeit ihres Lebens auf die enge Bindung nach Berlin geachtet hatte. Eine ähnliche Rolle spielte Olga als Tochter eines Kaisers in Württemberg zu keiner Zeit. Württembergische Einzelinteressen wurden in Petersburg trotz der langjährigen und wichtigen dynastischen Beziehungen lediglich als Erscheinung der zu überwindende Zerrissenheit im Deutschen Bund betrachtet. Das konnte nach russischer Überzeugung nur durch den Kampf zwischen Preußen und Österreich entschieden werden.

Wenn Olga bis zu dieser Erkenntnis gelangt sein sollte – was schwer festzustellen ist –, bestand ihr Kummer bei dem neuerlichen Abschied von Petersburg nicht nur aus der Angst vor den sie schreckenden Stuttgarter Verhältnissen, sondern auch in dem Gefühl, im großen politischen Spiel der Mächte eigentlich recht wenig bewegen zu können – selbst, wenn sie es ernsthaft gewollt hätte. Das ganze Ritual der 40-tägigen Trauerfeierlichkeiten für die verstorbene Mutter war außerdem nicht dazu angetan, Olgas Stimmung in irgendeiner Weise zu heben.

Keine Reformen, aber antipreußisch!

Während Karl und Olga in Russland weilten, unternahm Wilhelm große Anstrengungen, Ordnung in die deutschen Angelegenheiten zu bringen. Er konzentrierte sich in seinem hohen Alter auf eine Aufgabe, bei der er von Russland Hilfe erwartete, und reagierte gereizt, wenn er merkte, dass in Petersburg nur ein geringes Interesse an seinen Bemühungen um den Deutschen Bund bestand und dass sein positives Verhältnis zum Kaiser in Wien an der Newa negativ beurteilt wurde. Olga und Karl waren im Herbst 1860 kaum nach Petersburg abgereist, da besuchte Österreichs Kaiser Franz Joseph I. Stuttgart. Die Gemahlin des württembergischen Gesandten in Petersburg, die Baronin von Spitzemberg, notierte in ihr Tagebuch: „Die abscheulichen Russen und Franzosen hier haben jedoch die schmählichsten und erlogensten Gerüchte gegen ihn [Franz Joseph I.] und speziell das Verhältnis zu seiner Frau [Elisabeth „Sisi"] in Umlauf gesetzt, um ihn kühle Aufnahme finden zu lassen; der alte König [Wilhelm I.] dagegen ist sehr gut österreichisch gesinnt, und als er daher vernahm, dass die Russen sehr gegen die Aufhebung der Trauer [für die verstorbene Kaiserin Alexandra] während des Kaisers Anwesenheit protestierten, ließ er ihnen sagen, er wolle doch sehen, wer Herr im Lande sei, er oder die russische Gesandtschaft, und ordnete darauf ein Festtheater auf Dienstag an. Von den Deutsch-Österreichern wird nun alles in Bewegung gesetzt, um ihm einen glänzenden Empfang zu bereiten, wogegen natürlich Russen und Franzosen alle Hebel in Bewegung setzen."[126]

Wilhelms Verärgerung war durchaus zu verstehen. Bei allem Respekt vor der verstorbenen russischen Kaiserin: Er erwartete von seiner Schwiegertochter aktive russische Hilfe bei den Bemühungen um die deutsche Einheit. Aber Olga blieb ebenso fern wie die russische Unterstützung. Wenn die Baronin Spitzemberg Wilhelms Aufregung in Worte fasste, darf man annehmen, dass sie die gleiche Information ihrem Mann anvertraute und der wird sie als braver Gesandter an Olga weitergegeben haben. Deren Freude auf die Rückkehr nach Stuttgart hat er damit gewiss nicht gesteigert.

In Petersburg entwickelte sich das politische und familiäre Leben am Beginn des Jahres 1861 aufregend genug. Olga erlebte mit, dass zwischen Februar und April die zarischen Dekrete zur Aufhebung der Leibeigenschaft in Kraft traten. Als echtes Kind des Nikolaitischen Systems betrachtete sie die reformerischen Schritte des Kaisers mit Skepsis, vielleicht sogar mit naiver Ablehnung. Die Großfürstin hielt die Reformen für illusionär und fürchtete, die Gutgläubigkeit des nach ihrer Ansicht aus idealistischen Motiven handelnden Alexander würde von liberalen politischen Kräften missbraucht. Liberal – das Wort galt Olga als Synonym für alle Bestrebungen, die an der Autokratie rüttelten, es schien ihr schlimm genug, dass selbst Großfürstin Helene diesen Liberalen nahestand. Sie fügte sich aber dem Befehl des Kaisers: Ohne die Hintergründe und Zwänge für die Aufhebung der Leibeigenschaft zu verstehen, blieb sie in Petersburg, bis alle gesetzlich notwendigen Rituale für das Inkrafttreten der Reform abgeschlossen waren. Erst im April 1861, als der Zarenukas in den Kirchen verlesen wurde und die Menschen sich langsam mit dessen Inhalt vertraut zu machen begannen, als Olga die Chance besessen hätte, einen tieferen Blick in das Denken des russischen Volkes zu werfen, reiste sie ab und kehrte nach halbjähriger Abwesenheit wieder an den Neckar zurück.

Im Januar 1861 war Preußens König Friedrich Wilhelm IV. gestorben. König Wilhelm I. folgte ihm auf dem Thron, der durch seine Frau Augusta, der Tochter Maria Pawlownas, mit Olga verwandt war. Weder die familiäre Bindung noch die Aufmerksamkeit des Zaren für die schwierigen innerdeutschen Entwicklungen zu einem Einheitsstaat veranlassten Olga zu besonderer Aufmerksamkeit oder gar Sympathie für Preußen. Ihre antipreußische Haltung, für die es gerade am Beginn der 60er-Jahre keine signifikanten Gründe gab, schien eher subjektiv motiviert zu sein. Wenn Olga bei der Rückreise aus Russland ihrer Hofdame Massenbach trotzdem erlaubte, illegal Briefe Bismarcks über die Grenzen zu schmuggeln, dann gehörte eine große Portion Naivität zu der Annahme, daraus könnten keine bösen Folgen für sie selbst, Bismarck und Preußen erwachsen. In Berlin schlug man jedenfalls die Hände über dem Kopf zusammen, als die Briefe ganz frei und unverschlüsselt übergeben wurden. Die Kronprinzessin mokierte sich ihrerseits darüber, dass der Berliner Hof die Trauer für den verstorbenen König vorzeitig aufgehoben hatte – um den Handel nicht zu beeinträchtigen. Sie jedenfalls trauerte um ihre Mutter weiter, öffentlich und nachhaltig, so dass es jeder sah.

In Stuttgart empfing Olga der gewohnte Alltag: Zeitvertreib mit gängiger Literatur [z. B. „Marie Regina" von der Gräfin Hahn-Hahn Toqueville], Gesellschaften mit Diplomaten, Höflingen und den immer wieder neuen Gästen aus diversen Höfen Europas. Dazwischen neue Reisepläne. Nur keine Langeweile aufkommen lassen! Eine Rundreise durch das Land erschien vordringlich: Man musste sich dem Volk zeigen und Beweise seiner Anteilnahme und Wohltätigkeit liefern! Bereits am 21. Mai 1861 begann die Fahrt. Olga und Karl besuchten Freudenstadt [der örtliche Liederkranz begrüßte das Paar mit Ovationen], Fabriken in Üchtritz und Faist, die Fabrik- und Landwirtschaftsausstellung in Rottweil [man empfing sie mit russischen Liedern], hörten sich in Oberndorf noch eine der üblichen untertänigen Ansprachen an und kehrten am 22. Mai schon wieder in die Villa Berg zurück. Die Pflichten waren erfüllt.

Ende Juli 1861 meldete sich Kaiser Alexander aus Warschau und schickte einen Botschafter, der Olga erklären sollte, weshalb Russland das vereinigte Italien offiziell anerkannte. Sie hielt das offenbar für einen gegen Österreich gerichteten Schritt, der vielleicht sogar die württembergisch-österreichischen Beziehungen trüben würde. Das war allerdings nicht zu befürchten, denn den russischen Kaiser und auch Gortschakow interessierten die württembergischen Interessen nicht übermäßig. Die Kronprinzessin widmete dem Thema dann auch keine weitere Aufmerksamkeit, sondern befasste sich intensiv mit dem „Riedle", einem kleinen Wald bei Friedrichshafen, den sie für 40 000 Gulden aus dem Erbe ihrer Mutter bezahlt und als öffentliche Promenade zur Verfügung gestellt hatte. Grund genug, zur Freude des Publikums einen hübschen Frühstückspavillon einzuweihen.

Für dieses kleine Vergnügen engagierte sich Olga, ansonsten zeigte sie unverändert Trauer. Selbst ihr 39. Geburtstag am 11. September verlief in aller Stille. Eine mehrtägige Anwesenheit des Königs sorgte für innerfamiliäre Eiseskälte im lieblichen Friedrichshafen. Der ganze Hof fürchtete die unberechenbaren Zornesausbrüche des Königs. Freude erfuhr Olga erst wieder, als sie drei Tage nach ihrem Geburtstag mit Karl zum Militärlager Köngen reiten durfte und dadurch der bedrückenden Atmosphäre, die Wilhelms Gegenwart heraufbeschwor, entging. Weniger lustvoll verlief dagegen der 80. Geburtstag des Königs am 27. September, der wie jedes Jahr mit hohen Gästen, einem Galadiner und einer großen Theateraufführung gefeiert wurde. Man gab Goethes „Faust", aber weder der König noch das kronprinzliche Paar scheinen aus dem Geist des Stoffes Schlussfolgerungen für ihr Verhalten zueinander gezogen zu haben.

Der König litt inzwischen an so starken Schwindelanfällen, dass er seinen Sohn wohl oder übel als offiziellen Repräsentanten der württembergischen Krone zur preußischen Königskrönung am 18. Oktober in Königsberg entsenden musste. Im Gegensatz zu seinem Auftreten in Petersburg erregte Karl dort positive Aufmerksamkeit. Da der König zusehends schwächer wurde und die Ärzte bereits eine ernste Krise vorhersagten, legte Olga besonderen Wert darauf, dass man am Hofe und im

Lande das würdevolle Erscheinungsbild Karls in Königsberg gebührend zur Kenntnis nahm.

Die Förderung des Ansehens Karls war in dieser Situation nicht allein eine Frage der persönlichen Beziehungen zu dem immer weiter in seine eigene Welt abdriftenden Ehemann. Die Thronfolge rückte gerade in dem Augenblick näher, als sich das Bemühen um eine Bundesreform zuspitzte und Württemberg beharrlich, aber mit geringem substanziellen Erfolg nach russischer Unterstützung suchte. Wenn die quantitative Intensität im Briefwechsel zwischen Olga und Gortschakow ein Maßstab für Olgas eigene Aktivitäten gewesen wäre, könnte man das Jahr 1861 als einen Höhepunkt in ihrem politischen Leben betrachten. Allein 24 Briefe Gortschakows sind mit zahlreichen Anlagen erhalten. Damals kolportierte man in der Öffentlichkeit, Olgas antipreußische Sprüche stützten sich auf den politischen Willen Alexanders II. oder Gortschakows. Aber weder der Zar noch sein Außenminister verfolgten gegen Preußen gerichtete Absichten. Sie standen vielmehr Österreich misstrauisch gegenüber. Sie beobachteten die deutschen Entwicklungen aufmerksam und die Briefe Gortschakows an Olga reflektierten jedes wichtige Ereignis. Am 9. Februar 1862 berichtete Gortschakow über die zunehmenden Irritationen zwischen den Regierungen in Wien und Berlin. Am 14. März dementierte er den Vorwurf, persönliche Vorbehalte gegenüber Wien zu besitzen. Zwei Tage später informierte er über den Abschied Bismarcks von Petersburg.

Die Verwandtschaft zwischen Württembergern und Romanows, die Korrespondenzen mit Gortschakow und die Bemühungen der offiziellen Gesandten unterstützten Wilhelm I. in der eigenständigen Politik zur deutschen Frage. Die Anwesenheit der Kronprinzessin bewirkte aber auch jetzt keineswegs, dass ein besonderes machtpolitisches Mächtedreieck Stuttgart – Berlin – Petersburg entstand. Alexander II. besaß zwar ein ausgewogenes persönliches Verhältnis zu seiner Schwester. Daraus resultierte jedoch für die russische Reichspolitik keine Exklusivität Württembergs.

Bei allen notwendigen kritischen Einwänden hinsichtlich ihrer politischen Kreativität – Olgas Leben nahm 1861/62 zwangsläufig schärfere politische Konturen an. König Wilhelms Lebensuhr schien abzulaufen. Karl ging eigene Wege, nur nicht in Richtung auf eine konzentrierte politische Verantwortung. Olga begriff in dieser Zeit, dass Karl die Staatsgeschäfte in einer komplizierter werdenden deutschen Entwicklung übernehmen musste. Ihr persönlicher Einfluss auf den künftigen König wirkte vielleicht sogar positiv auf den Erhalt der eigenen Ehe. Von einer direkten persönlichen Einmischung in unmittelbare politische Entwicklungen ging sie nicht aus. Selbst das zur Schau gestellte Antipreußentum, in dem Gortschakow sie immer wieder zügelte, entsprang keinem politischen Kalkül. Die Zarenfamilie wünschte mehrheitlich eine deutsche Einigung unter preußischer Führung, hielt sich aber mit Rücksicht auf die vielfältigen dynastischen Verbindungen zu Klein- und Mittelstaaten mit öffentlichen Meinungsäußerungen zurück. In ihrer russischen Familie durfte Olga mit antipreußischen Äußerungen ebenso wenig auf Sympathien rechnen wie in der württembergischen Öffentlichkeit oder bei König Wilhelm I. Selbst Karl unterstützte ihren Kurs nicht.

Man hätte Olgas Meinung eigentlich keine besondere Beachtung schenken müssen. Aber in den Auseinandersetzungen um eine Bundesreform wurden individuelle Äußerungen, namentlich, wenn sie aus den empfindsamen Mittelstaaten kamen, oft auf die Goldwaage gelegt. Württembergs Kronprinzessin gehörte nun einmal zur Creme der europäischen Aristokratie. Als Korrespondenzpartnerin des russischen Außenministers, die wohl sogar Einfluss auf die Ernennung von Diplomaten nahm, besaß sie einen Ruf, dem sie selbst gar nicht entsprechen wollte.

Natürlich unterstützte Olga die Pflicht und das Recht Württembergs, sein Überleben im Schatten Preußens und Österreichs zu organisieren. Die deutschen Reformbestrebungen und die württembergisch-russischen Beziehungen bildeten jedoch zwei verschiedene politische Ebenen, zwischen denen es keine unverzichtbaren oder unabdingbaren Verbindungen geben musste. Daran änderten auch ihre Korrespondenzen mit Gortschakow nichts. Im Spiel der deutschen und europäischen Monarchen, Kanzler, Außenminister oder Feldherrn besaß Olga keinen bevorzugten oder gar prominenten Platz. Der Austausch politischer Ansichten erfolgte – mit oder ohne Wissen Olgas – über die diplomatischen Kanäle. Gortschakows Briefe an Olga bildeten keine extraordinäre Ebene mit sensationellen Informationen, die politische Kanäle in den Schatten gestellt hätten.

Auch Lehrjahre gehen einmal zu Ende

Während sich die regierenden Monarchen, Politiker und Diplomaten um eine Bundesreform die Köpfe heiß redeten, ging Olga auch im Jahre 1862 in altgewohnter Weise ihren Passionen nach.

Angesichts der zunehmenden Schwäche des Königs wahrte die Familie gespannte Ruhe. Olga beobachtete den König aufmerksam. Vorsichtig scharte sie Menschen um sich, die in Russland über nachhaltigen Einfluss verfügten. Eine interessante Persönlichkeit war in dieser Hinsicht die zur ständigen Begleiterin avancierte Fürstin Gagarin-Sturdza. Die Gagarins zählten zu den ältesten Moskauer Adelsfamilien und besetzten hohe Posten am Hofe. Die Familie Sturdza spielte eine vergleichsweise undurchsichtige Rolle. Ursprünglich war sie aus der Moldau oder aus Griechenland nach Russland eingewandert. Roxana Sturdza, ein Mitglied dieser großen Familie, hatte auf dem Wiener Kongress als Hofdame der russischen Kaiserin Elisabeth Alexejewna gedient. Roxana zeichnete sich durch zwei bemerkenswerte Verbindungen aus. Ihr Bruder, Alexander Skarlatowitsch, diente dem Kaiser Alexander I. als Privatsekretär; sie selbst war eine begeisterte Anhängerin der damals bekannten baltisch-lettischen Mystikerin und Bußpredigerin Juliane Baronin von Krüdener. Die Krüdener besaß in jenen Jahren entscheidenden Einfluss auf Alexander I., bestärkte diesen in seinen abgehobenen religiösen Überzeugungen und führte seine Hand bei den Entwürfen, mit denen er die „Heilige Allianz" zu einem christlich-ethischen Konstrukt der Fürsten Europas unter russischer Führung ausgestalten wollte. Roxana war mit dem 1814 von Dresden nach Weimar versetzten Oberhofmarschall und Staatsminister Albert Cajetan Graf Edling verheiratet. Er galt der Weimarer liberal-demokratischen Presse als geheimer Zuträger der russischen Regierung. 1817/18 spielte er in der „Kotzebue-Affäre" eine mehr als undurchsichtige Rolle.

Im Umfeld Olgas bewegte sich auch Friedrich Karl Gottlob Freiherr Varnbüler von und zu Hemmingen, seit 1844 Abgeordneter der Ritterschaft im Württemberger Landtag. Auch Varnbüler gehörte 1862 zu Olgas gut ausgewählten Gesprächspartnern. Er war ein Phänomen. Er wusste alles über die Querelen am Hof, auch über die Ehe Olgas, und er genoss das Vertrauen aller, von Wilhelm I. bis Olga. Varnbüler schien lange vor dem Ernstfall der ideale Mittler für einen reibungslosen Übergang der Herrschaft von Wilhelm auf Karl.

Olga intensivierte gemeinsam mit Karl ihre politischen Verbindungen nach Frankreich. Sie sondierte mit Hilfe der russischen Fürstin Menschikowa die Ansichten Adolphe Tiers' zu den deutsch-französischen Beziehungen. Tiers stand damals in politischer Opposition zum Kaiserreich Napoleons III. Olgas Streben nach Informationen schloss ebenso Gespräche mit dem Sekretär der österreichischen Gesandtschaft wie mit dem preußischen Gesandten am Württemberger Hof, Schulenburg, ein. Sie beunruhigte sich z. B. 1862 über die Schwierigkeiten, die bei der geplanten Verlängerung des württembergisch-preußischen Zollvertrags auftauchten.

Die Gespräche über politische Fragen verliefen diskret und ohne sichtbare Reaktionen. Selbst Eveline von Massenbach durfte sich nur auf die alltäglichen „Nichtigkeiten" konzentrieren, erfuhr wenig und sah lediglich, dass Olga die innerdeutschen Entwicklungen nicht gleichgültig blieben. Manchmal kam es jedoch zu erstaunlichen Ausbrüchen von politischer Offenheit. Am 14. April 1862 notierte die Massenbach in ihr Tagebuch: „Kaiserliche Hoheit lässt mich rufen, um geheime Depeschen über Bismarck und Hohenlohe zu lesen sowie Papiere des Grafen Nesselrode über die Teilung Polens. Fürst Gortschakow erlaubte, dass ich eingeweiht wurde, weil er wusste, dass ich nichts davon verstünde."[127]

Nahm Gortschakow etwa das Gleiche von Olga an? Er hätte es niemals direkt ausgesprochen. Aber die Erlaubnis an Olga, eine unwissende Frau Massenbach mit derart delikaten Problemen wie der polnischen Teilung zu konfrontieren, entsprang nicht nur einer Laune dieses kaisertreuen Beamten. Er gab vielmehr einen diplomatisch umschriebenen Hinweis, dass auch Olga nichts mit seinen vielen Briefen und Informationen anfangen sollte, was den politischen Interessen Russlands schadete. Ein stummer Vorwurf, ein wenig abstrakt, denn Olga agierte als Kronprinzessin wahrlich nur am politischen Rand. Obendrein genoss sie lieber die zu nichts verpflichtenden „Causeries d'un curieux", die Plaudereien eines Neugierigen, aus der Feder des französischen Historikers Feuillet de Conches. Und sie erging sich selbst bei wiederholtem Zahnweh in ebenso vieldeutigen wie hilflosen Anspielungen: „Ich lächle nur um nicht zu zeigen, dass es mir wehtut, so mache ich es oft im Leben." Derartige Bemerkungen, in der Öffentlichkeit vorgetragen, setzen unbeteiligte Zeugen unter moralischen Druck. Frau von Massenbach fügte dann auch schnell und entschuldigend hinzu: „Es kommt selten vor, dass sie Derartiges sagt."[128] Diese mitunter peinlich wirkenden Bemerkungen änderten nichts daran, dass Olga in ihrem vierzigsten Lebensjahr tatsächlich sehr litt. Ihre Ehe mit Karl bröckelte unaufhaltsam, ohne dass Olga sich selbst wirkliche Vorwürfe machen musste. Karls persönliches Eigenleben, aber vor allem die Tatsache, dass der ewige Kronprinz keine fordernden Aufgaben erhielt, dass das Kronprinzenpaar keine reale Verantwortung trug und dass der offensichtlich seinem Ende entgegengehende König keinerlei Anstalten unternahm, die Herrschaft in die Hände seines Sohnes zu legen, das alles zerrte an Olgas Nerven. Über das Leben ohne Kinder sprach man nicht.

Es gab auch erschreckende Ereignisse. Am 3. Juli 1862 verübten polnische Aufständische in Warschau ein Attentat auf Olgas Bruder Konstantin Nikolajewitsch. Der Großfürst war gerade zum russischen Statthalter in Polen ernannt worden. Er überlebte das Attentat. Gerüchte sprachen davon, dass seine Kinder Zeugen des Anschlags gewesen sein sollen. Konstantin hatte 1848 die 1830 geborene Prinzessin Elisabeth Maria von Sachsen-Altenburg (Alexandra Josifowna) geheiratet. Zwischen Olga und ihrem Bruder Konstantin bestand ein herzliches und enges geschwisterliches Verhältnis. Bruder und Schwester vertrauten einander auch in schwierigen Situationen. Konstantins Altenburger Ehefrau kannte Olga lange und gut. Die Prinzessin sollte offensichtlich im Herbst 1846 nach Stuttgart kommen, damit Olga ihr half, sich auf das Leben in Russland vorzubereiten. Olga schrieb ihrem Bruder Konstantin am 24. Oktober 1846 ein wenig apodiktisch: „… Man wünscht, dass sie schon jetzt Russisch lernen und russische Einsegnungsgebete lesen möge, aber das ist ohne Anleitung durch einen Priester ganz unmöglich, denn vieles muss ihr ohne Erklärung sonderbar vorkommen. Ich glaube es wäre besser, dies alles bis zu ihrer Ankunft bei uns zu verschieben, denn hier wird sie aus Liebe zu Dir alles rasch lernen und ich hoffe, dass Ihr auf Russisch lesen und sprechen werdet. Gebe es Gott, dass sie schnell zu einer Russin werden möge, in diesem Sinn ist Anna Alexejewna [Gouvernante Olgas] eine gute Helferin und ich kenne niemanden, der so wie sie anderen Menschen die russische Seele und die Verbundenheit mit dem russischen Vaterland einhauchen könnte."[129] Die Prinzessin passte sich brav in Russland an. Unmittelbar nach dem Attentat in Warschau wussten weder Olga noch ihr Bruder, dass es bald ein sehr lebendiges Bindeglied zwischen ihren beiden Familien geben würde.

Vorerst zog sich Olga erschrocken nach Friedrichshafen zurück und blieb dort für mehrere Wochen. Selbst zu ihrem Geburtstag im September wirkte sie auf ihre Umgebung noch leidend. Karl gab sich zwar Mühe, nett zu seiner Frau zu sein, und auch Olga schenkte ihm als Zeichen ihrer Zuneigung ein Ufergrundstück am Bodensee, damit er dort ein Landhaus für sie beide errichten lassen konnte. Sie freute sich auch darüber, dass die Zahl der Russen in Württemberg immer größer wurde. Aber alle die angenehmen Einzelheiten änderten nichts an ihrer misslichen Grundsituation, die sich nahezu zwei Jahrzehnte nach der Hochzeit immer mehr zuspitzte: die Ehe formal, keine Kinder, fern der Heimat, keine tragfähigen Aufgaben, politische Ängste über Württembergs Zukunft … Wie sollte Olga einen Ausweg aus dem Labyrinth ihrer Sorgen finden? Sie dachte darüber ernsthaft nach und gelangte zu einer sie charakterisierenden Antwort. Massenbach notierte am 9. Dezember 1862: „Idee von Kronprinzessin Olga, ihre Memoiren zu schreiben."[130] Kein Aufschrei einer gequälten Seele, aber auch keine entschlossene Tat, die Lebenssituation zu ändern – Ehescheidungen waren auch im Adel keine unbedingte Ausnahme. Olga hielt durch, fraß den Kummer in sich hinein und wollte ihre Erinnerungen zu Papier bringen. Nicht zum Ruhme des Vaterlands oder für das eigene Ansehen in der Geschichte – wie einst ihre Urgroßmutter –, sondern quasi als Ventil für die Qualen eines Lebens, das zu ändern sie sich außerstande fühlte. Oder aus übersteigertem Selbstmitleid! Tatsächlich hat sie den Plan erst etwa zwei Jahrzehnte später realisiert.

Der Kummer über ihre unglückliche Ehe hat nie nachgelassen. Doch je näher das Ende König Wilhelms kam, je stärker sich die innerdeutschen Reformbestrebungen und der Drang Württembergs, in Russland einen Anwalt seiner Eigeninteressen zu finden, verstärkten, umso sicherer schien es, dass auch Olga in eine aktive politische Rolle gedrängt werden könnte, die in ihren eigenen Lebensvorstellungen eigentlich gar nicht vorgesehen war und die über die lakonisch hingeworfene Tagebucheintragung der Massenbach hinausgehen würde: „28. Dezember Armenweihnachten wie gewöhnlich."[131]

Das Jahr 1863 lieferte eine Reihe von Hinweisen, dass nicht nur die Kinderlosigkeit, sondern das Fehlen gemeinsamer, Körper wie Seele ausfüllender Aufgaben das Dilemma dieser Ehe bestimmte. Am Jahresbeginn trafen neue russische Mitarbeiter in der Gesandtschaft ein, über die sich Olga freute. Gortschakow schickte ihr Nachrichten über die politischen Entwicklungen in Polen, Griechenland, Italien und Frankreich – in der Königsfamilie wuchs die Angst über den Gesundheitszustand Wilhelms. Olgas Gemüt schwankte ständig zwischen heiterer Freude über Kontakte zur Heimat und der Sorge um die Zukunft des württembergischen Throns. In der Öffentlichkeit wirkte sie heiter und gelassen, aber ihre Vertrauten sahen die innere Zerrissenheit: eine stets lächelnde Kronprinzessin, geplagt von körperlichen und seelischen Schmerzen, die im ersten Halbjahr 1863 an Stärke zunahmen. Der König verweigerte seinem Sohn unverändert jede Anerkennung oder gar dauerhafte Vertretung auf dem Thron, obwohl für jedermann sichtbar war, dass Wilhelm einfach nicht mehr regieren konnte. Er verschloss sich auch dem Vorschlag, die Herrschaft einem Ministerrat zu übertragen. Mitte Mai besserte sich Wilhelms Zustand ein wenig, aber er ließ weder Karl noch Olga zu sich vor. Die Kronprinzessin schien am Ende ihrer Nervenkraft angelangt zu sein. Sie ging auf den Rotenberg, um in der

Grabkapelle Katharina Pawlownas Trost zu suchen. Sie ging auch wieder auf Reisen, nach Wildbad oder Friedrichshafen. Aber Olga durfte sich nicht weit entfernen, das Ende des Königs schien nahe.

Mitte Juni 1863 erschien ein gewisser Dr. Hurowitz in Stuttgart, ein Abgesandter von Olgas Bruder Konstantin Nikolajewitsch. Obwohl Frau von Massenbach lediglich die magere Notiz des Tatbestandes hinterlassen hat, dürfte die Visite des Arztes mit Überlegungen in Verbindung gestanden haben, Konstantins Tochter Wera, die als verhaltensgestört galt und mit der die Eltern offensichtlich nicht zurechtkamen, Pflegeeltern in die Hände zu geben. Es fehlt der exakte Beweis, aber der Besuch von Hurowitz deutet darauf hin, dass sich Olga seit Juni 1863 mit dem Gedanken konkret vertraut machte, Wera bei sich aufzunehmen. Nach den Ergebnissen der 1859 bei Karl durchgeführten Operation lag in Olgas Überlegungen eine gewisse Logik. Wenn sie keine eigenen Kinder haben durfte, wäre die Annahme eines Kindes eine mögliche Alternative. Wenn dieses Kind aus der Zarenfamilie kam, wäre es leichter, spätere Erbansprüche im Interesse der Romanows zu regeln.

In den Sommer 1863 fiel auch die Einladung Kaiser Franz Josephs I. von Österreich an die deutschen Fürsten zu einem Treffen in Frankfurt am Main. Der Fürstentag fand in der zweiten Augusthälfte statt und endete mit einem Misserfolg. Die Reformidee für eine Reichsverfassung orientierte auf Österreichs Dominanz und scheiterte am preußischen Widerstand. Bismarck drängte den preußischen König Wilhelm I., dem Fürstentag fernzubleiben und für Österreich unannehmbare Bedingungen zu stellen. Wohl oder übel musste Württembergs König seinen Sohn nach Frankfurt schicken. Wilhelm war zwar bereits vor dem Fürstentag von dessen Scheitern überzeugt, aber vielleicht könnte der unglückselige Sohn wenigstens ordentlich auftreten.

Karl schlug sich achtbar, Olga war endlich wieder einmal stolz auf ihren Mann, aber das kleine Familienglück änderte nichts daran, dass die deutsche Frage wohl auf kriegerischem Wege gelöst werden würde. Diese Gefahr verlangte neue Überlegungen über Württembergs Stellung zwischen den Mittelstaaten, Preußen, Österreich und Russland. Aber noch immer gab Wilhelm die politischen Zügel nicht aus der Hand. Olga sah es zwar mit Wohlgefallen, dass Karl inmitten der deutschen Fürsten eine politische Aufgabe erfüllte. Aber sie misstraute dem König: Karl war ohne jegliche Vorbereitung nach Frankfurt geschickt worden, noch dazu mitten aus dem Urlaub! Was sollte dabei herauskommen, welche Teufelei steckte dahinter? Nur wenige Wochen zuvor hatte der König jede Mitwirkung Karls an der Regierung noch brüsk zurückgewiesen.

Letztlich fand Olga keine andere Erklärung für den Sinneswandel als die zunehmende Erkrankung und das nahende Ende des Königs. Olgas Zorn über die Demütigungen Karls blieb, aber sie kannte auch jene Art des Mitleids, das sie schon gegenüber dem alternden eigenen Vater empfunden hatte. Außerdem lobten Karls Begleiter Hügel, Neurath und Spitzemberg das Verhalten des Kronprinzen in einer Weise, die nicht nur den König ausnahmsweise besänftigte und freundlich stimmte, sondern auch Olga begreifen ließ, der Hof orientierte sich bereits auf Karl als künftigen König. Der aber genoss mit seiner Frau die freundliche Stimmung, ohne zu bedenken, dass sorglose Heiterkeit gutgläubiger Menschen sehr schnell wieder in tiefe Enttäuschung umschlagen kann.

Kronprinz und Kronprinzessin erlebten tatsächlich in den folgenden Wochen ständige Wechselbäder der Gefühle. Mitte September ordnete Wilhelm an, dass ein Ministerrat die Regierung übernehmen sollte. Karl ließ seine ganze Wut und Verzweiflung so lautstark an Olga aus, dass diese sich bei ihren Hofdamen entschuldigen wollte: „... das kommt in den besten Familien vor!"[132] Sie rechnete sich aus, dass die Hofdamen die inneren Verhältnisse in der königlichen Familie sehr genau kannten, mitunter sogar mehr wussten, als Olga lieb war, denn Karls Zurücksetzung beim König resultierte nicht nur aus reiner Unvernunft des Monarchen, sondern auch aus den moralischen Abwegen, auf denen Karl marschierte. Als im November 1863 plötzlich Silvia Livingstone, eine Jugendliebe Karls, für die er seinerzeit sogar auf den Thron verzichten wollte, in Stuttgart auftauchte, wurde Olga eher neugierig als besorgt, denn von dieser verflossenen Leidenschaft ging keine Gefahr für ihre Ehe aus. Da war der Sekretär West auf Grund der homoerotischen Neigungen Karls schon eher eine Bedrohung. Der Gedanke, Konstantins Tochter Wera aufzunehmen, erhielt neue Nahrung.

Die skandalöse Wera kommt

Wera war am 16. Februar 1854 in Petersburg geboren worden. Olga nahm an der Taufe des Mädchens teil. In Erinnerung blieb nur, dass Wera bei der Taufe gewaltig geschrieen hat. Das konnte durchaus ein frühes Anzeichen für angeborene große Kraftreserven sein. Das Mädchen wuchs in die Jahre des Umbruchs vom Nikolaitischen System zur Reformperiode Alexanders II. hinein und durchlief das gleiche Erziehungssystem wie alle Kinder der großen Zarenfamilie. Die Gouvernanten bestimmten die strenge Zucht und Ordnung. Im Unterschied zu den Kindern, die am Hof in Petersburg sicher behütet aufwuchsen, wurde Weras Entwicklung entscheidend von politischen Auseinandersetzungen beeinflusst.

Der Reformkurs Alexanders II. rief im großen Russischen Reich sofort die unterdrückten nationalpatriotischen Kräfte auf den Plan, allen voran die Polen. Am Beginn der 60er-Jahre reifte eine neue nationale Erhebung heran, deren Initiatoren zunächst noch über die Möglichkeiten gemäßigter Reformen debattierten. Die Brutalität der russischen Exekutivorgane förderte jedoch die Tendenzen zum nationalen und radikalen Aufstand.

Es hätte Alexanders Reformabsichten widersprochen, der polnischen Erhebung ausschließlich mit brutaler Gewalt zu begegnen. Er versuchte eine Doppelstrategie. Der Kaiser verhängte den Ausnahmezustand über Polen, stimmte aber einer eigenständigen polnischen Regierung und einem polnischen Schulsystem zu. Alexander wollte die polnischen Reformkräfte um den adeligen Grundbesitzer Alexander Wielopolski unterstützen, der 1862 die polnische Regierung führte. Er schickte seinen Bruder Konstantin als Statthalter nach Warschau. Konstantin zählte zu den aktiven Mitgestaltern der russischen Reformen.

Alexander Wielopolskis und Konstantins Missionen scheiterten am entschlossenen Widerstand der radikalen Revolutionäre und am brutalen Terror der russischen Soldaten. 1862 blieben Attentate gegen Wielopolski und Konstantin noch ohne Folgen für die Opfer – zwei Attentäter wurden gehenkt. Die Erhebung wuchs in einen Flächenbrand hinüber. Alexander II. verstärkte 1863 die russischen Truppen. Der Aufstand weitete sich zu einem regelrechten Krieg aus, in dem 30 000 polnische Kämpfer am Ende einer zehnfachen Übermacht an russischen Truppen unterlagen. Polen wurde jeglicher Autonomierechte beraubt, russifiziert und zu einer abhängigen Provinz degradiert.

Es mag so gewesen sein, dass Großfürst Konstantin in den Grenzen der russischen Autokratie einige autonome Rechte für Polen unterstützte. Der Kaiser hatte den Bruder aber nicht in das Land entsandt, den Polen die Freiheit zu bringen. Konstantin mag über die Härte des polnischen Widerstands erschrocken gewesen sein. Aber er galt den Aufständischen als verantwortlicher Repräsentant der russischen Unterdrückungsmaschine und Konstantin trug letzten Endes die Verantwortung für die brutale Niederschlagung des Aufstands mit. Kritische Mahnungen an Konstantin aus dem Ausland, von russischen Dissidenten wie Alexander Herzen oder sogar von russischen Offizieren, den Polen die Luft zum Atmen zu lassen und damit ein Signal für die Fortführung der Reformen im Innern Russlands zu geben, scheiterten am autokratischen Fundamentalismus der Familie Romanow. Konstantin wirkte höchstens hilflos, als er sah, dass es den Polen um ihre Freiheit und Unabhängigkeit ging. In dieser Hinsicht unterschied er sich auch nicht von seiner Schwester Olga, die selbst dem gemäßigten konstitutionellen Parlamentarismus und der breiten bürgerlichen öffentlichen Meinungsbildung in Württemberg mit Unverständnis begegnete.

Nach dem Attentat von 1862 fürchtete Konstantin um die Sicherheit seiner Familie, die ihn nach Warschau begleitete. Objektiv betrachtet, blieb der Gefährdungsgrad für Frau und Kinder relativ gering und keinem von ihnen ist durch die Aufständischen ein Haar gekrümmt worden. Dennoch entschlossen sich Konstantin und dessen Frau Alexandra, eines ihrer Kinder, die 1854 geborene Wera, ihren Verwandten in Deutschland zur Bildung und Erziehung zu übergeben. Die offizielle Begründung lautete, dass Wera, ein äußerst sensibles Mädchen, durch die schrecklichen Erlebnisse beim Attentat auf den Vater traumatisiert sei, dass daraus Verhaltensstörungen resultierten, die Wera als schwer erziehbar gelten ließen.

Mit dieser Motivation wandte sich der russische Kaiser über Dr. Hurowitz zunächst an die Königin Marie in Hannover, eine Schwester Alexandra Josifownas. Marie lehnte die Betreuung ab. Zwischenzeitlich erwog man am Zarenhof, Wera gleich an Ärzte zu übergeben. Das hieß nichts anderes, als sie in einer geschlossenen Anstalt verschwinden zu lassen. Das wäre jedoch für das Haus Romanow sehr peinlich gewesen. Schließlich wandte sich der Zar an Olga. Bekäme sie nicht die schöne Aufgabe, die sie sich immer gewünscht habe? Ein Kind aufzuziehen, noch dazu ein Mädchen, das Olga erneut mit der zarischen Familie verbinden würde? Das wäre doch wunderschön! Olga stimmte zu und auch Karl wandte nichts dagegen ein. Er wollte seine Frau nicht unglücklich sehen und wenn sie eine Tochter bekäme, besäße sie eine konkrete Aufgabe.

Wera kam Anfang Dezember 1863 nach Württemberg. So klar wie die Entscheidung ausfiel, so rätselhaft blieben die Motive. Die Aussagen der Historiker nachfolgender Generationen basieren nahezu ausschließlich auf den Tagebüchern der Eveline von Massenbach, die am 28. Dezember 1863 notierte: „Armenweihnachten für die kleine Wera. Niemals zeigte der Kronprinz mehr Herz, mehr Zartgefühl und Gemüt als er, zusammen mit seiner Frau, der es dadurch leichter wurde, die Aufgabe annahm, die ihnen Kaiser Alexander II. anbot. Wera Konstantinowna, unter ungünstigen gesundheitlichen Vorzeichen – von beiden Eltern her – geboren, beeindruckt von den Schrecken von Warschau, zeigte so seltsame nervliche Stimmungen – neben unbestreitbaren geistigen und Gemütsanlagen –, dass ihre Mutter sie nicht so leicht erziehen konnte, wie ihre

Schwester Olga, ein durchsichtiger Charakter. Zuerst versuchte man, sie zur Königin von Hannover zu geben, doch dies führte zu nichts. Es halfen weder strenge Argumente noch schmeichelnde Überredungsversuche. Es war davon die Rede, sie zu einem Arzt zu geben, da entwickelte der Kaiser, um den Eltern diesen peinlichen Schritt zu ersparen, die Idee, seine Schwester zu bitten, sich des Kindes auf eine begrenzte Zeit anzunehmen. Die Dauer sollte vom Erfolg ihrer Bemühungen abhängen. Die Kronprinzessin setzte ihr ganzes Herz daran, ja auch ihren Patriotismus, gemäß dem Grundsatz ihrer Tante Maria Pawlowna: ‚Man muss immer, selbst von ferne, für Russland arbeiten'. Sie widmete sich ihrer Aufgabe so sehr, dass sie sich vornahm, die Kleine die Ursache ihres Exils vergessen zu machen. Es wäre für Wera vielleicht besser gewesen, sie hätte von diesem Motiv gewusst, denn zwischendurch lehnte sie sich oft gegen den Aufenthalt in Stuttgart auf, wo sie ihrer Tante als Kind diene, ja ihr durch schlecht informierte Leute aufgehalst worden sei."[133]

Durch schlecht informierte Leute aufgehalst? Ungünstige gesundheitliche Voraussetzungen bei den Eltern? Massenbachs Aufzeichnungen, die lediglich reflektieren, was man der Hofdame erzählte, dienen der Legendenbildung. Konstantin und Alexandra brachten sechs Kinder zur Welt, darunter Olga, die spätere Königin von Griechenland, aus deren Nachkommen der heutige Prinz Philipp, Herzog von Edinburgh und Gemahl der englischen Königin Elisabeth II. hervorging. Zwei Söhne fielen 1918/19 den Bolschewiki zum Opfer. Lediglich der letzte Sohn, der 1862 geborene Wjatscheslaw, ist nur 17 Jahre alt geworden. Bei diesen Geschwistern ist es schwierig, zu behaupten, Wera, das dritte Kind, wäre unter ungünstigen gesundheitlichen Voraussetzungen der Eltern, die gar zu Verhaltensstörungen führten, zur Welt gekommen. Martin Wilhelm Mandt, der 1854 noch als kaiserlicher Leibarzt in Petersburg tätig war, erwähnt Weras Geburt nicht einmal. Wenn bei dem Kinde von klein auf Verhaltensstörungen bemerkbar gewesen wären, wäre es natürlich gewesen, dass zumindest Alexandra Josifowna in der Korrespondenz mit ihren Eltern in Altenburg darüber berichtet hätte. Es ist im Altenburger Staatsarchiv aber weder aus der Zeit vor 1863 noch aus dem Jahr der Übersiedlung oder aus späterer Zeit ein Schreiben nachweisbar, in dem das Schicksal Weras besprochen worden ist. Die Korrespondenz des Herzogs von Altenburg mit seinem „vielgeliebten Vetter", dem Kaiser in St. Petersburg, offenbart vielmehr die bittere Erkenntnis, die auch von Olga hinreichend praktiziert wurde und die Bismarck in die Worte gekleidet hat: „Die dem Kaiserhause verwandten deutschen Fürsten erfreuen sich im Ganzen keiner großen Popularität, und eine nachweisbare Einmischung in die russische Politik verzeiht man ihnen vollends nicht. Es liegt indessen in der Natur der Dinge, dass eine solche stattfindet, ohne über den engen Kreis der kaiserlichen Familie hinaus kontrolliert werden zu können."[134]

Die lieben Vettern in Altenburg und natürlich auch in Stuttgart bekamen kaum Einblicke in die innere Familienpolitik der Romanows. Der Briefwechsel zwischen Petersburg und Altenburg für das Jahr 1863 offenbart vielmehr einen Grad an unpersönlicher Formalisierung, der dem Charakter heutiger vorgedruckter Glückwunschkarten ähnelt, in welchen nur noch einzelne Daten ergänzt werden müssen. Typische Beispiele aus den Wochen, in denen die Zarenfamilie mit Olga über die Zukunft Weras sprach, waren Briefe Kaiser Alexanders II. an den Herzog von Sachsen-Altenburg, Ernst I., in denen mit keinem Wort auf das Thema Wera eingegangen wurde. Auch das Argument, Wera habe durch das Attentat auf ihren Vater und durch den Verlauf des Aufstands einen Schock erlitten, ist schwer nachvollziehbar. Es ist nicht einmal bekannt, ob und inwieweit Wera konkret in das Attentat involviert war. Der Anschlag lag über ein Jahr zurück, die anderen Kinder Konstantins haben dadurch keinen Schaden genommen. Die mit dem Aufstand verbundenen Kampfhandlungen spielten sich außerhalb des Lebensmilieus der Familie ab. Die offizielle Begründung für Weras Übersiedlung weist also mehr Fragen als Antworten auf. Allein das konkrete Verhalten des Mädchens unter der Obhut der Tante Olga in Stuttgart kann die Frage beantworten, ob tatsächlich eine krankhafte Verhaltensstörung vorlag oder ob das selbstbewusste, lebendige und unbequeme Kind den Eltern einfach über den Kopf gewachsen ist und sie die Erziehung nicht bewältigten. Die so wichtige Frage nach dem Einfluss von Gouvernanten und deren Anteil an Weras Erziehung bleibt vollkommen offen.

Olga stand vor einer wirklich schwierigen Aufgabe, die wohl ihren ureigensten Wünschen entsprach, auf die sie jedoch pädagogisch in keiner Weise vorbereitet war. Es ist ein großer Unterschied, ob eine Mutter ihr eigenes Kind von Geburt an betreut oder ob sie sich mit einem bereits neunjährigen Kind, das als verhaltensgestört gilt, auseinandersetzen muss.

Die Aufnahme Weras bedeutete ein hohes Risiko. Karl unterstützte Olgas Bereitschaft durchaus und freute sich sogar auf das Kind. Doch ging die Sache schief und Wera erwies sich tatsächlich als hoffnungsloser Fall, sollten Olga und Karl gar resignieren, weil sie noch niemals eine derartig ernste und langwierige Aufgabe lösen mussten, konnte das auch für ihre Ehe schwerwiegende Folgen nach sich ziehen. Aber im Herbst 1863 galten keine bösen Orakel. Olga zeigte sich ihrer Verantwortung bewusst, bewies moralische Stärke, Selbstdisziplin und einen festen orthodoxen Glauben. Das Leben hatte sie Leidensfähigkeit gelehrt. Sie fühlte sich für Wera gerüstet und hoffte darauf, das Mädchen würde ihrer Ehe mit Karl guttun.

Olga kannte jedoch nur das von Martin Wilhelm Mandt kritisch beschriebene Erziehungssystem der „Ökonomie" und der Gouvernanten, das in der Zarenfamilie und in der russischen Aristokratie galt. Über die ihrer Ansicht nach oberflächliche Erziehung des adligen Nachwuchses in den deutschen Mittelstaaten hatte sie sich früher abfällig geäußert. Tatsächlich ließ Olga von der Ankunft Weras am 2. Dezember 1863 an keinen Zweifel aufkommen, dass sie ihre eigene Erziehung zum Maßstab für Weras künftigen Weg erhob. Wera gehörte zur russischen kaiserlichen Familie – lebte nun jedoch in einer Welt, die nicht durch monarchische Autokratie, sondern durch den gerade in dieser Zeit zugespitzten Kampf um die Vorherrschaft im Deutschen Bund gekennzeichnet wurde.

Wera kam mit Dr. Haurowitsch nach Stuttgart, ihre Eltern folgten zur offiziellen Übergabe fünf Tage später. Das Mädchen bewies vom ersten Augenblick an, dass es mit einem scharfen Verstand ausgerüstet, aber vollkommen unerzogen, frech, vorlaut und aufsässig war. Ihr Selbstbewusstsein schien ungebremst. Olga besaß im Grunde kein konkretes oder praktisches Konzept, wie sie Weras Übermut begegnen wollte. Es sollte ein gebildetes Kind werden, da schien es wohl das Beste, Frau von Massenbach kümmerte sich so lange um das Mädchen, bis eine ordentliche Gouvernante eingestellt sein würde. Das geschah innerhalb weniger Wochen. Weras Gouvernante, Helene Trupow, kam direkt aus Petersburg, die Kammerfrau Oechsel aus dem Dienst der Großfürstin Helene und Olga fanden auch russische Kinder in Stuttgart, die als Spielgefährten für Wera dienen sollten.

Weras Protesthaltungen äußerten sich in kindlichem Mutwillen. Sie verstand die Übersiedlung nach Stuttgart durchaus als eine Abschiebung, weil die Eltern sie nicht haben wollten. Ihr kam auch der Gedanke, dass sie nach Württemberg hatte gehen müssen, damit die kinderlose Tante, die sicher bald Königin werden würde, eine intakte Familie besaß. In beiden Fällen sah sie sich in der Opferrolle und ihre Frechheiten protestierten gegen diese Erkenntnis. Olga hätte wahrscheinlich in kürzerer Zeit bessere Erziehungsresultate erzielt, wenn sie mit Wera persönlich, offen und vertrauensvoll, aber auch konsequent umgegangen wäre. Die Einbindung in das althergebrachte Gouvernantensystem russischer Traditionen beschwor nur zusätzliche Probleme herauf – bei denen sich Olga allzuoft entnervt mit Kopfschmerzen zurückzog.

Konflikte türmen sich auf

Der Stuttgarter königlichen Familie erwuchsen gerade in den ersten Wochen des Erschreckens über die widerborstige Wera erhebliche weitere Sorgen. Das Schweigen der Altenburger zur Übersiedlung Weras resultierte auch daraus, dass Preußens Außenpolitik unter Bismarcks Führung jeden Eindruck vermeiden wollte, dass die polnische Erhebung auf den Deutschen Bund übergriff. Württemberg leistete da auch keinen Vorschub. Also vollzog sich Weras Übersiedlung still und ohne weiteres Aufsehen. Andererseits demonstrierte der missglückte Ausgang des Frankfurter Fürstentages, dass Preußen nur auf eine Gelegenheit wartete, die deutsche Frage gewaltsam zu lösen. Der Anlass fand sich im Norden und mündete in den deutsch-dänischen Krieg.

Olgas Leben wurde im ersten Halbjahr 1864 durch diese drei Konflikte bestimmt: durch den Krieg gegen Dänemark, durch das Drama mit dem sterbenden König und durch den tagtäglichen zermürbenden Kampf um das Wohlverhalten Weras. Bereits zum Jahresauftakt trafen am 1. Januar 1864 alle drei Konflikte buchstäblich aufeinander. Frau von Massenbach notierte in ihr Tagebuch: „Allgemeine Glückwünsche – Schleswig-Holsteinische Predigt – der Kronprinz ist unpässlich und verschnupft gegen den König und Hügel, die Kronprinzessin nimmt allein am Hofdiner teil – der König fragt sie, ob man in Petersburg für Augustenburg sei: ‚Ja, hier hält man sein Wort!' Um 1 Uhr gehe ich mit Wera Konstantinowna spazieren – es ist unmöglich, sie an der katholischen Kirche vorbeizubringen – sie hatte den Schrecken von Warschau noch in Erinnerung – am Abend Kindergesellschaft."[135]

Während Karl sich schmollend zurückzog, weil der König und dessen Minister Hügel trotz des zunehmenden Verfalls Wilhelms keine Anstalten trafen, den Thronfolger mit Regierungsaufgaben zu betrauen, während Massenbach sich mit der widerspenstigen Wera abplagte, besprachen Olga und der König jene Frage, die nach der italienischen Krise erneut das politische Gefüge in Europa bewegen und Preußens Vormacht im Deutschen Bund stärken sollten. Die Ursachen des Konflikts waren außerordentlich vielschichtig und verworren, aber ähnlich brisant wie z. B. die Meerengenfrage für die politische Stabilität im östlichen Mittelmeerraum.

Am 15. November 1863 war Dänemarks König Friedrich VII. gestorben. Die offene Erbfolge löste erneut den alten deutsch-dänischen Konflikt um Schleswig-Holstein aus. Wie der Einigungsprozess in Italien bewirkte die Erbfolge bei den Regierungen und in der Öffentlichkeit der deutschen Klein- und Mittelstaaten eine Welle nationaler Emotionen. In schöner Einmütigkeit forderten Bürger und Regierungen die Loslösung der Elbherzogtümer von Dänemark und die Erhebung Friedrichs von Augustenburg zum Herzog von Schleswig-Holstein. Entgegen den Wünschen der nationalen Patrioten nahmen Bismarck und Österreich vom internationalen Recht diktierte Standpunkte ein und kündigten Mitte Januar 1864 eigene Aktionen an. Die Strategen des „Dritten Deutschland", die eine eigenständige Rolle der Mittelstaaten verlangten, forderten eine gemeinsame Kraftanstrengung, um die Elbherzogtümer von der dänischen Fremdherrschaft zu befreien.

Obwohl alt, schwach und krank, wollte König Wilhelm noch einmal die Stimme erheben und Olgas Worte haben ihm sicher geholfen. Aber er musste die eigene Kraftlosigkeit und die Zwänge, in die er geriet, mit Bitterkeit erkennen: Der österreichische Außenminister kanzelte ihn ab, die kleinen Herren sollten sich doch nicht in die große Politik mischen. Politische Belehrungen durch die württembergische national gesinnte Öffentlichkeit und den Landtag verbat sich wiederum Wilhelm. Wenn Olga vom russischen Interesse an der dänischen Kandidatur des Augustenburgers sprach, nahm Wilhelm das dankbar zur Kenntnis, wenn er aus dem Kreis seiner Untertanen Sympathiebekundungen für den Herzog hörte, wies er diese empört zurück. Er argumentierte im Grunde nicht anders als der österreichische Außenminister. Zwischen Wilhelm und Olga herrschte Einmütigkeit, dass eine Unterstützung der Thronkandidatur Friedrichs von Augustenburg durch liberale und demokratische Kräfte höchst suspekt sei. Wilhelm erblickte darin eine Einmischung in seine Prärogative, Olga lehnte öffentliche Kommentare über die Handlungen des Monarchen nicht nur grundsätzlich ab, sie besaß überhaupt kein Verhältnis zur öffentlichen Meinung, obwohl sie in den Jahren seit 1846 immerhin gelernt hatte, dass der König in Württemberg das Parlament und die Presse nicht einfach verbieten durfte.

Wilhelms Einvernehmen mit Olga resultierte nicht nur aus der gemeinsamen Ablehnung liberaler und demokratischer Willensäußerungen. Olga erhielt von Gortschakow, u. a. am 13. März 1864, russische Lagebeurteilungen und empfahl Wilhelm sachkundig, sich der von Russland tolerierten preußisch-österreichischen Interventionspolitik anzuschließen. Allerdings blieb ihre persönliche Einflussnahme auf Wilhelm auch in diesem Fall relativ gering. Der drohende Krieg machte Olga Angst. Außerdem bereitete die vollkommen unberechenbare Wera, die nur durch Strafen und ein Übermaß an körperlichen Anstrengungen diszipliniert werden konnte, während freundliche Worte an ihr abprallten, Olga seelische und körperliche Schmerzen. Ohne ihre Hofdame Massenbach und die inzwischen installierte Gouvernante hätte sie Wera nicht bewältigt. Olga bekam Ohnmachtsanfälle, Schüttelfrost und die immer wiederkehrende Migräne. Sie musste tagelang das Bett hüten und raffte sich doch immer wieder auf, nach positiven Ansätzen in Weras Charakter zu suchen. Die Ärzte empfahlen Olga Ende Januar 1864 eine Kur in Kissingen. Ein mehrwöchiger räumlicher Abstand von Stuttgart und dem schwierigen Kinde würde sie vielleicht stabilisieren. Ob Olga, die bereits nach vier Wochen an Wera schier verzweifelte, dem Mädchen eine mütterliche Bindung geben würde, blieb angesichts dieser Ausgangslage fraglich. Andererseits resultierte ihre schwache Konstitution nicht nur aus dem Mutwillen des Mädchens.

Österreichische und preußische Truppen überschritten am 1. Februar 1864 die Eider. Die Dänen bereiteten sich zwar auf den Frontalangriff vor, aber ihre Stellungen waren noch nicht vollständig ausgebaut. Eis und Schnee behinderten beide Armeen. Die Österreicher marschierten nach mehreren Gefechten von Flensburg nordwärts, während die Preußen langsam ostwärts über die Halbinsel Sundewitt Richtung Alsensund vorrückten. Die dänische Armee verschanzte sich bei Düppel vor den Toren Sonderburgs.

Während die gegnerischen Armeen ihre Positionen für eine entscheidende Auseinandersetzung bezogen und die kleine Wera immer gerade dann besonders aufsässig erschien, wenn sich die gute Tante Olga ausruhen wollte oder musste, trafen sich am 18. Februar 1864 in Stuttgart Repräsentanten der Mittelstaaten, um gemeinsame Schritte gegen Preußen und Österreich zu beraten. Wie zu erwarten, endete die Konferenz dank unterschiedlicher Interessen ohne Ergebnisse. König Wilhelm I. trat eindeutig für die Eingliederung Schleswig-Holsteins in das Königreich Preußen ein. Der Schritt würde Österreich nicht befriedigen, aber Habsburg könnte sich in diesem Zuge zumindest seine Besitzungen in Italien durch Preußen garantieren lassen.

Bevor Wilhelm weitere Standpunkte zur holsteinischen Frage mit Olga besprechen konnte, erkrankte er im März schwer. Sein Gesundheitszustand schwankte ständig und Karl wie auch Olga litten unter der Ungewissheit ihrer Zukunft. Den ganzen Februar und März plagten Olga Schwächeanfälle. Allerdings kann auch für diesen Zeitpunkt nicht ausgeschlossen werden, dass die Ursachen nicht nur in der Politik und Staatsführung oder bei Wera lagen. Olga unterzog sich wieder einmal einer Abmagerungskur, die ihren Gesundheitszustand erheblich beeinträchtigte. Frau von Massenbach hielt sich mit Äußerungen über die körperliche und seelische Verfassung ihrer Herrin gewöhnlich sehr zurück. Aber am 11. März 1864 schrieb sie in ihr Tagebuch: „Ich werde Basarow bitten, die Kronprinzessin davon abzuhalten, eine strenge Abmagerungskur zu machen."[136] Wenn sogar der Priester eingeschaltet werden musste, um Olga zur Vernunft zu bringen, muss es schlimm gestanden haben. Trotzdem scheint die Intervention nicht von Erfolg gekrönt gewesen zu sein, denn Olgas Zustand verbesserte sich nicht, obwohl sie eine Woche nach der Tagebuchnotiz zur Beichte ging und Basarow ohne Zweifel die Notwendigkeit einer stabilen Gesundheit betont haben dürfte. Dies auch im Hinblick auf Wera. Die Kleine blieb ein Irrwisch: Anlässlich ihrer Ersten Kommunion beispielsweise kam sie brav den Wünschen der Erwachsenen nach und absolvierte den Feiertag ohne Tadel – wenige Tage später trat sie mit voller Kraft nach Tante Olga, so dass der Kronprinz sie schlagen musste. Der Hof war schockiert.

Die Kronprinzessin sorgte sich auch über den Kriegsverlauf im Norden, aber weit stärker belastete sie das menschliche Verhältnis zum König. Im März 1864 schien sich das Ende Wilhelms trotz zeitweiliger Besserungen deutlich abzuzeichnen. Noch immer sagte der Monarch gegenüber Sohn und Schwiegertochter kein klares Wort hinsichtlich seiner Nachfolge. Formal musste er das nicht, denn die Württemberger Verfassung regelte die Thronfolge. Angesichts der lebenslangen Missverständnisse oder gar Feindseligkeiten zwischen Vater und Sohn besaß der König die moralische und menschliche Pflicht, die Fehler der Vergangenheit vor seinem Tode im Interesse des Landes, im Namen des Familienfriedens und der klaren Orientierung für die Untertanen durch ein klärendes Wort zu überwinden. Das hätte Karls Ansehen in Petersburg gedient und Olgas Selbstbewusstsein gestärkt.

Ende März 1864 entschloss sich Wilhelm endlich zu einem ersten, wenn auch halbherzigen Schritt. Er beauftragte den Ministerrat unter Vorsitz des Kronprinzen mit der Erledigung der staatlichen Aufgaben, obwohl die Verfassung für die gegebene Situation den Thronfolger zum Verweser bestimmte. Wilhelms Entscheidung, obendrein nur für eine begrenzte Zeit getroffen, rief am Hof, im Landtag und auch in der Öffentlichkeit zustimmende und ablehnende Reaktionen hervor. Olga scheint schockiert gewesen zu sein. Wie so oft zog sie sich bei besonderer Verzweiflung in Kindheitserinnerungen zurück. Sie erzählte ihrer

Hofdame durchaus nicht beziehungslos, dass Nikolaus I. von seinen Kindern verlangt hatte, sie sollten das Nachtgebet vor dem Bett kniend absolvieren, danach die Augen schließen und an nichts mehr denken – alles Ungemach einfach vergessen.

Doch die Kindheit und den schützenden Vater gab es nicht mehr. Im Norden bereitete sich im April 1864 bei den Düppeler Schanzen die Entscheidung im deutsch-dänischen Krieg vor. Olga aber freute sich schon darüber, dass der König zur gleichen Zeit anerkennende Worte über die Bemühungen seines Sohnes fallen ließ. Als er ihr persönlich sagte, sie sei ihm stets eine gute Tochter gewesen, schien ihr das ein besonderes Glück, denn grantig, verschlossen und eigenwillig blieb der König bis zum letzten Tag seines Lebens. Olga wunderte sich nur darüber, mit welcher Gelassenheit Karl auf Wilhelms Knorrigkeit reagierte. Sie war um des lieben Friedens willen immer sehr schnell bereit, dem König alle Fehler zu vergeben, sah jedoch auch keinen besonderen Vertrauensbeweis darin, dass der König ihr im Mai sein politisches Testament zur Weiterleitung nach Petersburg übergab. Das gehörte zum politischen Geschäft der württembergisch-russischen Beziehungen. Man war ja vielfach verschwägert.

In den Maiwochen rechnete niemand mehr mit einer Genesung Wilhelms. Olga zog sich zurück. Jeder kleine Fortschritt bei der Erziehung Weras lenkte sie ab. Der Krieg in Dänemark, der nach dem deutschen Sieg bei den Düppeler Schanzen und den erfolglosen Friedensverhandlungen im Mai erneut aufflammte, beschäftigte Olga relativ wenig. Sie bezog wieder ihre prächtig ausgestattete Sommerwohnung in der Villa Berg. Wera beanspruchte ihren eigenen Platz und weder Olga noch Karl wollten es sich mit dem Kind verderben oder gar unkontrollierbare Auftritte provozieren. Die geheiligte Ordnung musste zugunsten des Kindes verändert werden, aber die „Eltern" leisteten das in diesem Fall gerne.

Am 23. Mai 1864 besuchte Olga erneut das Grab Königin Katharinas auf dem Rotenberg und betete, die verstorbene Ehefrau Wilhelms möge doch helfen, im König und dessen Kindern „andere Gefühle" zu erwecken.[137] Ausgerechnet Katharina, die selbst unter Wilhelm so sehr gelitten hatte, sollte bewirken, dass der König seinen Sohn und dieser seine Frau liebte und achtete, ihre Gefühle respektierte?

Die gesundheitliche Schwäche Olgas hielt an. Weras Wildheit ging mit jedem Tage mehr über ihre Kräfte. Das Kind wurde eingesperrt, durfte nicht mit auf Reisen gehen und ein Unteroffizier sollte zur Disziplinierung beitragen. Olga suchte die Rettung vor diesem schrecklichen Kind, auf dessen Wesen sie sich noch immer keinen rechten Reim machen konnte, natürlich in der russischen Familie. Sie wusste, dass Kaiser Alexander II. mit seiner Frau nach Kissingen kommen würde und ließ Frau von Massenbach einen Brief an die Kaiserin schreiben. Der Brief ist auf den 8. Juni 1864 datiert: „Während einer schweren Erkältung, die von keinem Fieber oder anderen Krankheitssymptomen begleitet ist, die sie aber sehr angegriffen und ihre Kräfte äußerst geschwächt hat, bedient sich die Kronprinzessin meiner, um Eurer Majestät Nachricht von ihr zu geben. Dr. Kornbeck sagt, es ist allgemeine Nervenverstimmung – keine Widerstandskraft. Eure Majestät weiß am besten, was alles die armen Nerven belastet, was seit Jahren und besonders im vergangenen Winter die so zarte Gesundheit mitgenommen hat. So wird das Wiedersehen in Kissingen ein wahrer Segen sein! Die kleine Wera wird mit der Zeit sicher Freude bereiten, eine Entspannung im Inneren Ihrer Hoheit bewirken, aber gegenwärtig ist sie noch so ermüdend, geht sie noch so auf die Nerven, dass sie ein Hindernis bei der Gesundung ihrer Tante ist und die Ärzte bestehen darauf, dass man sie während einer Kur voneinander trennt. Hinsichtlich Weras beauftragt mich die Kronprinzessin mitzuteilen, dass Großfürst und Großfürstin Konstantin unbedingt gefordert haben, dass sie nicht nach Kissingen gehe. Es sei ein Aufenthalt, sagen sie, der zu sehr die Vorstellungen von Größe wecken würde. Meine Hoheiten haben mit Bedauern nachgeben müssen, denn sie wären glücklich gewesen, wenn sie wenigstens die *kleinen* Fortschritte in der Entwicklung des Kindes hätten zeigen können."[138]

Frau Massenbach umschrieb sehr diplomatisch einen Hilferuf Olgas: Die Zustände in der Königsfamilie sind ohnehin kaum auszuhalten. Die Verantwortung für Wera belastet zusätzlich bis zur Unerträglichkeit und es besteht höchstens in ferner Zukunft eine Aussicht auf Besserung. Weras Eltern wollen das eigene Kind nicht sehen! Es ist keine Einbildung, die Ärzte sprechen von einer völligen Nervenzerrüttung!

Der Hilferuf führte zu einem Teilerfolg. Olga durfte am 17. Juni nach Kissingen fahren, obwohl die Wassersucht Wilhelms inzwischen zu größten Bedenken Anlass gab und keiner der behandelnden Ärzte mehr Hoffnung auf eine Besserung hegte. Olgas und Karls Platz wäre in diesen Stunden in Stuttgart gewesen, der König konnte jede Minute sterben.

In Kissingen traf Olga nicht nur auf das russische, sondern auch auf das österreichische Kaiserpaar und bewunderte die schöne, selbstbewusste und stolze Elisabeth, deren schlanker Körper das Ideal aller Damen von Welt zu sein schien. Wie fühlte sie sich sofort wohl, wie genoss sie das kurze Glück! Mit Alexander II. und mit Gortschakow sprach sie ausführlich über ihre Situation in Stuttgart. Aber was verstand Alexander, dessen Ehe nur dem Schein nach glücklich verlief und der lieber junge Mädchen um sich sammelte, von den Leiden Olgas? Die Geschwister mochten einander, aber Olga war doch versorgt, was wollte sie eigentlich? Die Zukunft Russlands stand auf seiner Agenda! Kaiserin Maria Alexandrowna blickte aus eigener leidvoller Erfahrung tiefer. Sie befahl Frau von Massenbach zum Rapport über Olgas Gesundheit, über Karls Verhalten und über das Benehmen Weras. Das Gespräch endete ohne greifbares Ergebnis für Olga. Im Kaiserhaus besaß niemand ein Interesse an der Änderung des einmal beschlossenen Arrangements.

Am Abend desselben Tages traf vom Schloss Rosenstein die entscheidende Meldung ein, die alle Debatten über Olgas Situation in den Hintergrund rückte: Der König lag im Sterben! Noch ehe Olga und Karl abreisten, erreichte die Nachricht Kissingen: König Wilhelm I. von Württemberg ist in den Morgenstunden des 25. Juni 1864 verstorben. In aller Eile kehrten Olga und Karl nach Schloss Rosenstein und nach Stuttgart zurück – als neues Königspaar. Olga erhielt eine weitere Chance, in der neuen Würde Zuversicht oder vielleicht sogar das Glück ihres Lebens zu finden. Als Kronprinzessin durfte sie in der Familie und in der Öffentlichkeit gewisse individuelle Freiräume z. B. zum Reisen nutzen. Mit dem Ableben Wilhelms erlangte Olga einen Status, in dem nur noch die dynastische und monarchische Disziplin als Maß aller Dinge galten. Gleichzeitig wandelte sich die Welt. Monarchen und Adelige dominierten zwar noch die Politik und das Militär. Aber unübersehbar drängte das Bürgertum nach vorn: in der Wirtschaft, in der Finanzwelt, in den Parlamenten oder in der Presse und Publizistik. Obendrein blieb die deutsche Frage weiterhin ungelöst. Olgas Verhalten und Wirksamkeit hingen in erster Linie davon ab, wie es ihrem gebildeten, aber wenig auf seine Aufgaben vorbereiteten Mann gelingen würde, die Probleme im Land und im Deutschen Bund, unter Nutzung der Beziehungen nach Russland und mit der tatkräftigen Hilfe energischer und weitsichtiger Politiker zu lösen. Selbst bei erfolgreichster Konfliktbewältigung – auch der pädagogischen Fundamentalaufgabe Wera – blieben Olgas Zusammenleben mit Karl, ihre Integration in die Württemberger Königsfamilie und ihre Stellung im Haus Romanow Problemfelder mit zahlreichen unbekannten Hindernissen. Olga strahlte in keiner Hinsicht einen gesunden Optimismus aus.

Kapitel V

Die Königin – Illusion der schönen Jugendträume

Achtzehn Jahre lebte Olga jetzt als Kronprinzessin in Württemberg. Sie glaubte, ihre Pflichten nach bestem Wissen und Gewissen zu erfüllen. Aber das Heimweh und das Vorbild des Vaters rangierten noch immer vor einer tieferen Integration in die württembergische Gesellschaft. Sie erhielt aus Russland politische Informationen, praktizierte jedoch nur einen allgemeinen politischen Sachverstand. Selbstständiger politischer Gestaltungswille zählte nicht zu ihren menschlichen Stärken. Wenn sie den Kronprinzen stützte, geschah dies vor allem, um ihre Ehe zu retten. Der Makel einer Kronprinzessin ohne Erben begleitete Olga auf den Königsthron, obwohl sie selbst daran offensichtlich die geringste Schuld trug. Olga litt an der Fremde, an ihrer unglücklichen Ehe, an der Ignoranz des nun verstorbenen Königs, an der Gefühlskälte in dessen Familie. Sie litt auch, weil sie leiden wollte. In den zurückliegenden Jahren hatten Reisen die Isolierung kompensiert. Sie glichen häufig einer Flucht vor der württembergischen Realität. Und Olga erlag dem modischen Schlankheitswahn ihrer Generation, bewies aber nicht jenen selbstbewussten Stolz, gegen den Hof zu rebellieren, der die Kaiserin Elisabeth von Österreich auszeichnete, deren anmutig-magere Schönheit Olga bewunderte.

Es gab genügend Menschen, die Olgas bewusst dem modischen Trend der weiblichen Welt ihres Standes folgende Haltung kritisch bewunderten: „Die Königin hat eine schlanke Gestalt, edle Züge und ist Abends en toilette wundervoll schön; ein feenhafter Zauber ist über sie gegossen; leider ist sie so ungemein mager, dass ihre ganze Schönheit schon sehr vergangen ist. Sie hat charmante Manieren, ist sehr liebenswürdig, sehr artig, macht auf eine so hübsche, leichte Art cercle, ganz ohne Steifheit, aber ihre Weltmanieren bewahren immer eine Art Majestät. Sie bleibt sich immer gleich, in der Welt wie im Intimen; nur sieht man hier, dass sie nicht bloß brillant ist, sondern dass sie sehr viel Herz hat. Ich glaube auch, dass sie einen bedeutenden Einfluss auf den König hat, denn sie hat sehr viel Verstand."[139] Österreichs Erzherzogin Maria Theresia, damals Verlobte des Herzogs Philipp von Württemberg, kannte Kaiserin Elisabeth und lernte Olga kennen. Unbewusst verglich sie die beiden Damen, stellte bei Olga eine größere Nachgiebigkeit und Sanftmut fest, aber die modische, erzwungene und übertriebene Schlankheit fiel bei beiden so sehr ins Auge, dass sich jede junge Dame von Stand animiert fühlen musste. Die Migräne und Schwächeanfälle – den Preis der Schönheit – sah niemand. Die Komplimente über einen großen Einfluss auf Karl und den lobenswerten Verstand dürften eine ehrenvolle Verbeugung vor der jungen Majestät gewesen sein.

König und Königin unterwarfen sich keiner formalen Krönungszeremonie, schon gar nicht in jenen erhabenen und majestätischen Formen, die Olga aus Moskau kannte und so sehr liebte. Stattdessen eröffnete Karl seine Herrschaft mit einer Rede vor der Ständeversammlung, in der er die Verfassung und die Rechte der Stände respektierte. Für Olga erschien dieses Versprechen als eine erklärbare, aber unverständliche Realität, die sie ebenso hinnehmen musste wie die Peinlichkeit der Thronfolgeregelung. Sie hatte keinen Sohn zur Welt gebracht, es gab keinen natürlichen Thronfolger. Prinz Wilhelm von Württemberg, der Sohn des Prinzen Friedrich von Württemberg und der Prinzessin Katharina, einer Tochter des Königs Wilhelm I., wurde zum Thronfolger proklamiert. Der Prätendent galt als ein wenig erzogener und von seiner Mutter verwöhnter junger Mann – er zählte erst 17 Jahre. Olga enthielt sich jeglichen Kommentars zu seiner Person und zur Thronfolgeregelung.

Wilhelm I. wollte in aller Stille auf dem Rotenberg neben seiner zweiten Frau Katharina beigesetzt werden. Dennoch kamen viele Trauergäste, darunter auch Olgas Bruder und Weras Vater Großfürst Konstantin. Die Gäste wollten empfangen, betreut und versorgt werden. Der König vereidigte den Hof auf die neue Herrschaft und forderte die Untertanen auf, der Königin Olga stets besondere Ehre zu erweisen. Karl tat seine Pflicht und korrigierte mit dieser Mahnung die politische Ungeschicklichkeit des Pfarrers Grüneisen, der in der Totenrede auf Wilhelm I. angeblich die Verdienste der verstorbenen Königin Katharina über Gebühr gelobt hatte. Olga hörte die guten Worte ihres Gemahls leider nicht. Während Wilhelm I. auf dem Rotenberg zu Grabe getragen wurde, besuchte sie mit ihrem Bruder Konstantin und weiteren Russen einen orthodoxen Trauer-Gottesdienst in ihrer griechischen Kapelle.

In den folgenden Tagen mussten viele praktische Probleme gelöst werden. Nach den Jahren einer recht legeren und kargen Hofhaltung mit geringem Interesse für die königliche Repräsentanz, sollte nun ein neues, würdevolles, geordnetes und kulturvolles Leben in die Residenz einziehen. Olga und Karl besaßen gute Vorsätze, erregten allerdings Argwohn, als sie bereits am 25. Juni, „vielleicht etwas rasch“[140], den in Ungnade gefallenen, vom König jedoch in Gnade weiterbeschäftigten Hackländer entließen. Niemand bewertete den scharfen Schnitt, mit dem sich Karl und Olga von dem einstigen engsten Vertrauten lösten. Aber rätselhafte Entscheidungen der Obrigkeit führen zwangsläufig zu Spekulationen bei den Unterschichten und klammern sich dort auf Dauer fest.

Erbschaftsprobleme, Wohnungswechsel, unzählige Personalfragen zum Aufbau einer neuen Regierung und Hofordnung, das alles forderte Olgas ganzen Einsatz. Ihre körperliche Anfälligkeit nahm für jedermann sichtbar zu. Am liebsten wäre sie angesichts der großen Unordnung sofort aus Stuttgart geflohen. Aber das schickte sich nun wirklich nicht. Bis Ende Juli musste sie ausharren und auf freundlichste Art die ersten Schritte des neuen Königs in der Landesöffentlichkeit begleiten. Vier Wochen nach dem Ableben Wilhelms I. schienen die dringendsten Angelegenheiten insoweit geregelt, dass Olga sich mit Anstand aus Stuttgart nach Ostende verabschieden durfte – Karl folgte ihr kurze Zeit später nach.

Schwach aber glücklich und mit der wenig rücksichtsvollen Wera an der Seite reiste Olga am 26. Juli 1864 an die Kanalküste. Umgeben von Menschen ihres Standes – Leopold, König der Belgier, sorgte für Abwechslung und Unterhaltung – genoss Olga das sommerliche Meer. Um die aufsässige Wera kümmerte sich die russische Gouvernante, Frau Trupow. Wenn Wera besonders aktive Formen ihres Lebenswillens an den Tag legte, die auch Frau Trupow überforderten, mussten männliche Höflinge mit ihr so lange Spaziergänge absolvieren, bis selbst das Mädchen erschöpft schien. Da sich gesunde Kinder jedoch gewöhnlich schnell von Strapazen erholen, begann das Unterhaltungsprogramm für die aufgeweckte kleine Dame bald wieder von vorne. Olga beobachtete die Dinge aus der relativen Ferne, aber mit mütterlichem Wohlwollen.

Man amüsierte sich auch auf Kosten vermeintlich schwächerer Standesgenossen. In Ostende diente Karl August, Sohn des Weimarer Großherzogs Carl Alexander, als Zielscheibe des Spotts. Getreu der russischen Manie, die Repräsentanten deutscher Kleinstaaten nicht so recht für voll zu nehmen, zog man Karl August als kleinen „Schönredner nach der Mode von Weimar" auf, der „das lächerliche Bestreben habe, zu fein aufzutreten."[141] Karl August reagierte gekränkt und erschien kurzzeitig nicht mehr zu den gemeinsamen Mahlzeiten. Das mag die übrige Gesellschaft kaum gestört haben, denn in jenen Tagen tummelten sich derartig viele Vertreter europäischer Adelshäuser am Meeresstrand, dass man kaum daran glauben mochte, dass um Holstein noch Krieg geführt wurde.

Auch diese schönen Wochen von Ostende gingen einmal vorüber. Am 4. September 1864 reiste Olga ab und kehrte wohl oder übel nach Stuttgart zurück. Allerdings nur zu einer kurzen Stippvisite. Sie eilte gleich weiter nach Friedrichshafen am Bodensee. Fern der Residenz durfte man ganz ungeniert und lustig leben und die vergnügliche Nachbarschaft standesverwandter Damen und Herren in landschaftlich reizvollem Ambiente genießen. Die Schweiz lag vor der Haustür und Friedrichshafen atmete einen Hauch jener mondänen Kurbäder, in denen sich Olga so wohl fühlte, in denen sie ihre russischen Verwandten traf, die den Glanz Petersburger Paläste vermittelten. In der neuen Würde tat diese Nähe besonders gut.

Olga strahlte: Die russische Kaiserin Maria Alexandrowna, deren Gemahl Alexander II. und Außenminister Gortschakow erwiesen ihr die Ehre. Großfürstin Helene war auch mit von der Partie und erprobte ihr pädagogisches Geschick an der kleinen Wera. Aber die streckte der gebildeten Tante die Zunge heraus. Wie ärgerlich, dass der Herrschaftsalltag nicht ganz ausgeblendet werden konnte! Der König musste eine neue Regierung ernennen und Personalentscheidungen fällen, die auch die Interessen Olgas berührten.

Karl entließ das seit Jahren amtierende Ministerium Linden-Hügel. Seinen Vertrauten, den Freiherrn Konstantin von Neurath, Präsident des Geheimen Rats, berief er zusätzlich zum Justizminister. Außen- und Königlicher Hofminister, de facto leitender Minister, wurde der Freiherr Karl von Varnbüler, der sofort die entscheidende Rolle in der Politik Württembergs übernahm. Varnbüler hatte in der Vergangenheit als Verwaltungsfachmann, Verkehrsexperte, Sachverständiger in der Landwirtschaft und als Industrieller Ansehen erworben. Seit 1855 gehörte er der Zweiten Kammer der Landstände als ritterschaftlicher Abgeordneter an. Varnbüler musste sich immer wieder mit kritischen Zweifeln an seiner Person auseinandersetzen. Einerseits galt er als gebildet, begabt und fleißig, andererseits vermissten Freunde wie Kontrahenten Loyalität, Ausgewogenheit und strategisches Denken. Von der Außenpolitik verstand er kaum etwas. Auch in Olgas persönlichem Umfeld tauchten Bedenken auf, ob Varnbüler, von dem zugleich der Ruf unbändigen persönlichen Ehrgeizes ausging, in den württembergisch-russischen Beziehungen oder in der deutschen Frage jene konservative Willenskraft einbringen wollte, die Wilhelm I. ausgezeichnet hatte. Nur keine Luftschlösser oder Experimente! Vom jungen König erwartete die Öffentlichkeit einen grundlegenden Neuanfang, aber die besondere Aufmerksamkeit für Varnbüler deutete darauf hin, dass man ihm eine stärkere politische Gestaltungskraft zutraute als dem König.

Vielleicht wollte die Stuttgarter russische Fraktion Varnbüler sofort vor Handlungen warnen, die nicht im Sinne der Politik Russlands lagen. Der bisherige Außenminister Karl Eugen von Hügel hatte den mit Olga ganz selbstverständlich gewachsenen russischen Einfluss misstrauisch beargwöhnt. Er kannte die charakterlichen und politischen Schwächen Karls und fürchtete, dass der König seine Probleme im Deutschen Bund mit russischer Hilfe lösen wollte. Dieser bereits überholten Vorstellung hingen viele deutsche Fürsten mit dynastischen Verbindung nach Russland an. Gewiss stellte Olgas Anwesenheit ein Politikum dar. Aber sie nahm keinen direkten Einfluss auf Karls Personalentscheidungen. Die Außenpolitik Württembergs hatte von Olga noch keine sachlichen Impulse erhalten. Es wäre daher ein Fehler gewesen, das wuchernde Gerücht, die Königin hätte Hügels Entlassung gefordert, mit Vehemenz zu dementieren. Das hätte Karls Autorität untergraben und dem lautstark bekundeten Unmut Hügels über die Ungerechtigkeit seiner Entlassung überflüssige Zuhörer verschafft.

Allerdings betrachtete Olga den Wechsel im Amt des Außenministers mit gemischten Gefühlen. Am 15. September 1864 kolportierte Eveline von Massenbach nicht ohne warnend erhobenen Zeigefinger: „Man hatte nicht mit dem Ehrgeiz von Varnbüler gerechnet, der sich schon auf das Ministerium und eine auf einige Zeit allmächtige Herrschaft vorbereitet hatte."[142] Fürchteten „die Russen" vielleicht doch um ihren Einfluss auf die Regierungspolitik? Zwei Wochen später besuchte Russlands Kaiserin mit ihren drei Söhnen Stuttgart und Olga durfte die Kraft und Schönheit ihrer Familie in aller Öffentlichkeit vorführen. Das Cannstatter Volksfest, die von Königin Katharina ins Leben gerufene Landwirtschaftsausstellung, wurde durch russische majestätische Präsenz geadelt. Um das Fest nicht zu gefährden, reduzierte der Hof sogar die Trauer um den toten Wilhelm zur Halbtrauer. Das Cannstatter Fest bot überdies eine hervorragende Möglichkeit, dem Volk die neu gestaltete Hofkultur und Hofordnung zu präsentieren.

Das junge Königspaar empfing unendlich viele Gäste, die ihm huldigten. Ganz selbstverständlich wuchs der Zustrom russischer Gratulanten, die der Königin den Rücken stärkten. Die Gäste speisten an Olgas Tafel, brachten aber keineswegs automatisch politischen Gewinn mit sich. Es kamen die Reichen und Schönen, die im Ausland das Amüsement suchten. Nur selten trafen, von Gortschakow und dessen Mitarbeitern abgesehen, Staatsdiener in politischer Mission ein, die Olgas Aktivität zur Lösung russischer Staatsprobleme einforderten. Die laufenden Geschäfte erledigte der diplomatische Apparat.

Die Russen reihten sich in den Strom der Gratulanten aus Österreich, Italien, Holland, Frankreich, Belgien, Dänemark oder den anderen deutschen Bundesstaaten ein. Nur ewige Räsonierer und weder Olga noch Russland freundlich gesonnene Zeitgenossen wollten nicht auf den wahrlich zeitlosen Schreckensruf verzichten: „Die Russen kommen". Für ihr eigenes Ansehen und für den Ruf Russlands erschien es Olga wichtig, die russisch-orthodoxe Gemeinde fester im öffentlichen Bewusstsein Württembergs zu verankern. Sie inszenierte das Vorhaben sehr geschickt. Als Kaiser Alexander II. im November 1864 Stuttgart besuchte, fand ein Trauergottesdienst für die 1860 verstorbene Kaiserinmutter Alexandra statt. Durch die Königin Olga trat die russisch-orthodoxe Kirche in Württemberg so sichtbar neben die evangelischen und katholischen Gemeinden. Die orthodoxen Priester fielen schon dadurch auf, dass sie im Unterschied zu ihren evangelischen und katholischen Kollegen bei allen offiziellen Anlässen in ziviler Kleidung erschienen: Der Heilige Synod erlaubte die geistliche Kleidung nur bei den Gottesdiensten im Kircheninnern.

Olgas Beitrag zur Staatspolitik lag auch künftig nur in der standesgemäßen Repräsentation und in der sozialen Wohltätigkeit. Direkte politische Aktivitäten oder diplomatische Missionen in Deutschland und nach Russland gehörten weiterhin nicht zu ihrer Rolle. Der politische Stellenwert als Romanow-Tochter in einem deutschen Bundesstaat war bis 1864 lediglich aus den persönlichen Kontakten zu Leuten wie Varnbüler, Gortschakow oder auch Bismarck erkennbar. Sie galt als verlässliche und verschwiegene Informationsträgerin. Olga blieb in erster Linie die Frau des Königs.

Nicht nur die Übernahme der Königinnenwürde an sich, sondern die Tatsache, dass etwa zum gleichen Zeitpunkt der deutsch-dänische Krieg seinem Ende entgegen ging, die preußisch-österreichischen Konflikte schärfer wurden und die deutsche Frage in den Mittelpunkt der europäischen Politik trat, schuf für das junge Königspaar eine neue Situation, in der es sich bewähren musste. Erste Ansätze, den Erwartungen der Menschen nach einem gesellschaftlichen Aufbruch zu entsprechen, erfolgten im Herbst 1864 ohne geräuschvolle Aufregung. Olga begleitete Karl auf den Vorstellungstouren durch das Land und ordnete den nunmehr in ihre Verantwortung übergehenden Bereich der sozialen und karitativen Wohltätigkeit. Sie nahm auf die Ausgestaltung der Hofordnung Einfluss.

Jedermann, der sie beobachtete, erkannte mit einigem schlechten Gewissen, dass sich die Königin bis zur Erschöpfung und körperlichem Unwohlsein verausgabte. Man fragte die schöne Fürstin nicht danach, wie sie sich denn ernährte, und die Frau Königin wusste in dieser Hinsicht nichts mitzuteilen.

Im November 1864 besuchte sie die unweit der Villa Berg gelegene Kleinkinderschule. Im gleichen Monat inspizierte Olga das Katharinenstift mit viel Einfühlungsvermögen: Die Elevinnen streuten der Vorsteherin Brausepulver in den Nachttopf und die Königin musste die zu Tode erschrockene Leiterin innerlich lachend überzeugen, nicht an einer gefährlichen Krankheit zu leiden. Weihnachten feierte Olga in einer Blindenanstalt. Das war ein Ritual, das sich jedes Jahr wiederholte und die besondere Verantwortung der Monarchin für die sozial Schwachen betonte.

Mit nicht nachlassendem Eifer und gestützt auf die Dienste eines jetzt wesentlich umfangreicheren Hofstaats, interessierte sich Olga stärker als bislang für die Kunst und Kultur. Sie betrieb allerdings kein so umfangreiches persönliches Mäzenatentum wie die verstorbene Tante Maria in Weimar. Olga zeichnete und malte gar nicht schlecht, aber bei der Pflege der Hofkultur begnügte sie sich vorwiegend mit der rezeptiven Teilnahme an Konzerten, Theater- und Opernaufführungen.

Am 9. Oktober 1864 nahmen der König und die Königin erstmals nach dem Ende der Hoftrauer an einer Aufführung der Oper „Die Hochzeit des Figaro" von Wolfgang Amadeus Mozart teil. Olga ging bis Ende 1865 zu etwa 45 Opernaufführungen. Sie liebte die französischen Opern, z. B. die monumentalen Aufführungen der Werke von Giacomo Meyerbeer. Die Oper „Die Hugenotten" sah sie sich mehrfach an. Daneben wurden auch italienische Opern von Rossini und Verdi aufgeführt. Bei den deutschen Opern dominierten unterhaltsame Stoffe wie „Martha" von Friedrich von Flotow oder „Der Freischütz" von Carl Maria von Weber. Im Schauspiel bevorzugte man die Werke des in Württemberg geborenen Dichters Friedrich Schiller: Die „Jungfrau von Orléans", „Maria Stuart", „Wallenstein", während von Johann Wolfgang von Goethe lediglich „Hermann und Dorothea" inszeniert wurde. An der Spitze der Beliebtheitsskala standen jedoch die den Zeitgeist reflektierenden Lustspiele und Komödien. Olga setzte mit ihren eigenen künstlerischen Interessen die schlichte Tradition musischer Unterhaltung fort, die den kleineren deutschen Fürstenhöfen seit Jahrzehnten eigen waren, wenn sie nicht das Glück besaßen, herausragende Künstler oder Schriftsteller an sich zu binden und in die Gestaltung der Musenhöfe einzubeziehen.

Ganz in den adligen Traditionen des 19. Jahrhunderts standen auch die von Olga und Karl veranlassten Hoffeste. 1864 erlegte die Hoftrauer um Wilhelm I. eine gewisse Zurückhaltung auf. Aber im November des Jahres zogen Olga und Karl ganz offiziell in den linken Flügel des Residenzschlosses ein. Die Königinmutter Pauline bezog als Witwensitz das Kronprinzenpalais. Die so hart gegen Willhelms Starrsinn erfochtene und ganz nach eigenem Geschmack eingerichtete Villa Berg blieb Olga und Karl als ungezwungenes Freizeitrefugium, aber auch als individueller Rückzugsraum Olgas. Der feierliche Einzug ins Schloss bildete den Auftakt zu einer ganzen Reihe von Festlichkeiten und Hofbällen, die nach der halbjährigen Trauer wieder die Normalität der höfischen Repräsentation dokumentierten. Es begann Anfang Januar 1865 mit dem Erinnern an die Konstituierung des Königreichs im Jahre 1806.

Hofbälle bildeten mit all ihrem Glanz gesellschaftliche Ereignisse ersten Ranges. Selbstverständlich stand Olga, sofern sie gesundheitlich dazu in der Lage schien, nicht zu stark durch eine Diät geschwächt war oder Karls maskuline Amouren sie nicht über die Maßen empörten, im Mittelpunkt jedes Hofballs. Herzog Philipp von Württemberg erinnerte sich im Februar 1865: „Die Königin trug ein weißes Kleid mit einem Unterwurf von Gaze mit silbernen Punkten und mit Marabent-Federn; auf dem Kopfe ein vielleicht nicht sehr schönes, aber immens reiches zusammen componirtes Diadem (sie verträgt kein schweres) aus zwei reichen, großen chatoru, ungeheuer großen Smaragden und rubis baldis, das Ganze mit Federn bedeckt und durchflochten. In den Nacken hinab eine cascade von (zweifelhaft echten) Locken, um den Hals den prachtvollen riviere des Hausschmuckes mit zwei der größten Diamanten, die ich noch gesehen (mit Ausnahme des rigent und Cochgenoor). Auf dem Corsage einen ganzen reichen, ebenfalls immensen Smaragd und Rubintropfen, desgleichen auf beiden Seiten des Kleides, der Schlepp war mäßig lang … Der Saal bot einen wirklich schönen Anblick besonders hübscher Damentoiletten und die neuen Uniformen machen einen sehr hübschen Eindruck …“[143]

Das Jahrhundert des absolutistischen Sonnenkönigs gehörte längst der Vergangenheit an und Hofbälle besaßen nicht mehr den Charakter politisch prägender Machtinstrumente. Der Selbstinszenierung dienten sie noch immer. Für die aus Russland stammende Olga mit ihren autokratischen Wurzeln war ebenso wie für das königliche Haus ein Hofball dennoch weit mehr als ein gesellschaftliches Ereignis und reine fürstliche Repräsentation vor einer bürgerlichen Gesellschaft. In den deutschen Mittel- und Kleinstaaten gewann in jenen Jahren, da die politischen Konflikte zur Reichseinigung tendierten, die „Dignität", die ostentative Betonung der aristokratischen Würde des eigenen Hauses, an Bedeutung. Hofbälle überstrahlten oft genug den Mangel an politischer Bedeutung sowie die Bescheidenheit des Alltags am Hofe.

Alltag am Vorabend des Deutschen Kriegs

Mochten die Villa Berg oder die Orangerie oder die Wilhelma noch so prächtig ausgestaltet worden sein und majestätisch wirken, Olga stand früh ganz unspektakulär auf, nahm mit ihrem Gemahl ein bescheidenes Frühstück ein und arbeitete dann freundlich, still und unaufgeregt an der Erfüllung ihrer sozialen Verpflichtungen. Sie empfing Vertreter der verschiedensten karitativen Einrichtungen, sah Berichte und Abrechnungen durch, besprach mit vertrauten Menschen neue Projekte oder traf Entscheidungen über die in zahllosen Bittschriften vorgetragenen Wünsche. Sie operierte in der sozialen Wohltätigkeit nicht geräuschvoller als ihre Vorgängerin Pauline. Olga verstand ihre Verpflichtung zur öffentlichen Wohltätigkeit als selbstverständliche Aufgabe, für die sie keinen vordergründigen Ruhm, aber die respektvolle Anerkennung der Menschen erwarten durfte. Wohlfahrtsverbände, Krankenanstalten oder Kinderheime – keine Institution wurde vernachlässigt.

Der offizielle „höfische" Teil im Tagesablauf begann erst in den Mittagsstunden. Die königliche Hoftafel, mit oder ohne Gäste, gehörte zum Ritual, ebenso wie die Abendempfänge ab 20 Uhr, die Gelegenheit zu vielfältigen Gesprächen, aber auch zu unterhaltsamen Spielen boten – falls das Königspaar es nicht vorzog, ein Konzert oder das Theater zu besuchen.

So zwanglos der Tagesablauf zunächst erschien, die „Dignität" bestimmte das Ritual aller Handlungsabläufe in konservativer Strenge und mit württembergischem Kolorit. Das kam Olgas russischen Lebenserfahrungen sehr entgegen, stand jedoch den sozialstrukturellen Realitäten in der bürgerlichen deutschen Gesellschaft bereits etwas fern. Nur die adlige Hoffähigkeit erlaubte den regelmäßigen Zugang zum Hof. Bürgerliche Beamte durften ihrem Namen ab einer bestimmten Rangstufe das „von" voransetzen und erwarben damit die Hoffähigkeit. Nur die beiden Majestäten durften bürgerliche Menschen sogar zu inoffiziellen Anlässen an den Hof laden. Der Maler Franz Xaver Winterhalter durfte im Dezember 1864 gar an der königlichen Tafel Platz nehmen. Wie hätte er auch sonst die Königin Olga in ihrer ganzen majestätischen Würde portraitieren können! Winterhalter malte jenes berühmte Bild, das Olga in einem blauen Seidenkleid, weißen Spitzen und üppigem Perlenschmuck zeigt. Das Gesicht erscheint ernst, die dunklen Augen sind mit einer gewissen Wehmut gerade auf den Betrachter gerichtet. Es war das letzte große Portrait, das die Königin von sich anfertigen ließ. (s. Abb. S. 186)

Am Beginn des Jahres 1865 schien es, als könnte der Hofalltag nach dem Ende der Trauer in seinen neuen Bahnen komplettiert werden. Es begann jedoch sehr bald nach dem Frieden von Wien, der im Oktober 1864 den deutsch-dänischen Krieg abgeschlossen hatte, eine Zuspitzung der innerdeutschen Probleme. Preußen setzte im Juni 1864 bei den meisten Mittelstaaten eine Verlängerung des Zollvereins durch. Im Oktober schlossen sich die süddeutschen Staaten an. Im April 1865 unterzeichnete Österreich einen Handelsvertrag mit dem Zollverein und musste den Gedanken an eine eigene süddeutsch-österreichischen Zollunion begraben. Die handelspolitische Dominanz ging im Deutschen Bund an Preußen über und verschärfte nicht nur die Gegensätze zu Österreich, sondern auch innerhalb Württembergs zwischen dem Königshaus und der bürgerlich-liberalen, nationalen Opposition. In Olgas alltäglichen Gewohnheiten hinterließ die machtpolitische Veränderung erst nach und nach Spuren.

Die Königin ging oft mit der kleinen Wera spazieren. Das Mädchen zeigte auch nach über einem Jahr noch jene Wildheit, die so schwer zu bändigen schien. Inzwischen nahm Wera zumindest Freundlichkeiten dankbar auf, die ihren Kinderwünschen entsprachen. Rückfälle in die ärgerliche Mutwilligkeit blieben nicht aus, aber sie bat wiederholt um Entschuldigung für ihr Benehmen und erklärte der Tante sogar, dass Verlegenheit und Unsicherheit ihr Fehlverhalten verursachten. Man solle sich die Frechheiten nicht so zu Herzen nehmen! Daraus sprach ein durchaus gesunder Menschenverstand.

Die Königin ließ sich die Jahresberichte über die Tätigkeit in den von ihr geförderten Einrichtungen, z. B. dem Katharinenstift, vorlesen, kümmerte sich um nahestehende Freunde und trauerte, als sie Ende Januar aus Nizza über den ausweglosen Gesundheitszustand des seit längerer Zeit ernsthaft erkrankten russischen Thronfolgers Nikolai Alexandrowitsch informiert wurde. Die Anteilnahme entsprang nicht nur pflichtschuldiger Familiensolidarität gegenüber dem Thronfolger.

Olga und Karl bemühten sich 1864/65 gemeinsam, der Öffentlichkeit das Bild einer freundlichen, herzlichen und verständnisvollen Herrschaft zu zeigen. Olga empfing im Schloss einflussreiche Damen aus der Bürgergesellschaft und besuchte ihrerseits sogar den Salon Sophie von

Benckendorffs, der Frau des verstorbenen russischen Gesandten. Dort bildete sich ein Zentrum des Stuttgarter geselligen Lebens heraus – zumindest für die Damen des Hofadels. Frau von Benckendorff entfaltete eine äußerst rege Tätigkeit und suchte die russische Partei zu stärken, indem sie Olga mit Informationen über die Gespräche im Salon versorgte. D. h. konkret, im Namen der Moral trug sie Klatschgeschichten an die Königin heran. Da an einem kleinen Hof wie dem Stuttgarter hinterhältige Intrigen nicht lange verborgen blieben, sah sich die brave Sophie bald selbst Angriffen aus dem adligen Freundeskreis ausgesetzt. Nur die Königin durchschaute die Ränke nicht. Frau von Benckendorff „entzückt Ihre Majestät durch ihre Wahrhaftigkeit. Die Königin betont, dass man ihr viel schuldet ..."[144] und duldete sie unverdrossen in ihrer Begleitung, beim Besuch der Olga-Heilanstalt oder der Nikolauspflege. Sogar auf den „Bergwerksball" nahm die Königin Frau von Benckendorff mit, denn die Dame verstand es offenbar, nicht nur der allgemeinen Geselligkeit positive Impulse zu verleihen, sondern auch das Selbstbewusstsein der Königin in der neuen Würde zu stärken.

Freud und Leid wechselten in rascher Folge. Im Frühjahr 1865 starben aus der Familie Romanow die Königin der Niederlande Anna Pawlowna, und dann Olgas Neffe, der Thronfolger Nikolai Alexandrowitsch. Insbesondere die schrecklichen Folgen einer Hirnhautentzündung und der Tod des Zarewitschs gingen Olga sehr nahe. Sie traf das russische Kaiserpaar bei dessen Heimreise von Nizza am 6. Mai auf dem Heiligenberg bei Jugenheim in Rheinhessen. Alexander II. wurde von seinem Sohn Alexander und von der Prinzessin Dagmar von Dänemark begleitet. Nikolai hatte seine Verlobte Dagmar auf dem Sterbelager in die Obhut des ihm nachfolgenden Zarewitschs Alexander gegeben. Tatsächlich heirateten die beiden später. Frau von Massenbach erlebte das Treffen in Jugenheim: „Ich kann in Worten nicht ausdrücken, welchen Eindruck diese Zusammenkunft von Geschöpfen auf mich machte, deren Leben durch den Tod dieses Sohnes, dieses unvergesslichen Verlobten, von Grund auf verändert wurde. Großfürst Alexander (III.) war unglücklich über seine Stellung (er hatte nur damit gerechnet, der erste Diener seines älteren Bruders zu sein), der Kaiser niedergeschlagen wie ich nicht geglaubt hätte, dass es der Fall sein könnte, gealtert. Trotzdem war er bemüht, Interesse an der zahlreichen Kindergesellschaft zu zeigen, die hier herumwimmelt, und deren Lebhaftigkeit über die aufrichtigste Rückkehr zu den Tränen die Oberhand gewinnt. Prinzessin Dagmar besitzt einen einzigartigen Charme: frisch, lieblich, nichts passte zu ihrer Traurigkeit. Ihre großen schwarzen Augen lassen auf Charakterfestigkeit schließen, aber ihr großer Reiz ist doch ihre Zartheit und besonders die große Schlichtheit, mit der sie über alles spricht, was mit ihrem Schicksal zusammenhängt. Sie will orthodox bleiben, weil dies der einzige Beweis ihrer Treue ist, den sie geben kann. – Der Großfürst Alexander ist mager geworden und macht den Eindruck, als könne er seine Aufgabe nicht in Angriff nehmen ... Was die Kaiserin betrifft, so merkt man auf den ersten Blick fast nichts außer vielleicht ihrer übergroßen Magerkeit, aber dann fühlt man, dass ihr mehr als gewöhnlicher Schmerz innewohnt. Sie macht den Eindruck als lebe sie nur äußerlich. Zu ihrer Umgebung ist sie lieb, geduldig, lächelnd und nimmt an allem teil, freilich nicht ohne einige Müdigkeit, doch versucht sie, wie immer zu sein. Trotzdem tut es einem weh, sie zu sehen, denkt man an all den Schmerz, der sich in ihr angesammelt hat und der sie verzehrt. Er wird gewiss so lange währen wie ihr durch den Verlust dieses Lieblingssohnes gebrochenes Herz schlägt."[145]

Die verständliche Trauer und Ohnmacht der Familie hinderte deren Mitglieder indes nicht, in den „stärksten Ausdrücken" über eine mangelhafte Pflege für den Sterbenden in Nizza zu klagen. Zwei Wochen blieb Olga bei ihrer Familie in Jugenheim und es wäre ganz natürlich gewesen, wenn der Kaiser mit ihr über die Aufgaben der Königin von Württemberg gesprochen hätte. Es existierten bereits Anzeichen für Komplikationen im Verhältnis zwischen Preußen, Russland und den Mittelstaaten. Auf Gortschakows Bemühungen um eine beruhigende Vermittlung reagierte Bismarck am 15. April 1865 mit eisiger Schärfe. Die Mittelstaaten hätten sich den revolutionären Elementen ergeben, „welche unter der Maske deutschnationaler oder liberaler Bestrebungen auftreten."[146]

Die preußische und die russische Regierung einte zwar die Revolutionsfurcht, aber Gortschakow war auch nicht ohne weiteres bereit, um der preußischen Egoismen willen seine guten Beziehungen zu Württemberg oder auch zu anderen dynastisch mit Russland verbundenen Mittelstaaten einfach aufzugeben. Darum bat der russische Außenminister die preußische Regierung um ein möglichst diplomatisches Vorgehen gegenüber diesen Ländern.

Varnbüler und das Königspaar erwarteten direkt ein vertrauensvolles Verhalten Bismarcks gegenüber den eigenstaatlichen Interessen Württembergs. Allerdings beunruhigte Gortschakow, der im Jahre 1865 seinen Briefverkehr mit Olga nahezu einstellte, dass Varnbüler gegenüber Preußen bisweilen sehr stark wechselnde Positionen einnahm und dass die bürgerliche öffentliche Meinung im Landtag und in der Presse nationalliberale Einheitsbestrebungen vertrat – ganz im Gegensatz zum Königshaus.

Preußen erlangte für das russische Verhältnis zu Württemberg und zu den anderen Mittelstaaten im Deutschen Bund eine zentrale Bedeutung. Auf der anderen Seite bestimmte nach wie vor Österreich den Weg zur deutschen Einheit mit. Das war alles sehr kompliziert, denn selbst zwischen Preußen und Russland liefen die Beziehungen trotz zahlreicher positiver Traditionen nicht so reibungslos, wie man sich das vielleicht wünschte. Olga pflegte bekanntlich seit Jahren eine merkwürdige Preußophobie, ohne sich über Sinn und Inhalt dieser Gegnerschaft wirklich klar zu sein. Ihre preußische Mutter hatte sie nur Gutes gelehrt; der Vater verehrte die preußischen Traditionen; nur ihre Eindrücke in Kalisch und einige arrogante Berliner Prinzen bestimmten Olgas ablehnendes Preußenbild, das 1865 in der Politik zu stören anfing.

Die drohenden politischen Wolken über dem Deutschen Bund änderten nichts daran, dass Olga nach ihrer Rückkehr von dem Treffen mit der kaiserlichen Familie brav ihren königlichen Alltagspflichten nachging. Die bestanden im Juni 1865 zunächst in einer Präsentationsreise in die Stadt und an die Universität Tübingen, wo sich das Königspaar des Jubels der Bürger und Gelehrten sicher sein konnte. Es war ein „herzliches Zusammenkommen von Fürst und Volk", schrieb Eveline von Massenbach in ihr Tagebuch. Sie fügte einen Gedanken an, der wohl eher dem Mund der Königin entwichen sein dürfte: „Wenn doch immer die kleinen Souveräne ihre Aufgabe, en detail zu beglücken, richtig auffassen wollten, sich daran tröstend, nicht in großer Politik zu machen! Diese Politik braut man ohne sie und dann rettet sie vielleicht gerade nur die Dankbarkeit an ihre Dynastie."[147]

Olga hat nie den Ehrgeiz besessen, in der „großen Politik" mitzuspielen. Es erscheint vielleicht gar nicht so wesentlich, ob sie diesen Gedanken selbst formuliert hat. Er entsprang in jedem Falle ihrem Umfeld und enthielt eine interessante Frage, die den Erfahrungen in der Autokratie Russlands widersprach: Was zählten dynastische Verbindungen und fürstliche Repräsentation mittlerer deutscher Staaten in einer Welt, deren Schicksal professionelle Politiker der großen Mächte bestimmten und denen die maßgeblichen Akteure der Mittelstaaten emsig nacheiferten?

Die Mechanismen politischer Machtausübung in den konstitutionellen Monarchien unterlagen nicht erst seit dem deutsch-dänischen Krieg einem deutlichen Wandel. Die Monarchen standen mehr und mehr als repräsentative Integrationsfiguren an der Spitze ihrer Staaten und übten nach den jeweiligen Verfassungen auch politische Entscheidungsrechte aus. Aber im System der praktischen Politik nahmen ihre Macht und ihr Einfluss ab. Das bekamen während des Deutschen Kriegs nicht nur Olga und Karl, sondern selbst der preußische König zu spüren.

Umstrittene Reise nach Wien

Im Deutschen Krieg von 1866 kämpften Preußen und Österreich um die Hegemonie in Deutschland. Er entzündete sich an der Schleswig-Holsteinischen Frage und an den gegensätzlichen Auffassungen zur Verfassung des Deutschen Bundes. Preußen und Österreich vereinbarten in der Gasteiner Konvention vom August 1865 eine Herrschaftsteilung. Schleswig sollte von Preußen, Holstein von Österreich verwaltet werden. Österreich sprach sich für ein weitgehend selbstständiges Schleswig-Holstein und die Einsetzung der Augustenburger als Herzöge aus, während Preußen die Angliederung des Gebietes an sein Territorium anstrebte.

Zur Bundesverfassung legte Preußen einen Reformplan vor, der den Ausschluss Österreichs aus dem Deutschen Bund vorsah. Am 1. Juni 1866 verkündete Österreich, es wolle den Bundestag in Frankfurt über die Erbfolge in Holstein entscheiden lassen. Preußen bezichtigte Österreich, den Gasteiner Vertrag gebrochen zu haben, und ließ unter Verletzung der Gasteiner Konvention Truppen in Holstein einmarschieren. Am 14. Juni stimmte der Bundestag mit großer Mehrheit dem Antrag Österreichs auf die Mobilmachung der nichtpreußischen und nichtösterreichischen Bundestruppen zu. Preußen erklärte Österreich den Krieg. Außerdem erklärte Preußen die Bundesverfassung für außer Kraft gesetzt und besiegelte damit das Ende des Deutschen Bundes.

Auf preußischer Seite standen 18 norddeutsche Klein- und Mittelstaaten sowie Italien, mit dem Preußen am 8. April 1866 ein geheimes Bündnis vereinbarte; Österreich schlossen sich 13 Bundesstaaten an, u. a. Sachsen, Bayern, Württemberg, Baden, Hannover, Hessen-Darmstadt und Kurhessen. Am 21. Juni stieß die preußische Hauptmacht über die böhmische Grenze vor und schlug die österreichisch-sächsische Armee am 3. Juli bei Königgrätz; außerdem besetzten preußische Truppen Hannover, Sachsen und Kurhessen. Auf dem italienischen Kriegsschauplatz waren die Österreicher erfolgreich. Am 26. Juli unterzeichneten Preußen und Österreich den Vorfrieden von Nikolsburg und am 23. August den Frieden von Prag. Mit den Friedensverträgen erkannte

Österreich die Auflösung des Deutschen Bundes an und machte den Weg für die von Preußen angestrebte Neuordnung Deutschlands ohne Österreich frei.

Im Vorfeld dieses zweiten Krieges um die deutsche Einheit gab sich Varnbüler im vollständigen Einvernehmen mit seinem König redliche Mühe, das Gewicht Württembergs für die Erhaltung des Friedens einzusetzen. Varnbüler hoffte selbstverständlich auf aktive russische Hilfe. Russland wollte auch keine neuen Konflikte in Zentraleuropa. Olga hatte 1865 jedoch keine sichtbaren Schritte unternommen, die auf ein entschlossenes Handeln in dieser Richtung schließen ließen. Ulm, Friedrichshafen, Ostende, Frankfurt am Main ... die Königin reiste. Teils mit, teils ohne Karl, äußerlich stets im gegenseitigen Einvernehmen, aber doch immer wieder von Unwohlsein oder Magenkrämpfen geplagt – über die Misslaunigkeit des Königs, über eine falsche Diät oder über das eigene Unvermögen, ihr Leben zu kontrollieren. Vom Ärger mit der kleinen Zicke Wera gar nicht zu sprechen. Gegen Jahresende erhöhte Olga ihre Aktivitäten in den Heil- und Pflegeanstalten durch häufigere Besuche und das gab ihr wieder eine gewisse Befriedigung.

Erst im Frühjahr 1866 bot sich die große Chance einer respektablen politischen Tat für Russland, Württemberg und vielleicht sogar für den Frieden in Zentraleuropa. Eine Chance voller Risiken, denn ein Misslingen hätte das Eingeständnis politischer Bedeutungslosigkeit erheblich verstärkt. Varnbüler beschwor Gortschakow, Russland sollte sich bei Bismarck für eine friedliche Regelung der deutschen Fragen einsetzen. Olga befasste sich seit Anfang Januar mit dem Problem, denn zu diesem Zeitpunkt stand schon fest, dass sie in wenigen Wochen nach Russland fahren würde. Den offiziellen Anlass lieferte die Silberhochzeit ihres Bruders Alexander II.

Tatsächlich reiste Olga mit ihrem Gemahl am 10. März 1866 ab. Bis dahin mutmaßte man am Stuttgarter Hof noch über einen möglichen Krieg, aber niemand wollte ernsthaft daran glauben. Olgas Hofstaat gab sich vielmehr dem schönen Spiel gegenseitiger Intrigen hin, jeder hetzte gegen jeden und sogar die treue Frau von Massenbach befürchtete, dass man sie nach der Rückkehr aus Russland wohl entlassen würde. Über eigene Giftpfeile gegen liebe Kolleginnen schwieg sie natürlich. Olga sah wie immer recht leidend aus, musste es sich aber gefallen lassen, dass allzu eifrige Staatsdiener wieder einmal das falsche Lied anstimmten, der König stände unter der Fuchtel seiner Frau. Er sei ihr hörig und kritiklos ergeben. Das alles waren vielleicht keine besonders intelligenten Voraussetzungen für eine ernste politische Mission Olgas am Vorabend eines deutschen Bruderkriegs. Andererseits gehörten derartige Komödien zu den ärgerlichen Dauerthemen jedes Monarchen.

Zunächst fuhren Olga und Karl nach Berlin. Varnbüler riet zu äußerster Vorsicht: Preußen schickte sich an, die Beschlüsse des Deutschen Bundes zu verletzen. Beide Seiten wahrten die Etikette: Empfänge, Diners, höfliches Geplauder auf höchster Ebene. Ein Gespräch mit dem maßgeblichen Bismarck kam gar nicht erst zustande. Schweigend trugen Karl und Olga ihre politischen Wünsche und ihre persönlichen Streitereien nach Petersburg weiter. Am 14. März erreichten sie bei starkem Frost die Hauptstadt Russlands. Sowohl aus den persönlichen Gesprächen der Königin mit ihren Hofdamen als auch aus den Nachrichten, die aus Stuttgart eintrafen, entstand der Eindruck, Hofquerelen und eine anhaltende Diskreditierung Olgas stünden stärker im Mittelpunkt der Aufmerksamkeit als der drohende deutsche Krieg. Dieser Eindruck täuschte nicht. Olga wurde von ihrer großen Familie „wie in alten Tagen" in die Arme geschlossen und vergaß allen schwäbischen Ärger. Man lebte in Saus und Braus, plante langfristig den Sommerumzug nach Zarskoje Selo und sprach manchmal sogar über den in Deutschland drohenden Krieg: „Dieser deutsche (Bruder-)Krieg ist wie die Fabel mit dem Wolf: Man sprach so lange davon bis man nicht mehr daran glaubte; jetzt kommt es vielleicht dazu und niemand ist vorbereitet."[148]

Was sollte man unter dieser Voraussetzung von Olga für politische Leistungen verlangen und erwarten? Sollte sie etwa den Krieg verhindern? Das Familienprogramm lief in allen gewohnten Formen ab. Über die Königin kursierten nur solche Charakteristiken: lieb, schön, artig, steif, unwohl – nicht glücklich. Kein Wort über ein Engagement für den Frieden in Europa. Man warf ihr sogar vor, dass sie sich bei all ihrer erkennbaren Furcht vor einem Krieg schlecht über die wirkliche Lage informierte. Varnbüler muss diesen Eindruck geteilt haben, denn am 9. April 1866, nachdem die Königin bereits über drei Wochen in Petersburg weilte, schrieb er an seinen Gesandten in Petersburg noch einmal, dass Bismarcks Bundesreformplan gefährliche revolutionäre Bestrebungen enthielte. Während der Kaiser Alexander diese Einlassung zurückhaltend aufnahm, reagierte Gortschakow jetzt mit einem ernsten Brief an Bismarck und legte darin die russischen Bedenken dar. Frau von Massenbach kommentierte das Drängen Varnbülers nur mit einem Satz: „Sehr schlechte politische Nachrichten – arme Königin!"[149] Der Inhalt des Begriffs „arme Königin" wurde sehr bald klar.

Eine Woche später, am 16. April 1866, dem Tag der Silberhochzeit des Zarenpaars, schoss der Nihilist Dmitri Karakosow im Petersburger Sommergarten auf Alexander II. Der Kaiser kam zwar unverletzt davon, aber das Ereignis erregte die ganze Zarenfamilie in höchstem Maße. Im Einklang mit der Trauer über den verstorbenen Thronfolger fielen die Feierlichkeiten zur silbernen Hochzeit sehr bescheiden aus. Aber selbst von den Feiern im kleinsten Kreise zog sich Olga zurück, weil sie vom Kaiser und Gortschakow unter Druck gesetzt wurde. Die Herren verpflichteten sie zu einer diplomatischen Mission. Aber sie wollte partout keine eigenständige politische Rolle als Vermittlerin in den deutschen Konflikten spielen. Sowohl der Kaiser als auch Gortschakow bestanden darauf, Olga nach Wien zu schicken. Anfang Mai 1866 besaß die russische Regierung keine konkreten Informationen, wie sich der Verfassungskonflikt in den nächsten Wochen entwickeln würde. Man vermutete lediglich eine militärische Option Preußens. Varnbülers Mahnungen beruhten auch nur auf der Furcht vor einem Krieg und nicht auf der Gewissheit eines Waffengangs. Österreichs Reaktionen schienen im Augenblick noch weniger deutlich erkennbar. Olga besaß in Europa ob ihrer Schönheit einen guten Ruf. Als Schwester des russischen Zaren genoss sie aufmerksame Reputation. Als militante oder emanzipierte Politikerin kannte sie niemand. Die Österreicher besaßen allen Grund, höflich und aufmerksam mit ihr umzugehen. Sie erschien deshalb Alexander II. hinreichend unverdächtig, in Wien nach den österreichischen Zielen zu forschen.

Aber Olga wollte nicht fahren. Vielleicht schätzte sie in dieser Situation ihre politischen und diplomatischen Fähigkeiten realistisch ein. Es nützte nichts. Bei zahlreichen Diners und Treffen bereiteten der Zar und der Außenminister die arme Königin auf eine Reise vor, von der man auch im Nachhinein nicht sagen kann, ob sie der Informationsbeschaffung und der Vermittlung zwischen Österreich und Preußen dienen sollte oder ob sie eine bewusste Provokation für den Krieg war. Frau von Massenbach schrieb am 7. Mai nur die vieldeutigen Worte in ihr Tagebuch: „Die Königin … scheint mir sich keine Illusionen über die Rolle zu machen, die Gortschakow sie spielen lassen will. Er besteht sehr auf Wien.“[150] Gemessen an der üblichen Diskretion in politischen und diplomatischen Angelegenheiten war das eine Aussage von erstaunlicher Deutlichkeit. Doch: Welche Rolle spielte Olga? Sie wusste es nicht so ganz genau! Wenn sie vielleicht auf Hilfe aus Stuttgart rechnete, wurde sie enttäuscht. König Karl, der vorzeitig abgereist war, schrieb ihr, sie solle ruhig noch ausbleiben, er verlange keine schnelle Rückkehr. Mit anderen Worten: Für die Reise nach Wien darf sie sich alle Zeit der Welt nehmen. Olga weinte bitterlich – hilflos und ratlos. Die Massenbach kommentierte nur schwammig-bedeutungsvoll: „... und im Übrigen verstehe ich nichts von den politischen Schlichen."[151] Welche „politischen Schliche" meinte sie? Darüber herrschte zwischen Olga und ihrer Staatsdame offenbar Uneinigkeit.

Gortschakow veranlasste die Königin mit Hilfe Alexanders II. zu einer aussichtslosen Mission, über deren Sinn nur geraten werden kann, wenn man ihr nicht nur einen Aufklärungscharakter unterstellen will. Die Reise rief im preußischen Königshaus bereits im Vorfeld böse Proteste hervor und führte außerdem zu ganz eigenartigen Eingeständnissen über das Verhältnis von Politik und Monarchie, über die preußische Einstellung zu dem bevorstehenden Krieg und generell zur deutschen Einheit.

Am 15. Mai 1866, Olga bereitete sich noch auf die Reise nach Wien vor, schrieb Preußens König Wilhelm I. an seine Gemahlin Augusta, die Cousine Olgas, dass es Preußen in dem bevorstehenden Krieg nur darum gehen würde, der seit fünfzig Jahren grassierenden „Manie" ein Ende zu setzen, Preußen trachte danach, alle „nahen und weiten Nachbarn" verschlingen zu wollen. Österreich dagegen wolle Preußen „demütigen": „Somit liegt die Entscheidung über Krieg und Frieden in der Hand der Mittelstaaten Deutschlands. Entschlössen diese sich zur Neutralität, so kann Österreich nicht daran denken, gegen Preußen und Italien zugleich Front zu machen. Dies kann es nur, wenn es auf Deutschlands mittelstaatliche Unterstützung rechnen kann." Ausdrücklich fügte der König hinzu: „Württemberg ist so feindlich, dass Olga über Wien, und zwar auf Einladung, zurückreist, sie, die in Wien vor 15 Jahren en mariage refüsiert wurde, wenn sie nicht katholisch würde!! Sie soll in Petersburg nur von dem Verschlinger Preußen sprechen! Ja, dann ist niemandem zu helfen, wenn man von solchem Unsinn ausgeht!"[152]

Der preußische König wusste nicht nur von der bevorstehenden Reise. Er kannte auch Olgas distanzierte Haltung gegenüber den Hohenzollern und deutete diese jetzt mit beißender Häme in eine kriegstreibende Kraft um. Das verdiente die politisch so wenig bedeutende Olga wirklich nicht!

Einmal bei der politischen Moral angelangt, fügte Wilhelm I. Gedanken an, die zwar generell nicht falsch waren, aus seinem Kopf jedoch nur als zynisch gewertet werden können. Wilhelms Ansichten werfen die Frage auf, welchen realistischen Anteil der König von Preußen an der Politik des Staates besaß, den er repräsentierte: „Die Kalamitäten, die vor und während eines Krieges immer eintreten, zeigen sich natürlich jetzt schon bedeutend, wie Du auch anführst, da alles auf Industrie berechnet ist und niemand an Krieg mehr denken wollte, sondern nur nach

Talern, Ellen und Fuß berechnet wird, um zu sehen, wie rasch man reich werden könne! Indessen nach dem Frieden, und wenn er auch lange auf sich warten ließe, erholt sich alles wieder, denn die Wohlhabenheit in den Massen ist seit 50 Jahren so gestiegen, dass 10 Friedensjahre ausgleichen, was sonst 40 brauchte. Dies sage ich nicht aus Leichtfertigkeit, um den Krieg zu beschönigen, sondern um dem unwürdigen Geschrei über Geldverlust etc. entgegenzutreten. Immer Geld und nur Geld, und von Patriotismus wird bald in der Welt nicht mehr die Rede sein."[153] Der preußische König strahlte keine geringere Ohnmacht aus als die Württembergerin.

Am 23. Mai reisten sie gemeinsam über Warschau nach Wien. Unterwegs stritten sie lautstark miteinander und ihrer beider Nervosität wuchs mit jeder Truppenkolonne, die sie in Böhmens Feld und Flur sahen. Ein halbes Jahrhundert zuvor, im Jahre 1813 wurde Katharina, die spätere Königin Württembergs, in geheimer Mission nach Wien geschickt, um Österreichs Absichten im Kriege zu erforschen. Nun wiederholte sich die Geschichte unter ganz anderen Vorzeichen. In Wien empfing man Olga mit den allerhöchsten Ehren. Sie sprach mehrfach mit dem Kaiserpaar, mit vielen Aristokraten und Politikern, auch mit dem preußischen Botschafter. Franz Joseph I. unterbreitete Vorschläge zur Vermeidung eines Krieges und stimmte mit Olga überein, den Frieden retten zu wollen. Vielleicht hegte man die vage Hoffnung, die Königin könnte etwas bewirken, denn „Kaiser und Kaiserin (in reizendem Kostüm) fuhren Ihre Majestät zur Bahn. Das ist noch nie da gewesen und ohne Präzedenzfall."[154]

Die Geste erregte das preußische Königspaar. Wilhelm widersprach seiner Frau heftig, weil sie Verständnis für das Misstrauen der Mittelstaaten gegen Preußen besaß, schimpfte über die „deutschen Zustände" und bestimmte kategorisch: „Daher können wir in Preußen nur den Weg gehen, der Preußen frommt." Augusta versagte sich trotz all ihrer Klugheit nicht den Worten ihres Gemahls und charakterisierte Württembergs Parteinahme für Österreich und den Deutschen Bund als „Tollhaus". Besonders arg zog sie über Cousine Olgas Reise nach Wien her. Am 1. Juni 1866 unterstellte Augusta Olga, in Wien „tüchtig geschürt" zu haben – natürlich gegen Preußen.[155] Drei Tage später vermittelte Augusta ihrem Gemahl allerdings Aussagen, die abermals ein merkwürdiges Licht auf das Verhältnis zwischen Politik und Monarchie warfen – dieses Mal in Württemberg. Über einen Mittelsmann ließen Olga und Karl Augusta ausrichten, dass die Kriegsgegnerschaft nichts an den Gefühlen für den preußischen König änderte und dass sie es bedauerten, im konkreten Fall „nicht im Einklang mit Preußen handeln zu können." Augustas sarkastischer Kommentar: „Ich habe geantwortet, Taten wären besser als Worte, würde es aber ausrichten."[156]

Gleichzeitig berichtete Augusta ihrem Mann erstmals, was Österreichs Kaiser Franz Joseph I. bei den Wiener Gesprächen Olga tatsächlich gesagt hatte. „Österreich würde positiv nicht das Odium des Angriffs, weder nach Preußen, noch nach Italien hin, übernehmen und nicht ein zweites Mal denselben Fehler begehen (wie im italienischen Krieg 1859). Österreich würde mithin auf seine große Heeresmacht gestützt abwarten und fände in der Erbitterung Deutschlands gegen Preußen die beste Hilfsgenossenschaft. Die Politik Österreichs ist ganz auf sein deutsches Supremat gerichtet."[157] Pikant ist die Tatsache, dass Augusta diese streng vertrauliche Information nicht etwa aus der unmittelbaren Umgebung des österreichischen Kaisers, sondern vielmehr von Staatsrat Graf Adolf von Taube erhalten hatte, dem I. Kammerherrn und Ratgeber der Königin Olga von Württemberg!

Der Deutschen Bruderkrieg

Wenn die Wiener Mission auch keine politische Bedeutung für den Beginn und Verlauf des Deutschen Kriegs besessen hat, so ist die Königin zumindest für die aktuellen militärpolitischen Probleme sensibilisiert worden. Sie erschien ihrer Umgebung Ende Mai nach der Rückkehr aus Wien nervös und reagierte sich, wie so oft, mit aktivem Handeln ab. Olga besuchte in dichter Folge mehrfach das Katharinenstift. Am 16. Juni 1866 nahm sie an Examina für künftige Lehrerinnen in Berg teil. Kurz darauf erfuhr sie vom Einmarsch der preußischen Truppen in Frankfurt am Main. Der Krieg begann. Was sollte sie tun? Olga wusste, dass ihre Herrschaft und ihr Land vor harten Zeiten standen, denn Württemberg zog mit in die Schlacht um Deutschlands Einheit. In sachlicher Übereinstimmung mit dem Ernst der Stunde unterzeichnete die Königin am 21. Juni 1866 ihr Testament. In ihrem Fall erwies sich die Unterschrift nicht als schlechtes Omen – wie bei Königin Katharina im Jahre 1817 –, Olga lebte noch weitere fünfundzwanzig Jahre.

Aber sie schien angespannt. Niemals machte sie einen Hehl aus ihrer Distanz zum preußischen Königshaus – ohne die russische Reichspolitik gegenüber Preußen beeindrucken zu können. Jetzt, im Krieg, forderte Olga Preußen heraus. Sie ließ ihre Staatsdame von Massenbach einen Brief an den russischen Botschafter in Berlin, Paul von Oubril, schreiben, der unmittelbar zu politischen Handlungen gegen Preußen aufrief. Olga nahm nur insofern Rücksicht auf ihren kaiserlichen Bruder und dessen Deutschlandpolitik, als sie den Brief nicht selber schrieb: „Herr Minister! Seit der Rückkehr der Königin Olga von Petersburg sucht Ihre Majestät eine sichere Gelegenheit, Ihnen ihre besten Empfehlungen auszusprechen. – Seitdem ist Ihr Name mehrmals zu Augen der Königin … gekommen und hat ihre lebhafteste Genugtuung und Billigung gefunden. Dies Ihnen unmittelbar zu bezeugen, hat Ihre Majestät einen vertraulichen Weg gefunden und mich beauftragt, Ihnen zu sagen, dass sie stolz ist auf Ihre mutige Haltung gegenüber den Übergriffen der preußischen Politik seit dem Beginn dieser fatalen Krise. Die Königin dankt Ihnen dafür ganz besonders und möchte Sie vor allem bitten, Ihre Sprache beizubehalten, indem sie Ihnen bestätigt, dass sie ihr unmittelbarstes Echo in der persönlichen Auffassung des Kaisers Alexander findet, dessen noble Gefühle sich gegen eine Politik auflehnen, die man lange als geschickt zu verkaufen suchte, um den Kabinettschef von Berlin zu schonen, der durch den Zynismus seiner Offenheit eine gewisse Sympathie eingeflößt hatte. Eure Exzellenz werden in diesen Zeilen einen Beweis der Achtung und des besonderen Vertrauens erkennen, das die Königin Ihnen bezeugen möchte. Nehmen Sie, Herr Minister, die Versicherung meiner ausgezeichneten Hochachtung entgegen."[158]

Olga interpretierte die russische Reichspolitik im württembergischen Interesse leider sehr einseitig. Der Brief würde in Petersburg kein Lob hervorrufen. Darum hat sie ihn wohl durch Frau von Massenbach schreiben lassen, aber ganz offenkundig in der Absicht, den Zaren und Gortschakow zu massivem Vorgehen gegen Preußen und ganz besonders gegen Bismarck zu veranlassen. Sie ging davon aus, dass Oubril den Brief seinem Minister Gortschakow zur Kenntnis geben würde. Was Gortschakow von den politischen Fähigkeiten der Frau Massenbach hielt, hatte er schon früher zum Ausdruck gebracht …

Eveline von Massenbach ließ dem Brief an Oubril am 25. Juni 1866 ein Schreiben an die Gräfin Blondov folgen. Darin bestätigte sie nicht nur, dass ihre Worte ausdrücklich auf den Emotionen, Ängsten und Überlegungen Olgas beruhten, sondern sie enthüllte auch unfreiwillig, welchen Illusionen sich die Königin über die Wirkungen ihrer politischen Handlungen hingab: „Ihre Nachrichten haben mich in voller Kriegsstimmung erreicht und nicht gerade dabei, die Preußen zu applaudieren: Ihre ehrgeizige Anmaßung, ihr Recht des Stärkeren und des Betrügerischsten haben in kurzer Zeit viel Schaden angerichtet! Ach, die Regierungen, alle die Entwicklungsländer Österreichs und selbst unser eigener Verteidigungszustand in den kleinen Ländern Deutschlands sind kein Gegenstand der Begeisterung, aber die ehrliche Seite ist oft die am wenigsten gewitzte. Und wenn das Ziel Preußens ein philanthropisches gewesen wäre, dann hätte es, das werden Sie mir zugestehen, viele andere Möglichkeiten der Überredung gegeben als den Verrat, die Absetzung von Souveränen, welche die Dynastie von Brandenburg-Hohenzollern in den Windeln gesehen haben, sie gefangen zu nehmen, ihre Truppen zur Revolte aufzuwiegeln wie in Hessen und schließlich eine arme Stadt wie Frankfurt mit übermäßigen Forderungen zu ruinieren! Unser Land allein ist nicht besetzt worden: Wir danken es unseren tapferen Soldaten, die, im Stich gelassen von ihren badischen Verbündeten, mit denen zusammen ihre Bravour sicher mehr erreicht hätte, unsere Grenzen verteidigten bis der Waffenstillstand verkündet wurde. Ohne dies war der vergangene 27. für den Einmarsch dieser Halunken in Stuttgart vorgesehen. Jetzt wird man uns rupfen, uns Kontributionen zahlen lassen, aber das ist alles noch besser, als wenn wir von solchen Truppen besetzt worden wären, von denen namentlich die Offiziere Rauschgift nehmen und sich schlecht aufführen, vielleicht um ein Beispiel von dieser Zivilisation des Nordens zu geben, die wir nachahmen sollen. Sie würden sich über die authentischen Beispiele wundern, die ich Ihnen aufzählen könnte!

Oftmals haben wir mit der Königin dem Himmel gedankt, dass die Kaiserin Mutter diese Zeiten nicht mehr erlebt hat. Vielleicht hätten auch ihr befriedender Einfluss und die eherne Autorität des Kaisers Nikolaus das Übel im Keim erstickt. – Vielleicht hätte dann Russland seiner Berufung als Großmacht nicht entsagt, die der Fürst Gortschakow im Hintergrund zurückhält. Dann hätte auch König Wilhelm von Preußen seine Regierung anders beendet denn als bewaffneter Automat von Bismarck.

Nachtrag: Es ist jedoch allein der Intervention der Königin bei dem Kaiser, ihrem Bruder, zu verdanken, dass Württemberg seine Grenzen nicht enger gezogen sehen musste!“[159]

Da schimmerte der alte Glaube an die uneingeschränkte Autorität des verstorbenen Vaters wieder durch, ebenso wie der Zweifel am entschlossenen Handeln Alexanders II. Olga verärgerte mit den spontanen Aktivitäten, die ganz offensichtlich nicht mit dem Zaren und Gortschakow abgestimmt waren, nicht nur den preußischen König, sondern sogar ihre Schwester Mary. Olga erhielt in jenen Tagen einen Brief von Mary, in dem diese empört vom Verrat an Preußen, vom Meineid und von anderen bösen Taten Olgas schrieb. Württembergs Königin hatte aus Russland positive Reaktionen auf die Reise nach Wien und auf die Briefe Frau von Massenbachs erhofft. Marys Wutanfall ließ sie zurückschrecken und abwiegeln: Es wäre doch besser, darüber zu schweigen, solange der Krieg anhielt. Tatsächlich: Im August 1866 trafen die beiden Schwestern in Ostende aufeinander, fielen sich in die Arme und vergaßen Krieg und Leid. Die Wellen des Meeres am Strand von Ostende weckten nur noch romantische Gefühle. Zu diesem Zeitpunkt hatte der bewaffnete Kampf bereits sein Ende gefunden.

Selbstverständlich litt Olga unter den Kriegsniederlagen Württembergs. Sie verfolgte die Kampfhandlungen und besprach mit ihrer Staatsdame jede Wendung. Sie verlor auch die Wandlungen in der Landespolitik nicht aus den Augen. Die Erfolglosigkeit ihrer eigenen politischen Bemühungen ermunterte Varnbüler, sich selbst bei der Königin ins rechte Licht zu setzen. Der Minister redete auf sie ein, Württemberg könnte zur Verwirklichung seiner eigenständigen Politik keine Hilfe aus Russland erwarten. Er umschmeichelte auch den König, der langsam wieder begann, in alte Leidenschaften abzugleiten. Im Jahre 1864 hatten Olga und Karl die Königswürde als gemeinsame Aufgabe in Angriff genommen. Ihr Verhältnis zueinander verbesserte sich danach. Im Sommer 1866 war der Rausch des Neuen verflogen. Das politische Vakuum, das Wilhelm I. hinterlassen hatte, wurde durch Minister Varnbüler gefüllt. Er sorgte dafür, dass Karl wieder von Männern umschwärmt wurde, die seinen Leidenschaften Flügel verliehen.

Aus Olgas Umgebung kam angesichts der bedrohlichen Kriegslage noch keine laute Kritik, aber die Damen ihrer Entourage registrierten sehr genau, welche Ereignisse der Krieg hervorbrachte, in welcher Stimmung die Königin war und was sonst im Schwabenlande passierte. Ende Juli 1866 befand sich Württemberg in keiner guten Lage. Alle blickten besorgt in die Zukunft. Am 24. Juli erlitten die württembergischen Soldaten im VIII. Bundeskorps bei Tauberbischofsheim eine Niederlage. Sie verloren 31 Offiziere und 639 Mann an Toten und Verwundeten. Olga las später den Bericht eines Augenzeugen und zeigte sich erschüttert: „Rechts von der Chaussee nach Groß-Rinderfeld auf einer von reifem Roggen bedeckten Höhe hatten die Gewehre blutige Ernte gehalten. Ich begleitete den Stadtpfarrer von Bischofsheim und seine beiden Kapläne, die mit aufrecht getragener Monstranz den Sterbenden die Sakramente reichten. Preußische Soldaten und Krankenträger liefen auf dem Felde hin und her, dem hilflos verlassenen Feind nach Möglichkeit erbetenen Liebesdienst zu leisten. Sie trugen Mützen und Kochgeschirre voll Wasser, denn die Verwundeten flehten nach Erquickung. Korporäle gingen den Chirurgen zur Hand, Glieder zu schienen, Wunden zu nähen, die jene vielleicht eben selbst den Opfern beigebracht. Die ganze Sinnlosigkeit des Geschehens lag offen vor mir."[160]

Getreu ihrer Pflicht zu karitativen Diensten verstand Olga den neuen Aufgabenbereich: die Verantwortung für im Kriege verletzte Landeskinder. Die bitteren Erfahrungen aus dem Krimkrieg hatten zur Gründung des „Internationalen Komitees der Hilfsgesellschaften für die Verwundetenpflege" geführt. König Wilhelm I. hatte in seinem letzten Regierungsjahr den „Württembergischen Sanitätsverein" ins Leben gerufen. Auf einer ihrer Reisen in die Schweiz lernte Olga 1866 in Genf Henry Dunant kennen. Der Geschäftsmann leistete unter dem Eindruck schrecklicher Erlebnisse in der Schlacht von Solferino Großes für die Entstehung des internationalen Roten Kreuzes und Roten Halbmonds. Olga galt er 1866 unbedingt als Vorbild. Ihm wollte sie nacheifern und mithelfen, die Schrecken des Kriegs in Württemberg zu lindern.

Nachdem Österreich am 26. Juli mit Preußen einen Waffenstillstand geschlossen hatte, wollten auch die Klein- und Mittelstaaten die Feindseligkeiten möglichst schnell beenden. Varnbüler fuhr Ende Juli ins preußische Hauptquartier nach Nikolsburg in Böhmen. Er wurde von Bismarck in Gnaden aufgenommen – obwohl der preußische Kanzler Olgas antipreußische Position kannte. Am 1. August handelte er mit Varnbüler einen Waffenstillstand aus. Preußische Truppen besetzten lediglich einen nordwürttembergischen Gebietsstreifen. Bismarck soll diese Milde mit den Worten kommentiert haben: „Da haben wir dem Kaiser von Russland salutiert".[161] Russland wahrte in dem deutschen Konflikt Neutralität. Der Zar schützte die Klein- und Mittelstaaten, mit denen das Haus Romanow dynastisch verbunden war. Von beiden Aspekten profitierte Württemberg, obwohl es gegen Preußen Krieg geführt hatte. Dem Land half auch die Tatsache, dass Bismarck den Nachbarn Frankreich unbedingt aus dem Konflikt heraushalten wollte.

Olga grollte über die deutschen Fürsten, deren Uneinigkeit es Preußen erst ermöglicht hätte, sich mit dem Krieg in eine Führungsrolle zu bringen, während die kleineren Länder in die Defensive gedrängt würden. Auch an den Verhandlungskünsten Varnbülers zweifelte die Königin. Während sie sich intensiv um die medizinische Versorgung und Betreuung der in den Kämpfen verwundeten Soldaten kümmerte, verfolgte sie alle Nachrichten vom Kriegsschauplatz und von den Friedensverhandlungen mit großer Erregung. Es löste geradezu einen Schock bei ihr aus, dass die russische Regierung Preußen zum Sieg über Österreich und den Deutschen Bund (und damit auch über Württemberg) beglückwünschte.

Varnbülers schnellen, an den politischen Realitäten orientierten Wandel von der österreichischen auf die preußische Option fand sie geradezu abscheulich. Frau von Massenbach notierte am 4. August 1866: „Varnbüler hat die Majestäten förmlich chloroformiert!“[162] Die selbstgefällige Erklärung des Ministers, er hätte es verstanden, Bismarck zu imponieren, fand Olga lächerlich. An dem Tag, an dem der Friedensvertrag unterzeichnet wurde und preußische Truppen das Bild dominierten, reiste sie demonstrativ nach Ostende ab – nur weg, nichts sehen und nichts hören! Sie wollte sich in der Abgeschiedenheit des Seebades ein Bild über die politischen Ereignisse der letzten Monate verschaffen und bat in ihrer Not den russischen Botschafter in London, Graf Brunnow, zu einem Gespräch nach Ostende.

Im Friedensvertrag vom 13. August 1866 garantierte Preußen die territoriale Integrität Württembergs. Das besiegte Land musste acht Millionen Gulden Kriegsentschädigung zahlen. Russlands Schützenhilfe besaß auch den Effekt, dass die in Württembergs öffentlicher Meinung weit verbreitete Russophobie für eine gewisse Zeit abnahm. Der Landtagsabgeordnete Franz Hopf karikierte in der Wochenzeitschrift „Gradaus“ Württembergs Gewinn durch einen fiktiven Brief Zar Alexanders II. an Preußens König Wilhelm I.: „Lass mir meinen Schwager in Württemberg ungeschoren sonst ...! Es gehört ihm schon eines auf die Finger; warum hat er Menschen zu Beratern, fast so ungeschickt wie er selbst ist; aber solange er und meine Schwester in Württemberg regieren, lass' ihnen nichts Leides geschehen ...“[163]

Württemberg schien vorerst gerettet und das bald nach dem Friedensvertrag folgende Schutz- und Trutzbündnis ging einen weiteren Schritt in Richtung Deutsches Reich. Aber weder menschlich noch politisch schien der Boden für eine deutsche Einheit bereitet. Preußen stärkte auch dank der Hilfe Russlands seine Führungsrolle im Einigungsprozess. Entschieden war damit noch gar nichts. Sowohl im Lager der württembergischen Königin als auch in dem des preußischen Königshauses erhielten nach diesem Krieg die gegenseitigen Animositäten neue Nahrung. Während Olga in Ostende wartete, kümmerte sie sich um die mitgereiste Wera, über die es seit einigen Monaten nicht mehr die Schreckensmeldungen der ersten Wochen gab, obgleich das Mädchen immer noch wild und eine ernsthafte pädagogische Aufgabe blieb. Brunnow ließ sich entschuldigen. An seiner Stelle kam der Olga seit Jahren vertraute Diplomat Baron Fredericks. Als echter Meister des diplomatischen Parketts beruhigte er die emotionalen Aufwallungen Olgas und erklärte ihr zugleich im Namen Brunnos ebenso vieldeutig wie nichtssagend, „dass alles, was sich in Deutschland und Europa abspielt, ein ganz schlechtes Beispiel gibt: Die großen Mächte lassen alles geschehen."[164]

Olga schwirrte der Kopf, sie bekam wieder Migräne. Dazu bereitete Wera neuen Ärger. Das Kind langweilte sich in dem mondänen Bad und ließ seinem Übermut einmal mehr durch freche Bemerkungen freien Lauf. Der belgische König Leopold II. besuchte Olga, König Karl folgte nach, aber Ostende brachte der Königin keine Erholung. Im Gegenteil, sie erkrankte regelrecht. Karls unbeherrschte Umgangsformen gaben ihr den Rest. Als dann noch der erste Herbstregen einsetzte, reiste sie am 8. September wieder nach Stuttgart ab. Ihre Stimmung sank auf den Nullpunkt.

Der Krieg, der Ärger mit den Preußen, Karls Vorliebe für ihm interessant erscheinende junge Männer, sein Hang zur unverbindlichen Plauderei – und die eigene Schlankheitssucht waren zu viel für Olgas schwache Gesundheit. Zusätzlich verschärfte die kleine Wera die Situation durch zugespitzte Aufsässigkeit weiter. Sie hatte wohl Kenntnis von den Plänen Olgas und Karls über eine mögliche Adoption erhalten. Es ist im Nachhinein schwer zu beurteilen, warum diese Absicht bei Wera so scharfe Gegenreaktionen hervorrief. Ob sie sich wirklich nach Petersburg und ihren leiblichen Eltern sehnte, ob sie empört darauf reagierte, dass über ihren Kopf hinweg entschieden wurde, ob sie der Zuneigung Olgas hilflos gegenüber stand oder ob sie einfach eine erneute Periode durchlief, in der sie ihr gesamtes Umfeld undifferenziert als Provokation auffasste? Die bekannten Tatsachen besagen, dass Wera im Herbst 1866 über Wochen hinweg einen einzigen Stein des Anstoßes bildete und durch ihr als garstig empfundenes Verhalten den ganzen Hof in Angst und Schrecken versetzte.

Olga hielt sich mit Wera und ihren Hofdamen nicht lange in Stuttgart auf. Sie reisten noch im September nach Friedrichshafen weiter. Dort traf sie die preußische Königin Augusta. Die Begegnung zeigte, welche Probleme nicht nur die Fürsten nach diesem Krieg auf dem Weg zur deutschen Einheit noch lösen mussten. Preußen mochte im Deutschen Krieg zwar einen militärischen Sieg errungen und durch die Schutz- und Trutzbündnisse die militärpolitischen Potentiale der Mittelstaaten an sich gebunden haben. In den Köpfen der Monarchen aber blieb der Weg zur deutschen Einheit noch sehr weit.

Wieder einmal fasste Frau von Massenbach Olgas Gedanken in Worte. In einem Brief an ihre Freundin Edith von Rahden, Tochter des Barons Wilhelm von Rahden, eines Offiziers und Schriftstellers aus Breslau, der in preußischen, russischen und spanischen Kriegsdiensten stand, schrieb

Eveline ganz unverblümt: „Bewundern Sie auch die Annexionen? Ist dies ein dem Ende eines Greises wie König Wilhelm von Preußen würdiges Werk? Worüber ich mit Ihnen übereinstimme, ist, dass Deutschland es nötig hatte, geschüttelt zu werden. Man kann die geschickte Arbeit des Gegners bewundern, ihre energische Ausführung bis in die kleinsten Einzelheiten, aber verlangen Sie nicht von mir, das Recht des Stärkeren anzuerkennen! Wir sind unglücklich, ungeschickt, getäuscht, besiegt in jeder Hinsicht, aber vergessen Sie nicht, dass diese schon seit Jahren wussten, was sie wollten, dass sie über ihre eigenen Absichten hinausgegangen sind, während wir uns nicht verteidigten in gutem Glauben an die Verträge – für sie eine Bagatelle!"[165]

Olgas Animositäten gegen Preußens Übermacht reflektierten zwar nicht die Meinung weiter Kreise der nationalliberalen Öffentlichkeit, aber das preußische Königshaus errichtete aus ihrer Sicht starke Vorbehalte – gerade gegen Württembergs Königspaar. Nach den Besuchen in Friedrichshafen und auf der Insel Mainau berichtete Augusta postwendend an ihren Ehemann: „Der Besuch in Friedrichshafen und die Erwiderung desselben auf der Mainau haben bewiesen, dass die Stimmung bei König und König(in) gegen uns noch sehr bitter und gehässig ist. Außerdem hat sich nach Württemberg alles Giftige und Feindselige der früher über Deutschland verbreiteten antipreußischen Presse zurückgezogen, und es befindet sich der ganze Haufe österreichischer Söldlinge dort in vollster Tätigkeit gegen Preußen, in einer Weise, die namentlich diesem Lande große Schwierigkeiten bereitet ... Die Gehässigkeit in Österreich kennt keine Grenzen. Man kann die jetzigen Zeitungsartikel mit dem erneuten Lügensystem und den Drohungen gar nicht lesen, ohne empört zu sein, und dass nun auch Württemberg zum Organ solcher Feindschaft werden soll, ist doch etwas arg nach den gemachten Erfahrungen."[166] Was sollte aus der deutschen Einheit werden, wenn sich bereits die Monarchen und Fürsten feindlich gegenüberstanden und ihre Animositäten nicht zügelten?

Trügerische Atempause

Die folgenden Wochen bis zum Jahresende verbrachte Olga im „Innendienst". Sie inspizierte das Katharinenstift, die Nikolaus-Pflege und die Olga-Heilanstalt. Sie besichtigte Industrie- und Landwirtschaftsausstellungen, ging ins Theater, hielt ihre Zirkel ab und empfing jeden, den sie empfangen musste.

Sie bemühte sich um ein verträgliches Auskommen mit Karl sowie eine Dämpfung der ungezogenen Ausbrüche Weras. Politische Probleme schlugen in das persönliche Leben durch: Großfürstin Helene galt als Freundin Preußens und bestätigte dies, indem sie einen Besuch in Stuttgart auf Grund der Preußenfeindlichkeit Olgas verweigerte. Aber damit änderte sie deren politische Einstellung auch nicht. Die Königin folgte selbst in der zugespitzten Situation ihrem Grundsatz, jede Falschheit abzulehnen. Sie gab ehrlich zu, stets in Verwirrung zu geraten, wenn sie Menschen lediglich um der Höflichkeit willen umschmeicheln musste. Freunde gewann sie damit in der höfischen Gesellschaft nicht, und die Zahl ihrer Vertrauten, denen sie sogar Einblick in ihre privaten Tagebuchaufzeichnungen gewährte, reduzierte sich auf eine Person: Eveline von Massenbach – die sich selbst ob ihrer Nähe zur Königin ständiger Hofintrigen erwehren musste und mehrfach ihren vorzeitigen Abschied nehmen wollte! Am 14. Dezember 1866 stöhnte sie sogar: „Ich muss jetzt einmal versuchen, ganz für die Königin zu leben, gar nicht an mich denken!"[167]

Die letzten Eintragungen in ihrem Tagebuch reflektieren sowohl das damalige politische Denken Olgas, als auch eine Resignation des Abschieds. In einem Brief an die Baronin Rahden schrieb Frau von Massenbach: „Der Süden Deutschlands feilscht um seine Beziehungen zum Norden. Die einen sind der Meinung, man solle sich beeilen, um an der neuen Agglomeration teilzunehmen – es ist die kleine Zahl von Leuten, die um ihren Besitz bangen und von den Organisationsplänen der neuen Regierung verführt werden und von der großen Idee ‚der unentgeltlichen, unbestechlichen Volksvertretung'. Die große Mehrheit will abwarten und glaubt, dass im Augenblick weder Preußen noch Frankreich Krieg führen wollen. Eine dritte Partei rechnet sogar – sehr zu Unrecht glaube ich – mit Reaktionen in Österreich und den annektierten Provinzen und wünscht, dass mit der Zeit die ganze Hälfte des Südens ein Gegengewicht gegen den Norden bildet, indem er das Modell echter konstitutioneller Regierungen darbietet. Varnbüler, unser Mann des Augenblicks, scheint Rücksicht darauf genommen zu haben, sich gut mit Bismarck zu stellen. Warten wir ab, ob Bismarck einmal sein Wort halten wird! ... Am Hof ist es sehr ruhig gewesen; das Theater ist sehr gut, der König findet großen Gefallen daran. Die Königin beschäftigt sich mehr und mehr mit der kleinen Wera, namentlich seitdem sie in Madame Tomilov eine Hilfskraft gefunden hat ..."[168]

Am 31. Dezember 1866 notierte sie entsagungsvoll: „Dieses Jahr! es hat mir erneut Illusionen genommen, mich gelehrt, die Menschen nach ihrem Charakter zu behandeln. Zuvor behandelte ich sie auf ehrliche Weise nach meinem Gefühl. Ich danke Gott, dass er mir Gelegenheiten geschenkt hat, kleine gute Werke zu vollbringen!"[169]

Frau von Massenbach hat die politische Entwicklung während und nach dem Deutschen Krieg wesentlich aus dem Blickwinkel Olgas betrachtet. Die Königin pflegte wohl ihre Preußophobie, bestimmte jedoch die reale Politik nur am Rande mit. Das schloss nicht aus, dass sie punktuell sogar zur Wortführerin einzelner Interessengruppen avancierte. Andererseits lag besonders nach dem Krieg im russisch-preußischen Verhältnis ein Schlüssel für die künftige Entwicklung Württembergs. Aus dieser Sicht erscheint Olgas Haltung besonders problematisch: Württembergs Minister Varnbüler hofierte Bismarck und wandte sich Preußen zu, ohne die speziellen Souveränitätsrechte seines Königs in Frage zu stellen – Gortschakow und Kaiser Alexander II. bezogen eine preußenfreundliche Position. Vor dem württembergischen Königspaar und Varnbüler erwuchs die überaus problematische Frage der Neugestaltung Deutschlands und der Stellung Württembergs in einem politischen System, das noch hart umkämpft war. Karl und Olga ging es in diesem Ringen vornehmlich um die eigenen Souveränitätsrechte. Varnbüler, geliebt oder ungeliebt, musste eine Realpolitik auf allen gesellschaftlichen Ebenen betreiben und sich als starker Pfeiler der Landespolitik profilieren. Da waren Konflikte mit dem Königshaus und vor allem mit Olga vorprogrammiert. Sie wurden durch Varnbülers Selbstgefälligkeit ebenso gefördert wie durch Olgas autokratische Prinzipien. Varnbüler dachte und handelte jedoch schneller und konsequenter. Ohne Rücksicht auf Olgas Vorbehalte gegen Preußen forcierte der Minister den Ausbau einer geachteten Stellung Württembergs in einem von Preußen geführten Deutschland. Nicht zuletzt die wachsende Furcht vor einer Bedrohung aus Frankreich ließ ihn im September 1867 den Entschluss fassen, das zunächst geheim gehaltene Schutz- und Trutzbündnis mit Preußen zu veröffentlichen.

In dem Maße, wie Russland sich auf die Zusammenarbeit mit Preußen orientierte und die praktische Politik von Menschen wie Bismarck, Varnbüler oder Gortschakow bestimmt und exekutiert wurde, ging die politische Bedeutung der dynastischen Familienbeziehungen zwischen Petersburg und Stuttgart zurück. 1866 begann mit der Auflösung des Deutschen Bundes de facto eine Übergangszeit, die sicherlich erst mit einer erneuten Reichsgründung beendet sein würde, in der aber die überkommenen Muster der württembergisch-russischen Beziehungen nur noch bedingt galten. Ob Olga das verstand oder nicht: Wenn sie eine politische Rolle spielen und sich nicht nur auf die karitative Wohltätigkeit und die fürstliche Repräsentation beschränken wollte, musste sie den Intentionen Varnbülers folgen, diesen unterstützen und auch den König in eine aktive Rolle drängen. Die Voraussetzungen, der Wille und vielleicht auch die Fähigkeiten schienen allerdings nach allen Handlungen Olgas bis 1866 nicht besonders gefestigt. Das Land stand nun einmal vor einer neuen politischen Situation, in der sich alle Führungskräfte bewähren mussten und in der sie nicht vor den Problemen ausweichen durften.

So wie die Dinge nach dem Krieg von 1866 lagen, durfte Olga eigentlich ihre gegen das preußische Königshaus gerichtete Haltung nicht länger konservieren. Varnbüler forderte den württembergischen Gesandten Abele in Petersburg direkt auf, „in allen ... Äußerungen die freundschaftlichen Beziehungen zu Preußen als den Standpunkt Württembergs zu betonen".[170] Gleichzeitig musste der Minister vorsichtig lavieren, denn weder Olga noch andere süddeutsche Fürsten teilten diese Meinung. Dahinter standen handfeste finanzielle Interessen. Bismarck vollzog mit dem Norddeutschen Bund die deutsche Einheit nördlich der Mainlinie. Die süddeutschen Politiker votierten nicht gegen die deutsche Einheit. Aber sie wollten sich einen Beitritt zu diesem Bund so teuer wie möglich bezahlen lassen. Bismarck argumentierte entgegengesetzt. Er wollte den süddeutschen Staaten autonome Rechte einräumen, war aber nicht bereit, sich deren Sympathie um jeden Preis zu sichern und benutzte als Druckmittel eine von Frankreich ausgehende Gefahr für den Südwesten Deutschlands. Varnbüler betrieb eine Doppelstrategie, die Bismarck als Grundhaltung eines Finanzministers charakterisierte: Das eigene Fell zum höchsten Preis verkaufen!

Olga besaß kein politisches Konzept. Sie nutzte lediglich einzelne Ereignisse, die aus dem politischen Tagesgeschäft herausragten und klammerte ihre Ansichten an diese, ohne in jedem Fall zu verstehen, warum Minister Varnbüler bei den schwierigen Verhandlungen mit Preußen und den Nachbarstaaten mitunter politisch wechselnde Positionen bezog. Die Königin blieb im Grunde eine autokratische Fundamentalistin, die kein Verständnis für die Kunst des politischen Kompromisses aufbrachte, eine Kunst, die Gortschakow beherrschte.

Ein erster kritischer Punkt, der Olgas Prinzipien herausforderte, bestand im März 1867 in der Veröffentlichung des geheimen Schutz- und Trutzbündnisses mit Preußen. In der Presse und bei den politischen Parteien im Landtag schlugen die Wellen unterschiedlicher Ansichten hoch. In Frankreich betrachtete man diese Maßnahme als Bedrohung. Ganz anders in Petersburg. Dort begrüßte die Regierung den Schritt und verstand nicht, warum Olga in Varnbüler drang, er sollte Bismarck zu der Erklärung überreden, der Vertrag wäre ein reines Defensivbündnis. Bismarcks Misstrauen gegen Olga und das württembergische Königshaus wuchs. Also musste Varnbüler gegen die partikularen Interessen argumentieren. Nach Petersburg schrieb er: „Durch diese Verträge hat Deutschland dem Ausland gegenüber seine Stellung, im Innern sein wirtschaftliches Leben geregelt, zu weiterem liegt ein nationales Bedürfnis nicht vor, und ich wüsste für jetzt keinen Grund, welcher weitere Opfer rechtfertigte zu dem Zwecke, um den Bund mit dem Norddeutschen Bund enger zu knüpfen, als dies durch die beiden Verträge geschehen ist."[171]

Wieder einmal schlug das Pendel aus taktischen Gründen nach der anderen Seite aus: Bündnis mit Preußen und Eigenstaatlichkeit Württembergs – bei aktiver Unterstützung durch Russland. Die Crux bestand für Varnbüler und für Olga darin, dass die Möglichkeiten Württembergs, von den sich intensivierenden preußisch-russischen Verbindungen zu profitieren, Schritt für Schritt schwanden. Wenn Olga, unterstützt durch den russischen Gesandten Stolypin, ihren Konfrontationskurs gegen Preußen weiter fortsetzte, untergrub sie Württembergs Chancen, aus Russland Hilfe für die Wahrung der württembergischen Souveränitätsrechte zu erhalten. Aber diese Erkenntnis musste erst einmal bei ihr reifen bzw. durch äußeren Druck erzwungen werden.

Vorerst berichtete Stolypin ganz im Sinne Olgas über antipreußische Stimmungen nach Petersburg und denunzierte Varnbüler als einen Politiker, der das Land im Bündnis mit Bismarck an Preußen ausliefern wollte. Bei aller Widersprüchlichkeit des Einigungsprozesses und der Persönlichkeit Varnbülers entsprachen solche Berichte nicht der politischen Realität in Württemberg. Die Landeskinder wollten ihren König nicht verlieren, aber die Frage der Einheit stellte sich ihnen deshalb nicht als Alternative. Stolypin und Olga irrten, wenn sie mit ihrer Argumentation ein prowürttembergisches Engagement in Petersburg zu erreichen glaubten. Die Achse Berlin – Petersburg genoss eindeutige Priorität und Württemberg blieb eigentlich nur im Spiel, weil es als Nachbar Frankreichs Aufmerksamkeit verdiente. Olga und Stolypin verstanden diesen Gesichtspunkt preußisch-russischer Gemeinsamkeiten offenbar, denn Stolypin gab sich nach der Stuttgarter Militärkonferenz vom Februar 1867, bei der die süddeutschen Staaten über die Realisierung der mit Preußen geschlossenen Schutz- und Trutzbündnisse berieten, große Mühe, seinem Minister Gortschakow die antifranzösische Komponente des Treffens zu erklären.

Die russische Regierung ließ sich in ihrer Haltung zu Preußen weder durch Stolypins Berichte, noch durch Olgas Warnungen vor einer vorzeitigen Veröffentlichung des Schutz- und Trutzbündnisses beeindrucken. Der Zar vertrat die Ansicht, Deutschland benötigte ein starkes Preußen und Preußen werde, wenn es mit den Bundesstaaten vereinigt sei, niemanden angreifen. Mit dem russischen Schutz im Rücken könnte der Frieden in Europa auf lange Zeit gesichert werden.

Die diplomatischen Scharmützel warfen die Frage auf, ob Stolypin Olga im Interesse seiner eigenen Karriere für sich einspannte – und er damit dem Beispiel seines Kanzlers aus früheren Jahren folgte – oder ob Olga Stolypin gegen den ihr unsympathischen Varnbüler in Stellung brachte. Für die Königin stand fest, dass Varnbüler ein schwankender Opportunist war, ein extrem ehrgeiziger Egoist, stark und selbstbewusst, ohne Rücksicht auf Tradition und Ordnung. König Karl vermochte diesem Mann kein Paroli zu bieten. Er ordnete sich dem Varnbüler unter, wie er sich einst vor dem Vater geduckt hatte. Das Misstrauen gegen Varnbüler, die Ohnmacht gegen dessen rücksichtsloses Durchsetzungsvermögen, kombiniert mit ihrem antipreußischen Vorbehalt brachten Olga – und damit auch Stolypin – in eine Position, die gegen Russlands und Preußens aktuelle Interessen verstieß.

Alexander II. löste das Problem auf russisch-autokratische Art. Im Frühsommer 1867 fuhr er nach Paris. Bei seinem Zwischenaufenthalt rüffelte er Olga für ihre politische Sturheit und Stolypin durfte sich einprägen, dass er sich mit seinen Agitationen durchaus nicht in Übereinstimmung mit der Regierung befände und sich in Zukunft, falls er seinen Posten behalten wolle, einer anderen Haltung zu befleißigen hätte.[172] Olga dürfte kaum geahnt haben, welche politischen Dimensionen ihre Haltung besaß. Allein um den Tadel Alexanders gruppierte sich ein ganzes Bündel diplomatischer Aktivitäten. Anfang Mai 1867 erteilte Bismarck seinem Petersburger Gesandten Fürst Reuss den Auftrag, „gelegentlich und in nicht absichtlicher Weise" den Kaiser und Gortschakow auf den Einfluss des russischen Hofes anzusprechen, über den dieser durch die Person Olgas in Stuttgart verfüge.[173] Hinter der harmlos klingenden Formulierung stand der Wunsch, Württemberg stärker an Preußen zu binden und alle störenden Elemente auszuschließen. Alexander stellte sich zunächst schützend vor seine Schwester und glaubte nicht, dass Preußen in Württemberg entscheidenden politischen Einfluss gewinnen könnte.

Bismarck wiegelte ab: Niemand denke an die Verletzung württembergischer Souveränitätsrechte und der russische Einfluss am Hof in Stuttgart ließe diesen nur noch stärker als Verbündeten preußischer Interessen hervortreten. Schöne Worte, sogar gut gemeint, aber nicht bindend für das politische Tagesgeschäft. Gortschakow übermittelte Varnbülers und Olgas Bitte an Bismarck, Preußen sollte eine öffentliche Erklärung über den defensiven Charakter der Schutz- und Trutzbündnisse abgeben – und stieß auf Ablehnung.

Nach dem Juni 1867 beruhigten sich die Debatten vorübergehend. Stolypin hielt sich für einige Zeit von Stuttgart fern, also war auch nichts von Olga zu hören, und Varnbüler betonte unablässig die Autonomierechte Württembergs. Als Stolypin im Herbst zurückkehrte, meldete sich auch die Königin wieder zu Wort. Olga und Stolypin verstanden die Ermahnungen durch den Zaren offenbar nicht richtig. Solange Varnbüler sich antipreußisch gab und die Eigenstaatlichkeit Württembergs betonte, lobten sie seine Persönlichkeit über den grünen Klee. Sobald er die Notwendigkeit des Bündnisses mit Preußen unterstrich, kehrten Olga und Stolypin Varnbülers negative Charaktereigenschaften in besonders scharfen Worten hervor. Stets folgten entsprechende Reaktionen aus Berlin oder Petersburg.

Der Streit um den lukrativsten Weg Württembergs an die Seite Preußens erfasste alle politisch aktiven Kräfte in den Medien und Parteien, im Landtag und in der Regierung. Während man dem König Untätigkeit vorwarf, weil er kein Wort an das Volk richtete, eskalierten die Debatten. Justizminister Konstantin von Neurath lehnte eine politische Annäherung Württembergs an Preußen entschieden ab und trat zurück. Zum Nachfolger ernannte der König auf Varnbülers Anregung den Obertribunalrat Hermann Mittnacht, der trotz seiner erst 42 Jahre als außerordentlich begabter Politiker galt und in der Zweiten Kammer der Landstände durch seine überzeugenden Reden auffiel. Mittnacht vertrat die Ansicht, dass Württemberg sehr wohl mit den Staaten des Norddeutschen Bundes zusammenarbeiten könnte, sofern die konstitutionelle und selbstständige Entwicklung des eigenen Landes dadurch nicht behindert würde.

Zum endgültigen Eklat kam es durch die Kammerrede Varnbülers vom 11. Dezember 1867. Der Abgeordnete Julius Hölder forderte die Auflösung aller auswärtigen Vertretungen Württembergs zugunsten des Norddeutschen Bundes. Varnbüler sah in dem Antrag einen endgültigen Verzicht auf die Souveränitätsansprüche des Königs – und der Königin. Er schmetterte den berühmt gewordenen Satz in den Saal: „Württemberg will württembergisch bleiben, solange es dazu die Macht hat.“[174] Varnbüler argumentierte, dass es ihm mit diesem Ausspruch lediglich um die Rettung des Budgets gegangen sei. Aber er löste heftige Auseinandersetzungen zwischen Partikularisten und national orientierten Kräften aus. Bismarck witterte die Gefahr radikalen Aufruhrs. Er forderte seine diplomatischen Vertreter in Dresden, Wien und München auf, umgehend beim König und bei der Königin von Württemberg gegen den aufrührerischen Kurs Varnbülers zu intervenieren. Karl und Olga galten dem preußischen Kanzler als die eigentlichen Schuldigen an Varnbülers Provokation. Warum wirkten sie nicht mäßigend auf die Kräfte ein, die einem Beitritt Württembergs zum Norddeutschen Bund widersprachen, fragte sich Bismarck. Ihren Höhepunkt erreichte die Kampagne jedoch erst im März 1868.

Am 8. Juli 1867 hatten die Länderminister unter Bismarcks Führung den Zollvertrag vereinbart, der u. a. Wahlen zu einem Zollparlament vorsah. Varnbüler wollte weder die Bestimmungen der Allianzverträge ausweiten, noch ein einziges der dem König zustehenden Souveränitätsrechte preisgeben. Einen Beitritt Württembergs zum Norddeutschen Bund schloss er vorerst kategorisch aus. Bismarcks Verwunderung steigerte sich zur Empörung, je näher der Wahltermin im März 1868 heranrückte. Während die württembergische Deutsche Partei („Anschlusspartei“) alle Kraft auf den Kurs Bismarcks zur Konstituierung des Zollparlaments konzentrierte, unterstützte Varnbülers Regierung mit dem Wohlwollen des Königs und der Königin die vom Vatikan gelenkten katholischen Ultramontanen, die Demokraten und die linken Republikaner, um die Kandidaten der Deutschen Partei möglichst aus dem gesamtdeutschen Parlament herauszuhalten.

Varnbülers „unheilige Allianz“ zeitigte Erfolge. Bei den Wahlen am 24. März 1868 gewannen in Württemberg die Anschlussgegner, die Ultramontanen, Demokraten und Befürworter einer großdeutschen Lösung. In Berlin spie man Gift und Galle: Varnbüler, dieser Opportunist, Wendehals und feige Taktiker verdarb Bismarcks schönes Konzept!

Varnbüler handelte lediglich nach dem Willen seines Souveräns und dessen Gemahlin, von deren Gnade seine Position und Pension abhingen. Karl und Olga bestanden auf den angestammten Souveränitätsrechten eines konstitutionellen Monarchen und Königin Olga exekutierte in diesem Punkt zumindest teilweise die Wünsche ihrer russischen Familie, die jeglicher Form des Konstitutionalismus mit schrägem Blick begegnete. Außerdem musste Varnbüler dem württembergischen Landtag Rede und Antwort stehen und der wehrte sich in seiner Mehrheit vor einer „Mediatisierung“ Württembergs durch Preußen. Nur Varnbüler nahm durch seine verzwickte Wahlkampftaktik persönlichen Schaden.

Bismarck verübelte ihm die angebliche Kungelei mit den republikanischen Linken. König Karl und Olga unterstellten dem Minister geheime Buhlschaft mit dem Norddeutschen Bund. Allen Kritikern gemeinsam ging die arrogante Selbstgefälligkeit Varnbülers auf die Nerven. Der Wähler, obwohl noch nicht der Souverän, strafte ihn letztlich ab: Bei der Landtagswahl im Juli 1868 erlitten die „Ministeriellen" eine empfindliche Niederlage. Die radikale demokratische Linke kehrte gestärkt in den Landtag zurück.

Um seine Reputation zu retten und zu beweisen, dass er kein Gegner Preußens war, suchte Varnbüler ausgerechnet bei Olga Schutz und bezog sie zum ersten Mal seit dem Sommer 1867 in seine politischen Kreise ein. Er veranlasste die Königin, sich erneut mit der preußischen Königin Augusta in Baden-Baden zu treffen. Mit dieser Begegnung sollte der preußische Argwohn über den kurz zuvor in Stuttgart erfolgten Besuch des Prinzen Napoleon ausgeräumt werden. Der Prinz war Olga bei der Visite so unsympathisch gewesen, dass sie ihm nicht einmal die Hand gab. Er verwickelte sie dennoch bei einem Spaziergang in ein Gespräch über politische Fragen. Olga erklärte dabei unzweideutig, dass sowohl eine Loslösung Württembergs aus der deutschen Staatengemeinschaft, als auch ein gegen den Norddeutschen Bund gerichtetes Bündnis süddeutscher Staaten „unmöglich" und „gefährlich" wären.[175]

Karl begegnete im Juni 1868 dem preußischen König in Worms. Aber sichtbare Impulse für eine Lösung im Einheitsstreit gingen von keiner der beiden Begegnungen aus. Was hätte Olga auch bewegen sollen, da die politischen Entscheidungen außerhalb ihrer Kompetenzen lagen und die dynastischen Bindungen mehr und mehr an gestaltender Kraft verloren? Der Zar verpasste ihr eindeutig einen Maulkorb und ihre anschließende „Charmeoffensive" in Richtung Frankreich besaß keine politische Bedeutung.

Olga stand ein ergebener Beamter zur Seite, der russische Gesandte Stolypin. Beide sprachen darüber, ob man Varnbüler trotz seiner zwiespältigen Politik und trotz seiner negativen Charaktereigenschaften als Außenminister halten sollte. Ein württembergischer Minister durfte jedoch nicht einfach ein- oder abgesetzt werden, schon gar nicht von der Königin oder dem russischen Gesandten. Sie versuchten Stimmungen zu schüren. Aber den König, das Parlament oder die Presse zu umgehen, war schlechterdings unmöglich. Vorerst schien es Olga und Stolypin auch nicht geraten, direkt und offen auf eine Ablösung Varnbülers hinzuarbeiten. Vielleicht kümmerte sich ja Bismarck um das Problem.

Tatsächlich erledigte die Minierarbeit der preußische Gesandte in

Petersburg, Fürst Reuss. Mit Bismarcks Auftrag drang er 1868 mehrfach in Gortschakow, der russische Außenminister sollte für die Ablösung Varnbülers sorgen. Gortschakow hütete sich, direkt in Stuttgart zu intervenieren. Wie leicht hätte das die russische Partei in Stuttgart in der Öffentlichkeit kompromittieren können. Aber Gortschakow handelte indirekt, und mit großer Wahrscheinlichkeit spielte Olga dabei eine Rolle. Reuss berichtete Bismarck im Februar 1868, dass sich Gortschakow in Sachen Varnbüler an Olga gewandt hätte. Die Antwort aus Württemberg entsprach exakt dem damaligen Standpunkt Olgas, der Name des Absenders wurde allerdings nicht genannt. Nach diesem Schreiben stand Württemberg treu zu seinen Bündnisverpflichtungen und es bestand keinerlei Verdacht, dass Varnbüler die preußenfeindliche Presse unterstützte. Wenn man in Berlin den Eindruck hätte, dass Varnbüler gegen Preußen stünde, sei das eine Erfindung des preußischen Gesandten Rosenberg.

Für die Mitwirkung Olgas an dem Schreiben spricht auch die Tatsache, dass sie selbst und Stolypin in den folgenden Monaten des Jahres 1868 keinen Schatten auf Varnbülers Politik fallen ließen. Der russische Gesandte berichtete treu und brav nach Petersburg, dass die Annäherung zwischen Württemberg und Preußen gute Fortschritte erkennen ließe. Das beschwichtigte einen Mann wie Bismarck nicht. Für ihn überwog Varnbülers Versuch, die Autonomie Württembergs zu wahren. Im Jahre 1869 beruhigte sich der Meinungsaustausch über Varnbülers Politik etwas, jedoch nur vorübergehend, denn der Hauptkonflikt um Deutschlands Einheit unter preußischer Führung blieb weiterhin ungelöst. Olgas eigene Einflussmöglichkeiten schienen erschöpft.

Der deutsch-deutsche Konflikt drohte in einem neuen Waffengang zu enden. Olga wurde mit dieser Aussicht unmittelbar konfrontiert, als Alexander II. Ende Juni 1870 nach Stuttgart kam. Er hatte sich vorher noch mit Preußens König Wilhelm I. in Bad Ems getroffen und diesem die Neutralität Russlands für den Fall eines preußischen Waffengangs gegen Frankreich zugesagt. Den Anlass bildete der preußisch-französische Konflikt um die Erbfolge auf dem spanischen Thron. Alexander berichtete seiner Schwester, er hätte von Wilhelm I. verlangt, dass der Norddeutsche Bund im Kriegsfall keinen Druck auf die süddeutschen Staaten ausüben dürfte. Damit Preußen gar nicht erst auf diesen Gedanken kam, sollte Württemberg seine Streitkräfte einsatzbereit halten – das Schutz- und Trutzbündnis könnte in Kraft treten. Olgas Misstrauen gegen Preußen besänftigte er dadurch nicht, aber sie kannte nun die politische Orientierung Kaiser Alexanders und richtete sich danach.

Trotz der Kriegsgefahr fuhr Olga mit ihrem Mann zur Kur nach St. Moritz. Für den König wurde es eine kurze Kur. Wohl oder übel zog er mit seinem Heer an der Seite Preußens in den Krieg, begleitet vom Hurrapatriotismus der Untertanen. Olga resignierte und fügte sich in das Unvermeidbare. Nur die heranwachsende Wera zeigte wahre Kriegsbegeisterung. Württemberg trug dem Bündnisfall Rechnung, daran änderte auch Varnbülers sehr verhaltene Bereitschaftserklärung nichts. Für Olga und Karl gab es im Endeffekt kein Zögern. Selbst Gortschakow drängte über Stolypin, dass Russland von Württemberg die Erfüllung des Schutz- und Trutzbündnisses erwarte.

Olga blieb keine andere Wahl, als ihre Handlungen auf den Krieg einzustellen. Als der preußische Kronprinz Friedrich Wilhelm Ende Juli als Militärbefehlshaber für die süddeutschen Truppen nach Stuttgart kam, empfing Olga ihn, wie es die Repräsentationsvorschrift verlangte. Wenn sie dem Kronprinzen in ihrer äußeren Gestalt bleich und kränklich erschien, so lagen die Ursachen weniger in der Sorge über den Krieg, sondern in ihrem anhaltend schlechten allgemeinen Gesundheits- und Seelenzustand. Ihre Wünsche nach größtmöglicher Selbstständigkeit Württembergs fanden bei dem Kronprinzen nur deshalb Gehör, weil Gortschakow zum gleichen Zeitpunkt in Stuttgart weilte und mit dem Kronprinzen darin übereinstimmte, dass der gerade begonnene Krieg zu einer wesentlich stärkeren Integration der deutschen Militärkontingente führen würde, dass man den einzelnen Staaten jedoch ihre Eigentümlichkeiten – z. B. das Recht, eigene Gesandtschaften zu unterhalten – belassen müsste. Die Herren unterhielten sich über diese Frage auch in der Villa Berg, wohin Olga als sorgsame Gastgeberin zurückgekehrt war.

Größeres Aufsehen als der Besuch des preußischen Kronprinzen erregte in der Öffentlichkeit die Entlassung Varnbülers. Über diesen, am 31. August 1870 erfolgten Rauswurf ist von Zeitgenossen und Historikern viel spekuliert worden. Ein ganzes Bündel persönlicher sowie innen- und außenpolitischer Gründe hat die Entscheidung hervorgerufen. Varnbüler war nicht die geeignete Persönlichkeit, die es dem König von Württemberg erlaubte, das Land unter Wahrung größtmöglicher Souveränitätsrechte in das Deutsche Reich zu führen. Olga besaß spezifische Gründe, Varnbüler loszuwerden. Es ging gar nicht so sehr um detaillierte Streitigkeiten mit dem Minister, der während des Krieges für das Transportwesen zuständig war, während sich Olga um die Versorgung der verwundeten Soldaten kümmerte. Die Königin interessierte vor allem das unerschütterliche Ansehen der Monarchie, die nach außen sichtbare Würde des Hauses Württemberg. Sie sah noch nicht ab, welche politische Entwicklung dem Krieg folgen würde. Eine Voraussetzung musste in jedem Fall erfüllt werden: der Respekt Preußens vor dem von der Familie Romanow gestützten württembergischen Königshaus.

Ein von Fall zu Fall opportunistisch schwankender Regierungschef Varnbüler fand selbst in Petersburg keinen uneingeschränkten Beifall. Er mochte das Staatsschiff bisher ganz achtbar durch die politischen Klippen des Einheitsprozesses manövriert haben. Bislang büßten Olga und Karl noch keine Prärogative ein. Aber Württembergs Finanzsituation war katastrophal und die Streitkräfte in einem miserablen Zustand – obwohl das preußische Militär seit 1866 die Kommandogewalt ausübte.

Karl, Olga, Bismarck oder Gortschakow – alle beteiligten Fürsten und Politiker gelangten zu einer Meinung: Varnbüler war ein unsicherer Kantonist, der den Interessen seines Königs und des künftigen Reichs nicht gerecht werden würde. Speziell die Großfürstin und Königin Olga wollte den traditionellen Glanz höfischer Repräsentation, die Dignität der Monarchie gewahrt wissen und sich nicht in die politischen Händel zwischen einem egoistischen Varnbüler und den Parteien oder Abgeordneten verstricken, von denen – nach ihren Lebensansichten – lediglich der Geist der Unruhe und der Revolution ausging. Wenn Württemberg in dem künftigen Deutschen Reich schon keine eigenständige und gewichtige Rolle spielen durfte, dann sollte doch wenigstens die integrative Rolle des Hauses Württemberg als Repräsentant des ganzen Volkes nicht darunter leiden. Welche Vorteile das Reich für die württembergische Wirtschaft bringen würde, gehörte nicht zu den von Olga favorisierten Zukunftsthemen.

Der Königin und ihrem Gemahl ging es auch um die eigene Bequemlichkeit. Vielleicht gab es ja sogar intellektuelle Verständnisprobleme bei den komplizierten politischen Verwicklungen. Die verunglückte Mission Olgas 1866 in Wien deutete bereits darauf hin: Die schöne Königin galt als wenig beachtenswerter Spielball der politischen Aufklärung.

Varnbülers Rauswurf rief erhebliche Emotionen hervor. Die schärfste Kritikerin war dessen Tochter Hildegard von Spitzemberg, Ehefrau des Freiherrn Carl von Spitzemberg, Kammerherr des Königs von Württemberg, daselbst Staatsrat und außerdem württembergischer Gesandter in Paris, Berlin und Dresden. Frau von Spitzemberg besaß eine spitze Feder, ließ sich nach der Entlassung ihres Vaters von dessen Hass gegen Olga und Karl leiten, fühlte sich in den politischen Salons zwischen Paris und

Berlin heimisch, ließ jedoch in ihrem berühmten Tagebuch erkennen, dass sie selbst kaum Zugang zu den erstrangigen politischen Entscheidungen und Prozessen besaß. Politische Wertungen resultierten oft genug aus Informationen der zweiten Hand.

Niemand widersprach Frau von Spitzemberg, als sie im August 1869 über die königliche Hofhaltung in Friedrichshafen geschrieben hatte: „Es ist eben dort oben eine Stickluft, ein Mangel an frischem Wehen, der wahrhaft erschreckend ist. Tag für Tag wird verbummelt, kein ernstes Wort geredet, kein Buch, keine Zeitung zur Hand genommen, da muss es ja allmählich bergab gehen. Dass sie alle miteinander ein solches Leben nur aushalten!“[176] Eveline von Massenbach schrieb seinerzeit von den „Nichtigkeiten“ im Hofleben. Für Frau von Spitzemberg grenzte es an eine Unverschämtheit, dass nicht nur der König, den sie ohnehin für unfähig hielt, sondern auch Königin Olga mit Eloquenz versuchte, Varnbüler durch Carl von Spitzemberg, den Schwiegersohn Varnbülers, zu ersetzen. Spitzemberg selbst kommentierte den Vorgang so: „Die Minister sind in furchtbarer Verlegenheit, und trotz meines kategorischen Neins hoffen sie, bei einem erneuten Sturmangriff (wie ihn vorher die Königin unternommen hatte) glücklicher zu sein. Ich tauge nichts gegen solche Leute, die nur an sich denken und sich dabei verstellen wie die Füchse ... Ich sehe nur zu klar, wie tief diese Hofgesellschaft gesunken ist, wie niedrig sie die Welt taxiert, weil das Niveau des eigenen Werts so gering ist. Alles nährt sich vom Klatsch, jeder ehrliche Name hängt vom Belieben dieser müßigen Mäuler ab, die in ihrer neidischen Bosheit jeden begeifern, der ihnen nicht schmeichelt. Oben hat bloß der Recht, der alles Recht findet. Ich sehe es voraus, dass ich bald in neuen Konflikten mich gänzlich aus den Schlingen ziehen muss. Denn mein Entschluss steht fest, dass ich nie und nimmer mehr hier in amtliche Stellung trete; ich fühle mich nicht kräftig genug, um die stündlichen Kämpfe gegen diese bodenlose Niederträchtigkeit auszuhalten ...“[177]

Es mag sein, dass Spitzemberg sich in diesem Falle der giftigen Diktion seiner Frau anschloss. In der Sache wird er nicht weit an der Wahrheit vorbeigegriffen haben. Frau von Massenbach hat sich zur Genüge über die höfischen Intrigen beklagt und Olga dabei nicht ausgelassen. Die Berufung des Nachfolgers für Varnbüler zeugte jedenfalls von keiner souveränen staatsmännischen Weisheit oder von strategisch durchdachten Visionen. Zur Ehre des Königshauses setzte sich am Ende ein wirklich geeigneter Kandidat durch.

Hermann von Mittnacht verfügte als Justizminister über fabelhafte Referenzen. Aber er war bürgerlicher Herkunft. Olga bestand darauf, dass er die Aufgaben des Außenministers nicht übernehmen durfte, weil damit ein traditionelles Vorrecht des Adels angetastet wurde. Kriegsminister Suckow argumentierte sehr geschickt, wenn er als Ausweichlösung die Ernennung des Grafen Adolf von Taube vorschlug – des Oberhofmeisters der Königin Olga. Die Entscheidung sollte nicht von langer Dauer sein, denn für den Weg Württembergs in das Deutsche Reich bedurfte es politischer Fachleute wie Mittnacht, die über den Rand traditioneller höfischer Repräsentation blickten und auch einen Bismarck beeindruckten.

Die Aufregung um Varnbülers Entlassung ging letztlich in den nachfolgenden dramatischen Ereignissen unter. Württembergs Soldaten marschierten mit ihren Kameraden aus ganz Deutschland gegen Frankreich. Anfang September 1870 schlugen sie die Schlacht bei Sedan. Mit dem Sieg rollte eine Welle nationaler Leidenschaften über die deutschen Staaten. Der Wille des national gesinnten Bürgertums nach dem einheitlichen Reich schien unaufhaltsam, Bismarcks Kalkül trug reiche Früchte. Die Fürsten der süddeutschen Staaten reagierten eher zurückhaltend. Sie sahen mehr denn je ihre partikularen Vorrechte in Gefahr. Das Königspaar in Stuttgart kümmerte sich in diesen Tagen und Wochen mit großem persönlichem Engagement um die Kriegsversehrten und um die Hinterbliebenen der auf dem Schlachtfeld gefallenen Soldaten. Olga sah ihre besondere Verantwortung bei der humanitären Hilfe. Sie litt mit den Verletzten und organisierte eine umfassende medizinische Hilfe. Ihre Ehrenhaftigkeit und ihre Selbstlosigkeit standen außer Zweifel.

In politischer Hinsicht begriffen Olga und Karl mehr oder weniger notgedrungen, dass sie nicht länger gegen den Strom schwimmen durften. Sie propagierten vom Beginn des Krieges an ihre Forderung nach einem ausgewogenen Verhältnis zwischen nationaler Einheit und regionaler Selbstständigkeit. Sie meinten damit in erster Linie die Rettung ihrer eigenen Souveränitätsrechte. Die Mittel, die das Königspaar einsetzte, atmeten eine gewisse Ohnmacht und wurzelten in einem Denken, das dem politischen Wandlungsprozess in Deutschland nur noch bedingt entsprach. König Karl zeichnete den preußischen König Wilhelm I. mit dem Großkreuz des württembergischen Militärverdienstordens aus. Kriegsminister Suckow überreichte den Orden im Großen Hauptquartier in Meaux und erntete dafür die eisige Verachtung seiner Königin.

Während die Presse das Für und Wider eines Beitritts Württembergs zum Norddeutschen Bund diskutierte, wich das Königspaar eindeutigen Stellungnahmen aus. Natürlich gab es keine Möglichkeit, sich den konkreten Verhandlungen zu entziehen. Bezeichnend für Olgas Position war, dass sich ihr getreuer Herr von Taube, der nominelle Außenminister, weigerte, an den Gesprächen in Paris teilzunehmen. Mittnacht und Suckow erfüllten diese Aufgabe. Mittnacht war darauf bedacht, gemeinsam mit Bayern möglichst viele Sonderrechte herauszuholen, während Suckow das enge Bündnis mit Preußen favorisierte.

Sowohl Karl als auch Olga verstanden, dass vom Verhandlungsgeschick dieser beiden Männer ihr eigenes Schicksal wesentlich beeinflusst wurde. Die Königin richtete den eindringlichen Appell an Suckow: „Ich rechne auf Ihre Ergebenheit, dass Sie uns die Hohenzollerischen Lande zurückbringen."[178] Wenn es schon nicht gelang, die Souveränitätswünsche durchzusetzen, so sollte Preußen doch einen Preis zahlen, vor dem es sicherlich zurückschrecken würde: „Der Mindestpreis dafür sollte ihrer Ansicht nach die Eingliederung Hohenzollerns in den württembergischen Staat sein. Schon zwei Monate früher hatte sie mit dieser Forderung Außenminister Varnbüler in den Ohren gelegen."[179] Olga pokerte ziemlich hoch, denn weder bei ihrem Gemahl, der sich mehr oder weniger in sein Schicksal ergab, noch beim Zaren oder Gortschakow durfte sie auf Unterstützung bei Forderungen rechnen, die in Preußen als Erpressungsversuche empfunden wurden. Olga besaß für ihre Forderung nur wenige Verbündete, u. a. den Kabinettschef des Königs, den Freiherrn von Egloffstein – und der versuchte dann auch, die Verhandlungen nach Kräften zu torpedieren.

Egloffstein machte sich im Bündnis mit dem bayrischen Gesandten Gasser, dem württembergischen Gesandten in München, Freiherr Oscar von Soden, und dem Kabinettschef des bayerischen Königs, August von Eisenhart, die Tatsache zu Nutze, dass Bayern und Württemberg getrennt über den Beitritt zum Norddeutschen Bund verhandelten. Sie schürten das gegenseitige Misstrauen zwischen ihren Monarchen und säten Argwohn, Bayern könnte größeren Nutzen aus der Einheit ziehen als Württemberg. Mittnacht und Suckow, die bis zum 11. November 1870 einen Vertragstext mit Bismarck ausgehandelt hatten, mussten zur Berichterstattung nach Stuttgart zurückkehren, Bismarck war verärgert und das Verhandlungsergebnis in Frage gestellt. Wenn auch eine direkte Mitwirkung Olgas an dieser Intrige nicht belegt ist, so entsprach die politische Zielrichtung durchaus dem Geiste der Königin – Egloffstein war „ihr" Mann. Olgas Zorn und die Skandalbereitschaft der antipreußischen Gefolgsleute blieben letztlich eine hohle Geste. Der württembergische Ministerrat bestätigte die von Mittnacht und Suckow erreichten Vertragsergebnisse und auch Karl stimmte zu. Eine andere Nachricht hatte ihn Tage zuvor weit schwerer erschüttert: Von bayerischer Seite wollte man angeblich dem preußischen König die Kaiserkrone anbieten. Doch es handelte sich vorerst nur um ein Gerücht.

Bis zum 23. November 1870 unterzeichneten Baden, Hessen und Bayern die Verträge, mit denen sie dem Norddeutschen Bund beitraten. Nur Württemberg fehlte noch. Mittnacht und Suckow wollten nach der Zustimmung durch Karl so schnell wie möglich unterschreiben und fuhren nach Berlin, wo der Bundesrat und der Reichstag auf die Eröffnung warteten. Noch einmal griff Olga direkt ein und suchte den Gang der Geschichte in letzter Minute aufzuhalten. Egloffstein telegrafierte an Mittnacht und Suckow, sie sollten sich unverzüglich mit dem russischen Gesandten in Verbindung setzen und versuchen, über diesen eine Intervention des Zaren zu Gunsten württembergischer Selbstständigkeit zu erlangen.

Weder Olga noch deren Anhänger verstanden, dass ihr Beharren auf der Betonung württembergischer Autonomie längst nicht mehr den politischen Realitäten entsprach. Mittnacht und Suckow ignorierten den Wunsch der Königin. Für die Minister bedeutete die Information, dass Bayern den Beitrittsvertrag bereits unterschrieben hatte, ein weit schwerwiegenderes Motiv, nun auch ihrerseits zu unterzeichnen. Mit einer gewissen Verbitterung lehnte Mittnacht eine erneute Intervention beim russischen Kaiser als unsinnig ab. Olgas Wunsch nach einer Gebietserweiterung um Hohenzollern behandelte Mittnacht als deren reine Privatmeinung, die nicht einmal der König teilte. Gegenüber Bismarck schnitt er dieses Thema gar nicht erst an.

Mittnachts Fröhlichkeit nahm auch nicht zu, als der Reichstag am 24. November 1870 Württemberg hart angriff, weil das Königreich als einziger Staat die Beitrittsverträge noch nicht unterzeichnen wollte. Olgas Einlassungen übten jedoch zu keinem Zeitpunkt wirklichen Einfluss auf die Verzögerungen aus. Es ging vielmehr um die Gleichwertigkeit der Souveränitätsrechte im Vergleich zu Bayern. Mittnacht handelte jetzt entschlossen. Er telegrafierte nach Stuttgart: „Die Dokumente über den Eintritt Württembergs in den Deutschen Bund wurden Freitag, den 25. November, abends 8 Uhr, unterzeichnet."[180]

Der im Bundesgesetzblatt von 1870 veröffentlichte Vertrag und der damit verbundene Beitritt Württembergs zur Verfassung des Norddeutschen Bundes bedeutete einschließlich der dazugehörigen Militärkonvention eine Grundsatzentscheidung für das ganze deutsche Volk auf allen gesellschaftlichen Ebenen. König Karl von Württemberg empfand es als für ihn besonders demütigend, dass es ihm nicht wie den Bayern gelang, die Militärhoheit im Frieden zu bewahren. Zwar organisierte sein Kriegsminister weiterhin die Verwaltung, er selbst durfte ungebrochen Offiziere befördern, den Kommandeur der Festung Ulm ernennen oder darüber bestimmen, ob andere Bundestruppen württembergischen Boden betraten, aber insgesamt unterstand das württembergische Armeekorps dem Oberbefehl des Königs von Preußen.

Königin Olga hatte seit 1866 immer wieder versucht, ihre Persönlichkeit für Württembergs Selbstständigkeit einzusetzen. Ihre politischen Aktionen waren nicht nur unglücklich und undiplomatisch angelegt, sie zeitigten auch keinen einzigen positiven Erfolg im Sinne der Wahrung von Souveränitätsrechten. Das Schlimmste: Die Politiker Varnbüler, Mittnacht, Suckow und auch Bismarck respektierten in der formalen Höflichkeit zwar Olgas Stellung als Königin, aber ihre politische Meinung ignorierten sie, weil sie merkten, dass Olga auch aus Petersburg keine Rückendeckung erhielt. Die Königin war nicht dumm, sie muss ihre politische Bedeutungslosigkeit begriffen haben.

Olga hat durch ihre waghalsigen Manöver zudem politische Intrigen in der Hofgesellschaft zumindest billigend in Kauf genommen. Nur Mittnacht und Suckow behielten einen klaren Kopf. Karl und Olga resignierten zwar innerlich, mussten sich aber um ihrer selbst willen als der Situation gewachsen erweisen. Der König lobte die verhandelnden Minister ausdrücklich und münzte die eigene Schwäche in Großmut um: Im Interesse der Landeskinder bewies er eine übermäßige Opferbereitschaft. Suckow ersparte seinem Monarchen nicht den Hinweis, dass die Preußen feindlich gesonnenen Kräfte am Hof um den Kabinettschef Egloffstein Schaden angerichtet hätten. Er versagte es sich selbstverständlich, in diesem Zusammenhang den Namen Olgas zu erwähnen.

Karl wird das begriffen haben, aber er musste gute Miene zum unguten Spiel machen, zu viele Zwänge begrenzten seinen ohnehin engen Handlungsspielraum: König Ludwig II. bot dem preußischen König unter Bismarcks Regie nun doch offiziell die Kaiserkrone an. Karl stimmte zu. Bei den württembergischen Landtagswahlen vom Dezember 1870 errangen die Befürworter der deutschen Einheit einen überragenden Wahlsieg. Die Deutsche Partei verdoppelte die Zahl ihrer Mandate. Gemeinsam mit den nationalen Regierungsanhängern beherrschte sie die Zweite Kammer des Landtags und Karl raffte sich sogar zu einer gefühlvollen und patriotischen Thronrede auf: „Die Waffengemeinschaft, in welcher Deutschlands Stämme verbunden sind, hat in der Nation den Drang nach politischer Einigung mächtig angefacht. Wird dieses Ziel, um welches Deutschland lange gerungen hat, jetzt nicht erreicht, so fehlt den weltgeschichtlichen Ereignissen des Jahres die höchste Weihe."[181]

Dennoch blieben dem Königspaar höchst unangenehme Worte nicht erspart.

Bei den Landtagsdebatten um die notwendige Änderung der württembergischen Verfassung stand zwar die erforderliche Zweidrittelmehrheit nie in Frage, aber einzelne Wortbeiträge, die den Verlust der Souveränität bitter beklagten, mochten dem Königspaar als Kritik bitter aufgestoßen sein. Olga wird der Vorwurf des Abgeordneten Moritz Mohl, das Land in einen von Preußen abhängigen Vasallenstaat geführt zu haben, besonders betroffen gemacht haben.

Am Ende nahmen alle Ständevertretungen die Verfassungsänderungen und die Verträge mit überwältigender Mehrheit an und fanden obendrein ehrende Worte zur moralischen Stärkung des königlichen Selbstbewusstseins: „Ferne Geschlechter werden Eure Königliche Majestät noch segnen für Höchst-Ihren ruhmvollen Anteil an diesem großen Werke. Württembergs Volk weiß sich einig mit seinem Fürsten in dieser großen Stunde ... Mit unserem erhabenen Fürsten flehen wir zum Himmel, dass er dem geeinigten, mächtigen Deutschland und den in ihm verbundenen Staaten eine Zeit des Friedens, der Wohlfahrt, der Freiheit und Ordnung schenken möge!"[182] Olga muss das Pathos dieser Worte an einstige Manifeste ihres Vaters erinnert haben. Wenn das der Fall gewesen ist, wird sie zumindest peinlich berührt haben, dass hier kein autokratischer Monarch sprach, sondern ein Parlament, das aus Wahlen hervorgegangen war. Äußerlich ließ sie sich ihre Verbitterung über die Abhängigkeit von Preußen vorerst nicht anmerken, sondern nahm in stolzer Haltung an allen Veranstaltungen zur Aufnahme Württembergs in das Deutsche Reich teil.

Mit dem 1. Januar 1871 war Württemberg ein Bundesstaat im Deutschen Reich. Die für Olga so schwer zu ertragende eingeschränkte Souveränität erstreckte sich nicht nur auf das Militär. Der Außenminister und die auswärtigen Gesandtschaften blieben erhalten. Es bestand jedoch kein Zweifel, dass sich Württemberg der Außen- und Sicherheitspolitik des Reichs unterordnen werde. Karl und Olga erblickten darin einen ihrer größten Vorbehalte gegenüber dem Reich und vergaßen, dass sie bereits im Deutschen Bund bei all ihren außenpolitischen Handlungen in der Sache von Preußen, Österreich, Russland, Frankreich und Bayern abhängig waren. Die innere Verwaltung, Post und Telegrafie, die Eisenbahn, sogar bestimmte Militärangelegenheiten verblieben in Landesobhut. Aber keine beschönigende Differenzierung täuschte darüber hinweg, dass die wesentlichen Entscheidungen in Politik, Wirtschaft, Finanzen und Kulturentwicklung künftig in Berlin getroffen wurden.

Dort genoss Olga als Zarenschwester den gebührenden höflichen Respekt, aber als Königin von Württemberg, die sich bis zum Schluss der Einbeziehung ihres Landes in das Reich widersetzt hatte, keine Achtung oder Anerkennung.

Sie muss sich in dieser Situation persönlich besonders schlecht gefühlt haben. Dennoch bewies sie immer wieder ihre Bereitschaft, dem Lande und den Menschen nach altem fürstlichem Brauch zu dienen. Die politischen Aufregungen um die Reichseinigung waren die eine Seite ihrer Sorgen, der fortwährende Krieg gegen Frankreich eine andere. Württembergs Soldaten nahmen an der Belagerung von Paris teil, die sich noch über den ganzen Januar 1871 erstreckte. Erst am 26. Februar kam es in Versailles zu einem Präliminarfrieden. An diesem Krieg mussten aus Württemberg 30 233 Soldaten teilnehmen. 687 kamen nicht zurück und legten die Verantwortung für die Sorge um ihre Hinterbliebenen in besonderer Weise in Olgas Hände. Die Königin musste sich außerdem deutlich und sichtbar um die Versorgung der 2045 Verwundeten kümmern. Politische Blindheit im Einigungsprozess durfte man ihr vorwerfen, mangelnde Fürsorge gegenüber den Kriegsopfern jedoch nicht. Sie engagierte sich sehr für die verwundeten Soldaten, für deren Genesung in Lazaretten und Hospitälern und für ihre Wiedereingliederung in das soziale Gefüge Württembergs.

Es war eine schwierige Zeit voller Widersprüche, in der die handelnden Persönlichkeiten selbst nach Fixpunkten suchten, um den Weg in das Deutsche Reich zu finden. Während Karl, wie auch der bayerische König, demonstrativ der Kaiserproklamation am 18. Januar 1871 im Spiegelsaal von Versailles fernblieb, setzte Olga einen anderen Akzent, mit dem sie ihre künftige Rolle als württembergische Königin im Deutschen Reich andeuten wollte: Glanzvolle Präsentation einer in sich harmonischen Fürstenfamilie im Dienste ihrer Untertanen. Glaube, Liebe, Hoffnung – in einem Reich, das durch Blut und Eisen zusammengefügt worden war, in dem das Dröhnen der Stahlwerke den kunstvollen Genuss in höfischer Idylle überlagerte, in der Presse und Parlamente über die Arbeiterfrage debattierten. Olgas Ansatz wurzelte in der Vergangenheit, reflektierte eine Scheinwelt und barg bereits den Keim des persönlichen Scheiterns in sich.

Silberhochzeit im Deutschen Kaiserreich

Anlässe, dem Volk ein farbenprächtiges Bild von der gütigen Landesmutter zu präsentieren, gab es vorerst genug. Die allgemeine Begeisterung über die Reichseinigung machte die Menschen für glanzvolle Feste ihrer Fürsten noch empfänglicher als zu „normalen" Zeiten.

Ende Februar 1871 reiste der König in das kaiserliche Hauptquartier nach Versailles, um Wilhelm I. zu huldigen. Ganz im Gegensatz zu ihrem bisherigen Verhalten freute sich Olga außerordentlich über die Ehrungen, die ihrem Mann dort zuteil wurden. Besonders schneidig fand sie Karls Ernennung zum Chef des 1. Rheinischen Infamterieregiments Nr. 25. Karl versagte es sich jedoch, an dem für den 1. März anberaumten feierlichen Einzug in Paris teilzunehmen. Er eilte nach Hause und absolvierte gemeinsam mit Olga und inmitten einer begeisterten Menschenmenge das große Friedensfest der Stadt Stuttgart. Die Organisatoren zogen alle Register: Freudenfeuer loderten von den Bergen, Musikkorps bliesen die „Tagwacht", Kirchenglocken erklangen zum Friedensgeläut, Kanonen schossen Salut. Ein großer Festumzug schloss mit einer würdigen Rede und dem gemeinsamen Gesang des Chorals „Nun danket alle Gott". Mehr als 20 000 Württemberger nahmen an dem Schauspiel teil und sahen, dass auf dem Residenzschloss zum ersten Mal die Fahne des neuen Deutschen Reichs aufstieg. Olga und Karl mögen über die deutsch-nationale, patriotische Symbolik geschluckt haben. Sie trösteten sich Ende Juni 1871 ein wenig, als die württembergischen Truppen aus dem Feld zurückkehrten und feierlich in Stuttgart einzogen. Karl saß auf dem Pferde und Olga in einer vierspännigen Kutsche, so ließen sie die siegreichen Soldaten paradieren.

In der Kutsche saß Wera an Olgas Seite. Das Mädchen nahm seit 1866 trotz aller Vorbehalte und Entgleisungen eine grundsätzlich positive Entwicklung. Olga sorgte für eine solide Wissensvermittlung und engagierte geeignete Lehrer für den lebensnahen Unterrricht. Wera sollte durch die Ausbildung, durch passende Spielkameraden und durch die langsame Integration in das Hofleben in Württemberg heimisch werden und die Erinnerung an ihre russische Heimat trotzdem nicht verlieren. Olga behandelte das Mädchen nach bestem Wissen und Gewissen wie eine leibliche Tochter und erwog mehrfach die Adoption. Dem standen dynastische Rücksichten, aber auch Weras Unbotmäßigkeit entgegen. Von medizinisch begründbaren Verhaltensstörungen sprach schon längere Zeit niemand mehr. Wera besaß einen ungestümen eigenen Willen, der es Olga, den Lehrern und vor allem der konservativen Hofgesellschaft nicht leicht machte, jene Sympathien aufzubauen, welche die offene und geradlinige Wera eigentlich verdiente. Nur wenige Menschen ihrer Umgebung verstanden wirklich, dass Weras Charakter ein ständiges Kräftemessen verlangte, dass sie sich ausschließlich starken Naturen beugte und Menschen, die ihr schwach und nachgiebig erschienen, durch besondere Wildheit reizte.

Mit jedem Jahr wuchs auch Weras Verstand und erleichterte Olga, den Erzieherinnen und den Staatsdamen die Mühen ein wenig. Immer wieder brach die Narbe auf: Die Ehe Olgas mit Karl wurde von Jahr zu Jahr labiler, es fehlten die leiblichen Kinder. Aber Olga ließ nicht locker und zeigte gegenüber der heranwachsenden Wera erstaunliche Konsequenz. Das Mädchen begleitete ihre Tante zu allen Aufenthaltsorten, vom Residenzschloss bis Friedrichshafen, und sie durfte auch die vielen Reisen miterleben. Nur Russland bildete eine Ausnahme. Nach Russland nahm Olga das Kind nicht mit. Die offizielle Begründung, die Erinnerung an den Schrecken von 1863 erlaube das nicht, erscheint wenig stichhaltig. Weras Eltern besuchten Stuttgart regelmäßig und das Mädchen besaß ständigen Umgang mit Menschen, die russische Politik planten und exekutierten. Ein Besuch in Petersburg oder Moskau hätte keine Erinnerungen an Warschau heraufbeschwören müssen. Russland blieb Wera vorerst noch verschlossen. Der Mantel des Schweigens über die wahren Motive ihrer Abschiebung nach Stuttgart blieb fest zugeknöpft. Das Reiseverbot besaß noch einen anderen Grund.

Olga klammerte sich regelrecht an das Mädchen. Aller Kummer und zeitweilige Verzweiflung änderten nichts daran, dass sie wohl schon sehr bald den Entschluss fasste, Wera nicht wieder herauszugeben. Die endgültige Entscheidung lag jedoch nicht bei ihr, sondern beim Kaiser von Russland. In Stuttgart war eine Zwangsmaßnahme nicht so einfach, aber in Petersburg konnte man ihr das Kind jederzeit ohne Umstände wegnehmen, selbst wenn die leiblichen Eltern Einspruch erhoben hätten. Die russische Herrschaftsgeschichte ist reich an Beispielen für das Verschwinden unliebsamer Kinder.

Olga mag sich vor einer Wegnahme des Kindes gefürchtet haben und Wera blieb zu Hause in Stuttgart, im Schutz einer Hofgesellschaft, die trotz aller steifen Konventionen immer noch mehr Freiräume eröffnete als das unantastbare Petersburger Hofzeremoniell. Sie genoss die Villa Berg mit ihren großzügigen Haus- und Gartenanlagen, die Bürgernähe, die bunte Langeweile in den Kurbädern und auch das abwechslungsreiche politische Leben, das die deutsche Entwicklung seit 1866 mit sich brachte. Auf Olgas und Karls Einfluss ging die Begeisterung Weras für den deutsch-französischen Krieg gewiss nicht zurück. Sie bedauerte es, nicht mit den württembergischen Soldaten in die Schlacht ziehen zu dürfen, feierte deren Siege, ohne sich besonders intensive Gedanken über die politischen Hintergründe des ganzen Geschehens zu machen.

Als sie im Juni 1871 mit Olga in der Kutsche den paradierenden Soldaten zusah, kannte Weras Begeisterung keine Grenzen. Sie zeigte ihre Lebensfreude und Olga verstand, dass das Königspaar einen wichtigen und richtigen Schritt ging, der nicht zuletzt die eigene Ehe retten half. Olga hat Wera am 13. Januar 1871 offiziell und in Übereinstimmung mit dem Kaiser von Russland sowie den leiblichen Eltern zur Adoptivtochter erklärt.

Nach den Demütigungen, die das Königspaar durch den Beitritt zum Deutschen Reich empfangen zu haben glaubte, präsentierte es sich jetzt zumindest als komplette Fürstenfamilie, die den siegreichen württembergischen Truppen zujubelte und wenige Tage später bei der Silbernen Hochzeit das Bild einer intakten Dynastie vorführte. Wenn Karl schon resignierte und von Anfang an seinem Minister Mittnacht die Politik überließ, so wollte Olga doch mit größerer Willensstärke vermeiden, dass die Dynastie der Öffentlichkeit ein allzu lethargisches oder gar morbides Bild bot. Die silberne Hochzeit bot dafür im Sommer 1871 einen prächtigen Rahmen.

Zunächst feierte die engere Familie am 13. Juli in Friedrichshafen. Die Anwesenheit des russischen Kaisers Alexander II. verlieh dem Fest europäischen Glanz und legitimierte die Adoption Weras. Der zweite Teil des Festes erinnerte an den Einzug des Kronprinzenpaars in Stuttgart 25 Jahre zuvor. Und Stuttgart war wieder auf den Beinen, huldigte seinem Königspaar, pries dessen Schönheit, Milde und Wohltätigkeit! Die Majestäten präsentierten sich als eine harmonische Familie, betonten die traditionellen monarchischen Werte. Die Stadt erstrahlte im Festglanz. Der Adel fühlte sich in seiner Existenz bestätigt und die zahlreich angereisten Diplomaten beobachteten mit gemischten Gefühlen, welch außerordentlichen Stellenwert die russische Gesandtschaft genoss.

Ihre persönlichen Vorstellungen über das künftige Bild des Königshauses in der württembergischen Gesellschaft fasste Olga im Juli 1871 in der Satzung der von ihr ins Leben gerufenen „Karl-Olga-Stiftung" zusammen. Sie präsentierte sich selbst und der Öffentlichkeit kein wirklich ehrliches Bild, wenn sie in die Präambel schreiben ließ, dass sie mit dem König „25 Jahre lang in glücklicher Ehe" gelebt habe.[183] Die Segnungen, die sie in dieser Ehe erfahren habe, hätten Olga zu der Stiftung veranlasst. Nutznießer sollten nicht etwa erbärmlich vegetierende Kinder aus sozialen Unterschichten sein, sondern die unter „drückenden Verhältnissen" lebenden Hinterbliebenen „von verstorbenen verdienten Männern, welche im württembergischen Civil- oder Militärdienst gestanden sind". In den Erläuterungen zur Satzung hieß es ausdrücklich, dass damit Töchter von „höheren" Dienern und Beamten des Hofs und des Staates, der Kirche und der Schule gemeint waren. Die Stiftung erreichte jenen Personenkreis, der zu den wichtigsten Stützen der Monarchie gehörte und besonders geeignet war, die monarchischen Traditionen im Volke zu pflegen.

Olga stellte das Stiftungskapital von insgesamt 105 000 Gulden aus ihrer Privatschatulle zur Verfügung. Davon sollten 30 „Präbenden", 30 bedürftige Mädchen regelmäßig unterstützt werden – auf unendliche Zeit. Die Satzung bestimmte nicht nur die Auswahlverfahren für die Kandidatinnen, sondern beinhaltete ein bis zum letzten Punkt ausgefeiltes System, nach dem nicht nur kein einziger Gulden verlorengehen durfte, sondern die Stiftung möglichst noch einen Gewinn abwarf. Die Kontrolle über den Umgang mit dem Stiftungsvermögen blieb ausdrücklich in der Hand des Hofs: „Mit Genehmigung seiner Königlichen Majestät wird das Stiftungskapital unter der Aufsicht der Hofdomänen-Kammer von einem Beamten der Letzteren verwaltet werden."[184] Der Hofkammer-Präsident wurde verpflichtet, dem König einmal im Jahr Bericht über den finanziellen Stand und über die Versorgung der jungen bedürftigen Damen zu erstatten.

Da setzte sich die Königin ein hübsches Denkmal: In der sich wandelnden Welt des rasanten wirtschaftlichen Aufschwungs der Gründerjahre konservierte sie eine Insel königlicher Wohlanständigkeit. Diese konkrete Stiftungsinitiative widersprach sogar der Tatsache, dass die Königin Katharina in den Jahren 1817/18 alle ihre wohltätigen Gründungen finanziell und organisatorisch mit den in der Sozialpolitik wirkenden Institutionen des Staates und der Wirtschaft verknüpft hatte. Der Widerspruch war umso bemerkenswerter, als Olga seit dem Herrschaftsantritt an der Spitze der von Katharina initiierten Wohlfahrtsverbände stand und deren Strukturen nie in Frage stellte. Der Verzicht auf die Verbindungen zu den administrativen Einrichtungen des Staates und die Betonung, dass nur der König und die Königin über das Stiftungskapital verfügen durften, unterstrich Olgas Wunsch, das Ansehen der Dynastie unter den neuen wirtschafts- und staatspolitischen Bedingungen anzuheben.

Das Beispiel wirkte natürlich anregend. Es gehörte zu den Traditionen gütiger Landesherrschaft, dass die Untertanen den Monarchen zu deren Jubiläen wohltätige Geschenke überreichten. So verehrten die Amtskorporationen im Sommer 1871 anlässlich der Silbernen Hochzeit über 42 000 Gulden für die Errichtung eines zweiten „Hauses der Barmherzigkeit". Der Oberbürgermeister und die Stadträte von Stuttgart stellten ein Grundstück in der Kasernenstraße für den Neubau einer Kinderkrippe kostenlos zur Verfügung. Alles fügte sich in schöner Harmonie und überdeckte den tiefen Groll, den Olga und ihr Mann über die ihnen durch die Reichseinigung zugewiesene bescheidene Rolle empfanden.

Die Königin verstand zwar, dass mit dem Bismarckreich für sie eine neue Zeitrechnung begann. Aber wie sie diese ausfüllen musste, wie die eigene Position in Württemberg, im Reich und in Europa gestaltet werden sollte, blieb noch offen. Der Ausflug in die Politik der 60er-Jahre trug ihr nur Blessuren ein. Die Silberne Hochzeit deutete den erzwungenen Rückzug auf Traditionen fürstlicher Wohltätigkeit und Repräsentation an und ließ Hoffnungen auf ein erträgliches Eheleben keimen. Ehrgeizige politische Ziele oder gar Machtambitionen, gestützt auf das große Russland, durfte man in Stuttgart wohl zu den Akten legen.

Hier deutete sich ein wahres Dilemma an. Olga und Karl durften nicht dulden, dass ihr Ansehen im Reich Schaden nahm. Die Frage bestand darin, ob sie genügend Kraft, Willen und Mittel besaßen, ihre Reputation als württembergisches Königspaar mit eingeschränkten Reservatsrechten langfristig zu bewahren und vielleicht sogar zu mehren. Die entscheidenden Wirkungsmöglichkeiten lagen in der eigenen Ehe und Hofhaltung, im nach wie vor durchaus möglichen Einfluss auf die politische und wirtschaftliche Gestaltung des Landes, in der Wahrnehmung ihrer Verantwortung für die Integration aller Untertanen in das soziale und kulturelle Leben. Am Beginn der 70er-Jahre galt immer noch das Prinzip der persönlichen Herrschaft des Königs – die Majestäten mussten diesen Grundsatz nur nutzen.

Nächster Ausflug auf politisches Glatteis

Karls und Olgas Haltungen zum neuen Reich unterschieden sich. Der König war zwar kein erbärmlicher Tropf, wie Frau von Spitzemberg in ihrer Wut über Varnbülers Entlassung schrieb, aber sein Interesse an einer effizienten und straffen Führung des Staatsweesens mittels eigener Aktivitäten hielt sich in Grenzen. Er besaß in Mittnacht und Suckow tüchtige Minister und der Freund Wilhelm von Spitzemberg beruhigte die wunde Seele seiner Majestät. Außerdem ließ sich Karl immer wieder zu unberechenbaren und sogar aggressiven Launen hinreißen. Das machte den ansonsten recht gutmütigen Mann auch politisch schwer ertragbar. Die Einsicht in einen historisch notwendigen, von der Volksmehrheit unterstützten politischen Schritt verschwand allzuoft hinter der persönlichen Kränkung über den Verlust der Souveränitätsrechte in der Außenpolitik und beim Militär. Andererseits beruhigten ihn auch wieder Bismarcks anhaltende Bemühungen, die Machtverluste durch besonders tiefes Verständnis für Württembergs Probleme auszugleichen.

Für Olga lagen die Dinge anders. Die Autokratin besaß weder für die historischen Dimensionen des deutschen Kampfes zwischen Zentralgewalt und Partikularismus, noch für den Konstitutionalismus, noch für die Macht der öffentlichen Meinung ein inneres Verständnis. Eigentlich hätte ein starker deutscher Gesamtstaat russischen Traditionen einer zentralistischen Selbstherrschaft viel besser entsprochen. Sie beurteilte die Dinge inzwischen aus der Sicht einer württembergischen Monarchin, die noch alle autokratischen Wurzeln und Überzeugungen in sich trug. Olga blieb in jeder Hinsicht ein komplizierter Mensch. Sie wollte diesem Königshaus Rang und Ansehen erhalten. Dazu musste sie sich zwangsläufig mit den Kräften verbünden, die Politik gestalteten, d. h. mit dem Minister Mittnacht und dessen politischen Anhängern einer württembergisch-deutschen Realpolitik. Aber diesen Schritt ging sie nicht. Sie favorisierte die bereits vor 1871 gescheiterte Taktik mehr oder weniger spontaner politischer Einzelaktionen und musste zudem hilflos zusehen, wie ihren politischen Intensionen durch die Untätigkeit Karls der Boden entzogen wurde. Das Jahr 1872 lieferte für beide Tendenzen anschauliche Beispiele.

Die Hofhaltung des Königspaars änderte sich mit der Reichsgründung nicht. Im Mittelpunkt standen die wechselnden Hoflager in Stuttgart, Bebenhausen und Friedrichshafen. Man reiste in diverse Kurbäder, zu Verwandten und empfing in den eigenen Residenzen hochrangige europäische Aristokraten. Einen großen Teil des Jahres verbrachten Olga und Karl außerhalb ihrer Hauptstadt und machten es ihren Ministern dadurch nicht leichter, die Einheit von Königshaus und Regierung in der Landes- und Reichspolitik öffentlichkeitswirksam zu demonstrieren. Zu welchen Irritationen das führte, zeigte sich in der heftig umstrittenen Frage über den Bestandserhalt ausländischer Gesandtschaften. Die Beibehaltung von Gesandtschaften zählte zu den Souveränitätsrechten des Königs. Im württembergischen Landtag war bereits mehrfach der Verzicht auf diese teuren Institutionen gefordert worden. Aber Karl und Olga sahen gerade in deren Erhalt einen entscheidenden Ausweis ihrer Souveränität.

Im Februar 1872 reiste Olga für einige Wochen nach Petersburg. Sie unterbrach ihre Fahrt in Berlin und traf zu einer längeren abendlichen Begegnung mit Bismarck zusammen. Olga sah nach dem Zeugnis der Frau von Spitzemberg wunderschön aus und Bismarck zeigte sich von ihrer Anmut sichtlich beeindruckt. Der preußische Gesandte in Stuttgart, Rosenberg, berichtete am 3. März 1872 nach Berlin, König Karl habe erwähnt, dass Bismarck sich gegenüber der Königin Olga „für die Fortdauer der württembergischen Gesandtschaften ausgesprochen" und gefragt hätte, „weshalb denn Württemberg nicht auch den Pariser Posten beibehalten habe". Der König wollte nun sehr schnell einen französischen Gesandten empfangen. Rosenberg fand den Gedanken des Königs merkwürdig, weil die vorausgegangene Aufhebung des Pariser Gesandtschaftspostens erst nach großen Auseinandersetzungen im Parlament beschlossen worden war.[185]

Bismarck sandte daraufhin am 5. März 1872 ein Telegramm an Rosenberg: „Ich habe mich der Königin Olga gegenüber bezüglich des Gesandtschaftsrechts Württembergs mit der Achtung ausgesprochen, welche ich der verfassungsmäßigen Berechtigung desselben und insbesondere Ihrer Majestät persönlich schuldig bin. Dies schließt nicht aus, dass die Existenz von Gesandtschaften der einzelnen Bundesstaaten in Paris für das Ansehen, und die Anwesenheit Französischer Gesandten bei den einzelnen Deutschen Höfen für die Interessen und die Sicherheit des Deutschen Reiches von zweifellosem Nachtheile ist."[186] Einen Tag später schickte Bismarck eine Direktive, in der er erklärte, in seiner stundenlangen Audienz bei der Königin Olga sei Paris überhaupt nicht erwähnt worden.[187]

Den diplomatischen Dokumenten ist hinzuzufügen: Olga informierte Karl sofort über das Gespräch mit Bismarck und der erzählte davon seinen Ministern. Der König ergänzte frei erfunden, Bismarck hätte gefragt, warum Württemberg nicht auch in Paris einen Geschäftsträger beglaubigen wolle. Karl zog aus seiner Erfindung den eigenen Schluss, dass Bismarck nichts gegen die Wiederaufnahme der diplomatischen Beziehungen zwischen Frankreich und Württemberg einzuwenden hatte, und er, der König, wünsche nun bald einen französischen Diplomaten in Stuttgart zu begrüßen. Kriegsminister Suckow nahm an dem Tischgespräch teil, eilte sofort zum preußischen Gesandten Rosenberg und erzählte von den Ausführungen des Königs. Rosenberg, der bereits von Bismarck gerüffelt worden war, weil er sich zu sehr in die inneren Angelegenheiten Württembergs mischte, telegrafierte nach Berlin: „Die Anwesenheit eines französischen Vertreters in Stuttgart würde sicherlich der nationalen Sache in Württemberg nicht schaden, vielleicht sogar nützen, könnte aber lokale Schwierigkeiten hervorrufen, namentlich wenn er Gesandtenrang erhält und wenn hier eine katholische Frage eine politische Rolle spielen und die Ultramontanen im Verein mit anderen der neuen Ordnung widerstrebenden Elementen an dem französischen Vertreter einen Stützpunkt finden sollten."[188]

Wenn Bismarck die Wahrheit geschrieben hat, liegt der Schluss nahe, dass Olga gemeinsam mit ihrem Gemahl versucht hat, ihre Reputation gegen den Willen des eisernen Kanzlers durch eigene diplomatische Beziehungen zum republikanischen Frankreich aufzubessern. Sie bedienten sich beide nicht ganz legaler Mittel und – scheiterten, was ihren Groll gegen Berlin nur noch verstärkte. Dieses politische Manöver wirkte nicht weniger ungeschickt als die peinliche Wienreise von 1866. Russlands freundliche Neutralität beim Krieg gegen Frankreich war doch allgemein bekannt. Auf eine Unterstützung durch jene Mitglieder der Zarenfamilie zu hoffen, denen Frankreich näher als Preußen stand, blieb reine Illusion. Eine Nachfrage bei Gortschakow, dem Reichskanzler, hätte klargestellt, dass die drei Kaiser von Russland, Österreich-Ungarn und Deutschland sich zu einem Treffen rüsteten, um ihre Solidarität zu demonstrieren und darüber zu beraten, wie man künftig gemeinsam gegen die revolutionären Kräfte in Frankreich vorgehen könnte. Dieses Treffen fand im September 1872 in Berlin statt und bereitete ein Dreikaiserabkommen vor. In diesem großen politischen Roulett wollten Karl und Olga mitspielen, aber man ließ sie nicht an den Spieltisch heran – oder noch schlimmer: Sie ließen sich beim Falschspiel erwischen!

Olga beeindruckten die Signale aus Berlin nicht sonderlich. Sie benötigte einen weiteren und schärferen politischen Dämpfer, um zu verstehen, dass es besser war, die Politik künftig Mittnacht und Bismarck, dem Parlament und den Parteien zu überlassen und sich selbst auf ihre Familie, auf strahlende Hoffeste und auf die fürstliche Wohltätigkeit zu konzentrieren. Die Reichseinigung glich keiner konservativen Revolution, aber radikale Personalwechsel gingen dennoch mit ihr einher. Eine gegen Preußen operierende württembergische Königin entließ man nicht wie einen Beamten. Man übersah sie bestenfalls taktvoll. Aber der königlich württembergische Kabinettschef August Freiherr von Egloffstein, der sich im Herbst 1870 so vehement gegen die Reservatsrechtsverträge mit Preußen engagiert hatte und dessen Nähe zur Königin bestens bekannt war, der gehörte nicht zu den unantastbaren Persönlichkeiten.

Egloffstein, den Karl erst 1864 zum Kabinettschef erhoben hatte, galt als der „große Trommelschläger des Partikularismus" (Suckow), man warf ihm, wie in ähnlichen Fällen üblich, Arroganz, Machtmissbrauch, Schädigung des Ansehens der Krone vor. Es fehlte nur noch der Begriff des Hochverrats. Den Ausschlag gab im Sommer 1872 die Nachricht, dass Egloffstein möglicherweise ein Kandidat für das Amt des bayerischen Ministerpräsidenten sein könnte. Alles wirkte zusammen: engster Gefolgsmann der Königin Olga bei deren Preußenverachtung; Ohrenbläser des Königs Karl, um diesen gegen das Reich aufzuwiegeln; Übergang nach Bayern, um eine Fronde der süddeutschen Staaten gegen das Reich zu organisieren! Die neuen politischen Kräfte unter dem Minister Mittnacht wollten diesen Mann nicht weiter dulden. Der zur Regierung unwillige Karl und die politisch angeschlagene und unerfahrene Olga würden kein Hindernis sein, zumal man das überzeugendste Argument wählte, damit die Majestäten einer Entfernung Egloffsteins zustimmten: Der Mann hat die königlichen Finanzen in Unordnung gebracht! Egloffstein musste Ende 1872 seinen Hut nehmen. Bis zu seinem Tode im Jahre 1881 hat er äußerste Anstrengungen unternommen, sich zu rehabilitieren, und er hat immer wieder seine absolute Treue zu Kaiser, König und Reich beteuert. Mittnacht hat ihm misstraut – ohne Erbarmen. Olga hat ihm auch nicht geholfen.

Egloffsteins Sturz galt den partikularen Kräften in Württemberg. Königin Olga gehörte objektiv zu diesen, obwohl sie selbst keine Verbindung zu den aktiven politischen Kräften im Lande besaß und lediglich aus eigener Intuition und im Interesse der Krone an sich handelte. Sie verstand nichts von den Traditionen des deutschen Föderalismus. Aber sie lebte im Gefühl der Unantastbarkeit eines Monarchen. Immerhin erkannte sie nach den jüngsten politischen Fehlgriffen, dass sie wohl oder übel Kontakte zu dem neuen starken Politiker Württembergs suchen musste – zu Hermann von Mittnacht. Der wiederum beachtete, dass von Olga in weit stärkerem Maße politisch eigenwillige Aktionen ausgingen, als von Karl. Selbst bei eingeschränkten Souveränitätsrechten blieb sie nach Erziehung und Charakter noch immer ein Kind der Romanows.

Hermann von Mittnacht galt als ein außerordentlich fähiger Politiker. Der Justizminister und Vorsitzende des Ministerrats führte Württemberg in das Deutsche Reich. Er erwarb das Vertrauen Bismarcks, bemühte sich über Jahre hinweg um ein enges Verhältnis zu seinem Königshaus und ordnete seine politischen Handlungen einer möglichst ausgewogenen Balance zwischen den Reichsinteressen und den württembergischen Reservatsrechten unter. Da dieses Gleichgewicht von Menschen mit ganz unterschiedlichen Interessen gehalten werden musste, durfte Mittnacht, der im persönlichen Umgang eher als wortkarg und verschlossen galt, auch vor drakonischen Maßnahmen nicht zurückschrecken. Der Sturz Egloffsteins gehörte dazu. Mittnacht duldete nicht, dass die Reservatsrechte vom Königspaar überbetont wurden und sowohl Karl als auch Olga im Übereifer bei der Betonung ihrer Unantastbarkeit Handlungen begingen, die keinesfalls im Interesse einer Ausgleichspolitik gegenüber Preußen lagen. Der Fall Egloffstein lehrte Mittnacht außerdem, dass er seine eigene Position gegenüber dem Königshaus festigen und möglichst danach streben musste, die formal noch immer existierende Alleinherrschaft des Königs aufzuheben. 1873 kam er diesem Ziel ein gutes Stück näher, entscheidend gefördert durch die politisch unbedarfte kollektive Solidargemeinschaft Karls und Olgas, aber auch, weil es ihm in diesem Jahr gelang, die Leitung des Außenministeriums zu übernehmen.

Mittnacht war sich nach Olgas Besuch bei Bismarck ziemlich sicher, dass sie in ihren Bemühungen um Sonderrechte und herausgehobene Selbstdarstellung nicht nachlassen würde. Der König war berechenbar, bei Olga schien Mittnacht das schwieriger. Er bekam eine weitere Chance, Olgas politischen Aktionismus zu bändigen. Im Juni 1873 besuchte Russlands Kaiser Alexander II. die Schwester in Württemberg. Wie bei derartigen Anlässen üblich, paradierte das württembergische Armeekorps – nunmehr kommandiert von einem preußischen General. Alexander lobte die Vorführung und meinte, unter Führung des Genrals von Stülpnagel zeigten die württembergischen Soldaten deutliche Fortschritte. Der General war in Stuttgart jedoch ob seiner Selbstgefälligkeit und Arroganz nicht wohl gelitten. Die Gelegenheit schien günstig. König Karl bemühte sich um die Ablösung Stülpnagels. Dafür sollte der General von Schwartzkoppen das Kommando erhalten und in die württembergischen Streitkräfte eintreten. Kaiser Wilhelm I. erklärte sich wohl mit dem Wechsel im Kommando einverstanden, nicht jedoch mit der Forderung, Schwartzkoppen in württembergische Dienste treten zu lassen. Kaiser Alexander traf nach seinem Besuch in Stuttgart Wilhelm in Bad Ems.

Olga und Karl hätten es gerne gesehen, wenn Alexander den deutschen Kaiser in ihrem Sinne beeinflusst hätte. Russlands Kaiser dachte gar nicht daran, sich in dieser Sache mit Wilhelm zu überwerfen. Er händigte diesem aus Gründen der Loyalität zwar das Schreiben Karls aus, ergriff aber keinerlei Partei. Bismarck sprach dagegen von Hochverrat und Angriffen auf die Verfassung des Deutschen Reichs. Erneut scheiterte eine Attacke Olgas und Karls zur Ausweitung ihrer Souveränitätsrechte. Im Grunde spielten sie damit lediglich Mittnacht in die Hände und schwächten ihre eigene Position. Bismarck und Mittnacht mühten sich wahrlich um ein einvernehmliches Verhältnis zwischen dem Reich und den Südstaaten. Rosenberg wurde abgelöst und der neue preußische Gesandte Magnus mit der ausdrücklichen Direktive versehen, einfühlsam und konfliktmildernd mit dem überempfindlichen württembergischen Königspaar umzugehen. Dafür durfte sich Magnus bei seiner Antrittsaudienz anhören, dass dieses Königspaar dem Reich nur eine kurze Lebensdauer vorhersagte und sich wünschte, dass Österreich demnächst wieder zum Reich stoßen würde.

Das im Oktober 1873 von Wilhelm I., Alexander II. und Franz Joseph I. abgeschlossene Dreikaiserabkommen bestätigte, wie illusionär Olgas und Karls Hoffnungen waren. Olgas Wünsche schienen für die russische Reichspolitik ebenso unerheblich wie für die deutsche. Sie durfte sich uneingeschränkt in ihren Schlössern, in Kurbädern oder auf Reisen mit den Aristokraten unterschiedlichster Couleur aus ganz Europa treffen, in schönen Kleidern paradieren und an diversen Festessen teilnehmen. Jedermann begegnete den Majestäten mit Respekt und Ehrfurcht, akzeptierte sie als vorerst unverzichtbare integrative Institution und wusste doch, dass die reale Macht dieser Institution Schritt für Schritt ins Wanken geriet. Olga und Karl taten sich selbst keinen Gefallen, wenn sie permanent ihren Unwillen über die für sie ungünstigen Folgen der Reichseinigung artikulierten. Mit der Zeit lernten sie jedoch den Unterschied: Mittnacht baute sein politisches System in Württemberg und im Reich zielstrebig aus. Olga und Karl grollten weiter, gaben sich aber im Laufe der folgenden Jahre zunehmend Mühe, bei den Treffen mit der kaiserlichen Familie der Öffentlichkeit ein Bild des Friedens und der Harmonie zu bieten.

Zu diesem langsamen Wandel und Olgas wachsendem Verzicht auf politische Eskapaden trug die Berufung des Freiherrn Georg Friedrich Karl von Staal zum russischen Gesandten in Stuttgart bei. Staals Vorgänger Stolypin hatte Olgas preußenfeindliche Vorbehalte nach Kräften geschürt. Mit Staals Ernennung trug Alexander II. im Jahre 1871 den neuen politischen Bedingungen im deutsch-russischen Verhältnis Rechnung. Staal gehörte dem deutsch-baltischen Adel an und galt als kultivierter und taktvoller Mensch, ein kunstbeflissener Mann, dessen Gemahlin – eine Nichte Gortschakows – als glühende Verehrerin Richard Wagners bekannt war. Mit Staal konnte Olga keine Intrigen einfädeln, weder gegen Preußen, noch gegen württembergische Landespolitiker. Er orientierte die schöne, aber als leidend, eigenwillig und launisch bekannte Olga auf ihre ureigensten und realistischen Wirkungsbereiche: Repräsentation, Familienkontakte und Wohltätigkeit. Langfristig wirkte Staals Rat zumindest in den äußeren Handlungen: 1876 besuchte Kaiser

Wilhelm I. wieder einmal Stuttgart. Während Olga ihm in den Jahren davor bei ähnlichen Visiten auf dem roten Teppich keinen einzigen Schritt entgegengegangen war, nannte sie ihn nun wieder liebevoll ihren Onkel Wilhelm – wie einst in den Kinderjahren.

Grundsätzlich änderte sich Olgas Widerstand gegen die preußische Dominanz und die eigene Entwürdigung nicht. Wenn Karl bis zu seinem Tode von der kulturellen Rückständigkeit der Preußen gegenüber den Württembergern schwadronierte, dann war er sich zumindest in diesem Punkt des Beifalls seiner Gemahlin sicher. Nur durch das kluge und ausgleichende Verhalten Mittnachts wurde größerer politischer Schaden verhindert. Der bayrische Diplomat Hugo von Lerchenfeld urteilte ohne Übertreibung: „Es war Mittnacht, solange er Minister gewesen ist, in Württemberg der unumstrittene Herr, und auch in Berlin hatte er einen Einfluß wie kein anderer bundesstaatlicher Minister. Er verstand es trefflich, sich mit Bismarck (gut) zu stellen."[189] Leicht haben es ihm Olga und Karl nicht gemacht. Dafür gerieten sie niemals in den Genuss, durch ähnliche Attribute geadelt zu werden.

Selbst als Württemberg ab 1876 das von einem Ministerpräsidenten geleitete Staatsministerium einführte, das unter Respektierung des Königs in der Verantwortung gegenüber dem Parlament das Land regierte, hörten die Querelen nicht auf. Mittnacht stand ständig im Feuer der Kritik. Den einen war er zu partikularistisch, den anderen zu propreußisch. Bisweilen wollte er resignieren und zurücktreten, auch, weil ihn das Königspaar ein über das andere Mal im Stich ließ. Aber dieser Zustand gehörte nicht nur in Württemberg zu den Traditionen des politischen Lebens. Im Grunde genommen fanden Olga und Karl keine reformerischen Mittel, ihr Dasein unter den veränderten Bedingungen zu legitimieren. Sie durften sich in ihrem monarchischen Dasein jedoch mit ziemlicher Sicherheit auf ein gutwilliges und traditionsbewusstes Volk, auf die politische Konstruktion des Reichs und auf Leute wie Mittnacht stützen.

In der Gesandtschaftsfrage nahm Mittnacht besonders große Rücksicht auf Olga. Dabei darf nicht vergessen werden, dass Bismarck sich bereits in seiner Petersburger Zeit über die Bedeutungslosigkeit der diplomatischen Vertretungen aus den deutschen Klein- und Mittelstaaten mokiert hatte. Für die Königin besaß das Gesandtschaftsrecht prinzipielle und persönliche Bedeutung. Repräsentation und Familieninteresse flossen ineinander. Für Olga bedeutete die Beibehaltung des Gesandtschaftsrechts eine der wenigen positiven Folgen aus der Reichseinigung. Sie kämpfte mit allen Mitteln, dass dieses Recht mit den Jahren nicht weiter eingeschränkt wurde. Sie musste allerdings in Kauf nehmen, mit ihrem Engagement zeitweilig in den Strudel innenpolitischer Auseinandersetzungen gezogen zu werden, freilich ohne dass sie von den streitenden Parteien persönlich angegriffen wurde.

Mittnacht nahm es auf sich, dieses Reservatsrecht zu verteidigen. Nur unter Verzicht auf die Gesandtschaften in Paris, Bern und Karlsruhe gelang es ihm, die diplomatischen Vertretungen in Berlin, St. Petersburg, Wien und München zu erhalten. Selbst Vertreter der liberalen Deutschen Partei entzogen sich bei der Abstimmung im Landtag nicht dem königlichen Appell an ihre württembergische Vaterlandsliebe und auch nicht dem Respekt vor dem repräsentativen Glanz der Majestäten. Der Einfluss einzelner Persönlichkeiten blieb auch bei Olga nicht wirkungslos. In den langen Jahren seit 1846 hatten die russischen Gesandten Gortschakow, Titow und Stolypin der Kronprinzessin und Königin stets in Abhängigkeit von den jeweiligen Wandlungen der russischen Politik gegenüber der deutschen Frage mehr oder weniger klug geraten, selbstständig im autokratischen Sinne zu agieren.

Nach 1871 gerieten die württembergischen Regionalinteressen zwangsläufig aus dem Blickfeld des Reichskanzlers Gortschakow und selbst des Kaisers Alexander II. Der Gesandte Staal durfte der Königin jetzt ohne besondere Zwänge raten, sich stärker auf die kleinteilige fürstliche Repräsentation, auf die aristokratische Wohltätigkeit und auf die Pflege innerfamiliärer Beziehungen zu konzentrieren. Staal war ein kluger Mann. Er knüpfte in den Ratschlägen für Olga an deren positive Leistungen an und schützte sie vor waghalsigen politischen Einzelgängen. Unter diesen Bedingungen bedeutete es auch kein diplomatisches Risiko, der württembergischen Vertretung in St. Petersburg mit der Verleihung des Gesandtschaftsstatus eine Rangerhöhung zu bewilligen. Bismarck sah das zwar nicht gerne, aber wieder stellte sich Mittnacht schützend vor seine Majestäten und beruhigte den Reichskanzler, der überdies wusste, dass auch eine Gesandtschaft Württembergs Einfluss auf die russische Reichspolitik nicht erhöhen würde.

Sehnsucht nach Liebe und Geborgenheit

Karls und Olgas gemeinsamer Kampf gegen Bismarck und das Reich entsprang keiner politischen Opposition, die dieses Reich grundsätzlich ablehnte. Sie störte die Reduzierung ihrer ureigensten Privilegien als unabhängige Landesfürsten. Über Jahre hinweg blieb sich das Ehepaar in der Ablehnung aller Beschränkungen einig und wurde nicht müde, seinen Unmut gegenüber Preußen ebenso spitzfindig und provozierend wie ohnmächtig zu artikulieren. Bis zur Mitte der 70er-Jahre festigte sich das Reich – auch dank der von den Württembergern erarbeiteten wirtschaftlichen Prosperität in den Gründerjahren. König Karls Protestenergie schwand langsam unter der wachsenden Bereitschaft zur Verfolgung eigener Leidenschaften dahin. Zunehmend ging er eigene Wege. Karl hatte von Jugend an das schöne und sorglose Dasein eines der Bohème zuneigenden, privatisierenden Aristokraten bevorzugt, der zwar eigentlich nicht viel von Kunst, Musik und Literatur verstand, sich in dieser Welt aber geborgen fühlte. Persönlichkeiten dieser Art gab es in seiner Adelsgeneration nicht wenige. Auch der Hang zu homoerotischen Neigungen bildete unter Seinesgleichen keine Seltenheit. Karls Interessen kollidierten mit seinen Pflichten und die Vermutung liegt nahe, dass ihm der Verlust von Souveränitätsrechten als ein gar nicht so unwillkommener Anlass erschien, sich nun endgültig in das Privatleben zurückzuziehen. Ständige Krankheiten mögen die Abstinenz von politischen Interessen bestärkt haben.

Olgas Energie litt unter der Ergebnislosigkeit ihrer politischen Proteste, unter der eigenen schwachen Gesundheit und unter der tendenziell wachsenden Entfremdung von ihrem Mann. Ein rein privates Leben, umschwebt von Musik und Literatur, schien Olga dank ihrer Erziehung unvorstellbar. Bis zum Beginn der 70er-Jahre bot ihre Ehe ein eigenartiges Bild. Die Kinderlosigkeit und deren Ursachen trennten beide Partner. Aber sie repräsentierten zusammen und boten der Öffentlichkeit ein Bild harmonischer Beziehungen. Karl ließ es gegenüber seiner Frau nicht an Aufmerksamkeit, an Großzügigkeit und an Geschenken fehlen. Nur eingeweihte und vertraute Menschen wie Eveline von Massenbach erlaubten sich leise oder versteckte Hinweise auf den ehelichen Kummer Olgas oder auf die Launenhaftigkeit Karls. In Petersburg sah und formulierte man die Eheprobleme schärfer, griff aber nicht ein – abgesehen von der Ansiedlung der Großfürstin Wera in Stuttgart. Über Karls Eigentümlichkeiten sprach man auch in Petersburg nur verschlüsselt und im engsten Familienkreis.

In den 70er-Jahren zog Mittnacht die politischen Fäden mehr und mehr in seiner Hand zusammen und Karl ging seiner Wege – meistens außerhalb Stuttgarts und fern jeder politischen Verantwortung. Olga reagierte auf die Unabänderlichkeit des politischen Status quo anders. Sie wollte die fürstliche Repräsentation entsprechend ihrer eigenen Würde fortsetzen. Sie wollte auch in ihren landesmütterlichen Pflichten nicht nachlassen und suchte nach einem Ersatz für ihre missglückte Ehe. Olga zählte jetzt mehr als fünfzig Jahre. Der Traum von eigenen Kindern gehörte unwiederbringlich der Vergangenheit an.

Seit 1847 kümmerte sich die Großfürstin im Lande um Kinder, Alte, Schwache, Kranke und sozial unterprivilegierte Menschen. In Würdigung all ihrer Verdienste stiftete der König 1871 anlässlich der Silbernen Hochzeit eine Medaille für „besondere Verdienste auf dem Felde der freiwillig helfenden Liebe in Krieg und Frieden ... und zwar ohne Unterschied an Männer, Frauen und Jungfrauen", der er den Namen „Olga-Orden" gab. Die aufopferungsvolle Hilfe vieler Frauen bei der Pflege verwundeter Soldaten während des deutsch-französischen Kriegs förderte die Stiftung dieser Auszeichnung besonders nachhaltig.

Wenn 1873 dic Karl-Olga-Stiftung ins Leben gerufen wurde, so korrespondierte diese Initiative mit Olgas allgemeiner Sorge für den weiblichen Nachwuchs der „gebildeten" Stände. Sie übernahm ganz selbstverständlich das Patronat über das Katharinenstift, dem damals das erste Lehrerinnenseminar in Württemberg angegliedert wurde. 1873 gründete sie als zweite höhere Mädchenschule das Olgastift. Die Mittel kamen aus dem Königshaus.

Olga engagierte sich aktiv und unermüdlich in der Zentralleitung der Wohltätigkeitsvereine. Seit 1865 nahm sie das Protektorat über das württembergische Sanitätswesen wahr. Sie nahm 1872 maßgeblichen Anteil an der Errichtung des Olgaheims in Heilbronn, einer Ausbildungsstätte für Krankenpflegerinnen, den nachmaligen Olgaschwestern.

Die Königin erwies sich in der Volksfürsorge als eine würdige Nachfolgerin Katharinas, deren soziale Reformen, Gründungen oder Stiftungen dank der vorbildlichen Nutzung in Württemberg gewachsener sozialer Strukturen und administrativer Ordnungen weite Teile der Gesellschaft erfasste. Daraus resultierte nicht nur die Langlebigkeit der sozialen Gründungen und deren Effizienz, sondern auch die öffentliche Anerkennung der gesamten Gesellschaft – einschließlich der in Opposition zur Monarchie stehenden bürgerlichen politischen Parteien. Letztlich begründete diese eng mit der staatlichen Wirtschafts- und Sozialpolitik verbundene Fürsorglichkeit auch den persönlichen Nachruhm Olgas. Ihre sozialpolitischen Gründungen trafen den Nerv der Württemberger: Sie lobten die Arbeit Olgas, weil sie darin ihre eigenen Mühen erkannten. Und die oft in der Residenz und bei den Untertanen präsente Königin war außerdem ein starkes Bindeglied für das ganze Land – wenn der König sich so gut wie gar nicht mehr blicken ließ.

Die Öffentlichkeit honorierte auch, dass sich die Königin nicht nur zu den „klassischen" Formen der Kranken-, Armen- und Kinderpflege, sowie zur Ausbildung des weiblichen Nachwuchses in allen sozialen Schichten bekannte. Die bürgerliche Industriegesellschaft und die neuen sozialen Fragen einer wachsenden Arbeiterschaft erfassten auch Württemberg. Das Königshaus und die Regierung initiierten sicherlich keine sozialpolitischen Studien. Aber auch die sehr konservative Olga verschloss den Blick nicht vor offensichtlichen sozialen Problemen, die nicht durch Protektorate oder Stiftungen aus der königlichen Privatschatulle realisiert werden konnten, sondern wirtschaftliche Planungen erforderten. Ihre Unterstützung für den Bau von Wasser- und Abwasserleitungen förderte am Beginn der 70er-Jahre die Textilindustrie auf der Schwäbischen Alb.

Olga begrüßte den Bau des Stuttgarter „Postdörfles" in den Jahren 1869 bis 1872. Es bot etwa 200 Familien von Bediensteten der württembergischen Verkehrsanstalten ausreichenden Wohnraum. Das war ein Ausdruck des Beginns einer neuen Tendenz im Sozialverhalten der Königin. In ihrem sozialen Engagement, in das sie über Jahre hinweg viel Zeit, Geld und Kraft investierte, fand Olga durchaus eine persönliche Befriedigung. Gleichzeitig gehörte dieser Einsatz zum unabdingbaren höfischen Ritual monarchischer Repräsentation und wirkte sich günstig auf das Ansehen des Hofs sowie dessen materielle Existenz aus. Es war verständlich, ja sogar zu erwarten, dass Olga nach dem Eintritt Württembergs in das Deutsche Reich ihre sozialpolitischen Anstrengungen verstärkte. In dieser Hinsicht erfüllte sie trotz aller persönlichen Leiden und Sorgen die Erwartungen der Öffentlichkeit.

Eine weitere Möglichkeit zur selbstbewussten Darstellung der eigenen Würde bestand im zielstrebigen Ausbau des künstlerischen, geistigen und wissenschaftlichen Lebens. Gerade von Karl, dem literarisch und geistig interessierten Einzelgänger, und von Olga, der reichen Russin, erwartete die Öffentlichkeit Impulse für die künstlerische Ausgestaltung eines Hofs, der unter Wilhelm I. trotz der Wilhelma durch einen eher kargen Glanz aufgefallen war. Die Villa Berg mit ihrer Exotik des neuen Historismus und die darum angelegten hübschen Gärten ließen Hoffnungen keimen, die sich in den glänzenden Portraits, die von Olga angefertigt wurden, zu bestätigen schienen. Die beiden geradezu berauschenden Bilder von Franz Xaver Winterhalter aus den Jahren 1856 und 1865 zeigen Olga in vollendeter Malkultur als reiche, melancholische und majestätische Schönheit. Die Portraits von Nicaise de Kayser (1848) oder von Carl J. Buchner (1864) und German von Bohn (1851) strahlen Würde und Eleganz aus.

Aber die Hoffnungen wurden nicht erfüllt. Gewiss, Olga und Karl unterstützten auch Künstler und Literaten finanziell. Sie unternahmen jedoch keine Anstrengungen, ihre Residenzen in besondere Zentren künstlerischer oder literarischer Pflege zu verwandeln und kreative geistige Köpfe um sich zu sammeln. Weimar war ihnen trotz der verwandtschaftlichen Nähe weder Beispiel noch Vorbild. In der Zeit nach 1871, als es Olga so sehr um die eigene Selbstdarstellung ging, ist kein einziges Portrait von ihr angefertigt worden, das sie in dem souveränen Glanz der 50er- oder 60er-Jahre zeigen würde. 1841 hat die englische Malerin Christina Robertson ein Gemälde von der jungen Olga angefertigt: poetisch, der Welt entrückt in einer romantischen Kulisse – das Traumbild eines Traum-Mädchens (s. Umschlag). In den 70er- und 80er-Jahren hat sich Olgas Traum nicht erfüllt, sie ist auf brutale Weise aus ihren Träumen gerissen worden. Welcher Künstler wollte das darstellen, ohne die Dignität zu verletzen?

Die Förderung der Königlichen Kunstschule allein schuf nicht das Flair eines musenfreundlichen Hofs. Olga klagte zwar 1867 gegenüber dem Bildhauer Josef Kopf, dass in Stuttgart allein der Hof etwas für die Kunst leistete, während von der Stadt keine Impulse ausgingen, aber der Klage folgten keine bemerkenswerten Taten. Immerhin beauftragte sie 1865/66 den Maler Karl Josef Bernhard Neher, der die Kunstschule leitete, drei Deckengemälde für die griechische Kapelle im Residenzschloss anzufertigen. Josef Kopf genoss über Jahre hinweg das Vertrauen und die Gunst Olgas, fiel jedoch 1873 bei ihr in Ungnade: Sie hatte ihn beauftragt, eine Pietà zu schaffen, und er besaß die Leichtfertigkeit, der Statue die Gesichtszüge Olgas zu verleihen. Eine ihr selbst ähnliche Beweinung konnte Olga 1873 angesichts der Ärgernisse mit dem Deutschen Reich wirklich nicht gebrauchen. Ihr eigenes Leid musste nicht für die Nachwelt in Stein festgehalten werden.

Natürlich besuchte das Königspaar regelmäßig Hofkonzerte und Theateraufführungen. Es gab ein Konservatorium und der Pianist Dionys Pruckner genoss bei Olga ein so hohes Ansehen, dass sie ihm sogar ein kleines Gehalt aus ihrer Privatschatulle zahlte. Aber Olga empfand keine so große Leidenschaft für die Bühne oder den Konzertsaal, dass sie dort einen Fixpunkt auch für ihre seelischen Probleme gefunden hätte. Wenn es in Stuttgart überhaupt eine künstlerische Entwicklung auf dem Theater gab, durfte das Publikum diese primär dem ebenfalls nicht übermäßig engagierten Karl verdanken. Das Tagebuch Frau von Massenbachs verzeichnet nur wenige Einträge, die sich auf bleibende Theatererlebnisse bezogen hätten. Dennoch leistete Olga ihren aktiven Beitrag zur

Pflege von Wissenschaft und Kunst. Sie förderte Mineralien- und Grafiksammlungen und stellte Stipendien für Studierende an der Universität oder am Polytechnikum zur Verfügung, widmete sich mithin eher praktischen Aufgaben. Sie unterhielt sich auch gerne mit Geistlichen, Künstlern und Wissenschaftlern, obwohl ihre bevorzugten Gesprächspartner aus dem Adel, aus der russischen Aristokratie und vor allem aus ihrer russischen Familie kamen.

Wera kommt unter die Haube

So sehr sich die Königin auch bemühte, in Württemberg durch gute Taten zum Wohle der Menschen heimisch zu werden, es gelang nur durch die Wohltätigkeit und im äußeren Erscheinungsbild. Eine entscheidende Grundlage fehlte: Die glückliche und harmonische Familie. Die lebte für sie in Petersburg. Darum unterzog sie sich auch den Mühen um Wera. Die Adoption im Januar 1871 durfte als Ausdruck dafür gelten, dass von beiden Seiten ein Vertrauensverhältnis geschaffen wurde, in dem Wera die Aufrichtigkeit Olgas anerkannte und Olga die ungestüme Wildheit Weras reduzierte. Wera verzieh ihren Eltern die Abschiebung aus Petersburg. Der lange und schwere Erziehungsprozess belegte die nüchterne Feststellung, dass Wera zu keinem Zeitpunkt unter lediglich medizinisch therapierbaren Verhaltensstörungen gelitten hat. Im Unterschied zu Olga besaß sie eine robuste Natur und ein ungestümes Wesen, das nach Unabhängigkeit und freier Willensäußerung verlangte. Daraus resultierte auch ihre Begeisterung für den Sieg im deutsch-französischen Krieg und für die im Juni 1871 aus dem Feldzug heimkehrenden württembergischen Soldaten. Sie war eine Romanow. Dass sie selbst bei dieser Parade mit allen Würden einer Königstochter behandelt wurde, hat ihr ohne Zweifel geschmeichelt.

Folgt man den Mechanismen dynastischer Heiratspolitik in Russland und auch in Württemberg, dann ist die Adoption der inzwischen 17-jährigen Wera auch ein Signal gewesen, dass das Mädchen nun bald verheiratet werden könnte. Ohne Zweifel besaß Olga den entscheidenden Anteil an der Wahl eines geeigneten Partners – sie stand in der Familie ohnehin in dem Ruf, gerne Ehen stiften zu wollen. Warum sie allerdings ausgerechnet den schmucken und weiblichen Reizen gegenüber aufgeschlossenen Kavallerieoffizier Herzog Wilhelm Eugen von Württemberg für die eher mit einem recht streng wirkenden Antlitz ausgestattete Wera wählte, mag dadurch verursacht worden sein, dass sie sich selbst so bald wie möglich ansehnliche Enkel wünschte. Andererseits verband eine Ehe zwischen den beiden jungen Menschen das honorige Haus Württemberg durch die zweite schlesische Seitenlinie noch fester mit den Romanows und die Mitgift einer Großfürstin Wera würde dem Kammervermögen des Königs gewiss nicht schaden. Das entscheidende Motiv lag jedoch in der Thronfolgesicherung. Prinz Wilhelm von Württemberg, der Sohn des Prinzen Friedrich von Württemberg und dessen Gemahlin Katharina, einer Tochter von König Wilhelm I., wurde von Olga und Karl als Thronfolger ausgewählt und erzogen. Der ihm nachfolgende Prätendent war Wilhelm Eugen, weil diese beiden jungen Prinzen die einzigen männlichen Namensträger im Hause Württemberg mit evangelisch-lutherischer Konfession waren.

Der Verlobung, im Januar 1874 auf einem Hofball verkündet, gingen nicht wie im Falle Olgas und Karls Tage oder Wochen zärtlichster Gefühle voraus, welche die Verbindung als Liebesheirat legitimierten. Olga musste auch nicht, wie einst ihr Papa, durch Europa irren, um die Tochter unter die Haube zu bringen. Aber was wäre eine fürstliche Heirat ohne den standesgemäßen Mythos! Auch das gehörte zur Inszenierung der königlichen Majestät. Olga schrieb im Februar 1874 mit überquellendem Glücksvokabular an ihre Freundin Marie von Kinderlen-Wächter: „Heute ist diesem Haus Heil widerfahren. Unser Sorgenkind nun glückselige Braut, liebend und geliebt! Von einem solchen Glück habe ich nicht geträumt. Eugen ist schon wie ein Sohn für den König. Ich falte die Hände und danke Gott Tag und Nacht für so viel Segen. Ihr Herz, liebe Marie, fühlt mit uns. Ihre Kinder umarmend. Olly"[190]

Der leibliche Vater Weras, Großfürst Konstantin, reagierte weit nüchterner. Er freute sich, dass Wera in Olga und Karl neue Eltern und in Württemberg eine neue Heimat gefunden hatte. Das künftige Eheglück seiner Tochter legte er wohl aus Erfahrung allein in Gottes Hand. Geradezu entlarvend äußerte sich der spätere König Wilhelm II. über Wera, die Olga gerade zur glücklichsten Braut der Welt erkoren hatte: „So ist sie sehr hässlich, und das wird sie immer bleiben, aber gegen das, was sie als Kind war, hat sie sich doch unglaublich gebessert. Ich halte sie für nicht unbegabt, und ich glaube, auch nicht ohne Herz."[191]

Die Adoption Weras hat nichts daran geändert, dass sie als juristische Person dem Haus Romanow angehörte und nur mit Genehmigung Kaiser Alexanders II. heiraten durfte. Den erforderlichen Ehevertrag handelten in Petersburg der Legationsrat Eugen Freiherr von Maucler, Reichskanzler und Mitglied des Staatsrats Fürst Alexander Gortschakow sowie der Minister des Kaiserlichen Hauses und der Apanagen General der Infanterie und Kaiserlicher Generaladjutant Graf Alexander von Adlerberg aus.

Der auf den 11./23. April 1874 datierte Ehevertrag hielt sich an das allgemeine Muster der für die Zarentöchter ausgearbeiteten Verträge und entsprach damit auch dem für Olga und Karl gültigen Ehepakt: „Zar Alexander II. weist seiner Nichte Wera die für Töchter und Enkelinnen eines Zaren festgesetzte Dotation von 1 Million Rubel zu. Diese Summe wird vom Departement der Apanagen verwaltet und verbleibt in voller Höhe in Russland. Alle sechs Monate erhält Großfürstin Wera die Hälfte von 5 Prozent Jahreszinsen von der 1 Million Rubel ausbezahlt. Das Kapital ist Eigentum der Großfürstin; sie darf darüber auch testamentarisch verfügen. Großfürst Konstantin sorgt für eine standesgemäße Aussteuer seiner Tochter. Wera bekommt vom Zaren weiterhin 200 000 Rubel, die ihr zur freien Verfügung stehen. Im Fall des Todes ihres Mannes wird über ihre Witwenversorgung entsprechend den Gesetzen des württembergischen Könighauses entschieden. Mit ihrer Verheiratung wird Großfürstin Wera Herzogin von Württemberg. Sie darf jedoch in der Ausübung ihres russisch-orthodoxen Glaubens nicht behindert werden. Daher wird ihr in ihren Wohnungen eine russisch-orthodoxe Kapelle zugestanden. Den Unterhalt der Priester und der sonstigen Kirchenbediensteten an der Kapelle bestreitet sie aus ihren eigenen Mitteln. Es ist ihr erlaubt, zusammen mit ihrem Gatten jederzeit auch evangelische Gottesdienste zu besuchen. Die aus ihrer Ehe mit Herzog Eugen hervorgehenden Kinder werden im Einverständnis mit dem Zaren in der Konfession des Vaters erzogen. Die Aufwendungen für ihren Hofstaat haben Wera und Eugen gemeinsam aufzubringen. Ebenso müssen die Schulden eines Ehegatten gemeinsam getilgt werden. Dies gilt in gleicher Weise für die finanziellen Aufwendungen, die für die aus der Ehe hervorgehenden Kinder erforderlich sind. Stirbt Herzog Eugen, behält Großfürstin Wera die ihr ausgesetzte Dotation. Hieran ändert sich auch im Fall ihrer Wiederverheiratung nichts. Ihren Schmuck und ihre sonstigen Pretiosen behält sie beim Tod ihres Mannes ebenfalls. Die ihr zuerkannte Dotation geht nach ihrem Ableben auf ihre Kinder über.“[192]

Die bemerkenswerteste Besonderheit des Vertrags bestand darin, dass nicht die Adoptiveltern und auch nicht der russische Kaiser, sondern Großfürst Konstantin die Aussteuer für seine Tochter bezahlen und besorgen musste. Zumindest in diesem Punkt durfte er seiner väterlichen Verantwortung gerecht werden und vielleicht reagierte er deswegen so kurz angebunden auf die Nachricht von der bevorstehenden Hochzeit.

Ungewöhnlich für die Traditionen des Hauses Romanow erscheint auch, dass die Hochzeit der Großfürstin am 8. Mai 1874 nicht in Petersburg, sondern in Stuttgart stattfand. Zweifelsohne war das eine Reverenz an die Adoptiveltern. Das Ereignis genoss in Stadt und Land höchste Aufmerksamkeit, das Königspaar scheute keinerlei Kosten und Mühen und ein Kranz illustrer Gäste aus dem europäischen Hochadel gab sich die Ehre, angeführt vom Kaiser Alexander II. Man tanzte, speiste, tauschte die schönsten Orden und erfreute sich an dem Glück des jungen Paares. Auch Reichskanzler Gortschakow kehrte an die Stätte seines früheren Wirkens zurück und erlebte mit, wie das Brautpaar sowohl nach russisch-orthodoxem als auch nach evangelisch-lutherischem Ritus getraut wurde.

Die Hochzeitsreise führte Wera und Eugen zu dessen Eltern in das schlesische Karlsruhe. Von dort aus gingen liebe Grüße an Eugens liebe „Schwiegertante" Olga nach Stuttgart. Weras Mutter kurte nach der Hochzeit ihrer Tochter im böhmischen Marienbad. Wera und Eugen besuchten sie dort und reisten zu einem Kurzbesuch nach Altenburg, damit kein Mitglied der engeren Familie den Eindruck gewann, man wollte es nicht an dem schönen Ereignis teilhaben lassen. Da man gerade auf einer Rundreise zu Verwandten war, durfte Russlands Kaiserin Maria Alexandrowna auch nicht vergessen werden. Sie hatte sich nach den Anstrengungen der Hochzeit auf das Schloss Heiligenberg über Jugenheim an der Bergstraße zurückgezogen.

Eine klassische und romantische Hochzeitsreise absolvierten Wera und Eugen nicht gerade, aber ihre ganze Ehe erschien auch recht ungewöhnlich konstruiert. Olga gab sich alle erdenkliche Mühe, Eugen nicht nur das Gefühl ihrer Zuneigung zu geben, sondern ihn auch in die Pflicht zu nehmen, Wera bitte nicht von Anfang an zu hintergehen. Im Januar 1875 schrieb sie ihrem „liebsten HerzensEugen": „Ich danke Gott heute und alle Tage, dass er Dich uns gebracht hat für Weras Glück und Segen. In Deinen Händen weiß ich sie gut aufgehoben, sie fühlt in Dir den treuesten liebevollen Freund, zu dem sie gerne hinaufsieht. Gott segne Dich …"[193] Die „Schwiegertante" freute sich aufrichtig über den aufgeweckten jungen Herzog, auf den sich auch Wera in kurzer Zeit einstellte. Ein weiterer Beleg dafür, dass ihr Charakter und Wesen durchaus anpassungsfähig waren.

Wera genoss in Stuttgart und Friedrichshafen relativ viel freie Zeit, denn Eugen setzte auch nach der Hochzeit seinen Militärdienst fort. Die entscheidende Frage bestand jedoch darin, ob sie, im Gegensatz zu Olgas leidvollen Erfahrungen, etwas zum Bestand der Krone beitrug. Die

Königin musste nicht lange warten. Bereits am 8. April 1875 brachte Wera den kleinen Herzog Karl Eugen zur Welt. Der König und Olga behandelten die Geburt als Staatsereignis ersten Ranges: Der eigentliche Thronfolger Prinz Wilhelm war noch ehe- und kinderlos. Der kleine Karl Eugen kam potenziell als Thronfolger in Frage. Mittnacht berief eine Kommission aus den höchsten Hofbeamten, welche die Geburt genau überwachen und in einem Protokoll gewissenhaft alle Details festhalten musste. Dank der administrativen Umsicht und sorgfältigsten Aufmerksamkeit durch Mediziner und Hebamme kam der Knabe nicht nur gesund zur Welt, niemand wagte es auch, ihn vielleicht zu vertauschen. Alles ging mit rechten Dingen zu und Olga schien glücklich – zum ersten Mal seit vielen Jahren!

Der Junge entwickelte sich zunächst prächtig. Wera wuchs in ihre Mutterrolle ganz unkompliziert hinein und Olga erlebte mit ihr die Freude an dem munteren Baby. Umso größer war die Fassungslosigkeit und Trauer beider Frauen, als der kleine Prinz am 9. (oder 11.) November 1875 an einer Kinderkrankheit verstarb. In aller Stille, voller Trauer und Enttäuschung setzte man den kleinen Körper in der Gruft der Stuttgarter Schlosskirche bei. Es blieb nur ein Trost: Wera war bereits wieder im fünften Monat schwanger.

Als wollte die Natur einen Ausgleich für den Verlust schaffen, brachte Wera am 1. März 1876 gleich zwei Mädchen zur Welt, die Zwillinge Elsa und Olga! So etwas hatte es bei den Romanows bisher wohl kaum gegeben. Alle Anzeichen sprachen dafür, dass die Familie nun am Beginn eines glücklichen Lebens stand. Die Kinder wuchsen gesund heran. Wera übergab sie schon im Juli 1876 den Ammen und fuhr zur Erholung nach St. Moritz. Der Herzog teilte seine Zeit zwischen seiner Herrschaft in Schlesien, dem Dienst bei den Ulanen und der Familie.

Die Königin schmolz dahin, weil das Adoptivenkelchen Olga ebenfalls „Olly" gerufen wurde. Sie fasste ihre ganze Zufriedenheit am 19. September 1876 in einem Brief an Eugen zusammen: „Ich bin so froh über Weras liebe Briefe, sie hat eine so andere Sprache (als früher) so besorgt und so nett von den Kindern erzählend … Nun lebe wohl, viel Schönes vom Oncle (König Karl), grüße und küsse Wera und die Kleinen."[194] Aus den Zeilen sprach eine Olga, die bereit schien, über dem Glück Weras das eigene Leid zumindest in den Hintergrund zu stellen. Selbst in Eugens Karriere gab es Fortschritte: In wenigen Wochen würde er nach Düsseldorf gehen und sich in einem preußischen Kavallerieregiment für die weitere militärische Karriere qualifizieren …

Kapitel VI

Schlag auf Schlag – bis in den Tod

Königin Olga hat ihre Jugenderinnerung im Jahre 1883 mit allgemeinen Gedanken abgeschlossen, die ein wenig kryptisch wirken. Die Autorin betont zwar, dass sie die Niederschrift als eine „wohltuende Zerstreuung" empfand, die ihr half, zwei Jahre zu durchleben „die die schmerzlichsten meines Lebens waren, erfüllt von Leid der Seele wie des Körpers, das mich Schlag auf Schlag getroffen hat. So viel Seiten ich schrieb, so viel schmerzfreie Stunden empfing ich."[195] Die Königin hat nie beschrieben, worin das konkrete Leid bestand, das ihr Schlag auf Schlag den Körper und die Seele zermürbt hat. Ihre Bemerkung muss sich nicht zwingend lediglich auf die Jahre 1881 bis 1883 beziehen. Selbst Sätze mit allgemeinen Wahrheiten wie: „Man ist im Unrecht in dem Augenblick, da man glaubt, geistreicher oder edelmütiger zu sein als die, in deren Kreis man zu leben berufen ist"[196], helfen bei der Suche nach Olgas Motiven für die Niederschrift nicht wesentlich weiter. Schließlich hat Olga die Aussagen bis zu ihrem Tode nicht verändert. War das Beschreiben einer fernen Kindheit und Jugend vielleicht doch nur jene „wohltuende Zerstreuung" und Ablenkung von Problemen, die sie eigentlich seit Jahrzehnten begleiteten, oder warum erschienen ihr die Konflikte 1881 plötzlich so besonders schmerzlich?

Der Realitätsgehalt in Olgas Niederschrift über dic Kinder- und Jugendjahre ist im ersten Kapitel kritisch hinterfragt worden. Um Olgas eigene Version über ihre Gründe für die Aufzeichnungen zu verstehen, bedarf es einer Analyse aller wichtigen Lebensumstände von der Mitte der 70er-Jahre bis 1883 und zwangsläufig einer Antwort auf die Frage, welche Ereignisse so auf Olga eingewirkt haben, dass sie nur seelischen Halt fand, wenn sie sich zumindest innerlich an der Fata Morgana einer glücklichen Kindheit festklammerte. Sie selbst hat diesen dramatischen Akzent mit ihren Schlussbemerkungen provoziert. Gaukelte sich die Autorin am Ende lediglich selbstverliebt ein Schreckensszenarium vor, das in dieser Schärfe gar nicht bestanden hat, nur, um sich ein Alibi für die zweijährige Schreibarbeit zu verschaffen? Gehörte die Arbeit an den eigenen Lebenserinnerungen vielleicht wie bei Katharina II. zur zielstrebigen Inszenierung majestätischer Distanz? Es bleibt noch eine Interpretationsmöglichkeit: Nüchtern, sachlich und ohne moralisierende

Rhetorik weist Olga ihre Adoptiv-Enkeltöchter Olga und Elsa in einer kurzen Anrede darauf hin, dass sich die „Omama“ als Zeitzeugin vergangener Ereignisse betrachtet und ihre Erinnerungen festhalten möchte, damit diese nachfolgenden Generationen Nutzen bringen. Selbst auf die Gefahr hin, dass die Enkeltöchter am Ende des 19. Jahrhunderts und in Württemberg nur geringen Gewinn aus der sehr persönlichen Schreibarbeit ziehen würden. Die Wahrheit wird wohl in einem Mix der verschiedenen Motive liegen.

Das Hohelied der Dignität

Zu den tragischen und in die Seele schneidenden Ereignissen jener Jahre zählte Olga zweifelsohne den unerwarteten Tod des jungen Herzogs Eugen. Er starb am 27. Januar 1877 in Düsseldorf, vier Wochen, nachdem er dort seinen Dienst angetreten hatte. Wera war zwar noch nach Düsseldorf geeilt, hatte ihren Mann aber nicht mehr lebend angetroffen. Der Totenschein wies eine Rippenfellentzündung als Todesursache aus. Nach nur drei Ehejahren stand Wera als Witwe mit den Zwillingen alleine da und brauchte die königliche Adoptivmutter mehr denn je. Olga fuhr in der Nacht zum Sonntag nach Düsseldorf. Sie wollte versuchen, den Schmerz der Adoptivtochter zu lindern und blieb an deren Seite, bis der Sarg mit den sterblichen Überresten am 31. Januar nach Stuttgart überführt und in der Gruft der Königlichen Schlosskirche beigesetzt worden war.

Die Eile bei der Bestattung Eugens rief in der Öffentlichkeit Gerüchte hervor. Einzelne Zeitungen mutmaßten als Todesursache einen Sturz vom Pferd oder ein Duell mit tragischem Ausgang. Wera empörte sich allerdings nur, wenn Zeitungen gar nicht über den Tod ihres Mannes berichteten. Als man sie damit konfrontierte, dass Eugen bis zu seinem Ableben eine Geliebte hatte, echauffierte sie sich lediglich, weil ihr diese Dame entgangen war. Wera sprach mit Liebe von ihrem Mann und dass sie das ehrende Andenken an einen Helden und an den Vater ihrer Kinder bewahren müsse. Die Kinder wurden versorgt und namentlich von der „Omama“ behütet. Wera verfügte damit wieder über jene Freiheiten, die sie sich wünschte: Im Sommer fuhr sie nach St. Moritz in die Ferien. Im Januar 1882 schrieb die Witwe an ihre Schwiegermutter Mathilde in Schlesien: „Dass Eugen gerade an unserem Verlobungstage krank wurde und am Tage der öffentlichen Verlobung sterben musste, bleibt auf ewig gar wunderbar.“[197] So reagiert eigentlich keine tief trauernde Frau. Wera erinnerte sich in Dankbarkeit an die kurzen Jahre ihres

Glücks – ohne in dem frühen Tod eine Tragödie zu sehen. Sie dachte nicht herzlos, sondern eher pragmatisch.

Die Beziehungen zwischen Olga und Wera festigten sich nach Eugens Tod sehr. Die Königin widmete sich mit viel Liebe und Hingabe den Enkeltöchtern. Im täglichen, intensiven Umgang mit den Mädchen kamen Olga zwangsläufig Erinnerungen an die eigene Kindheit und sie erschienen ihr gar nicht immer nur als goldener Kontrast zu ihrem Leben in Stuttgart. Der Ablauf eines einzigen, beispielhaften Tages im Dezember 1878 zeichnet ein Bild familiärer Harmonie. Am Morgen durften Elsa und Olga um 8 Uhr zur Großmutter in das Bett krabbeln. Um 10 Uhr kam der Großvater, verteilte Brezeln und spielte mit den Zwillingen. Alle zogen sich an und gingen spazieren. Anschließend besuchten die Kinder wieder die Großmutter und alle aßen gemeinsam zu Mittag. Eine Mittagsruhe musste sein, danach ein zweiter Spaziergang. Anschließend wurden die beiden kleinen Mädchen gebadet – das Vergnügen ließ sich auch König Karl nicht entgehen. Mama, Königin und König brachten danach die Kinder zu Bett und sprachen mit ihnen das Nachtgebet.

Für die Jahre bis 1883 sind zahllose Beispiele überliefert, aus denen hervorgeht, dass sich Olga und Karl gemeinsam mit Wera intensiv um die Kinder kümmerten – gleichgültig, ob in der Villa Berg, im Residenzschloss, in Friedrichshafen oder an anderen Erholungsorten, die das Königspaar so eifrig frequentierte. Die Zwillinge erhielten zahlreiche Möglichkeiten für eine friedvolle und gedeihliche Entwicklung. Olga wirkte so auf die Mädchen ein, wie sie es von ihren eigenen Eltern kannte. Sogar ihre kleine Pferdekutsche für Spazierfahrten durch die Gärten der Villa Berg stellte sie Elsa und Olga zur Verfügung. Die gemeinsame Sorge um die Kinder führte auch Olga und Karl für die nächsten Jahre in einem Maße zusammen, wie sie es nie gekannt hatten. Olga fühlte sich in jeder Phase für Wera verantwortlich – bis hin zu gemeinsamen Diäten, die Wera wegen ihrer Pummeligkeit nötiger brauchte als ihre Adoptivmutter.

Die Königin legte besonderen Wert darauf, dass Wera mit allen repräsentativen Ehrungen, aber auch Pflichten einer regulären Königstochter bedacht wurde. Wenn sie krank oder verreist war, vertrat Wera sie sowohl in den karitativen Einrichtungen als auch bei Repräsentativveranstaltungen der Krone. Wera musste auch jede nur mögliche Verbindung nach Russland nutzen. So schwer der Tod Eugens zunächst wog, er festigte die Familie zumindest für einige Jahre im positiven Sinne. Selbst der Ärger über die Verluste bei den Souveränitätsrechten trat zeitweilig in den Hintergrund. Olga besaß eine Aufgabe, räsonierte weniger über die eigene Zurücksetzung, sondern kompensierte Missstimmungen stärker durch eine bewusste und selbstverständliche Repräsentation sowie durch größere Aufmerksamkeit gegenüber den inneren und äußeren Entwicklungen in Württemberg. Olga interessierte sich für die Konsolidierung Württembergs im Deutschen Reich, beobachtete Bismarcks außenpolitische Neuorientierungen zwischen Russland und Frankreich und verfolgte mit innerer Anteilnahme Russlands Krieg gegen die Türkei auf dem Balkan.

Das würdevolle Engagement im Innern nahmen nicht nur die bedürftigen Menschen, sondern selbst die auf der politischen Bühne agierenden republikanischen Parteistrategen zuweilen durchaus wohlwollend zur Kenntnis. Das galt auch für den Führer der nationalliberalen Deutschen Partei, Julius Hölder, der Olga noch über Jahre hinweg als Drahtzieherin der „partikularistischen" Kräfte betrachtete, die angeblich selbst auf Mittnacht einen negativen Einfluss ausübte. Er bemitleidete Olga, weil er sie meist leidend und schwach erlebte. Aber Hölder registrierte auch, dass bei den Budgetdebatten in der Zweiten Kammer des Landtags Olgas Aktivitäten in der Sozialpolitik hohe Anerkennung gezollt wurde, sowie dass sie diese Debatte überhaupt zur Kenntnis nahm und über den Kulturminister ihren Dank für das Lob aussprach. Vielleicht sollte sie dem Landtag künftig eine größere Aufmerksamkeit widmen? Der Gedanke verflog so schnell, wie er gekommen war.

Hölder unterhielt sich oft mit Mittnacht und beide schienen sich 1879 einig, dass Preußen und das Reich für das Königspaar ein sensibles Thema bleiben würde. Umso wichtiger nahmen die Politiker ihre eigene Verantwortung, die Balance zwischen den monarchischen Empfindlichkeiten und den Reichsinteressen sachlich auszugleichen, zumal es kaum eine Frage gab, bei der nicht zugleich persönliche Positionen ins Spiel gebracht wurden. Der König hielt sich zunehmend von den offiziellen Empfängen und von der praktischen Regierungsarbeit fern. Er wurde überhaupt unzugänglicher. Seine Frau respektierten die Minister zwar nicht als politisches Schwergewicht, aber ihre offiziellen Aufgaben nahm sie ernst: „Da sei die Königin, die ja manches Unangenehme habe, anders; sie erfülle unverdrossen die Pflichten ihrer Stellung, wenn es ihr auch körperlich oft sehr schwer falle. Vor ihr nehme sich auch der König zusammen ... Geschäftliches teile aber der König seiner Frau seit lange(m) nicht mehr mit."[198]

Mittnacht und auch Hölder verstanden, wie schwer es der König seiner Frau machte, politisch zu handeln. Darum besaßen sie auch wenig

Verständnis dafür, dass in Adelskreisen oberflächlich und abfällig über „die Russen" geredet wurde. Hölder erlebte es 1879 bei einer Geburtstagsfeier mit, dass die anwesenden Prinzen und Prinzessinnen über „die Russen" nur als halbwilde Asiaten und Mongolen schwadronierten. Hölder wandte ein, dass es doch sehr gebildete russische Menschen gäbe. Ein Prinz bewies seinen ausgeprägten Intellekt mit der Bemerkung, es gäbe auch gebildete Chinesen. Eine Prinzessin Marie wollte das Thema auf die philosophische Ebene heben und meinte, alle Russen seien den Deutschen „abholt" und insbesondere der Thronfolger Alexander Alexandrowitsch könnte die Deutschen nicht leiden. Ganz gelehrt fügte Mariechen hinzu, in Russland „herrschten eben Ideen, die uns gänzlich fremd seien."[199]

Damit erreichte die adlige Runde ihr eigentliches Ziel und klatschte ungeniert über Olga und Wera. Eine Dame wollte gehört haben, dass Wera gesagt hätte, jungen Prinzen dürfe man nicht die Wahrheit sagen, und überhaupt, das Volk sei doch nur dazu da, „geplagt" zu werden. Wera sei ja schon als kleines Kind nach Württemberg gekommen, sie könne derlei Ansichten nur von ihrer Ziehmutter gelernt haben. Und warum solche Bosheiten? Die könnten doch nur mit den vergifteten Beziehungen zwischen Deutschland und Russland in Verbindung stehen ...[200] Hölder verließ schnellstens die schwatzhafte Runde. Es gab genügend Gründe, ernsthafteren Gedanken über Olga, Russland und das deutsch-russische Verhältnis nachzugehen.

1875 testete Bismarck mit der diplomatischen „Krieg-in-Sicht-Krise", wie sich die europäischen Großmächte zu einem neuen deutsch-französischen Waffengang verhalten würden. England und Russland widersprachen energisch jedem Versuch des Deutschen Reichs, seine territorialen Grenzen auszuweiten. Bismarck und Gortschakow entzweiten sich über diese Frage sogar persönlich. Das war erst ein kleiner Beitrag zur allgemeinen Verschlechterung der deutsch-russischen Beziehungen, deren Niedergang in den folgenden Jahren offensichtlich wurde. Russlands erfolgreicher Krieg gegen das Osmanische Reich von 1877/78, die Korrektur der Kriegsergebnisse zu Ungunsten Russlands auf dem Berliner Kongress vom Juni 1878, der Abschluss des Zweibunds zwischen Deutschland und Österreich-Ungarn vom Oktober 1879 oder auch die Affäre um den „Ohrfeigenbrief", in der sich Bismarck und Gortschakow einen öffentlichen Pressekrieg lieferten, oder Bismarcks Schutzzollpolitik gegen Russland – all das waren politische Ereignisse, die Olga zwar interessierten, in denen ihr Einsatz jedoch nicht mehr gefragt war.

Bismarck missachtete den Kaiser ebenso wie die kleinen Könige, die er in der großen Politik für vollkommen unmaßgeblich hielt. Wenn Bismarck zu der Erkenntnis gelangte, dass bei der Königin von Württemberg die Einsicht gereift sei, Frankreich und Russland wären aufeinander angewiesen und früher oder später müsse es zu einem Zusammenstoß mit dem Deutschen Reich kommen, dann schöpfte er diese Vermutung nicht aus dem politischen Verstand Olgas oder aus deren politischen Handlungen, sondern aus der schwachen Position Alexanders II. innerhalb der Romanow-Familie. Olga ärgerte sich über den Bruder, weil der seine schwer kranke Frau gänzlich alleine ließ und ungeniert mit Katharina Michailowna Dolgorukaja (Fürstin Jurjewskaja) zusammenlebte, die er 1880 nach dem Tode der Kaiserin auch heiratete. Die ganze Familie Romanow lehnte die Verbindung mit demonstrativer Verachtung für die Dolgorukaja ab. Alexanders Ansehensverlust in der Öffentlichkeit resultierte allerdings nicht aus dieser Affäre, sondern aus der allgemeinen Unzufriedenheit mit den Ergebnissen seiner Reformpolitik. Der Kaiser wurde in Russland zum Sündenbock für den negativen Ausgang des letzten Balkankriegs gestempelt. Sein Stern schien im Sinken, aber nur wenige Intellektuelle begriffen, dass Alexander selbst mit seiner vollkommen notwendigen Reformoffensive seit dem Beginn der 60er-Jahre die Grundlagen der Autokratie ins Wanken brachte. Der Geist der Zeit arbeitete gegen die monarchischen Traditionen und Prinzipien, langsam aber stetig – in Russland wie in Württemberg.

Der einzige Bereich, auf den Olga personal- und sachpolitisch noch einwirkte, war die Arbeit der Gesandtschaften. Diese diplomatischen Vertretungen, die formal bei den Höfen akkreditiert waren, bildeten einen der verbliebenen Pfeiler monarchischer Souveränitätsrechte, an den sich Olga während der deutsch-russischen Entfremdung weiter klammerte, weil der Zar und die meisten Romanows viel auf die Tradition innerfamiliärer Bindungen gaben und weil sie oft und gerne in die landschaftlich reizvollen Gegenden um Stuttgart oder Baden-Baden reisten. Politische Sachfragen rangierten dabei auf nachgeordneten Plätzen. Olga suchte bis 1881 nach direktem Einfluss auf die Berufung oder Abberufung von Gesandten in Stuttgart und Petersburg. Da ihr der Ruf weiter anhaftete, eine unverdrossene Gegnerin Preußens zu sein, beobachteten Bismarck und auch Mittnacht die Personalvorschläge der Königin voller Misstrauen.

Als der württembergische Geschäftsträger in Petersburg, Eugen von Maucler, 1877 nach Ansicht der deutschen Kolonie dem Geburtstag des deutschen Kaisers nicht die gebührende Reverenz erwies, erhob man diesen protokollarischen Lapsus in Preußen zu einer peinlichen Staatsaffäre, mit der die mutmaßlich partikularistischen Irrungen Olgas bekämpft werden sollten. Als 1879 Maucler mit seiner Vertretung gar zur Gesandtschaft erhoben wurde, schrillten bei Bismarck die Alarmglocken: Die württembergische Königin verstieß gegen die Reichsinteressen! So aufwändig die Affäre von Berliner Seite betrieben wurde, es blieb ein Sturm im Wasserglas, der im Grunde lediglich den äußeren Schein repräsentativer Institutionen berührte, auf wichtige politische Vorgänge jedoch keinen Einfluss ausübte.

Für aktive politische Handlungen von Rang besaß Olga am Ende der 70er-Jahre weder die notwendigen Sachkenntnisse noch Interesse. Julius Hölder hat in seinem Tagebuch unter dem 9. Januar 1880 über eine Begegnung mit der Königin berichtet, die deren politisches Wissen zutreffend charakterisierte. Hölder sprach auf einem Empfang in Stuttgart mit Mittnacht und dem König über die bevorstehende Einberufung des Landtags, da „... trat die Königin auf uns zu und sagte: Da treffe ich ja die beiden Herren, wohl in ernstem Gespräch. Mittnacht erwiderte, wir hätten von Landtagssachen gesprochen, worauf sie rasch fragte, bis wann wird denn der Landtag zusammen treten? Mittnacht sagte, es hänge noch von Nachrichten aus Berlin ab. Auf die Frage der Königin, was für den Landtag vorliege, erläuterte ich ihr, dass alle drei Jahre ein Landtag berufen werden müsse und diese nun um seien. Es handle sich eben um die Konstituierung und die Wahl der Kommissionen. Sie fragte: Sind es denn schon drei Jahre seit Eröffnung des Landtags?"[201]

Damit war das Thema Landtag für Olga erschöpft. Substanzielle Sachkenntnis über die aktuellen Probleme z. B. einer Verfassungsreform hätte tiefer gehende Fragen provozieren können. Die Königin wich lieber auf ein unverbindlicheres Thema aus: „Darauf brachte sie das Gespräch auf die Briefe Bismarcks an seine Frau. Ob ich das Buch gelesen habe? Ich musste verneinen, fügte aber bei, einige dieser Briefe seien mir bekannt. Sie bemerkte, man lerne hier Bismarck von einer ganz neuen interessanten Seite kennen. Ich bemerkte, die Kenntnis des Privatlebens eines solchen Mannes sei in der Tat zu dessen voller Beurteilung notwendig. Bismarck erscheine nach den Briefen als zärtlicher Gatte und Vater. Die Königin fügte bei: ‚und zeige viel Humor'. Darauf zu Mittnacht: Haben Sie das Buch gelesen? Derselbe verneinte und fügte bei, das Buch sei schwer zu bekommen und selten. Wir zerbrachen uns mit der Königin der Kopf, woher das komme, bis Mittnacht die Vermutung aufstellte, die erste Auflage werde schnell vergriffen gewesen und keine zweite gemacht worden sein."[202] In seinem Tagebuch konnte sich der Vollblutpolitiker Hölder ob der Fähigkeit Ihrer Majestät zu unverbindlicher

Plauderei nicht die sarkastische Bemerkung verkneifen: „Ich finde die Königin im Verkehr stets äußerst angenehm, lebhaft und unterrichtet. Dazu die feine, edle, hohe Gestalt; sie ist eine wahrhafte Königin."[203] Hölder sagte die Wahrheit, denn die charmante Selbstdarstellung blieb eines der letzten Refugien für ein Königspaar, dessen Vorgänger Wilhelm I. einst alle politischen Fäden seines Landes nach innen und außen in der Hand gehalten hatte. Jetzt regierten die Mittnacht und Hölder das Land.

Doch selbst der Stolz und die Erhabenheit der ohnehin provinziellen Selbstinszenierung gerieten ins Wanken. Als das Jahr 1880 zu Ende ging, entschloss sich der König, den Winter gemeinsam mit seiner Frau in Cannes am Mittelmeer zu verbringen. Er fühlte sich krank und ließ deutlichere Anzeichen seiner Regierungsunlust erkennen als zuvor. Karl zog sich von diesem Zeitpunkt an mehr und mehr in das Privatleben und in seine homoerotischen Leidenschaften zurück. Mittnacht hielt die krankhaften Beschwerden des Königs bei einigem guten Willen durchaus für behebbar. Der Zustand Olgas bereitete ihm wesentlich größere Sorge. Ihre allgemeine Schwäche war bekannt. Die körperlichen Schmerzen nahmen zu und es gab Tage, an denen sie kaum aufzustehen vermochte. Mittnacht hielt ihren Zustand bisweilen sogar für lebensbedrohlich. Er vermochte jedoch die wahren Ursachen ihrer Leiden nicht klar zu erkennen. Waren es die „hässlichen Laster" des Königs, die Kinderlosigkeit, die Folgen gewollter Superschlankheit, innere Krankheiten oder der anhaltende Verlust majestätischer Würde? Olga selbst hätte wohl keine konkrete Antwort gegeben.

Es begannen jene Jahre bis 1883, in denen die Königin die Lebenserinnerungen niederschrieb, weil die Schläge des Lebens das Leid der Seele und des Körpers hervorriefen, der schriftliche Zeitvertreib alleinige Abhilfe schuf und weil sie den Enkeln Olga und Elsa einen Leitfaden für das Leben hinterlassen wollte. So schrieb Olga. Warum gerade in diesen Jahren?

Zarenmord in St. Petersburg – Schlüssel zu den Erinnerungen

Die erste wirkliche seelische Erschütterung, die bei ihrer allgemein schwachen Konstitution trotz aller anerzogenen Selbstdisziplin wahrhaft traumatische Folgen hervorrief, kam aus Russland. Das ganze ideelle Gebäude der Überzeugungen und Werte, in denen Olga bislang lebte, zerbrach. Am 1. März 1881 wurde ihr Bruder, Kaiser Alexander II., der „Befreierzar", in Petersburg ermordet. Zum ersten Mal starb in der Geschichte der Romanow-Dynastie ein Selbstherrscher vorzeitig durch einen Gewaltakt, der nicht von einer Palastrevolte oder einer Verschwörung aus den eigenen Reihen herrührte. Alexander II. fiel den Terroristen des „Volkswillen" zum Opfer. Hervorgegangen aus der idealistischen Bewegung „Land und Freiheit", hatten sie sich über Jahre hinweg ein blutiges Duell mit den Repressivorganen des Staates geliefert. Der Zar erschien ihnen als der Alleinschuldige am Unglück und an den Leiden des russischen Volkes. Der Zar musste sterben! Die meist noch jugendlichen Attentäter erlagen dem Irrglauben, das russische Volk werde sich nach dem Zarenmord zum Aufstand gegen das autokratische Regime erheben. Das Volk blieb still nach dem Mord, die Terroristen endeten auf dem Schafott.

Für die Romanows geschah etwas Ungeheuerliches, das nicht nur rein individuelle Erschütterungen hervorrief. Die Bomben am Katharinenkanal in St. Petersburg trafen das ganze autokratische System in Russland, mit dessen Zwang zu repräsentativer Selbstinszenierung. Sie trafen auch Olga mitten in das Herz. Ihr Neffe, Großfürst Alexei Michailowitsch, sah den zerfetzten Kaiser blutüberströmt auf der Bahre liegen, teilte das allgemeine Entsetzen und behielt dennoch einen kühlen Kopf: „Die romantischen Traditionen der Vergangenheit und die sentimentalen Anschauungen über die höchste Gewalt werden mit Kaiser Alexander II. zu Grabe getragen werden ... Das idyllische Russland, wo Väterchen Zar über seine getreuen Kinder herrschte, hat zu bestehen aufgehört."[204]

Olga hat diese ernüchternde Erkenntnis intuitiv erfasst. Aber sie wollte das Unausweichliche nicht wahr haben. Ihre gesamte Niederschrift über die Kinder- und Jugendjahre versucht, gegen die bittere Einsicht des jungen Neffen anzukämpfen. Auch in der Ferne müssen wir immer für Russland arbeiten – der Leitspruch Maria Pawlownas trieb Olga nach dem grausigen Ende des Bruders, alles aufzuschreiben, was sie für gut und teuer hielt. Die Enkel Elsa und Olga sollten den Stab übernehmen. Doch Olga wurde im Grunde ihres Verstands auch bewusst, dass ihr Schwelgen in den Erinnerungen bereits der Jagd nach einer Fata Morgana glich. Die Niederschrift endet mit dem Abschied von Russland und mit der Übersiedlung nach Stuttgart. Württemberg und die Königsfamilie entsprachen niemals ihrem Traum von der russischen Heimat. Sie hielt ihr Leben zu jeder Zeit für unerfüllt. Aber 1881 kam eine ganz neue, bislang nicht einmal gefühlte Erkenntnis hinzu.

Der französische Schriftsteller Eugène Melchior de Vogüé nahm am 7. März 1881 an der feierlichen Beisetzung Alexanders II. teil. Er notierte ein ernüchterndes Urteil in sein Tagebuch: „In dieser langen Parade, die von elf Uhr vormittags bis drei Uhr dauerte, gab es nichts, das wirklich groß oder ergreifend gewesen wäre. Eine schlechte Opernaufführung, mit einem altertümlichen Zeremoniell, das keinen Schmerz und keine innere Sammlung aufkommen ließ. Diese Herolde, diese Bewaffneten in vergoldeten Panzern, diese Wappenschilde, diese Orden und Kronen, die von Beamten der achten Rangklasse getragen wurden, das alles ist dem modernen Empfinden zu fremd, um sich mit echtem Schmerz verbinden zu lassen. Und hintennach kein Volk, dank den Vorkehrungen der Polizei. Das Volk, das einzige, das eine Wirklichkeit gewesen wäre. Es drängte sich in der Ferne zusammen, eine dunkle, schweigsame Masse, die Flut, die auf ihre Stunde wartet. In der Peter-Paul-Kathedrale warten gelangweilte Beamte und Diplomaten stundenlang. Der Leichnam wird von den zahlreichen kräftigen Burschen der Familie, eine reiche Ernte für künftige Attentate, hereingetragen. Der junge Kaiser [Alexander III.], gelassen, würdevoll, in ausgezeichneter Haltung. Die anderen haben das erschöpfte Aussehen von Leuten, die durch den Frondienst des Leichenzuges hergenommen sind. Der herrliche orthodoxe Gesang empfängt den Toten. Der zerfetzte arme Leichnam, unter Stoffen und Tüll verborgen, wird unter dem Baldachin aus Goldstoff nieder gestellt. Der Kiefer hat sich unterwegs ausgehakt. Rings um diesen amputierten Rumpf die Insignien, getragen von den Großwürdenträgern: Schuwalow ... hält das Schwert von Rußland, Walujew trägt mit Überzeugung die schwere Krone des Monomach. Nach der Zeremonie geht jeder den Sarg küssen, einige Frauen, einschließlich meiner Frau, weinen, aber es ist nichts Ergreifendes, zu viel Unruhe, Zerstreuung, Geschwätz in der Kirche. Eine einzige rührende Episode, die letzte: nachdem die kaiserliche Familie sich entfernt hat, schleppt sich, von General von Rehbinder gestützt, die unglückliche Witwe über die Stufen. Sie ist völlig vernichtet, küsst den Leichnam und bricht zusammen. Diesmal sind wir zutiefst von der unerhörten Verzweiflung dieser verlassenen Frau ergriffen, die einen Augenblick an den Stufen des Thrones stand und nun in den Abgrund zurücksinkt ...“[205]

Vogüé machte Westeuropa wenige Jahre später in seiner Abhandlung „Le roman russe“ mit der russischen Literatur bekannt. Er beobachtete sehr scharf, dass das russische autokratische System gar nicht mehr so fest in sich ruhte, wie es der äußere Glanz erscheinen ließ. Wie anachronistisch musste da die „Dignität“ eines kleinen württembergischen Fürstenhauses wirken, in dem die Königin nicht nur den Geist des „Gendarmen von Europa“ Nikolaus I. konservieren wollte, sondern in dem sich der König selbst zunehmend allen repräsentativen Verpflichtungen entzog und das Königshaus obendrein durch Skandale mit indiskutablen Männerfreundschaften in Verruf brachte.

Olga litt nicht weniger als die von ihr abfällig behandelte zweite Gemahlin Alexanders II. Minister Mittnacht durfte jedoch auf sie zählen, wenn die öffentliche Repräsentation des Königshauses gefordert war. Olga passte sogar ihre Wohltätigkeit den neuen sozialen Bedingungen in der sich formierenden Arbeiterschaft an. Aber Russlands neuer Kaiser, Alexander III., der sich wie sein Vater gerne über die deutschen Kleinstaaten lustig machte, amüsierte sich über seine Tante: „Je veux bien que ce soit une femme supérieure mais elle prend son Württemberg trop au sérieux" – „Zugegeben sie ist eine beachtliche Frau, doch nimmt sie ihr Württemberg viel zu ernst."[206]

Olgas Kontakte zum Kaiserhaus in Petersburg gingen merklich zurück. Das war für sie, die so stark an ihrer familiären Vergangenheit hing, kaum zu ertragen. Die Lockerung betraf jedoch sichtbar nur die offiziellen Beziehungen. Zu ihren Brüdern, zu den Menschen ihrer Generation und ihres Denkens, unterhielt sie bis an das Lebensende enge persönliche Beziehungen. Olga kämpfte mit den Kindheitserinnerungen und mit der nicht nachlassenden Wohltätigkeitsarbeit sowie mit der immer gleichbleibenden höfischen Repräsentation tapfer gegen den Werteverfall ihrer Dynastie an, aber die Macht der Bomben und der Wandel der Zeiten blieben unerbittlich, sie nahmen keine Rücksicht auf das Leid einer unglücklichen kleinen Königin in Württemberg.

Alexanders Ermordung übte auf Olgas Psyche und Physis eine so verheerende Wirkung aus, dass es trotz ihrer beharrlichen Selbstdisziplin nur eines Anlasses bedurfte, den Zusammenbruch auszulösen. Da halfen auch die Erinnerungen wenig. Württembergs König arbeitete bereits kräftig daran, das Ansehen seiner eigenen Dynastie zu untergraben, ohne dass es eines Attentats bedurfte. Er wollte seiner Frau keineswegs persönlich schaden. Er liebte sie sogar – auf seine Weise. Die Konflikte der Vergangenheit haben die Ehe nicht zerstört. Karl und Olga traten bislang immer wieder gemeinsam in der Öffentlichkeit auf.

Am Beginn der 80er-Jahre begann Karl jedoch sein Verhalten gegenüber der Regierung, dem Hof und seiner ganzen Umgebung zu verändern. Das betraf auch die Beziehungen zu seiner Frau, ohne dass es dafür einen erkennbaren Grund gab. Es darf natürlich nicht ausgeschlossen werden, dass Olga, versunken in das goldene Licht ihrer Kindheits- und Jugendjahre, auch ihrerseits Karl kritischer beobachtete und behandelte. Die Wandlungen vollzogen sich auch nicht von einem Tag auf den anderen. Olga und Karl verbrachten den Winter 1880/81 gemeinsam in

Cannes – bevor Alexander II. dem Bombenanschlag zum Opfer fiel. Erst danach traten Ereignisse ein, die Karl in das Blickfeld öffentlicher Spekulationen rückten. Karl lebte auch im folgenden Winter mit seiner Frau über Monate hinweg im südlichen Ausland und beide entzogen sich ihrer Verantwortung für das Land. Mit schuld daran war wohl, dass Karls Erkrankungen der Blase und der Harnröhre sich erheblich verschlimmert hatten und sich nachteilig auf seinen Seelenzustand auswirkten. Depressionen, Unrast, Ungeduld und plötzliche Launen bekam auch Olga zu spüren, die selber genügend gesundheitliche Probleme hatte. Allerdings, die ganze Dramatik – z. B. in der Woodcock-Affäre – trat erst ein, als Olga die Niederschrift ihrer Erinnerungen längst beendet hatte.

Olga verfiel nach den Aussagen des Freundes Spitzemberg im Oktober/November 1883 in einen so bedenklichen körperlichen und seelischen Zustand, dass ihr baldiger Tod befürchtet wurde. Das war eine schreckliche Prognose, deren Wahrheitsgehalt allerdings kaum überprüfbar ist. Die Warnung Spitzembergs hat Karl weder abgehalten, selbst mit einer schweren Grippe nach San Remo zu reisen, noch, in die größte Peinlichkeit seines Lebens zu rutschen. Der König lieferte sich in dieser Zeit dem smarten Amerikaner Charles Woodcock aus. Der hübsche Metzgersohn aus Chicago lebte seit 1879 in Deutschland. Karl besaß Erfahrungen im Umgang mit Amerikanern, einer davon, der junge Richard Jackson, diente ihm als Vorleser. Der König ließ sich damals auch von der Spiritistin Vaihinger auf seinen geistigen Wegen begleiten und es ist möglich, dass sie ihm den gewandten und charmanten Woodcock zugespielt hat. Karl zeigte sich sofort von dem Mann mit den einprägsamen Augen begeistert und Jackson rangierte fortan auf der zweiten Position.

Widerstand in der Woodcock-Affäre

Von dem Entsetzen über die Ermordung Alexanders II. hatte Olga sich persönlich ein wenig freigeschrieben. Den schrittweisen Niedergang der Romanow-Dynastie verhinderte sie dadurch nicht. Auf der europäischen Bühne führte Bismarck 1881 noch einmal Russland, Deutschland und Österreich-Ungarn im Dreikaiserbund zusammen, aber der Bruch dieser Allianz schien nur eine Frage der Zeit. Längst spielte Württemberg auf der großen diplomatischen Bühne keine Rolle mehr. Zu allem Überfluss begann Karl sich in feuriger Zuneigung dem neuen Freund Woodcock zu widmen. Dazu kamen die Krankheiten, die ihn außerordentlich belasteten und die der neue Leibarzt Dr. Fetzer erst in einem längeren Zeitraum von etwa zwei Jahren erfolgreich behandelte. Karl reiste nahezu ununterbrochen und blieb seiner Residenz ebenso fern wie seinen Untertanen.

Olgas Möglichkeiten, die Ideale, die sie in ihren Erinnerungen beschwor, noch einmal zu leben, stand die raue Wirklichkeit entgegen. Trotz eigner Leiden musste sie tapfer bleiben. Sie wollte zu ihrem Mann stehen, ihn beschützen wie einst in den frühen Jahren, als Wilhelm I. noch regierte. Olga liebte ihren Mann, trotz aller Enttäuschungen. Sie wollte sogar den ihrer Ansicht nach seltsamen und schrecklichen Woodcock ertragen, zumindest so lange der sich nicht auf die Ebene aristokratischer Ebenbürtigkeit wagte. Olga zeigte sich zur Wahrung auch des kleinsten Scheins fürstlicher Dignität entschlossen. Sie misstraute zwar Mittnachts allzu großer Selbstständigkeit. Aber sie wusste, dass Mittnacht alles für die Unantastbarkeit der monarchischen Würde tat, und sie wusste um dessen gutes Verhältnis zu Bismarck.

Die Königin zählte sechzig Jahre und die vielen Probleme gönnten ihr dennoch keine Ruhe. Vielleicht konnte der Ehemann mit ärztlicher Hilfe und viel Einfühlungsvermögen gesundheitlich stabilisiert werden. Das würde einen Teil ihrer Sorgen verringern. Selbst kleine Signale halfen. Im März 1885 kam der Herzog von Leuchtenburg, ihr Neffe, nach Nizza und erlebte dort den König bei recht guter Gesundheit.[207] Der Herzog berichtete über seine Eindrücke in Petersburg und widersprach der dortigen allgemeinen Ansicht, dass Karl sich sehr elend fühlte. Der positive Eindruck in Russlands Hauptstadt diente zugleich dem Ansehen Olgas und des ganzen Hofs. Aber leider – der Schein trügte.

Karl lebte jedes Mal auf, wenn er Stuttgart in Richtung Süden entfliehen durfte. Fern von der misslichen Politik und von der ebenso formal-sinnlosen wie langweiligen Darbietung eines gut aufgelegten und saturierten Monarchen. Menschen wie der getreue Generaladjutant Spitzemberg, der dem König ab und an gehörig die Meinung sagte, störten Karl nur noch und mussten weichen. Der neue Superheld hieß Woodcock. Diesem zweifelsohne schönen und eleganten Mann, der sich auch zu benehmen wusste, ordnete sich Karl bis zur Mitte der 80er-Jahre in allen seinen Lebensäußerungen vollständig unter. Der König von Württemberg wurde dem Metzgersohn aus Amerika hörig.

Olga beobachtete voller Unruhe, wie sich Karl immer mehr zum Gespött der Leute machte. Sie begegnete der Gefahr leider nur mit aussichtslosen Mitteln. Um ihrer Ehe und Liebe willen erduldete sie den Charmeur Woodcock nicht nur. Sie heuchelte obendrein Sympathie für ihn. Vielleicht hoffte sie sogar, den König mit seiner Hilfe zur Vernunft zu bringen. Dazu hätte es jedoch zusätzlicher eigener Einflussmöglichkeiten bedurft. Karl sah seine Frau in der Regel nur zum Frühstück und zum abendlichen Diner. Meist nahmen an den Mahlzeiten weitere Höflinge oder Gäste teil, so dass keine Gelegenheit zum vertraulichen Gespräch über ernste Probleme bestand. Karl wollte keine Konflikte, er wollte leben, sich über die Musik unterhalten, parlieren und ansonsten den lieben Gott einen guten Mann sein lassen. Seine Gemütsschwankungen waren gefürchtet. Seine Frau schien ihm unter dem Einfluss Woodcocks zunehmend gleichgültiger zu werden. Gelegentlich stieß er sie sogar zusätzlich vor den Kopf, etwa, wenn er selbstgefällig von sich gab, er und seine Gemahlin wären die einzigen gekrönten Häupter, die „zu leben und sich zu benehmen" wüssten.[208] Olga konnte sich durchaus ihrer Würde gemäß nach den gültigen aristokratischen Konventionen benehmen – Karl brach in nahezu jeder Hinsicht aus diesem in sich geschlossenen System aus, nicht, weil er vielleicht ein Rebell wider die inzwischen ziemlich hohle Fassade höfischer Dignität gewesen wäre, sondern weil die steife Konvention seinem Wesen widersprach. Die Crux bestand darin, dass Olga und Karl ein Königspaar blieben, das Verantwortung für das Land und seine Menschen trug und aus moralischer Sicht kein Recht besaß, sich in abwegigen oder internen Irrungen zu verschleißen. Doch wann richtet sich das Leben schon nach moralischen Regeln?

Zu Karls Untugenden gehörte eine Olga fremde Überheblichkeit, die besonders scharf in Erscheinung trat, wenn er gezwungenermaßen doch einmal in seine Residenz zurückkehren und sich dem Volke zeigen musste. Die Württemberger meinten es gut mit ihrem Bohème-König. Den „auf der Straße aufgelesenen Amerikaner" verachteten sie, weil er ihnen das vertraute Bild ihres netten und umgänglichen Monarchen verdarb. Karl sperrte sich und erklärte 1885 anlässlich eines Besuchs in Stuttgart hochnäsig: „Ein so gescheiter und distinguierter Mann wie ich, der sich ein Leben lang in der vornehmen Welt bewegt hat, weiß solche Ovationen nach ihrem wirklichen Wert zu schätzen. Die Stuttgarter sollen bei solchen Anlässen weniger demonstrativ, sonst aber mehr entgegenkommend und anhänglich sein."[209]

Gottlob hörten die Untertanen derlei Sprüche nicht und organisierten unverdrossen einen stürmischen Empfang, wie ihn Olga seit ihrem ersten Einzug 1846 viele Male erleben durfte. Doch kaum in der Residenz angelangt, reagierte Karl nervös und überfordert. Er wich auf die Villa Berg oder nach Friedrichshafen aus – nur begleitet von seinem Intimus Woodcock und dessen Freund Donald Hendry. Spitzemberg bekam im Sommer 1885 endgültig die Nase vom Duzfreund Karl voll: der Hof in

Unordnung, Entschlusslosigkeit, Unruhe unter dem Personal. Tüchtige Männer wie Spitzemberg, Mittnacht oder der Arzt Fetzer mühten sich vergeblich, den König zu leiten. Olga unterstützte sie, so gut sie konnte. Sie fürchtete das drohende Unheil, aber im Vordergrund stand stets die Unantastbarkeit des Königs, die Dignität, wider alle Kritiken, Anwürfe oder auch Verleumdungen. Olga nützte sogar der eigene materielle Reichtum wenig, wenn sie sich von Karl trennen würde. Außerdem war sie zu alt. Sie blieb unnachgiebig entschlossen, diese Ehe, die ihr so viel Leid beschert hatte, bis zum bitteren Ende durchzustehen – in Würde, Anstand und aufrechtem Gang.

Wilhelm von Spitzemberg resignierte. Er machte aus seinem Herzen keine Mördergrube und fiel in der Ungnade seines Freundes immer tiefer. Im Oktober 1885 musste er schließlich den Abschied nehmen – wegen seines Protests gegen den wachsenden Einfluss Woodcocks. Niemand hinderte den König an der Trennung von Spitzemberg, auch Olga nicht, obwohl dieser Abschied nur dazu beitrug, das Königshaus in der Öffentlichkeit weiter in Misskredit zu bringen. Wilhelm von Spitzemberg galt als Markenzeichen für die Solidität der württembergischen Monarchie. Seine Entlassung war ein Politikum. Im ganzen Reich schrieben die Zeitungen über die skandalösen Zustände am Hof in Stuttgart. Leibarzt Fetzer notierte geradezu verzweifelt in sein Tagebuch: „Spitzemberg hat dem König sein ganzes Leben geopfert, und doch hat ihm dieser – ohne dessen Verschulden – Freundschaft und Vertrauen entzogen und beides einem von Spitzemberg richtig gewürdigten fremden Abenteurer übertragen.“[210]

Spitzemberg stand nicht als einzige Persönlichkeit aus der Umgebung des Königs auf der „Abschussliste“. Jeder, der sich kritisch über Woodcock äußerte, musste um seine Position bangen. Selbst der Kabinettschef Griesinger, ein loyaler und zuverlässiger Beamter, verdankte es in erster Linie nur der Fürsprache Olgas, die ihn für einen „durchaus ergebenen und vorzüglichen Diener“ hielt, dass er weiter im Dienste des Hauses arbeiten durfte. Olga wollte weder ihren Mann aufgeregt und nervös sehen, noch die Kontroversen um Woodcock eskalieren lassen. Stets suchte sie den Ausgleich. Sie schützte Griesinger, sie nannte Woodcock einen gescheiten und tief religiösen Menschen und fuhr im Winter mit ihrem Mann erneut brav auf Monate hinaus nach Nizza – wohl wissend, welchen Unwillen sie bei den Württembergern hervorriefen.

In der Öffentlichkeit nahm die Unruhe über die nahezu ständige Abwesenheit des Königspaars zu. Die sonderbare Günstlingswirtschaft lieferte einer oppositionellen und ironischen Presse ausgezeichnetes

Material, die Daseinsberechtigung der Monarchie generell in Frage zu stellen. In den Zeitungen kursierten wilde Gerüchte über schwerste Erkrankungen des Königs und seines Intimus. Obwohl es lächerlich erschien: Der König gefiel sich in der Rolle eines Leidenden, wusste offensichtlich, was er tat. Leibarzt Fetzer brachte das Verhalten Karls treffend auf den Punkt: „Meist schwebt sein Geist über den Wolken und seine Füße stehen nicht auf dem festen Boden der wirklichen Verhältnisse. Aber dabei zeigt er immer noch eine oft staunenswerte Instinktion, Schlauheit und Scharfsichtigkeit, welche ihn manchmal Personen und Verhältnisse ganz treffend beurteilen lässt, und zwar umso eher, je weniger dieselben in seine eigenen Kreise hineinragen."[211]

Diese Fähigkeit traf auch auf die Beurteilung des plötzlichen Todes König Ludwigs II. von Bayern zu, der im Juni 1886 auf tragische Weise ums Leben kam. Karl, wieder einmal Gast in seiner Residenz Stuttgart, gab sich einen inneren Ruck und erweckte trotz sofortiger Abreise nach Friedrichshafen den Eindruck, Regierungsverantwortung zu übernehmen. Er wollte den Thron ja behalten. Aber die guten Vorsätze versiegten schnell. Im November 1886 fuhr er erneut zum Winterurlaub nach Nizza und das Drama setzte sich fort. Olga reiste mit ihm, schwieg und machte gute Miene zum bösen Spiel.

Gerade in dieser für Olga so überaus komplizierten Situation tauchte wieder eine Persönlichkeit auf, die in den 50er- und 60er-Jahren durch Realismus und scharfe Analytik bestochen hatte: Eveline von Massenbach! Sie forderte die Kritiker Karls auf, einen kühlen Kopf zu bewahren. Jeder am Hof leide unter dem Verfolgungswahn des Königs und den Intrigen Woodcocks. Man sollte sich ein Beispiel an der Königin nehmen. Sie müsse die Launen ihres Mannes geduldig ertragen. An ihr lasse er seine Furcht vor Verschwörungen besonders heftig aus. Frau von Massenbach durfte schon früher in Briefen die Ansichten ihrer Herrin wiedergeben. So ist es durchaus glaubhaft, wenn sie dem Leibarzt Fetzer sagte, „dass Königin Olga Vorsorgemaßnahmen zur Rettung des monarchischen Prinzips im Land zu treffen suche. Der Bemerkung Fetzers, er bezweifle, dass Woodcock ein wahrer Freund des Königs sei, widersprach sie nicht. Im April 1887 bestätigte die Königin bei einem Gespräch, das den physischen Gesundheitszustand des Königs zum Gegenstand hatte, stillschweigend, dass auch sie Woodcock zutiefst misstraue."[212]

Was sollte, was durfte Olga unternehmen? Ein vernünftiges Gespräch mit ihrem Ehemann schied offensichtlich aus. Sollte sie, wie es Katharina II. in Russland gewagt hatte, das Leibregiment zur Revolte auf den Schlossplatz rufen? Württemberg war eine konstitutionelle Monarchie mit einer Verfassung und jedermann bindenden Gesetzen. Es gab das Deutsche Reich mit seiner schimmernden Wehr. Alleine vermochte Olga gar nichts, zumal ihre Gesundheit mehr und mehr zu wünschen übrig ließ, seelische Erregungen seit Jahren in körperliche Schwäche mündeten. Vielleicht sollte sie sich mit Mittnacht beraten, dem sie ob seiner politischen Souveränität allerdings nicht besonders zugetan war? Mittnacht kam sogar im Februar 1887 nach Nizza. Seine Visite blieb ohne Ergebnis. Er gewann bei seinem Besuch den Eindruck, Karl passte sich seinen russischen Verwandten an und fühlte sich zum Alleinherrscher über Württemberg berufen. Erst im Mai kehrte das Königspaar nach Stuttgart zurück.

Dennoch wagte Mittnacht den ersten Schlag gegen Woodcock und für das Ansehen des Königshauses. Wie gehabt, übersiedelten Karl und Olga im Juni/Juli 1887 nach Friedrichshafen – Woodcock folgte ihnen auf den Fersen. Etwa zur gleichen Zeit bemühte sich der Amerikaner um ein Haus in der Stuttgarter Neckarstraße. Der König wollte den Kauf sogar finanzieren. Aber Mittnacht, der bislang eine ähnlich ausgleichende Position wie Olga eingenommen hatte, widerstand. Eine derart öffentliche Protektion, so argumentierte er, noch dazu in der schwierigen Finanzlage der königlichen Kassen, könnte bis zum Sturz der Regierung, im äußersten Fall sogar zur erzwungenen Abdankung des Monarchen führen! Schärfere Geschütze konnte Mittnacht wahrlich nicht auffahren.

Der Minister mag Olga aus der Seele gesprochen haben, aber eine offene Solidarisierung kam für sie gegenüber einem „Diener" des Königs nicht in Frage, zumal Mittnachts Ablehnung des Wohnungskaufs durchaus als Kritik am König verstanden wurde. Der Ministerpräsident leistete sich die standhafte Widerborstigkeit nur, weil er wusste, dass man in Berlin die Regierungsgewalt am Neckar allein mit seiner Person verband und nicht mit der des Königs oder gar der Königin. Karl seinerseits wusste ebenso, dass sein ausschweifendes Privatleben ohne Mittnacht nicht funktionierte. So existierte ein geschlossenes System gegenseitiger Abhängigkeiten, in dem selbstverständlich auch Olga feststeckte. Sie musste immer beobachten, in welche Richtung der politische Wind wehte. Mittnachts mutige Aktion gab ihr Mut, zum ersten Mal – in gehöriger höfischer Form – öffentlich gegen Woodcock und gegen den König zu rebellieren.

Bei einem Hofball im November 1887 ließ sie Mittnacht so demonstrativ zu einem intensiven Gespräch neben sich Platz nehmen, dass die Gäste verblüfft aufblickten und der König sich verschnupft zurückzog – der Form nach blieb die Dignität jedoch gewahrt, es fiel kein lautes, unfreundliches Wort. Aber Olga und Mittnacht hatten ein Signal gesetzt! Olga durfte um ihrer selbst und des Königs willen nicht weiter abwarten, welche Blüten der Skandal noch hervorbringen würde. In diesen Gedanken versunken reiste sie wenige Tage nach dem Hofball mit Gemahl und Woodcock zur Wintersaison nach Florenz. Das Gespräch mit Mittnacht brachte sie auf eine an und für sich ganz naheliegende Idee. Je länger der König allein in der Ferne weilte, umso enger würde er sich dem penetranten Woodcock verbinden. Man müsste den König zu häufigeren Aufenthalten in Württemberg veranlassen. Das wäre für das Ansehen des Königshauses und für die öffentliche Kontrolle der Handlungen des geliebten Monarchen günstig.

Vorsichtig sondierte Olga beim Leibarzt Fetzer, ob Karl aus medizinischer Sicht einen Teil des Winters auch am Neckar verbringen dürfte. Der Arzt, der ebenso unter der Unausgeglichenheit seines Herrn litt, scheint die Motive für die Frage sofort verstanden zu haben. Seinerseits gab es keine Bedenken: Mehr Pflichten könnten dem König nur nützlich sein. Er hielt es jedoch für unmöglich, in kurzer Zeit entschlossene Handlungen einzuleiten. Der König war nun einmal ein alter und kranker Mann mit merkwürdigen homoerotischen Leidenschaften. Niemand änderte ihn mehr. Es ging nur darum, den Skandal mit diesem Woodcock vom regierenden Hause zu nehmen. Aber wie konkret? Einmal war der König über Wochen hinweg wirklich krank. Dann kamen wieder königliche Gäste zu Besuch, denen kein Anlass für Getuschel geboten werden durfte – die bekannten Anlässe genügten vollauf. Schließlich plagte Karl sich mit tiefen Depressionen, die ihn zu schwer verdaulichen Urteilen über Gott und die Welt trieben. Vernünftige Unterhaltungen blieben während solcher Anfälle unmöglich.

Aber zwischen Mittnacht, Fetzer und Olga scheint es eine Art unausgesprochenen Einverständnisses über die Isolierung Woodcocks vom König gegeben zu haben. Jedes Mal, wenn der Bösewicht die Szene für kürzere Zeit verließ, entstand eine neue Idee, den König durch kleinere Gesellschaften oder Reisen zu breiterer Geselligkeit zu veranlassen. Olga hörte sich die Vorschläge freundlich an und – schwieg. Sie fügte sich auch 1888 dem bereits gewohnten Zeremoniell: Ende Mai Rückreise nach Stuttgart, einige Tage widerwilligen Regierens, Ende Juni Abfahrt in die Sommerfrische nach Friedrichshafen ... Der König bestimmte es so. Nur Mittnacht wollte dieses Spiel nicht länger dulden. Woodcock, die Quelle allen Übels, musste aus dem Weg, so oder so, bevor er den König gänzlich unter seine Gewalt brachte und dessen Geist und Seele vollständig beherrschte.

Auf Olga setzte Mittnacht für praktische Aktionen wenig Hoffnung. Sie schwieg schon allzu lange. Der Thronfolger Wilhelm mischte sich nicht ein. Er war lediglich verärgert, dass er den König dauernd vertreten musste. Mittnacht überlegte eine kleine Revolte: die Hof- und Staatsbeamten sollten mit Arbeitsniederlegung drohen! Der Gedanke fand natürlich kein positives Echo. Doch plötzlich bot sich eine Chance: Woodcock kurte im Juli und August 1888 in Bad Wildung und auf der Insel Norderney. Karl ergab sich in seiner Einsamkeit dem Alkohol und Olga äußerte zum ersten Mal – ganz vorsichtig und nur unter vier Augen gegenüber dem Leibarzt –, welche Abneigung sie gegen Woodcock empfand, weil der ihren Gemahl in so verzweifelte Situationen brachte, dass der sich ganz „kindisch" benahm. Es folgten einige heftige Wortwechsel zwischen Karl und Mittnacht. Damit der Stein wirklich ins Rollen kam, bedurfte es eines deftigen Anlasses, der nun wiederum mit den von Olga so eifrig verteidigten Souveränitätsrechten und der geheiligten Repräsentationspflicht des Königshauses im Zusammenhang stand.

Im Jahre 1888 trat Kaiser Wilhelm II. von Hohenzollern an die Spitze des Deutschen Reichs und erwies auch dem König und dem Volk von Württemberg durch einen Antrittsbesuch seine höfliche Reverenz. Karl hatte keine Lust, den Kaiser persönlich zu empfangen und wegen dieses ungeliebten Preußenkönigs extra nach Stuttgart zu fahren. An diesem Punkt hätte Olga unbedingt und entschieden eingreifen müssen, wenn sie ihren ureigensten Interessen und Überzeugungen treu bleiben wollte. Der Druck kam jedoch von außen. Das Volk empörte sich über die Impertinenz seines Monarchen. Da der König grundsätzlich beliebt war und nicht öffentlich geschmäht werden durfte, trug der vermaledeite Woodcock die Schuld daran, dass dic unsägliche Günstlingswirtschaft das Ansehen des Königshauses nachhaltig beschädigte. Karl beugte sich schließlich, erschreckt über die Heftigkeit der öffentlichen Reaktion auf seine Bequemlichkeit, fuhr nach Stuttgart und erlebte gemeinsam mit seinem Kaiser auf den Straßen der Residenz ein begeistert jubelndes Volk.

Woodcock schäumte vor Wut und sann auf Rache für die erlittene Niederlage. Olga zählte wohl nicht zu seinen Freunden! Mittnacht und Fetzer dürfte er kaum Paroli bieten. Die schweigsame Olga wagte er zu demütigen, weil Karl selbst schwach war. Also spielte er ihr an der Stelle einen Streich, an der sie besonders empfindlich reagierte: Olga stattete der Cannstatter Landwirtschaftsausstellung einen offiziellen Besuch ab, bei dem sie mit allen ihr gebührenden Ehren empfangen wurde. Gerade im entscheidenden Moment tauchte der König mit Woodcock auf und beide stahlen der Königin gemeinsam die Show. Der Günstling merkte im bösartigen Übermut nicht einmal, dass er den Bogen überspannte und mit solchen zweifelhaften Peinlichkeiten nur seinen Niedergang beschleunigte.

Olga vergaß die Kränkung nicht und durfte auf starke Unterstützung rechnen. Schon vor Monaten hatte Mittnacht den großen Bismarck über die Affäre informiert und der empfahl, sofort zu handeln, sobald Woodcock die Regierung des Landes beeinträchtigte. Der Tatbestand war nicht erst mit den Ereignissen um den Kaiserbesuch gegeben. Seit dem Frühjahr 1888 wusste Mittnacht, dass Woodcock alle Papiere und Korrespondenzen kontrollierte, die beim König ein- oder ausgingen, also auch geheime Reichsangelegenheiten. Niemand stellte die Frage nach einer möglichen Spionagetätigkeit oder dem Hochverrat. Aber das war nicht erforderlich, weil Karl und Woodcock selbst intensiv in der innigsten Gemeinsamkeit ihrer Herzen und Seelen am schmerzhaften Abschluss der Affäre arbeiteten. Im Oktober 1888 erhob der König seinen liebsten Freund zum Freiherrn von Savage und zum Kammerherrn. Damit überschritt er die Grenze des für Olga, die Regierung und den Hof Zumutbaren.

Mittnacht trat zurück. Der König lehnte das Gesuch ab – und reiste trotz der Regierungskrise zum gewohnten Winterurlaub nach Nizza. In diesem konkreten und außergewöhnlichen Fall blieb Olga demonstrativ in Stuttgart zurück. Sie opponierte! Sie verfolgte die Pressekampagne, die erneut über die haltlosen Zustände am Württemberger Hof losbrach. Olga liebte ihren Mann noch immer, obwohl sie genau wusste, dass sie ihm mit ihren „politischen Reden" und mit ihrem inzwischen alten Gesicht auf die Nerven ging. Sie wollte ihn nach wie vor beschützen, zumal nicht nur seine Autorität, sondern die des ganzen Hauses auf dem Spiel stand. In Stuttgart konnte sie vielleicht mehr für ihre Ehe tun als in Nizza.

Tatsächlich tagte am 24. Oktober 1888 der Ministerrat unter dem Vorsitz des inzwischen 40-jährigen Thronfolgers Wilhelm. Die Teilnehmer beschlossen nach erregter Debatte ein „Anbringen an den König": Seine Majestät füge seinem Land und der Krone mit der Woodcock-Affäre Schaden zu, der Widerstand im Land wachse, es seien dringende Konsequenzen erforderlich. Karl reagierte mit Wutausbrüchen und Tränen: Die dummen Menschen könnten überhaupt nicht begreifen, welch hoher Idealismus seiner reinen Freundschaft mit Woodcock innewohne. In seiner Verzweiflung beschwor er sogar die Liebe zu seiner Frau, die er gewöhnlich mit Verachtung strafte. Er behauptete, Olga teile seine Hinwendung zu Woodcock, sie liebe ihn. Aber Olga könnte niemals jene Freundschaft vermitteln, die er durch den Amerikaner empfinge!

Die Nachwelt darf Karl getrost mit Nachsicht beurteilen. Er wurde wie seine Frau Olga auf einen Platz gestellt, für den er eigentlich gar nicht geeignet war und den er selbst nur unter väterlichem Druck sowie um der Tradition willen einnahm. Die Zeitgenossen urteilten lediglich nach dem oberflächlichen Augenschein und nach eigenen Interessen. Der preußische Gesandte in Stuttgart, Wesdehlen, sprach unbedacht und zynisch von der in „Verwesung verfallenen württembergischen Dynastie".[213] Er verstand nicht einmal, dass er da ein Urteil fällte, das ein republikanischer Geist leicht über den württembergischen Hof hinaus auch auf den Kaiser Wilhelm II. ausdehnen konnte.

Ein Teil der Presse bohrte immer weiter in den Niederungen menschlicher Leidenschaften. Erst als der Skandal die deutschen Grenzen übersprang und der Pariser „Figaro" genüsslich intimste Details veröffentlichte, musste Karl kapitulieren. Am 3. November 1888 floh Woodcock mit seiner Schwester nach London, angeblich, um den weiteren Gang der Dinge abzuwarten. Der König war am Boden zerstört und verstand die Welt nicht mehr. Eingeweihte fürchteten, er werde die Krise nur schwerlich überleben. Wie in letzter Zeit so oft, ließ er Wut und Ohnmacht insbesondere über die Pressekampagne an seiner Frau aus. Da sie gerade in der kritischsten Phase der Affäre in Stuttgart geblieben war, machte er Olga für den Sturz Woodcocks mit verantwortlich. Er warf ihr vor, dass sie sich nicht schützend vor den Amerikaner gestellt, sondern sogar boshafte Worte für den geliebten Freund gefunden hatte.

In der Tat erweckt die außergewöhnliche Anwesenheit Olgas in Stuttgart die Vermutung, mit Mittnacht im gemeinsamen Komplott gewesen zu sein. Andererseits entsprach es nicht Olgas Art, persönlich höfische Intrigen, schon gar nicht gegen den König, zu spinnen. Es gab am Hofe und in der Regierung auch genügend Parteigänger Karls. Innenminister Schmid z. B. erhoffte sich aus dem Votum pro Karl und Woodcock deutliche Karrierevorteile. Auf der Ministerebene und am Hof entbrannte ein scharfer Kampf, aus dem Mittnacht gestärkt hervorging, weil er sich mit Bismarck im Bunde wusste. Die Erregung des Königs und der Streit unter den Ministern hielt bis zum Jahresende 1888 an. Sogar der Thronfolger musste mit Rücktritt drohen. Letztlich sprach Bismarck direkt ein Machtwort: Berlin werde nur mit einer Regierung Mittnacht und keinesfalls mit einem Kabinett Schmid zusammenarbeiten.

In all den Wochen großer emotionaler Ausbrüche, kleiner Intrigen und taktischer Manöver zwischen dem Reich und Württemberg schwieg

Olga beharrlich weiter. Sie fühlte sich alt, krank, schwach und diesen Eruptionen nicht mehr gewachsen. Olga wollte einfach Frieden. Wenn es für sie in der Familie schon kein Glück gab, dann sollte wenigstens Ruhe herrschen. Die demütigenden Tiraden ihres Mannes kannte sie seit Jahren zur Genüge. Sie tat das beste, was sie in ihrer Situation, da der König selbst die Würde des Hofs mit Füßen trat, leisten konnte: Sie blieb in ihrer selbst gewählten Deckung und wartete ab, erfüllte die minimalen repräsentativen Pflichten in Stuttgart. Wenn Olga sich wirklich aufregte, dann nicht, weil der König das Prestige der Monarchie verspielte, sondern weil eine unverschämte Presse es wagte, unterstützt von allerlei Staatsdienern, die Unantastbarkeit des monarchischen Prinzips in Frage zu stellen. Da lugte wieder die gute alte Schule des kaiserlichen Vaters hervor. Und in diesem Punkt bestand im Grunde sogar Einigkeit mit dem armseligen Gemahl, von dem es in seiner Krankengeschichte unter dem 15. November 1888 heißt, dass die Erregung vor allem von den Presseberichten herrührte.[214]

Das Weihnachtsfest 1888 verbrachte Olga noch der Tradition entsprechend in ihren Stuttgarter karitativen Einrichtungen und zwei Tage vor Sylvester traf sie wieder bei ihrem Mann in Nizza ein. Woodcock? Für sie bereits eine böse Erinnerung aus der Vergangenheit, obwohl der König noch längere Zeit Beziehungen zu dem schönen Freund unterhielt!

Die anschließenden Verhandlungen um Entschädigungen und Ausgleiche, damit der liebste Freund Karls den König nicht erpressen konnte, berührten Olga nicht mehr. Die Königin freute sich, dass die Krankheit ihres Mannes momentan keine Probleme bereitete. Sorge machte ihr, dass Karl nach wie vor trank, sich unvermittelte Gefühlsausbrüche leistete, brüllte und zu unkalkulierbaren Reaktionen neigte. Sie verstand wohl, wie sehr es ihn kränkte, als in Stuttgart Briefe kursierten, die er an Woodcock geschrieben hatte und über die man nun in Salons und Amtsstuben herzog. Olga schämte sich für ihren Mann und zitterte, ob er die in seiner Wut und Ohnmacht ausgestoßene Drohung wahr machen würde, nach dem 25-jährigen Thronjubiläum abzudanken.

So schön Olga die Jugend erschienen war, so angespannt ihre Ehe verlief, der Lebensabend glich wahrlich einem Martyrium. Olga warb um Verständnis für ihren Mann und der stieß sie vor den Kopf: „Sie ist mir innerlich zuwider. Alles, was sie tut und spricht, ist nur auf den Schein gerichtet und entbehrt jeder inneren Empfindung. Sie hat mich nie verstanden. Ihre russischen Neigungen sind mir auch ganz wider den Sinn."[215] Olga ließ sich nicht erschüttern. Gelegentlich fand er ja sogar freundliche Worte für sie und deutete zumindest an, dass sie ihm nicht vollständig gleichgültig geworden war. Je nach Lust und Laune demütigte er seine Frau, ohne Rücksicht darauf, was sie selbst dachte und fühlte.

Nervenaufreibende Monate lagen hinter dem Königspaar. Aber nichts auf der Welt änderte den Terminplan. Wie gewohnt kehrten Olga und Karl im Mai aus Nizza nach Stuttgart zurück, vom gutwilligen Volk wie in alten Zeiten begeistert empfangen. Es mag schon unter den Beobachtern der Szene manches witzige oder auch hämische Wort gefallen sein. Dieser oder jener Bürger wird auch die Frage gestellt haben, ob das Herrscherpaar bei dem bevorstehenden 25-jährigen Thronjubiläum die Scharte auswetzen und die Monarchie so darstellen würde, wie sie vom Volk am liebsten gesehen wurde: glänzend, integrativ, würdevoll und traditionsreich – eben schön und rein. Über gelegentliche Schatten im Dasein des Königs war der Bürger gerne bereit, großzügig hinwegzusehen.

25 Jahre auf dem Thron

Es war allein auf Grund ihres Alters und ihrer Krankheiten abzusehen, dass Olga und Karl nicht mehr viele Gelegenheiten erhalten würden, sich selbst und die Krone würdevoll vor dem Volk zu repräsentieren. Ein Vierteljahrhundert war ohne überschäumende Freuden auf dem Thron ins Land gegangen. Nicht nur litt Karl an seiner Blasenkrankheit, Olga trug ein langwieriges Nierenleiden in sich und musste die irreparablen Schäden ihrer Schlankheitssucht erdulden. Selten sah man eine derart magere Königin von Württemberg. Aber Thronjubiläen galten im 19. Jahrhundert noch immer als Feiertage ersten Ranges und zwangen selbst den außergewöhnlich leidenden Monarchen zur Rücksicht auf ein gesellschaftliches Bedürfnis – das diente der Autorität seines Standes. Die Württemberger mochten ihr Königspaar wegen der toleranten Großzügigkeit, der anhaltenden Wohltätigkeit und weil es dem Land und seinen Menschen insgesamt recht gut ging. Man richtete sich im Deutschen Reich mit all seinen Vorzügen und Nachteilen ein. Die Schärfe in der Polemik Olgas gegen den preußischen Hof gehörte der Vergangenheit an – man vermochte am eigenen bescheidenen Status wohl nichts mehr zu ändern.

Wenn auch die jahrelange Distanz zum Reich, das penetrante Beharren auf württembergischen Repräsentativrechten und die ärgerlichen Abwesenheiten von der Residenz sowie die ganze Woodcock-Affäre den

Eindruck hervorrufen mochten, das Königspaar beschäftigte sich am liebsten mit den eigenen Problemen, so musste gleichzeitig anerkannt werden, dass Karl und Olga nachhaltig bemüht waren, nicht nur mit der wirtschaftlichen, sozialen und kulturellen Entwicklung des Landes Schritt zu halten, sondern dabei eigene Akzente zu setzen. In ihrem Herrschaftsverständnis gab es eine von der Tradition abhängige Arbeitsteilung, die Olgas Verantwortung für die Bereiche Soziales, Kultur, Bildung, Gesundheits- und Armenpflege betonte, während Karl sich mehr für die Wirtschaft, den Verkehr und viele andere Bereiche der Innen- und Außenpolitik verantwortlich fühlen sollte.

Das Volk und seine politisch engagierten Abgeordneten haben über die Jahre hinweg den Eindruck gewonnen, dass die Königin die Würde der Krone bereitwilliger mit ernster Arbeit verband als ihr Gemahl. Das Jubiläum bot ganz Württemberg Gelegenheit, Heerschau zu halten und auf alle positiven Leistungen zu verweisen: vom Eisenbahnbau bis zur Autoindustrie, von der Landwirtschaft bis zur Hochschule in Hohenheim, von der Villa Berg bis zum Hoftheater, vom Olga-Krankenhaus bis zur Nikolauspflege. Nicht zu vergessen: die Erziehung Weras und die Integration ihrer Kinder in das Leben Württembergs. Viele Menschen wollten das Königspaar im Glanz und in der Würde der Dynastie erleben, als unverbrauchten Stolz des Landes. Woodcock, die Regierungskrise oder die familiären wie persönlichen Leiden Olgas, alles schien für den Augenblick vergessen – zumindest in der Öffentlichkeit. Selbst die vielfältigen sozialen und politischen Probleme der modernen Industriegesellschaft versanken für einige Tage hinter dem Glorienschein der Monarchie.

Olga stand die Tage mit bewundernswerter Energie durch. Die meisten Veranstaltungen besuchte sie gemeinsam mit dem König. Sie nahm am 6. Juni 1889 an den Kinderfesten auf der Silberburg im Stadtgarten und in der Liederhalle teil. Sie applaudierte dem großen und langen Festzug. Am 13. Juni empfing Olga mit dem König die Abgeordneten der beiden Kammern zu einem Essen auf dem Rosenstein. Als besonderen Höhepunkt empfand sie die im Katharinen- und im Olgastift organisierten festlichen Feiern, bei denen es nicht an hymnischen Elogen auf die großzügige Spenderin fehlte.

Zur Eröffnung des offiziellen Jubiläumsprogramms gaben Olga und Karl am 21. Juni einen Empfang für den Hofstaat. Am nächsten Tag folgte eine Audienz für das Diplomatische Korps und die Abgesandten anderer deutscher Höfe. Es erschienen so viele Sympathisanten aus ganz Deutschland, Europa und sogar aus Persien, dass sich Olga und Karl mit gemischten Gefühlen an die Zeit erinnerten, da Württemberg ihnen noch als ein souveränes Königreich galt. Das abendliche klassische Festkonzert in der Liederhalle passte ganz vorzüglich zu ihrer Hochstimmung.

In einer Proklamation beschwor der König am 22. Juni 1889 die Einheit von Krone und Volk, die Württemberg in der Geschichte so stark gemacht habe. Diese Geschlossenheit würde das Land auch in die Zukunft führen. Einen Tag später, es war Sonntag, der 23. Juni, besuchte Olga in der Schlosskirche den Festgottesdienst, wohnte am Nachmittag auf dem Schlossplatz der Enthüllung des Herzog-Christoph-Denkmals bei und besaß anschließend sogar noch die Kraft, dem Vorbeimarsch von 15 000 Mitgliedern württembergischer Kriegervereine voller Enthusiasmus zuzusehen.

Das Jubiläum kannte keine Gnade, die Pflicht rief. Am 24. Juni empfingen Olga und Karl Deputationen aller wichtigen staatlichen Institutionen, Militäreinheiten, Hochschulen, Vereine, Unternehmen, Parteien und Organisationen, Schulen etc., etc. – insgesamt 40 Abordnungen. Es war eine logistische und mentale Meisterleistung, den Ablauf so zu organisieren, dass jeder Abgeordnete mit der Gewissheit am Königspaar vorbei defilieren durfte, seine Jubiläumsspende würde das Land und die kleine Monarchie am Rande des großen Deutschen Reichs vor jeglichem Ungemach bewahren. Am Abend gab es noch ein Kunstfest mit lebenden Bildern zur Landesgeschichte.

Dabei stand der eigentliche Höhepunkt der Feierlichkeiten noch bevor: der 25. Juni – das war der Tag der Thronbesteigung. Rechtzeitig erschienen die erhofften und teilweise befürchteten Gratulanten: Um 9 Uhr trafen Kaiser Wilhelm II. und seine Gattin in Stuttgart ein. Olga und Karl begegneten ihnen mit ausgesuchter Höflichkeit. Es kamen der König von Sachsen, die Großherzöge von Baden und Hessen, der russische und der griechische Thronfolger, Erzherzog Ferdinand von Österreich, Prinz Ludwig von Bayern, Erbgroßherzog Karl August von Sachsen-Weimar sowie zahlreiche andere Angehörige verwandter oder befreundeter fürstlicher Häuser. Zu einem echten politischen Höhepunkt gehörte strukturmäßig eine schneidige Truppenparade. Die fand am Nachmittag auf der Cannstatter Wasen statt. Olga beobachtete mit verhaltenem Missfallen, dass Kaiser Wilhelm II. sich im Angesicht der Soldaten besonders forsch aufführte und sich sogar an die Spitze des ihm zugeschriebenen Regiments setzte. Danach stärkten sich etwa 1000 Militärs bei einem Diner. Der Kaiser sprach erhabene Worte: „Gott schütze, Gott segne Eure Majestät und Ihr ganzes Haus! Möge es Eurer

Majestät vergönnt sein, dass Ihr ganzes Volk fest, furchtlos und treu zu Ihnen und zu Ihrem Haus bis in die fernsten Jahrhunderte halten möge!"[216] Diese Worte und das Essen gaben dem Königspaar und seinen Gästen die Kraft, am Nachmittag vor dem Residenzschloss eine Parade von 300 Fahrradfahrern abzunehmen, im Botanischen Garten ein für Karl und Olga geschaffenes Denkmal zu enthüllen und am Abend noch einen Fackelzug über sich ergehen zu lassen.

Wie haben die beiden alten und kranken Majestäten das nur durchgestanden! Das Jubiläum ging weiter, am 26. Juni mit einem Sommerfest auf der Wilhelma für etwa 4000 geladene Gäste und einer abendlichen Gartenparty auf dem Rosenstein. Erst am 27. Juni erklang der Schlussakkord. Recht symbolhaft veranstaltete der Verein für klassische Kirchenmusik in der Stiftskirche ein Konzert. Ein besinnlicher Ausklang, dem die Festgemeinde mit gespannter Aufmerksamkeit gefolgt sein dürfte.

Bei diesem dicht gedrängten Programm würdigten wohl nur wenige Gäste die vielen Ausstellungen richtig, auf denen die Landeskinder ihre Leistungen in Wirtschaft, Wissenschaft, Bildung oder Kultur vorführten. Das Königspaar nahm alles wahr. Es zollte all jenen, die so fleißig gearbeitet und das Jubiläum zu einem feierlichen Höhepunkt im Leben des Volkes und des königlichen Hauses geführt hatten, dankbare Anerkennung. Weder Olga noch Karl beschwerten sich in diesen Tagen, dass man ihnen im Land und im Reich zu wenig Anerkennung und Respekt gezollt hätte. Die Mitglieder des königlichen Hauses, der Hof und die Regierung durften den Württembergern dankbar sein, dass sie die Monarchie nach wie vor als integrierende Institution achteten, liebten und keinesfalls auf diese Tradition Württembergs verzichten wollten. Dem König sollten alle Missetaten vergeben sein und die Königin durfte einmal weniger leidend dreinschauen! Diesem Wunsch folgte Olga durchaus, obgleich sie, wenn sie sich an das 25-jährige Thronjubiläum ihrer Eltern erinnerte, damals, 1850 in Moskau, als der Glanz und die Pracht der Autokratie noch eine reale Macht ausstrahlten, die nun auch in Württemberg mehr und mehr den Eindruck einer schönen Fassade erweckte, in eine eher wehmütige Stimmung versank. Aber keine Träne sollte das flüchtige Glück des Augenblicks verdüstern. Das Volk von Württemberg wollte sein Königspaar und die ganze königliche Familie in Harmonie erleben, aber nicht zerstritten, auffahrend oder zänkisch.

Darum legte Olga auch großen Wert darauf, ihre Adoptivtochter Wera und deren Kinder bei dem Jubiläum am rechten Platz zu präsentieren: als Mitglieder des Hauses und gewissermaßen als Nachfolgerin der kinderlosen Königin im Bereich öffentlicher Wohlfahrt. Wera nahm an allen repräsentativen Veranstaltungen des Jubiläums an der Seite Olgas teil. Aus eigener Neigung und fürstlicher Verantwortung hatte sie sich in den karitativen Einrichtungen des Landes bereits einen guten Namen gemacht. Sie teilte ebenso Olgas innere Anhänglichkeit an die russische Familie. Von der früheren Wildheit waren das Streben nach Selbstständigkeit und Unabhängigkeit, die Reiselust und der unbedingte eigene Willen geblieben.

Der permanente innere Konflikt zwischen Pflicht und Leidenschaft beschwor selbst während des Thronjubiläums Probleme herauf, die weder Olga noch Wera lösten. Sie waren nun einmal als bewegliche Figuren in das große europäische Spiel der Politiker eingebunden.

Unter der Herrschaft Alexanders III. entfernten sich das Deutsche Reich und Russland voneinander. 1887 war noch einmal ein Rückversicherungsvertrag geschlossen, später aber nicht verlängert worden. Alexander misstraute Bismarck in der Balkanpolitik und die im Aufwärtstrend befindliche russische Wirtschaft suchte vor allem in Frankreich nach kapitalkräftigen Investoren. Im Innern seines Reichs durfte Alexander III. zwar die Reformen des Vorgängers nicht gänzlich negieren, aber seine persönliche Haltung neigte eher den Panslawisten und den altrussischen Traditionen als den westlichen Reformern zu. Eigentlich vertrat er sittliche Werte, die ganz dem Wesen Olgas entsprachen. Orthodoxie, Autokratie und wahres Volkstum – in diesem Geiste erzog sie auch Wera und die Enkeltöchter. Trotzdem entwickelte sich Wera weit stärker zu einer „Württembergerin", als Olga dies je möglich gewesen ist. Wera ging auch zur Innen- und Außenpolitik des Zaren auf eine stärkere Distanz als die Königin. Ganz besonders scharf kritisierte sie die gravierenden familienpolitischen Entscheidungen des Zaren. Alexander III. glich in seinem Denken und Wesen einem vollkommen unkultivierten Menschen, dem die Traditionen der Dynastie gleichgültig blieben. Er liebte seine kleine Frau und die Kinder, aber die überhandnehmende Schar der großen Romanow-Familie hielt er mehr und mehr für ein Ärgernis. Die vielen weiblichen und männlichen Großfürsten mit ihren Ehepartnern und Kindern bereiteten nur Verdruss. Jeder war sich nur selbst der Nächste, feilschte um Privilegien, Posten und Ländereien. Sie kosteten die zarische Schatulle Unsummen an Geld und materiellen Zuwendungen.

In seiner schlichten aber nicht ungesunden Denkart löste der Zar das Problem, indem er verordnete, dass nur noch jene Mitglieder der Kaiserlichen Familie den Rang einer Großfürstin oder eines Großfürsten tragen dürften, welche direkt aus der Ehe des Zaren hervorgingen. Danach blieb zwar Olga eine Großfürstin, Wera aber wurde in den Rang einer Fürstin herabgestuft, weil ihr Vater Konstantin „lediglich" ein Zarensohn war. Auch Weras aus Altenburg stammende Mutter verlor den Großfürstinnentitel. Da jede Rangstufe besondere Ämter, finanzielle Einkünfte, Apanagen oder sonstige Ansprüche mit sich brachte, bedeutete die Rangstufenreform für alle betroffenen Familienangehörigen erhebliche Einkommensverluste. Dagegen breitete sich in der ganzen Familie massiver Widerstand aus.

Der Zar sah sich zu Übergangslösungen, Entschädigungen und Vergleichen gezwungen, aber der Familienärger schlug immer neue Wellen. Eine so emotional und streitbar reagierende Frau wie Wera machte aus ihrem Herzen keine Mördergrube. Seit 1887 bat ihr leiblicher Vater Konstantin die einst abgeschobene Tochter, nach Russland zu kommen und ihm die Enkelinnen zu bringen. Wera verweigerte eine Reise in die Heimat. Sie fand die Maßnahmen des Zaren abstoßend und ungerecht. Wie durfte er nur die nächsten Familienmitglieder so schäbig behandeln!

Während der Feierlichkeiten zum 25-jährigen Thronjubiläum Olgas und Karls erhielt Wera einen trostlosen Klagebrief ihrer Mutter und schrieb ihrerseits an die Schwiegermutter in Schlesien: „Der Kaiser ist von einer empörenden Rücksichtslosigkeit und Härte gegen die Meiningen und vergisst ganz, dass mein Vater sozusagen sein Onkel ist. Auf die schonungsloseste Art ist er seiner Ämter entlassen und von der Residenz verbannt worden ... Ich danke Gott, dass ich von all dem fern bin, aber das Herz trifft es doch, und (es) blutet, wenn man seine Lieben im Kummer weiß."[217] Der Vater Konstantin Nikolajewitsch schmachtete allerdings nicht im wilden Kaukasus, sondern im zarischen Sommerschloss Pawlowsk.

Wera geriet noch mehr in Wallungen, als sie im Juli erfuhr, dass ihr Vater einen Schlaganfall erlitten hatte. Sie wollte nun im Gegensatz zu ihrer bisherigen Weigerung sofort mit den Kindern nach Russland fahren. Olga durfte Weras Charakter ja über viele Jahre studieren und konnte sich gut vorstellen, wie sich die Adoptivtochter am Zarenhof aufführen würde. Sie verhinderte die Reise Weras nicht, aber die Kinder blieben doch besser in Stuttgart, um nicht auch noch in den Familienkrach hinein gezogen zu werden. Wera folgte dem Rat zähneknirschend und reiste allein nach Pawlowsk. Sie verzichtete sogar auf die sonst üblichen Ferien in St. Moritz! Der Zustand des Vaters verhieß leider keine Heilung, er würde wohl gelähmt bleiben, so dass Olga und Karl den beiden Enkelinnen aus Mitleid doch noch erlaubten, zumindest für eine kurze Zeit zu den Großeltern zu fahren, während Wera ihren Aufenthalt bis Ende Oktober 1889 verlängerte. Sie führte mehrere Gespräche mit Kaiser Alexander III. Die Empörung verebbte langsam und sie wagte keinen Aufstand gegen den Selbstherrscher. Wera fügte sich in die Disziplin, wie sie es von Olga gelernt hatte. Es wäre auch sinnlos gewesen, denn Alexander duldete keinerlei Widerspruch gegen seine Weisungen. Außerdem: Im Falle der Degradierung gab es keinerlei Familiensolidarität.

Der König bleibt sich treu – bis in den Tod

Olga nahm die Aufregungen um Pfründe und Eitelkeiten am russischen Kaiserhof relativ gelassen. Sie überstand die Strapazen des Jubiläums insgesamt recht gut und freute sich, weil ihr Gemahl während der Festtage wie ausgewechselt wirkte. Allerhöchste Anerkennung, die demonstrative Zuneigung des Volkes und keine Nörgelei um aberkannte Souveränitätsrechte – der Monarch ging in seiner Rolle als geachteter und gütiger Landesvater so sehr auf, dass er für eine kurze Zeit sogar Spaß am Regieren zurückgewann und Olga keine Furcht vor ungerechter Schelte haben musste. Sie erlebte mit glänzenden Augen, welche Kräfte durch eine sinnvolle Aufgabe in einem kranken und alten König mobilisiert werden konnten.

Das Fest verging, man zehrte noch eine Weile davon, dann hielt der königliche Alltag wieder seinen Einzug. Niemand erwartete von Olga oder Karl, dass deren Verhalten oder gar Charakter durch die schönen Feiertage grundsätzliche Wandlungen erfahren würden. Mit dem wachsenden Abstand vom Fest kehrten beim König auch der Verdruss und die Bitterkeit über den verlorenen Freund zurück. Aber Karl war kein Mensch, der eine Sache über lange Zeiten hinweg mit unnachgiebigen Prinzipien verfolgte. Er grollte, unterhielt auch postalische Verbindungen zu dem inzwischen nach Amerika gereisten Liebsten, sorgte sich um dessen materielle Abfindung und löste sich doch langsam von dem dämonischen Schatten Woodcocks.

Der Grund lag weder in besonders feingeistiger aristokratischer Selbstbesinnung noch in einer aus dem Jubiläum gewonnenen neuerlichen Erkenntnis fürstlicher Verantwortung. Das Unglück besaß einen Namen: Der König von Württemberg wandte seine späte Liebe dem aus Hannover stammenden Theatermaschinisten Wilhelm Georges zu. Überall dort, wo sich Karl gerade aufhielt, ob in Friedrichshafen oder Bebenhausen, musste Georges dringende maschinentechnische Aufgaben erledigen, die letztlich bei langen Spaziergängen mit dem König erörtert wurden. Als Gegenleistung erhielt der Maschinist vom König üppig ausgestaltete Unterkünfte und besonders leckere Nahrungsmittel.

Im August 1889 besuchte Schah Nassir ad-Din von Persien Stuttgart. Der Empfang forderte noch einmal den repräsentativen Einsatz Karls und Olgas. Ansonsten verlief der Herbst recht ruhig. Das Königspaar pendelte zwischen Friedrichshafen und Stuttgart. Gerüchte über Karls neuen Freund machten die Runde, genährt durch Karls mündlich erklärtes Abrücken von Woodcock und von der erstaunlichen Ankündigung, in diesem Jahr den Winter in Stuttgart verbringen zu wollen. Der Wunsch hatte seit Jahren nicht bestanden. Stets musste die schwache Gesundheit als Argument für einen Aufenthalt am Mittelmeer herhalten. In der Tat ging es dem Königspaar in diesem Herbst gesundheitlich nicht schlecht. Vor allem Karl zeigte sich gesprächig und entscheidungsfreudig wie selten in seinem Leben. Karl regierte – plötzlich und unerwartet! Er besuchte sogar mit seiner Frau wohltätige Einrichtungen und interessierte sich dafür, was dort so gelernt und geleistet wurde.

Aber anstatt dem Monarchen zugute zu halten, dass er ganz einfach froh darüber war, bei guter Gesundheit zu sein, und erfreut darüber, dass die Jubiläumsfeiern so sehr zu seinen Gunsten verlaufen waren, schrieben die Menschen diese Veränderungen allein dem neuen Liebhaber des Königs, Wilhelm Georges, zu. Der verschwand auch immer öfter in den Privatgemächern Karls und das Wort vom „intimen Verkehr" kursierte ständig schneller. Olga wäre taub und blind gewesen, wenn sie die neue Liebe ihres Mannes nicht bemerkt hätte. Selbst in einer distanzierten Ehe wie der ihren erkennen die Partner nach einigen Jahren jede Veränderung, jede Abweichung vom üblichen Verhalten. Außerdem war Olga seit langer Zeit im Aufspüren geheimer maskuliner Leidenschaften ihres Mannes geübt, zumal dieser keine übertriebenen Anstrengungen zu deren Verheimlichung unternahm.

Die neue Affäre erlangte jedoch noch nicht jenes Maß an Öffentlichkeit, wie die Umtriebe Woodcocks. Die Presse hielt sich in ihren üblichen Enthüllungen zurück. Es ging schlecht an, den König im Juni ob seiner genialen landesväterlichen Segnungen in höchsten Tönen zu loben und ihm im Oktober eine niedere Moral vorzuhalten. In gewisser Weise griffen auch bereits liberale Denkweisen um sich, die dem König wie jedem Bürger das Recht auf ein intimes Privatleben zubilligen wollten. Dennoch kam der Hof aus dem Staunen nicht heraus. Karls und Olgas Winteraufenthalt in Stuttgart blieb keine Laune eines Augenblicks. Seit Jahren hatten sich beide nicht so intensiv wie in diesem Winter ihren Landeskindern präsentiert und aktiv in das Leben eingegriffen. Olga musste sogar ihren Einsatz reduzieren. Anfang 1890 erkrankte sie an einer Grippe, die sich zusammen mit ihren Nierenproblemen und der großen Magerkeit zu einer lebensbedrohenden Schwächung des ganzen Organismus auswuchs. Nicht zum ersten Mal sagten besorgte und mitfühlende Zeitgenossen das baldige Ableben der Monarchin voraus. Wieder irrten sie. Nachdem sich ihre Gesundheit allmählich gebessert hatte, erfüllte sie gemeinsam mit Karl wieder Repräsentationspflichten in den verschiedensten Landesteilen. Aber langsam stieg im Volk erneut der Unmut über Karls „Maschinistenliebe" auf. Der König bildete sich ein, niemand merke etwas. Er verschloss die Augen davor, dass der Ruhm des Jubiläums nach einem Jahr verblasste und in der Presse anzügliche Seitenhiebe gegen sein Moralverhalten nach und nach in deutlichere Hinweise auf einen neuen handfesten Skandal am Hofe wichen.

Wenn Olga sich in einer besonders schwierigen Lage wähnte, das hatte die Praxis der vergangenen vierzig Jahre hinreichend demonstriert, trat Eveline von Massenbach als Sprachrohr auf und formulierte ein letztes Veto der Königin, bevor diese erkennbar handelte. So geschah es auch im vorliegenden Fall. In der Hoffnung, der Leibarzt werde die Botschaft an den König weitergeben, sagte Frau von Massenbach dem Dr. Fetzer: „Wenn nur jene ewigen Aufregungen nicht wären, welche dem König schaden müssen! Aber dafür sorgt der hohe Herr immer selbst, dass er damit nicht aufhört."[218] Den Worten folgten Taten. Olga reduzierte die gemeinsamen öffentlichen Auftritte mit ihrem Mann, ins Theater ging sie nur noch, wenn er abwesend war.

Ob Karl die Warnung seiner Frau verstanden hat oder ob er selbst so viel Vernunft walten ließ, mag dahingestellt bleiben. Karl bemühte sich, der Affäre nicht jenen gar zu offiziellen Charakter zu verleihen, den der Fall Woodcock besessen hatte. Keine Nobilitierung, keine prächtigen Wohnungen, nur ein feines Leben unter des Königs schützendem Arm, mehr wollte Georges selbst nicht. Er motivierte auch keine ehrgeizigen Höflinge, die durch seine Protektion einen Karrieresprung erhofften. Der öffentliche Skandal blieb dieses Mal nahezu aus. Da Georges aber beim König unverdrossen ein und aus ging, erhielt das Ärgernis als solches ständig neue Nahrung – zum unentwegten Verdruss Olgas.

Aber vorerst handelte die Königin immer noch nicht. Die Dinge liefen 1890 so dahin. An der peinlichen Situation änderte sich lediglich, dass der Elan des Königs stetig sichtbarer erlahmte. Der Enthusiasmus, seine Pflichten gerne zu erfüllen, führte ein Jahr lang trotz körperlicher Leiden zu einem beachtlichen Einsatz und erlosch erst im zweiten Halbjahr

1890 wieder. Den Winter verbrachten Olga und Karl in ihren Räumen des Residenzschlosses, Olga meist still und in sich gekehrt.

Erst gegen Frühjahrsende 1891 setzte im Königshaus eine schicksalhafte Wendung ein. Olga litt unter sehr schmerzhaften Nierenkoliken. Weit größere Sorgen aber musste sie sich um Karl machen. In den Monaten Juni, Juli und August bekam er häufig wechselndes Fieber, eine üble Harnröhrenentzündung, es zeigte sich Blut im Urin und der Allgemeinzustand verschlechterte sich. Niemand wollte der Wahrheit ins Auge sehen. Es setzte nervöse Unruhe ein. Misstrauen griff um sich. Olga vertraute in ihrer Not nicht einmal mehr den Diagnosen des ausgewiesenen Leibarztes Dr. Fetzer. Die Stimmen, Georges für den kranken Zustand Karls verantwortlich zu machen, musste man nicht erst lange suchen. Darin bestand am Hof die größte Einigkeit. Mittnacht sah auch in dieser Situation weiter als Olga. Er fürchtete das baldige Ableben des Königs. Die Leiden könnten sich aber auch hinziehen und für diesen Fall galt es, einer möglichen Thron- oder Regierungskrise vorzubeugen.

In der Woodcock-Affäre hatte Bismarck alle Handlungen Mittnachts gedeckt. In der Reichshauptstadt spielte Kaiser Wilhelm II. sogar mit dem Gedanken, Karl als König abzusetzen. Mittnacht hatte noch rechtzeitig vor dem Thronjubiläum einen weiteren Skandal verhindert, bei dem er leicht in die Rolle des Königsmörders geraten wäre. 1890, als der Name Georges kursierte, griff Kaiser Wilhelm II. die Idee der Absetzung Karls wieder auf. Er schickte seinen Freund Graf Philipp zu Eulenburg-Hertefeld als Gesandten nach Stuttgart. Der Graf sollte die Lage erkunden und das weitere Vorgehen koordinieren. Während Eulenburg Königin Olga nach den ersten Gesprächen als klug, verbindlich und vornehm bewertete, fiel das Urteil über Karl negativ aus: krank, hinfällig, eitel, aber nicht so dumm wie befürchtet. Eulenburg ermittelte auf das erwünschte Ergebnis hin und suchte kein objektives Urteil. Als der Graf genügend Details über Karl und Georges gesammelt hatte, stand für Wilhelm II. fest, dass Mittnacht nunmehr in Aktion treten dürfte, um den König abdanken zu lassen. Mittnacht erkannte sofort die Falle und weigerte sich, hineinzutappen. Er kritisierte seinen Dienstherrn zwar im Notfall heftig, aber an Loyalität ließ er es nie fehlen. Zu einem blinden Vollstrecker des kaiserlichen Willens ließ er sich ebenfalls nicht degradieren. Allzu offen lugte da die schändliche Berliner Intrige hervor, sich eines klugen und unabhängigen Parteigängers Bismarcks, der gerade entlassen worden war, auf dessen eigene Kosten zu entledigen. Mittnacht wollte auch dieses Mal nicht als „Königsmörder" in die Geschichte Württembergs eingehen.

Im Berliner Stadtschloss tüftelte man einen anderen Plan aus. Während Eulenburg in Stuttgart kräftig den Skandal schürte, u. a. durch eine Pressekampgne über irreguläre Personalveränderungen am Hoftheater, hinter denen angeblich der Maschinist Georges steckte, wollte man in der Reichshauptstadt den sächsischen König Albert und den bayerischen Prinzregenten Luitpold zu einer Fürstenkommission vereinigen, die Karl die Abdankung antragen sollte. Den Mut, selbst zu König Karl zu gehen, besaß Eulenburg selbstverständlich nicht und auch den Thronfolger Wilhelm musste er, um des monarchischen Prinzips willen, aus dem Komplott heraushalten. Und Olga? Die Königin entging dieser abenteuerlichen Geschichte. Es wäre geradezu absurd gewesen, wenn man von ihr verlangt hätte, ihrem Mann die Abdankung nahezulegen. Sie hatte ihr Leben lang den Gemahl gestützt, sogar Woodcock ausgehalten. Sie würde sich in ihrem jahrelangen Misstrauen gegen den preußischen Hof bestätigt fühlen. Sie hätte die Attacke als massiven Eingriff in die württembergischen Souveränitätsrechte empfunden und – Olga war schwer krank. Im Sommer 1891 stellte man bereits die bange Frage, wer von den beiden Majestäten zuerst sterben würde: Olga oder Karl?

Die Königin fühlte sich im Frühsommer 1891 denkbar schlecht. Zu den dummen Querelen und echten Sorgen am eigenen Hof kamen Todesnachrichten aus Russland, die ihre Gesundheit weiter untergruben. Am 31. März starb ihre Schwägerin Olga Fjodorowna, Ehefrau des Bruders Michail, eine geborene Prinzessin Cecilie Auguste von Baden. Olga fragte ihren Bruder nur hilflos: „Ob wir uns in diesem Leben noch einmal wiedersehen?"[219] Zwei Wochen später kam aus Petersburg die Nachricht vom Ableben des Bruders Nikolai. Olga verband die Trennung mit tiefgläubigen Gedanken an das nahende eigene Ende und schrieb noch im Juli an Michail: „Gestern Abend habe ich so viel über Olga und Nisi [der Bruder Nikolai] nachgedacht, dass ich die Unterhaltung mit ihnen noch im Traum fortgesetzt habe. Obwohl der Tod die Befreiung der Seele vom Körper bedeutet, ist er doch schrecklich, auch wenn man an die Unsterblichkeit in einem zukünftigen Leben glaubt. Darauf hat mir eine Stimme geantwortet: ‚In der Ewigkeit gibt es keine Entfernung, keine Zeit, ein Gedanke in zwei sind vereint' (…). Bei diesen Worten bin ich erwacht und schreibe sie Dir jetzt in dem Glauben und dem Gefühl, dass sie von oben herab gesprochen wurden." Aber sie fügte doch noch hinzu: „Ich hoffe, Dich im Herbst wiederzusehen, ich umarme Dich und liebe Dich von Herzen."[220]

Die ganze Affäre um eine Abdankung Karls verlief im Sande. Graf

Eulenburg ging schon im März 1891 als Gesandter nach München und Kaiser Wilhelm II. kam nicht wieder auf das Thema zurück. Im Spätsommer ließ Mittnachts Erklärung keine neuen Ränke aufkommen: der König sei bereits so krank und teilnahmslos, dass nicht die Frage einer Abdankung, sondern die Thronfolge auf der Tagesordnung stünde. Die Ärzte erwogen eine Blasenoperation; dann besserte sich Karls Zustand für einige Tage wieder und er durfte von Friedrichshafen nach Bebenhausen umziehen. Ende September 1891 trat ein jäher Abfall ein. Fieber und Schmerzen plagten den Patienten. Unter Mühen kehrte er nach Stuttgart zurück. Es gab keine Rettung mehr!

Olga veranlasste am 5. Oktober nur noch das Abendmahl. Karl erleichterte seine Seele bei vollem Bewusstsein und in der vollen Gewissheit, dass es für ihn auf dieser Erde keine Hoffnung mehr gab. Am Morgen des 6. Oktober 1891 ist König Karl von Württemberg im Beisein seiner Gemahlin gestorben. Leibarzt Dr. Fetzer hat die Situation beschrieben: „Nachdem ich den Stillstand des Herzens durch längeres Auskultieren (Abhorchen) konstatiert habe, erhebe ich mich von den Knien und verneige mich gegen die Königin mit den Worten: ‚Seine Majestät der König ist verschieden.' Daraufhin sinkt die Königin ... auf die Knie, küsst die rechte Hand des Entschlafenen und betet lange. Darauf erhebt sie sich und geht zum nunmehrigen König. Die Anwesenden treten dann ans Bett und küssen die rechte Hand des Toten, treten dann zur Königin, deren Hand geküßt wird, weiter zu dem (neuen) König (Wilhelm II.), um demselben ihre Huldigung darzubringen".[221]

Während die Beisetzung vorbereitet wurde, lasen die tief betroffenen Württemberger erste Würdigungen des Königs in den Zeitungen. Karl ging nicht als Eroberer oder Kriegsheld in die Geschichte ein. Man achtete seine großzügige Milde, die Friedfertigkeit, die patriotische Opferbereitschaft bei der Reichseinigung und den Beitrag zum wirtschaftlichen und sozialen Fortschritt des Landes. Das war für den Monarchen eines deutschen Staates am Ende des 19. Jahrhunderts keine üble Bilanz. Der Respekt vor dem Toten, den die Württemberger im Leben einfach gerne hatten, verbot kritische Elogen über die Fehltritte des Monarchen. Selbstverständlich sprach niemand darüber, wie er seine Frau behandelt hatte. Olga hielt sich in der Stunde seines Todes strikt an das höfische Trauerzeremoniell und vermied übertriebene Emotionen. Sie wahrte die Würde auch bis zur Beisetzung des Königs am 9. Oktober in der Schlosskapelle. Man trug den König inmitten einer großen Volksmenge zu Grabe. Auf Olga mag die Anwesenheit Kaiser Wilhelms II. eher befremdend gewirkt haben. Sie freute sich, dass ihr Bruder, der Großfürst

Michail Nikolajewitsch, zur Beisetzung gekommen war und sie in ihrem Kummer unter den vielen fremden Menschen nicht alleine ließ.

Einsamer Abschied vom Leben

König Wilhelm II. bestieg den Thron und Herzog Wilhelm Nikolaus von Württemberg wurde zum Thronfolger erhoben. Olga stand zu allem Schmerz und bei voranschreitendem Nierenleiden vor einer neuen Situation. Mitte November 1891 schrieb sie dem Bruder Michail nach Petersburg: „Lieber Bruder, Dir zu schreiben fällt mir schwer, ich weine viel, meine Augen sind müde, ich habe viel zu tun und viele Unannehmlichkeiten. ‚W' und ‚N' [mit den Kürzeln sind König Wilhelm II. und Herzog Wilhelm Nikolaus von Württemberg gemeint] sind beide lieb zu mir, und ich habe zu ihnen das allerbeste Verhältnis, aber ihre Umgebung ist taktlos. Ihre Fehltritte nehme ich schweigend hin und versuche das alles friedvoll hinter mich zu bringen. Meinem Wolf [gemeint ist Baron von Wolf, geheimer Sekretär Olgas], der für mich einsteht und dem es schon einige Male gelungen ist, die Ungerechtigkeit ihrer Forderungen zu beweisen, gebe ich volle Rückendeckung [....] ich und Du, wir erleben schwere Tage, aber ich glaube fest an eine Wiedervereinigung im ewigen Leben, wo sie für uns beten ..."[222]

In der Romanow-Dynastie genoss die Kaiserinwitwe seit Generationen höchste Aufmerksamkeit. Sie besaß in den Familien- und Heiratsangelegenheiten stets das letzte Wort und der regierende Kaiser traf keine dynastische Entscheidung gegen den Willen seiner Mutter. So hatte Olga es von Kindheit an gelernt. Ihre Großmutter, die aus Württemberg stammende Kaiserin Maria Fjodorowna galt als unangefochtene Autorität, die obendrein ihre Enkel sehr liebte. Vielleicht hoffte Olga zumindest mental auf eine ähnlich würdige Anerkennung, obwohl sie praktisch erlebt hat, dass sich ihre Vorgängerin, die sanfte Königin Pauline, nach dem Tode Wilhelms I. von den höfischen und familiären Angelegenheiten zurückzog.

König Wilhelm II. von Württemberg respektierte die Witwe Olga, obgleich sie während der Herrschaft Karls in der Politik keine Profil bestimmende Rolle gespielt hat. Vor allem aber war sie nicht seine leibliche Mutter. Er besaß auch aus der Tradition des Königshauses heraus keine Veranlassung, ihr eine privilegierte Stellung einzuräumen. Aus dieser Sicht erscheint der freiwillige Verzicht Olgas auf einen eigenen Witwensitz und eine eigene Sommerresidenz, die ihr der Ehevertrag garantierte, unterschiedlich interpretierbar. Sie durfte ihre Räume im

Residenzschloss weiter bewohnen – allerdings auch nur in eigener und selbst finanzierter Hofhaltung. Natürlich musste sich Olga um ihre materielle Sicherheit keine Sorgen machen. Sie besaß ein eigenes großes Vermögen und Karl hatte sie als Universalerbin für seinen Privatbesitz eingesetzt. Aber offensichtlich widmete man ihr am Hofe nach dem Tode Karls nicht mehr die zuvorkommende und respektvolle Aufmerksamkeit, die sie über viele Jahre genossen hat.

Olgas letzte Briefe an den Bruder Michail sind durch eine Mischung aus resignativer Melancholie, Larmoyanz, Weltschmerz, Todessehnsucht und Ratlosigkeit gegenüber praktischen Erfordernissen ihres Lebens gekennzeichnet, die angesichts ihrer persönlichen Situation durchaus erklärbar und auch verständlich ist. Es zeigte sich jetzt, dass die Russin Olga, die bislang den Schutz ihres Ranges genießen durfte, nicht nur Freunde am Hof besaß. Sie hat sich stets mit ihrer Integration in Württemberg schwergetan und so mancher Höfling glaubte sicherlich, nun seine ganze Artigkeit ausschließlich auf Wilhelm II. konzentrieren zu müssen. Andererseits bedrückten Olga Einsamkeit, Trauer und Krankheit, woraus ebenfalls eine gewisse Hilflosigkeit im Umgang mit alltäglichen Sorgen resultierte. Im Januar 1892 schrieb sie erneut an Michail: „Schon seit einigen Wochen beabsichtige ich, Dir zu schreiben, aber es gelingt mir nicht, da mit jedem Tag neue Probleme auf mich zukommen, und seit dem ersten Januar nach hiesigem Kalender habe ich selbstständig einen eigenen Haushalt zu versorgen. Du durchlebst jetzt schwere Tage, ein Weihnachtsfest ohne sie [Olga Feodorowna]; die letzten Tage des Jahres, da sie noch bei uns war, das alles durchlebe ich jetzt noch einmal mit Dir. Heute sind es drei Monate, seit mein Karl verschieden ist! Ich sitze oft an seinem Bett, wo ich mich an die Vergangenheit erinnere, und dabei danke ich Gott für das lange Leben mit ihm, den ich von ganzem Herzen geliebt habe ...“[223]

Olga hat ihrem Mann nichts nachgetragen. Der innere Drang, einen Schlussstrich zu ziehen, das Leben noch einmal in seinen schönen Seiten an sich vorüberziehen zu lassen, bestimmten in jenen Tagen ihr ganzes Denken. Doch weitere Schicksalsschläge folgten und verdüsterten Olgas Seele zusätzlich. Im Januar 1892 starb Großfürst Konstantin Nikolajewitsch, der Vater Weras, drei Jahre, nachdem ihn ein Schlaganfall schwer gezeichnet hatte. Die Gefühle, die das Ableben auch dieses Bruders auslöste, beschrieb Großfürst Michail ganz schlicht und treffend mit einem Satz an die Schwester Olga: „Du und ich, wir zwei allein sind jetzt übrig geblieben, les derniers des mohicans von den Nikolajewitsch! Traurig!!“[224] Zu dieser bittersüßen und zugleich doch ein wenig sarkastischen Entsagung rang sich Olga nicht durch. Im Tod eines jeden Bruders schwang für sie unausgesprochen die Erinnerung an die Ermordung „Saschas" – Alexanders II. mit. Sie antwortete ernst und entschlossen: „... und uns bleibt nur die Zuversicht und die Ergebenheit an den göttlichen Willen und die Hoffnung auf ein Wiedersehen mit unseren Lieben! Diese feste Hoffnung spendet mir den stärksten inneren Trost, aber das Kreuz wiegt schwer – das Gefühl der Einsamkeit will nicht vergehen."[225]

Eine kranke und einsame alte Frau besaß nur noch den Wunsch, das irdische Leben so schnell wie möglich zu beenden. Und dieser Wunsch verlangte Respekt. Sie hat nie den starken Willen eines Herrschers, sondern viel mehr die Geduld einer sich dem Monarchen unterordnenden Frau besessen. Sie musste den Dingen ihren Lauf lassen. Es gab niemanden mehr, an den sie sich in ihrer Not lehnen konnte. Karl durfte bei all seinen Eigenarten und auch Fehlern stets ihre Geduld und Liebe für sich in Anspruch nehmen. Danach starben auch noch die Brüder und russischen Verwandten, an denen Olga ihr Leben lang vor allen anderen hing. Warum sollte sie jetzt nicht auch den Weg antreten, den die ihr liebsten Menschen bereits gegangen waren – abgeklärt und voller Vertrauen auf einen Gott, an den sie fest glaubte? Einen freiwilligen, friedvollen Abschied vom Leben mag sie erwünscht, aber nie in praktische Erwägung gezogen haben.

Außerdem gab es da noch, sehr lebendig, Wera und die Enkelinnen Olga und Elsa! Wera war in die Fußstapfen ihrer Adoptivmutter getreten, verließ diese aber auch bereits wieder. Tante und Nichte erlebten gemeinsam schwere Jahre. Olgas disziplinierte Duldsamkeit trug positive Früchte. Wera blieb der energische, selbstständige und impulsive Mensch. Sie teilte 1892 keinesfalls den Weltschmerz ihrer Adoptivmutter, sondern sah die beste Hilfe in einer aktiven Fortsetzung jener Wohltätigkeit, mit der Olga die Herzen und die Zuneigung der Schwaben gewonnen hatte. Wera übernahm ohne große Worte Olgas wohltätige und repräsentative Aufgaben. Sie besuchte über Monate hinweg die verschiedensten Stiftungen und Institutionen, in denen die Königin wirkte, und überbrachte stets die Grüße, den Dank und die besten Wünsche der kranken Königinwitwe. Sie erfüllte ihre Pflichten jedoch schon nicht mehr lediglich als Abgesandte einer russischen Großfürstin, die das Schicksal an den Hof Württembergs verschlagen hatte. Wera wurde durch die karitative Arbeit selbst eine Württembergerin – im Gegensatz zu ihrer Adoptivmutter.

Olga erkannte die menschlichen Qualitäten Weras und deren Verlässlichkeit uneingeschränkt an. Das geradezu liebevolle Verhältnis zu den Enkelinnen gehörte zum guten Klima ihrer wechselseitigen Beziehungen. Der Ehevertrag aus dem Jahre 1846 konnte die konkrete Situation von 1892 nicht voraussehen: Der König starb zwar vor seiner Frau, aus ihrer Ehe existierten auch keine natürlichen Kinder, dafür gab es aber eine Adoptivtochter mit zwei Enkelinnen, deren finanzielle Sicherheiten durch selbstständige Verträge zwischen den Häusern Romanow und Württemberg geregelt wurden.

Königin Olga verfasste vor ihrem Tode ein Testament und zahlreiche letztwillige Verfügungen, bei denen sie sich von Juristen beraten ließ und die der komplizierten Rechtslage im Verhältnis von Aussteuer, Mitgift, Zuwendungen, Immobilien, Fideikommiss-Vermögen und Privatvermögen Rechnung trugen. Die Testamentsvollstrecker mussten eine umfangreiche Arbeit leisten. Die Akten zum Nachlass der Königin sind später verbrannt und es ist nicht mehr möglich, aus den Beständen des württembergischen Hauptstaatsarchivs den gesamten Umfang des von Olga vererbten Vermögens und Besitzes zu ermitteln. Nur in einem Punkt besteht völlige Klarheit: Wera, das kleine widerspenstige Mädchen, Wera, die treusorgende Mutter, Wera, die energische Wohltäterin! Wera – erbte das gesamte Privatvermögen ihrer Adoptivmutter!

Über die von Olga hinterlassenen Werte kursierten astronomische Schätzungen, an denen sich besonders die Boulevardpresse beteiligte. Das „Stuttgarter Tagblatt" wollte von 6–7 Millionen Mark an finanzieller Erbmasse wissen. Restlose Klarheit hätten die Journalisten nur gewinnen können, wenn sie die Möglichkeit erhalten hätten, einen Blick in die Kontenführung der Kaiserlichen Bank in Petersburg zu werfen. So weit reichte der Arm württembergischer Regionalblätter allerdings nicht. So mussten sie sich mit Spekulationen begnügen und ihre Informanten freuten sich schon, als Wera nach dem Tode Olgas die Villa Berg in Besitz nahm oder bei königlichen Empfängen mit dem Schmuck der lieben Tante glänzte oder in Stiften und Krankenhäusern reichliche Spenden verteilte. Olga hinterließ auch den beiden Adoptivenkelinnen Elsa und Olga jeweils eine Million Mark. Bei der Entlohnung ihrer treuen Dienerschaft zeigte sie sich längst nicht so knausrig wie Karl, der seiner gesamten Dienerschaft lediglich etwa 6000 Mark hinterließ. Alle anderen Mutmaßungen über den finanziellen Reichtum der Königinwitwe gehören in das Reich der Phantasie, lassen sich jedoch konkreter beziffern, wenn der Interessierte den Vergleich zu Olgas Tante Maria Pawlowna in Weimar zieht, deren testamentarisch verfügter Nachlass akribisch erfasst und publiziert worden ist.[226]

Die Arbeiten an den letztwilligen Verfügungen strengten an und Olga wurde immer schwächer. Sie zog sich im Sommer 1892 in das beschauliche Friedrichshafen zurück, lebte dort nur noch in ihren ganz privaten Erinnerungen und in der Hoffnung auf ein schnelles und friedvolles Ende ohne außergewöhnliche Schmerzen. Die Nieren versagten jedoch mehr und mehr den Dienst. Die tapfere Olga bewies großen Mut und Selbstbeherrschung. Sie benötigte keine Sterbehilfe, ertrug tapfer ihre Beschwerden und ließ in den letzten Wochen nicht einmal mehr einen Arzt zur Untersuchung oder Behandlung an sich heran. Sie schloss bereits vor dem physischen Tod mit diesem irdischen Leben ab, in dem sie so vielen Menschen gutwillig geholfen hatte, dessen Glück nach ihrem eigenen Selbstverständnis nur in der Kindheit lag, dem sie aber dennoch durch die Liebe zu einem Mann einen Sinn geben wollte, der das letztlich nicht einmal verstanden hat.

Jedes Leid findet ein Ende. Am 9. Oktober 1892 trat eine akute Krise ein. Die königliche Familie fuhr nach Friedrichshafen. Olga verabschiedete sich von ihren Angehörigen, fern von der Heimat, aber standhaft wie ein Soldat aus der Leibgarde Kaiser Nikolaus I. Nur Wera repräsentierte die russische Familie am Sterbelager. Am Sonntag, dem 30. Oktober 1892, starb Königin Olga von Württemberg, Großfürstin von Russland. Das Herz und die Lunge versagten ihren Dienst – längerfristig durch das Nierenleiden hervorgerufen, das wiederum durch die über Jahre hinweg falsche Ernährung und Schlankheitssucht gefördert worden war. Die arme Olga war bei ihrem Tode so abgemagert, dass sich nicht einmal mehr eine zu Lebzeiten diagnostizierte Krebsgeschwulst definitiv feststellen ließ.

Das Obduktionsprotokoll bestätigte die von den Ärzten zu Olgas Lebzeiten beobachteten Symptome: „Nach vorstehendem Sektionsprotokoll ist der Tod unmittelbar durch Lungen- und Herzlähmung verursacht worden, wie dies aus dem Ödem der Lungen und aus der erweiterten linken Herzkammer hervorgeht. Als mittelbare und den Tod vorbereitende Todesursache ist das Nierenleiden anzusehen, infolge dessen die Harnabsonderung allmählich immer schwächer wurde und dadurch zu urämischer Blutvergiftung hinführte. Ein Krebsleiden wurde bei der Leichenöffnung nicht gefunden. Die Vermutung während des Lebens, dass ein solches vorhanden sei, gründete sich auf die eben erwähnte, eigenthümliche Vorwölbung der … Lenden-Wirbelsäule, die bei der allmählig eintretenden starken Abmagerung in immer auffälligerer Weise sich geltend machte, und eine krankhafte Geschwulst, … die an der Wirbelsäule festsaß, vortäuschte. Die starke Abmagerung und anderweitige Erscheinungen während des Lebens bestärkten noch mehr in der Annahme einer bösartigen Neubildung. Von Eröffnung der Schädelhöhle wurde Abstand genommen, da von Seiten der in derselben gelegenen Augen während des Lebens keine krankhaften Erscheinungen zu beobachten waren, und die in der letzten Zeit eintretende Bewusstlosigkeit sich vollständig aus dem Allgemeinzustand erklärt."[227]

Die Kernfrage der Ehe Olga-Karl, wer für die Kinderlosigkeit verantwortlich war, war im Grunde bereits 1859 durch die Operation Karls beantwortet worden. Die Sektion des Leichnams Olgas stellte nahezu unzweideutig die Normalität ihrer Fortpflanzungsorgane fest. Vielleicht hat gerade dieses Bewusstsein, dass sie selbst nicht aus den Traditionen der Familie Romanow herausfiel und in jeder Hinsicht bereit war, ihr Bestes für Württemberg zu geben, daran aber durch den Ehemann gehindert wurde, Olgas großes Leid begründet. Von der medizinischen Analyse erfuhr die Öffentlichkeit nichts. Das ging auch niemanden etwas an, nachdem das Königspaar verstorben war. Die Menschen sollten sich nur noch an die Sonnenseiten ihrer Monarchen erinnern. Aber der Mensch an sich ist neugierig. Und die Presse war auch damals schon an flotten Schlagzeilen interessiert. Das Königshaus bewahrte jedoch Schweigen – wegen der von Olga so überaus hoch bewerteten Dignität.

Schon in Friedrichshafen strömten Württemberger, Schweizer und Österreicher zusammen und erwiesen einer Königin die letzte Ehre, der sie für ihre sozialen Wohltaten dankten, von deren Innenleben sie aber nur sehr wenig wussten. Am 2. November brachte ein Sonderzug den Leichnam nach Stuttgart. Die ganze Strecke säumten trauernde Menschen – bis zur russisch-orthodoxen Kapelle im Schloss, wo Olga aufgebahrt wurde. Dort zelebrierte der Priester am nächsten Morgen ein orthodoxes Totenamt. Anschließend trug man den Leichnam im offenen Sarg zu einem schwarzsilbern verzierten Katafalk im Marmorsaal des Schlosses. Olgas Körper bedeckte ein schwerer Hermelinmantel. Der Kopf war mit einem Tüllschleier verhüllt worden. Die Insignien der Königin sowie alle ihre Orden und Ehrenzeichen hatte man ausgebreitet. Kerzen und ein üppiger Blumenschmuck verliehen dem Saal die getragen-festliche Atmosphäre, in der etwa 20 000 Menschen gerührt von der Toten Abschied nahmen.

Am 3. November versammelte sich die königliche Familie zusammen mit den offiziellen Trauergästen, den akkreditierten Diplomaten, den Ministern und dem Hofstaat am Katafalk. Die Damen trugen schwarze Roben mit dichten Crêpeschleiern. Die Trauerrede hielt Prälat von Schinidt zu Olgas bekanntem Lebensmotto „Der Geist hilft unsrer

Schwachheit auf". Der Trauerzug, an dessen Spitze sich Kaiser Wilhelm II. stellte, brachte den Sarg in die Schlosskirche. Olga wurde an der Seite ihres Mannes in der Fürstengruft beigesetzt. Während der Zeremonie hielt Stuttgart den Atem an: Unternehmer, Kranke, Arme, Lehrerinnen, Kinder – alle jene, die durch die verstorbene Königin nur Gutes erfahren, die sie nur freundlich und gütig erlebt hatten, verneigten sich, dankbar, stumm und in der Hoffnung, die neue Königin und die Herzogin Wera würden sich dieses Erbes würdig erweisen. Es vergingen zehn Jahre: Wera ließ am 30. Oktober 1902 von dem Bildhauer Adolf von Donndorf drei Sarkophagstatuen anfertigen, für König Karl, Königin Olga und ihren verstorbenen Mann, den Herzog Eugen.

Nach dem Ableben Olgas gingen dem Königshaus zahllose Nachrufe zu. Im ganzen Land fanden Trauerveranstaltungen statt. Die von Olga geförderten Einrichtungen wurden Gedenkstätten der Erinnerung. Im In- und Ausland erklangen Loblieder auf eine Frau, die ihre finanziellen Mittel für die sozial schwachen Menschen des Landes eingesetzt hatte. Selbst Persönlichkeiten, die dem Königshaus kritisch gegenüberstanden, urteilten mit Herz und Verstand: „Mir ist ihr Tod unendlich wehmütig: war sie doch für unser Geschlecht die Königin, und wie königlich vom Scheitel bis zur Zehe in ihrem ganzen Wesen und Gebaren! Solche Frauen werden nicht mehr geboren noch aufgezogen an den Höfen; ein ganzer Typus der fürstlichen Frau, wie sie uns lieb und verehrungswürdig war, sinkt mit der Königin Olga ins Grab, und das stimmt noch trauriger als der Tod des Einzelnen ... Für das Land hat sie sehr viel getan und wird in diesem Sinne schwer vermisst werden. Gott schenke ihr seinen Frieden!"[228]

Frau von Spitzemberg hat die Wahrheit gesagt und gleichzeitig ein Denkmal zum Nachteil König Karls errichtet. Das ist die Crux der Lebensgeschichte Olgas: Die wohltätige Arbeit einer Fürstin im 19. Jahrhundert entsprang nicht in erster Linie einer reinen Seele – wie untertänige Fürstenapologeten gerne glauben machen wollten. Öffentliche Wohltaten waren kein Ausdruck grundlegend positiver Charakterstärke oder ausschließlich hingebungsvoller Gläubigkeit. Sie gehörte zur über Jahrhunderte geprägten Tradition und zur Selbstinszenierung fürstlicher Herrschaft. Den Charakter prägte sie höchstens beim Lernprozess in der Kindheit.

Keine Fürstin wurde durch die Bereitstellung von Mitteln für die öffentliche Wohlfahrt in ihrem charakterlichen Wesen besser oder schlechter. Maria Pawlowna, Katharina Pawlowna und Olga Nikolajewna haben im Prinzip die gleiche Erziehung und Ausbildung im

Hause Romanow genossen und sich alle drei nach den paternalistischen Grundsätzen zarischer Wohltätigkeit gerichtet. Maria hat ihr System des „Patriotischen Instituts der Frauenvereine" zielstrebig und selbstbewusst als Mittel gegen die liberalen Tendenzen des Frühkonstitutionalismus eingesetzt – sie hat sich direkt an der Landesherrschaft beteiligt. Katharina hat 1816 sehr schnell die wirtschaftlichen und sozialen Strukturen Württembergs begriffen und die Organisation ihrer Wohltätigkeitsverbände mit den unternehmerischen und staatlichen Organisationsformen des Landes zu einer Einheit verwoben. Olga setzte den sozialpolitischen Kurs Katharinas und Paulines fort, indem sie in dessen Bahnen bestehende Einrichtungen förderte und neue Institutionen schuf – zum Nutzen für die Württemberger. Sie entwickelte nicht jenes Maß an Eigeninitiative und schöpferischem Neuerertum, das ihre Tanten ausgezeichnet hatte. Olgas Arbeit in der Wohltätigkeit blieb der positivste Ausdruck ihres Lebenswerks. Zu einer starken Gesamtpersönlichkeit entwickelte sie sich nie. Darin lag der Grund für die Tragik ihres Lebens: Aus der guten Bildung und strengen Erziehung im Geiste der Autokratie nahm sie nur die Demut einer dem Glauben verpflichteten Unterordnung unter den Vater für sich in Anspruch. Die Schlussfolgerung ihrer Tanten Maria und Katharina, aus der Autokratie Kraft für den eigenen Lebenskampf zu ziehen und diese Kraft auch in eine aktive Lebensführung umzusetzen, fand Olga nicht.

Die eigentliche Tragik bestand jedoch darin, dass Olga einen Mann heiraten musste, der genau das Gegenteil ihrer durch den Vater geprägten Idealvorstellungen von einer Herrscherpersönlichkeit darstellte. Freude und Erfüllung suchte und fand Olga natürlich in ihrer wohltätigen Arbeit, aber auch in der Erziehung ihrer Adoptivtochter Wera und in allen Ausdrucks- und Lebensformen, die in irgendeiner Weise mit ihrer russischen Familie in Verbindung standen: durch Reisen, Besuche in und aus Russland oder in Korrespondenzen. Jeder Besuch in Russland glich einer Verheißung, jeder Abschied von Russland einem tiefen seelischen Fall. In diesem Spannungsfeld siedelte Olga auch ihre Lebenserinnerungen an. Entgegen ihrer eigenen Schlusssequenz in dem Manuskript lagen die Gründe für die Niederschrift nicht in den permanenten württembergischen Querelen, nicht in dem schwierigen Verhältnis zu ihrem Mann, nicht einmal in der Kinderlosigkeit – das mag alles mitgespielt haben. Der wahre Grund für eine emotional überhöhte und idealisierende Sicht auf das vermeintliche Glück der Kindheit lag in dem mörderischen Angriff auf einen geliebten Bruder, der als Zar und Imperator all das symbolisierte, woran Olga ihr eigenes Leben klammerte. Die Machtminderung des württembergischen Königshauses im Deutschen Reich, die Reduzierung wahrer politischer Macht auf das Antlitz formaler Dignität, förderte die Resignation. Es gab für die arme Frau, die immer schön sein wollte, schön und schlank, keinen Ausweg aus dem Niedergang, sondern nur eine Hoffnung: die Enkelkinder Elsa und Olga.

Mit dem gesellschaftlichen Niedergang begann der persönliche Abstieg. Skandale und Krankheiten zerrütteten in den 80er-Jahren die letzte Bastion: die nicht nur formal aufrecht erhaltene Ehe mit König Karl. Olga resignierte, gab ihren Mann und sich selber auf, und als Karl starb, kannte sie nur noch den einen Gedanken – ein schnelles Ende ihres irdischen Lebens.

Olga besaß nicht das menschliche Format zu einem Mythos oder gar zu einer Märtyrerin. Dennoch: Ein Mensch, der aus Profession und persönlicher Einsicht so vielen anderen Menschen gute und nützliche Taten erwiesen hat, führte ein so unglückliches Leben, dass er sich in die eigene idealisierte Kindheit flüchten musste und doch keinen Weg für sich selbst fand – weil alle Zeitumstände dagegen sprachen. Das war im historischen Sinne unvermeidbar, menschlich aber nicht gerecht!

Anhang

Genealogische Angaben über die engere Familie Olga Nikolajewnas

Olga Nikolajewna Romanowa, geb. 11. 9. 1822 in Sankt Petersburg, gest. 30. 10. 1892 in Friedrichshafen.

Die Eltern:

Nikolaus I. Pawlowitsch (1796–1855), Kaiser von Russland seit 1825
Louise Charlotte Wilhelmine Prinzessin von Preußen (Alexandra Fjodorowna, 1798–1860) – verheiratet seit 1817.

Die Geschwister:

Großfürst Alexander Nikolajewitsch (1818–1881), ab 1855 als Alexander II. Kaiser von Russland. Verheiratet in 1. Ehe seit 1841 mit Maximiliane Wilhelmine Auguste Sophie Marie (Maria Alexandrowna) Prinzessin von Hessen Darmstadt (1824–1880). 8 Kinder. 2. (morganatische) Heirat 1880 mit Katharina Michailowna Dolgorukaja (Fürstin Jurjewskaja, 1849–1922). 3 Kinder.
Großfürstin Maria Nikolajewna (1819–1876). Heiratete 1839 Maximilian Herzog von Leuchtenberg, dessen Vater Eugène Beauharnais (1781–1824), seit 1817 Herzog von Leuchtenberg, der Stiefsohn Napoleon Bonapartes war. 1852 starb der Herzog. 7 Kinder. Später heiratete Maria ohne Wissen des Kaisers einen der Grafen Stroganoff.
Großfürstin Alexandra Nikolajewna (1825–1844). Heiratete 1844 Friedrich Wilhelm (1802–1875), damaliger Regent im Kurfürstentum Hessen-Kassel. Bei der Frühgeburt des ersten Kindes gestorben.
Großfürst Konstantin Nikolajewitsch (1827–1892). Heiratete 1848 Elisabeth Maria Prinzessin von Sachsen-Altenburg (Alexandra Josifowna, 1830–1911). 6 Kinder. Darunter: Großfürstin Wera Konstantinowna (1854–1912). Verheiratet mit Wilhelm Eugen, Herzog von Württemberg (1846–1877).
Großfürst Nikolai Nikolajewitsch (1831–1891). Seit 1856 verheiratet mit Friederike Wilhelmine (Alexandra Petrowna), Prinzessin von Oldenburg (1838–1900). 2 Kinder.
Großfürst Michail Nikolajewitsch (1832–1909). Heiratete 1857 Cecilie Auguste (Olga Fjodorowna), Prinzessin von Baden (1839–1891). 7 Kinder.

Der Ehemann:

Friedrich Karl Kronprinz von Württemberg (1823–1891), seit 1864 als Karl I. König von Württemberg.

Die Schwiegereltern:

Wilhelm I. (1781–1864), seit 1816 König von Württemberg. In 3. Ehe (1820) verheiratet mit **Pauline Prinzessin von Württemberg** (1800–1873). Wilhelm I. war in 1. Ehe (1808–1815) mit Charlotte Prinzessin von Bayern und in 2. Ehe (1816–1819) mit Großfürstin Katharina von Russland verheiratet.

Die Adoptivtochter:

Großfürstin Wera Konstantinowna (1854–1912). Verheiratet mit Wilhelm Eugen, Herzog von Württemberg (1846–1877). 3 Kinder.

Anmerkungen

Die hier angegebenen Titel sind überwiegend in Kurzform wiedergegeben, die vollständigen Literaturangaben siehe: Literaturverzeichnis S. 367–371

1 Zitiert nach: ALMEDINGEN, Die Romanows, S. 294.
2 Zur Biografie Katharinas vgl. Jena, Detlef: Katharina Pawlowna.
3 Zitiert nach: JENA, Detlef (u. M. v. R. Lindner): Die russischen Zaren in Lebensbildern, Graz u. a. 1996, S. 401 f.
4 Zitiert nach: LINCOLN, Nikolaus I. von Russland, S. 88.
5 Podewils, Traum der Jugend, S. 13.
6 Zitiert nach: SIDOROWA, Anna: Kindheit und Jugend der Großfürstin Olga Nikolajewna, in: Olga – russische Großfürstin und württembergische Königin, S. 6.
7 Vgl. Lettres de l'impératrice Marie Féodorowna à l'empereur Alexandre Ier, in: Zeitschrift für Osteuropäische Geschichte, Bd. I, Berlin 1911, H. 4, S. 481–510.
8 Podewils, Traum der Jugend, S. 35.
9 Zitiert nach: STOYANOFF-ODOY, Martina: Die Großfürstin Helene von Russland und August Freiherr von Haxthausen, S. 12.
10 Hyde, H. Montgomery: Fürstin Lieven.
11 Podewils, Traum der Jugend, S. 73.
12 Zitiert nach: CONTE CORTI, EGON CÄSAR, Metternich und die Frauen, S. 384.
13 Zitiert nach: Ebenda.
14 Ebenda, S. 94.
15 Ebenda, S. 116.
16 Ebenda, S. 118 f.
17 Ebenda, S. 123.
18 Ebenda, S. 126.
19 Vgl.: Erichsen, Martin Wilhelm Mandt.
20 Podewils, Traum der Jugend, S. 127.
21 Ebenda.
22 Ebenda, S. 134.
23 Ebenda, S. 140.
24 Podewils, Traum der Jugend, S. 145.
25 Ebenda, S. 152.
26 Ebenda, S. 157.
27 Ebenda.
28 Ebenda, S. 157 f.
29 Zitiert nach: PÖTHE, Carl Alexander, S. 66.
30 Podewils, Traum der Jugend, S. 175 f.
31 Ebenda, S. 179.
32 Ebenda, S. 180.
33 Ebenda, S. 182.
34 Zitiert nach: LINCOLN: Nikolaus I., S. 247.
35 Podewils, Traum der Jugend, S. 188.
36 Ebenda, S. 198.
37 Zitiert nach: CONTE CORTI, EGON CÄSAR, Unter Zaren, S. 29.
38 Zitiert nach: Ebenda.
39 Ebenda, S. 31.
40 Zitiert nach: Ebenda, S. 31 f.
41 Zitiert nach: Ebenda, S. 32.
42 Zitiert nach: Ebenda, S. 34 f.
43 Zitiert nach: Ebenda, S. 35 f.
44 Podewils, Traum der Jugend, S. 204.
45 Ebenda.
46 Ebenda.
47 Ebenda, S. 212.
48 Erichsen, Mandt, S. 93 f.
49 Podewils, Traum der Jugend, S. 218.
50 Erichsen, Mandt, S. 95.
51 Podewils, Traum der Jugend, S. 225.
52 Zitiert nach: SCHIEMANN, Theodor, Geschichte Russlands unter Kaiser Nikolaus I. in IV Bänden, Bd. IV, Vom Höhepunkt seiner Macht bis zum Zusammenbruch im Krimkriege 1840–1855, Berlin und Leipzig 1919, S. 67 f.
53 Zitiert nach: Ebenda, S. 71.
54 Podewils, Traum der Jugend, S. 238.
55 Zitiert nach: SIDOROWA, Die Korrespondenz, S. 99.
56 Zitiert nach: CORTI: Unter Zaren, S. 55.
57 Podewils, Traum der Jugend, S. 233.
58 Ebenda, S. 241.
59 Ebenda, S. 246.
60 Originaltext des Ehevertrags siehe: HStAS G 314 Bü 1. Über Inhalt und Bedeutung der Eheverträge für Jelena Pawlowna (1799), Maria Pawlowna (1801) und Katharina Pawlowna (1816) siehe in den Darstellungen: Jena, Detlef: Maria Pawlowna. Großherzogin an Weimars Musenhof, Graz u. a. 1999; Jena, Detlef: Katharina Pawlowna. Großfürstin von Russland – Königin von Württemberg, Regensburg 2003
61 Ebenda.
62 Ebenda.
63 Ebenda.
64 Ebenda. Die Aussteuer mit Möbeln, Kleidung, Wäsche, Geschirr etc. entsprach dem für die Großfürstinnen üblichen Standard. Eine ausführliche Beschreibung der Aussteuer Olgas siehe: Steudle, Andrea: Der Brautschatz einer Zarentochter, in: Olga – russische Großfürstin und württembergische Königin, S. 33–41; die Weiterentwicklung des persönlichen Besitzes Olgas kann nach

den später angefertigten Inventarlisten weiter verfolgt werden. Siehe dazu u. a.: Ebenda, G 314 Bü 5a. Siehe dazu auch: Wenger, Michael: Von Sankt Petersburg nach Stuttgart – Prachtentfaltung Königin Olgas in Württemberg, in: Olga – russische Großfürstin und württembergische Königin, S. 42–64.

65 Hackländer, F. W.: Ein Preuße in Schwaben, Heidenheim an der Brenz 1970, S. 99 f.

66 Ebenda, S. 101 f.

67 Hackländer, Preuße, S. 106; ders., Ausgewählte Werke: Der Roman meines Lebens, Zweiter Band, Stuttgart o. J., S. 184.

68 Zitiert nach: SIDOROWNA, Die Korrespondenz, S. 98.

69 Hauptstaatsarchiv Stuttgart (HStAS), G 314 Bü 5a – Der Bestand enthält das gesamte Inventarverzeichnis vom 20. Dezember 1859 sowie ein weiteres Inventarverzeichnis vom März 1850.

70 Zitiert nach: SAUER, Regent, S. 80, FN 162.

71 Zitiert nach: SIDOROWA, Die Korrespondenz, S. 98.

72 Hackländer, Preuße, S. 106 f.

73 Zitiert nach: KEYLER, Regina: Pourquoi n'avons pas de mer à Stuttgart! – Briefe voller Sehnsucht nach Sankt Petersburg, in: Olga – russische Großfürstin und württembergische Königin, S. 82.

74 Zitiert nach: Ebenda.

75 Zitiert nach: LINCOLN, Nikolaus I., S. 378.

76 Zitiert nach: KEYLER, S. 87.

77 Zitiert nach: SIDOROWA, Die Korrespondenz, S. 101.

78 Hackländer, Preuße, S. 216.

79 Ebenda, S. 120 f.

80 HStAS, G 314, Bü 7.

81 Ebenda, Übersetzung: Irmgard Reeg, Bad Soden.

82 Ebenda.

83 Bismarck. Die gesammelten Werke, Band 14 I Berlin 1933, Nr. 346, S. 229 f. Mit den Begriffen „ins und offs" spielte Bismarck auf die Endungen russischer Namen wie Kurakin oder Gortschakoff/ Gortschakow an.

84 Zitiert nach: LINCOLN, Nikolaus I., S. 436.

85 Zitiert nach: Ebenda.

86 Uhland, Massenbach, S. 18.

87 Ebenda.

88 Ebenda, S. 22.

89 Ebenda, S. 23.

90 Ebenda, S. 31.

91 Ebenda, S. 38.

92 Ebenda, S. 41.

93 Eine ausführliche Dokumentation zu Geschichte und Gestaltung der Villa Berg siehe: Schümann, Carl-Wolfgang: „Olga wohnt himmlisch", S. 54–87. Zitat: S. 56.

94 Zitiert nach: KEYLER, S. 82.

95 Uhland, Massenbach, S. 55 f.

96 Ebenda, S. 60.

97 Ebenda, S. 69.

98 Ebenda, S. 71.

99 Zitiert nach: SIDOROWA, Die Korrespondenz, S. 99.

100 Mit der Wiedergabe beider Briefe ist an dieser Stelle das Ziel verbunden, nicht die sachlichen Details zu erläutern, sondern den allgemeinen Geist aller Briefe Gortschakows in Richtung Olga zu vermitteln. Die Kopie des von Gortschakow erwähnten Briefs an den Kanzler befindet sich nicht bei den Akten.

101 HStAS G 314 Bü 7.

102 Ebenda.

103 Zitiert nach: LINCOLN, Nikolaus I., S. 451 f.

104 Zitiert nach: SAUER, Regent, S. 85 f.

105 HStAS G 314 Bü 7.

106 Ebenda

107 Zitiert nach: UHLAND: Massenbach, S. 94.

108 HStAS G 314 Bü 7.

109 Ebenda.

110 Siehe dazu ausführlich das ganze Buch: Stoyanoff-Odoy.

111 Uhland, Massenbach, S. 109.

112 HStAS G 314 Bü 7.

113 Uhland, Massenbach, S. 112.

114 Ebenda.

115 Ebenda, S. 124.

116 Ebenda.

117 HStAS G 314 Bü 7.

118 Ebenda.

119 Ebenda.

120 Ebenda.

121 Uhland, Massenbach, S. 131.

122 Ebenda, S. 133.

123 Ebenda, S. 135.

124 HStAS, G 313 Bü 12.

125 Uhland, Massenbach, S. 137.

126 Vierhaus, Rudolf (Hrsg.), Das Tagebuch der Baronin Spitzemberg geb. Freiin v. Varnbüler, S. 46.

127 Uhland, Massenbach, S. 162.

128 Ebenda.

129 Zitiert nach: SIDOROWA, Die Korrespondenz, S. 98.

130 Uhland, Massenbach, S. 165.

131 Ebenda, S. 166.

132 Ebenda, S. 171.
133 Ebenda, S. 173.
134 Raschdau, L. (Hrsg.): Die politischen Berichte des Fürsten Bismarck aus Petersburg und Paris. 1859–1862, 2. Band 1861/62, Berlin 1920, S. 160 f.
135 Uhland, Massenbach, S. 174.
136 Ebenda, S. 180.
137 Ebenda, S. 184.
138 Ebenda, S. 184 f.
139 Zitiert nach: FRITZ, Eberhard: Von der Kronprinzessin Olga zur Königin – Leben am württembergischen Hof nach dem Regierungsantritt, in: Olga – russische Großfürstin und württembergische Königin, S. 68.
140 Uhland, Massenbach, S. 189.
141 Ebenda, S. 192.
142 Ebenda, S. 193.
143 Zitiert nach: FRITZ, Kronprinzessin, S. 73.
144 Uhland, Massenbach, S. 200.
145 Ebenda, S. 202.
146 Bismarck an Redern 15.4.1865, in: Bismarck: Die gesammelten Werke, Bd. 5, S. 154.
147 Uhland, Massenbach, S. 203.
148 Ebenda, S. 216 f.
149 Ebenda, S. 219.
150 Ebenda, S. 223.
151 Ebenda, S. 224.
152 Quellen zur Geschichte des Weimarer und des Berliner Hofes in der Krisen- und Kriegszeit 1865–1867, bearb. u. hrsg. v. Wolfgang Steglich, 2 Bände, Bd. II: Der Berliner Hof, Frankfurt am Main 1996, S. 111 f.
153 Ebenda, S. 112.
154 Ebenda, S. 226.
155 Ebenda, S. 178.
156 Ebenda, S. 188.
157 Ebenda.
158 Uhland. Massenbach, S. 230.
159 Ebenda, S. 230 f.
160 Zitiert nach: JETTA SACHS-COLLIGNON, Königin Olga von Württemberg, S. 269.
161 Zitiert nach: SAUER, Regent. S. 142.
162 Uhland, Massenbach, S. 234.
163 Zitiert nach: Ebenda.
164 Ebenda, S. 236.
165 Ebenda, S. 240.
166 Quellen zur Geschichte des Weimarer und des Berliner Hofes, S. 450 f.
167 Uhland, Massenbach, S. 248.
168 Ebenda, S. 249 ff.
169 Ebenda, S. 252.
170 Zitiert nach: MARTENSON, Sten: Württemberg und Russland, S. 179.
171 Zitiert nach: Ebenda, S. 184.
172 Zitiert nach: Ebenda, S. 198 f.
173 Zitiert nach: Ebenda, S. 199.
174 Zitiert nach: SAUER, Regent, S. 151.
175 Die auswärtige Politik Preußens 1858–1871. Dritte Abteilung: Die auswärtige Politik Preußens und des Norddeutschen Bundes vom Prager Frieden bis zur Begründung des Reiches und zum Friedensschluss mit Frankreich, hrsg. v. Reichsinstitut für Geschichte des neuen Deutschlands, Band X , April 1868 bis Februar 1869, bearb. v. Herbert Michaelis, Oldenburg i. O, Berlin 1939, S. 53.
176 Vierhaus, Spitzemberg, S. 87.
177 Ebenda, S. 103.
178 Zitiert nach: SAUER, Regent, S. 181.
179 Zitiert nach: Ebenda.
180 Zitiert nach: Ebenda, S. 186.
181 Zitiert nach: Ebenda, S. 188.
182 Zitiert nach: Ebenda, S. 189 f.
183 HStAS, G 314 Bü 4.
184 Ebenda.
185 Bismarck, Otto von: Gesammelte Werke. Neue Friedrichsruher Ausgabe (NFA), hrsg. v. Konrad Canis, Lothar Gall, Klaus Hildebrand, Eberhard Kolb, Abteilung III: 1871–1898, Schriften, Bd. 1: 1871–1873, Paderborn München Wien Zürich 2004; Bd. 2: 1874–1876, Paderborn München Wien Zürich 2005, Nr. 268.
186 Ebenda.
187 Ebenda.
188 Zitiert nach: PHILIPPI, Das Königreich Württemberg, S. 46.
189 Zitiert nach: SAUER, Regent, S. 223.
190 Zitiert nach: SAUER, Liebe, S. 43.
191 Zitiert nach: Ebenda.
192 Zitiert nach: Ebenda, S. 45.
193 Zitiert nach: Ebenda, S. 50.
194 Zitiert nach: Ebenda, S. 55.
195 Podewils, Traum der Jugend, S. 250 f.
196 Ebenda.
197 Zitiert nach: SAUER, Liebe, S. 61.
198 Langewiesche, Dieter (Hrsg.): Das Tagebuch Julius Hölders 1877–1880, in: Veröffentlichungen der Kommission für geschichtliche Landeskunde in Baden-Württemberg, Reihe A: Quellen, 26. Band, Stuttgart 1977, S. 164.
199 Ebenda, S. 204 f.
200 Ebenda, S. 205.
201 Ebenda, S. 223.
202 Ebenda, S. 223 f. Der Band „Bismarckbriefe 1844–1870. Originalbriefe Bismarcks an seine Gemahlin, seine Schwester und Andere" erschien 1876 in erster, 1877 in zweiter und 1880 bereits in dritter Auflage.
203 Ebenda, S. 224.

204 Zitiert nach: GRÜNWALD DE, An den Wurzeln der Revolution, S. 410 f.
205 Zitiert nach: Ebenda, S. 411 f.
206 Zitiert nach: PHILIPPI: Königreich Württemberg, S. 53.
207 Im Hauptstaatsarchiv Stuttgart befindet sich eine detaillierte Krankengeschichte König Karls, die am 18. Oktober 1884 beginnt und bis zum Tode des Königs führt. Siehe dazu: HStAS, G 313 Bü 12.
208 Zitiert nach: SAUER, Regent, S. 236.
209 Zitiert nach: Ebenda.
210 Zitiert nach: Ebenda, S. 241.
211 Zitiert nach: Ebenda, S. 243.
212 Ebenda, S. 245.
213 Zitiert nach: Ebenda, S. 253.
214 Siehe HStAS G 313 Bü 12.
215 Zitiert nach: SAUER, Regent, S. 257.
216 Zitiert nach: Ebenda, S. 299.
217 Zitiert nach: SAUER, Liebe, S. 120.
218 Zitiert nach: SAUER: Karl, S. 306.
219 Zitiert nach: SIDOROWA, Die Korrespondenz, S. 103.
220 Zitiert nach: Ebenda.
221 Zitiert nach: SAUER, Regent, S. 315.
222 Zitiert nach: SIDOROWA, Die Korrespondenz, S. 103.
223 Zitiert nach: Ebenda.
224 Zitiert nach: Ebenda, S. 105.
225 Zitiert nach: Ebenda, S. 103.
226 Ausführlich dargestellt in: Jena, Detlef: Maria Pawlowna, S. 321 ff.
227 HStAS G 314 Bü 6.
228 Vierhaus, Spitzemberg, S. 304 f.

Quellen- und Literaturverzeichnis – eine Auswahl

Archive

Für dieses Buch wurde in den nachstehenden Archiven nach ungedruckten Quellen gesucht:

Bundesarchiv Berlin
Geheimes Staatsarchiv Preußischer Kulturbesitz
Hauptstaatsarchiv Stuttgart
Hauptstaatsarchiv Weimar
Landesarchiv Berlin
Staatsarchiv Altenburg
Kreisarchiv Heibronn
Hausarchiv des Hauses Württemberg
Familienarchiv der Freiherrn von Massenbach

Benutzte Archivalien werden in den Fußnoten zum Text im Detail ausgewiesen.

Gedruckte Quellen

Bismarck. Die gesammelten Werke, Bde. 6c, 8, 14 I und II, Berlin 1935, 1926,1933.
Bismarck, Otto von: Gesammelte Werke. Neue Friedrichsruher Ausgabe (NFA), hrsg. v. Konrad Canis, Lothar Gall, Klaus Hildebrand, Eberhard Kolb, Abteilung III: 1871–1898, Schriften, Bd. 1: 1871–1873, Paderborn München Wien Zürich 2004; Bd. 2: 1874–1876, Paderborn München Wien Zürich 2005.
Custine, Astolphe de: La Russie en 1839, Paris 1843.
Die auswärtige Politik Preußens 1858–1871. Diplomatische Aktenstücke, hrsg. v. Reichsinstitut für Geschichte des neuen Deutschlands, 12 Bände, Oldenburg i. O. Berlin 1939.
Die große Politik der europäischen Kabinette 1871–1914. Sammlung der diplomatischen Akten des Auswärtigen Amtes, hrsg. v. J. Lepsius u. a., 39 Bände, Berlin 1922–1939.
Erichsen, Franz Christian: Martin Wilhelm Mandt 1799–1858, in: Abhandlungen zur Geschichte der Medizin und der Naturwissenschafen, hrsg. v. Paul Diepgen, Julius Ruska, Julius Schuster, Walter Artelt, Heft 10, Berlin 1936.
Goltz, Hermann (Hrsg.): Die Moskauer Zarenkrönung von 1856. Alexander II. und Maria Alexandrowna. Die Beschreibung in der russischen Prachtausgabe des Zarenhofes. Faksimile – CD-ROM, Stuttgart 2003.
Hackländer, Friedrich Wilhelm: Der Roman meines Lebens, in: Ausgewählte Werke, Stuttgart o. J.
Hackländer, Friedrich Wilhelm: Ein Preuße in Schwaben, Heidenheim an der Brenz 1970.

Katharina II., Memoiren, 2 Bde., Leipzig 1986.
Langewiesche, Dieter (Hrsg.): Das Tagebuch Julius Hölders 1877–1880, in: Veröffentlichungen der Kommission für Geschichtliche Landeskunde in Baden-Württemberg, Reihe A, Quellen, 26. Bd., Stuttgart 1977.
Lettres de l'impératrice Marie Féodorowna à l'empereur Alexandre Ier, in: Zeitschrift für Osteuropäische Geschichte, Bd. I, Berlin 1911, H.4, S. 481–510. (Die Briefe wurden erstmals 1911 vom russischen Großfürsten Nikolaj Michajlovič in der Zeitschrift „Russkij archiv" veröffentlicht).
Marx, Karl/Engels, Friedrich: Russlands Drang nach Westen. Der Krimkrieg und die europäische Geheimdiplomatie im 19. Jahrhundert, Zürich 1991.
Mayr, Joseph Karl: Das Tagebuch des Polizeiministers Kempen von 1848 bis 1859. Wien – Leipzig 1931.
Mayr, Josef Karl: Metternichs Geheimer Briefdienst, Wien, 1935.
Mittnacht, Freiherr v.: Erinnerungen an Bismarck, Stuttgart und Berlin 1904.
Mittnacht, Freiherr v.: Erinnerungen an Bismarck. Neue Folge (1877–1889), Stuttgart und Berlin 1905.
Mittnacht, Freiherr v.: Rückblicke, Stuttgart und Berlin 1909.
Mörike, Eduard: Sämtliche Gedichte, München 1984.
Nikolaj pervyj i ego vremja. Dokumenty, pis'ma, dnevniki, memuary, svidetel'stva sovremennikov I trudy istorikov, 2 Bände, Moskau 2000.
Paul, Ina Ulrike: Württemberg 1797–1816/19. Quellen und Studien zur Entstehung des modernen württembergischen Staates, 2 Teilbde. (= Quellen zu den Reformen in den Rheinbundstaaten, 7/1 und 7/2), München 2005.
Podewils, Sophie Dorotee v.: Traum der Jugend goldener Stern. Aus den Aufzeichnungen der Königin Olga von Württemberg, übersetzt und herausgegeben von Sophie Dorothee Gräfin Podewils, Pfullingen 1955.
Quellen zur Geschichte des Weimarer und des Berliner Hofes in der Krisen- und Kriegszeit 1865–1867, bearb. u. hrsg. v. Wolfgang Steglich, 2 Bände, Frankfurt am Main 1996.
Raschdau, L. (Hrsg.): Die politischen Berichte des Fürsten Bismarck aus Petersburg und Paris 1859–1862, 2 Bände, Berlin 1920.
Schiemann, Theodor, Zur Geschichte der Regierung Paul I. und Nikolaus I. Neue Materialien, Berlin 1906.
Schneider, Louis, Aus meinem Leben. Drei Bände. Band 3, Berlin 1880.
Uhland, Roland (Hg.), Das Tagebuch der Baronin Eveline von Massenbach. Hofdame der Königin Olga von Württemberg, Stuttgart/Berlin/Köln/Mainz 1987.
Varnhagen von Ense/Friedrich Fürst Schwarzenberg: Europäische Zeitenwende. Tagebücher 1835–1860, München 1960.
Vierhaus, Rudolf (Hrsg.), Das Tagebuch der Baronin Spitzemberg geb. Freiin v. Varnbüler. Aufzeichnungen aus der Hofgesellschaft des Hohenzollernreiches. In: Deutsche Geschichtsquellen des 19. und 20. Jahrhunderts, hrsg. v. d. Historischen Kommission bei der Bayrischen Akademie der Wissenschaften, Bd. 43, Göttingen 1976.

Literatur

Almedingen, M.A.: Die Romanows. Die Geschichte einer Dynastie. Russland 1613–1917, Frankfurt am Main Berlin 1992.
An den Ufern der Newa. Deutsche in Sankt Petersburg, hrsg.v. Haus der Heimat des Landes Baden-Württemberg, Stuttgart 2005.
Anisimov, Evgeni V.: Five Empresses. Court Live in Eighteenth Century Russia, Westport London 2004.
Berger, Manfred, Olga Nikolajewna, in: Biografisch-bibliografisches Kirchenlexikon, Band XXIV (2005) Spalten 1140–1144.
Bibl, Victor: Die Wiener Polizei. Leipzig – Wien 1927.
Canis, Konrad: Bismarcks Außenpolitik 1870–1890. Aufstieg und Gefährdung, Paderborn München Wien Zürich 2004.
Conte Corti, Egon Cäsar: Metternich und die Frauen, Knaur-Taschenbuch 2334, München o. J.
Conte Corti, Egon Cäsar: Unter Zaren und gekrönten Frauen. Schicksal und Tragik europäischer Kaiserreiche an Hand von Briefen, Tagebüchern und Geheimdokumenten der Zarin Marie von Russland und des Prinzen Alexander von Hessen, Salzburg Leipzig 1936.
Danilova, Al'bina: Pjat' prinzess. Dočeri imperatora Pavla I, Moskau 2001.
Das Königreich Württemberg 1806–1918.

Monarchie und Moderne. Ausstellungskatalog, Ulm 2006.
Decker-Hauff, Hansmartin: Frauen im Hause Württemberg, Leinfelden-Echterdingen 1998.
Deutschland und Russland im Zeitalter des Kapitalismus 1861–1914. 1. Deutsch-sowjetisches Historikertreffen in der Bundesrepublik Deutschland Mainz 14.–21. Oktober 1973. Wiesbaden 1977.
Dieterich, Susanne: Württemberg und Russland. Geschichte einer Beziehung, Leinfelden-Echterdingen 1995.
Effern, Renate: Der dreiköpfige Adler. Russland zu Gast in Baden-Baden, Baden-Baden 1999.
Engisch, Helmut: Das Königreich Württemberg, Stuttgart 2006.
Erichsen, Franz Christian: Martin Wilhelm Mandt 1799–1858, in: Abhandlungen zur Geschichte der Medizin und der Naturwissenschaften, hrsg. v. Paul Diepgen, Julius Ruska, Julius Schuster, Walter Artelt, Heft 10, Berlin 1936.
Fleischhauer, Ingeborg: Die Deutschen im Zarenreich. Zwei Jahrhunderte deutsch-russischer Kulturgemeinschaft, Stuttgart 1986.
Gaertingen H. v.: Olga Nikolajewna, in: Lorenz, S./Mertens, D./Press, V. (Hrsg.): Das Haus Württemberg. Ein biographisches Lexikon, Stuttgart/Berlin/Köln 1997, 323 ff.
Griewank, Theodor/Hellwag, Fritz: Württemberg und die deutsche Politik in den Jahren 1859–1861, Stuttgart 1934.
Grünwald, de Constantin: An den Wurzeln der Revolution. Alexander II. und seine Zeit, Wien Berlin Stuttgart 1963.
Hähner-Rombach, Sylvelyn: „Erhöhte Bildung des weiblichen Geschlechts". Die Geschichte des Schwäbischen Frauenvereins, Stuttgart 1998.
Halicz, Emanuel: Russian Attitude towards the conflict between Denmark and Germany. A. M. Gorchakov's letters to Olga Nikolayevna, in: East European Quarterly, XXIII No. 1, March 1989.
Hoetzsch, Otto: Kaiserin Maria Alexandrowna von Russland, geb. Prinzessin Marie von Hessen-Darmstadt (1824–1880). Umrisse ihrer Biographie, in: Archiv für hessische Geschichte und Altertumskunde, Neue Folge 21, S. 81–116.
Hyde, H. Montgomery: Fürstin Lieven. Die diplomatische Sibylle Europas, Berlin 1940.
Jena, Detlef (u. Mitarb. v. Rainer Lindner): Die russischen Zaren in Lebensbildern, Graz Wien Köln 1966.
Jena, Detlef: Die Zarinnen Russlands 1547–1918, Regensburg Graz Wien Köln 1999.
Jena, Detlef: Katharina Pawlowna. Großfürstin von Russland – Königin von Württemberg, Regensburg 2003.
John, Timo: Die königlichen Gärten des 19. Jahrhunderts in Stuttgart, Worms 2000.
Kepler, Leopold: Die Gendarmerie in Österreich 1849–1974. Graz 1974.
Kleine, Georg H.: Der württembergische Ministerpräsident Frhr. Hermann von Mittnacht (1825–1909), in: Veröffentlichungen der Kommission für geschichtliche Landeskunde in Baden-Württemberg, Reihe B, Forschungen, 50. Band, Stuttgart 1969.
Kretschmar, A.: Ein Sommer in Russland – Kaiser Nikolaus' Hof- und Feldlager, Grimma 1864.
Krieg und Frieden. Eine deutsche Zarin in Schloss Pawlowsk, Hamburg München 2001.
Krins, Hubert: Könige und Königinnen von Württemberg, Lindenberg 2007.
Lebe, Reinhard: Ein Königreich als Mitgift. Heiratspolitik in der Geschichte, München 2000.
Lennhoff, Eugen/Posner, Oskar: Internationales Freimaurer-Lexikon, Wien München 1975.
Lincoln, W. Bruce: Nikolaus I. von Russland 1796–1855, München 1981.
Lincoln, W. Bruce: The Circle of the Grand Duchess Yelena Pavlovna 1847–1861, Slavonic and East European Review, 48:112 (1970:July) p. 373.
Lincoln, W. Bruce: The Karlovka Reform, in: Slavic Review, Vol. 28, No. 3, (Sep., 1969), pp. 463–470.
Lindemann, Martha: Die Heiraten der Romanows und der deutschen Fürstenhäuser, Berlin Bonn 1935.
Lotman, Jurij M.: Russlands Adel. Eine Kulturgeschichte von Peter I. bis Nikolaus I., Köln Weimar Wien 1997.
Macht und Freundschaft. Berlin – St. Petersburg 1800–1860, hrsg. v. d. Generaldirektion der Stiftung Preußische Schlösser und Gärten Berlin Brandenburg, Leipzig 2008.
Mann, Bernhard: Kleine Geschichte des Königreichs Württemberg 1806–1918, Leinfelden-Echterdingen 2006.
Maria Feodorowna als Mittlerin zwischen Württemberg und Russland, hrsg.v. Haus der Heimat des Landes Baden-Württemberg, Stuttgart 2007.
Martenson, Sten: Württemberg und Russland im Zeitalter der deutschen Einigung

1856–1870. Die diplomatischen und dynastischen Beziehungen eines deutschen Mittelstaates, Göppingen 1970.
Matz, Klaus-Jürgen: Wer regierte wann? Regententabellen zur Weltgeschichte, München 1992.
Maurer, Hans-Martin: Das Haus Württemberg und Russland, in: Zeitschrift für Württembergische Landesgeschichte, 48. Jg. 1989, S. 201–221.
Miller, Sergej: Russkie pisateli v Germanii. Archivno-literaturnye issledovanija, Frankfurt am Main 2004.
Morby, John F.: Das Handbuch der Dynastien, Düsseldorf 2002.
Noelle-Neumann, Elisabeth (Hrsg.): Baden-Württembergische Portraits. Frauengeschichten aus fünf Jahrhunderten, Stuttgart 1999.
Nolde, Boris: Die Petersburger Mission Bismarcks 1859–1862. Russland und Europa zu Beginn der Regierung Alexander II., Leipzig 1936.
Novotny, Alexander: Der Berliner Kongress und das Problem einer europäischen Politik, in: Historische Zeitschrift, Band 186, Heft 2, München Oktober 1958, S. 285–305.
Olga – russische Großfürstin und württembergische Königin. Ein Leben zwischen höfischer Repräsentation, Politik und Wohltätigkeit, hrsg. v. Haus der Heimat des Landes Baden-Württemberg, Stuttgart 2008.
Oroschakoff, Haralampi G.: Die Battenberg Affäre. Leben und Abenteuer der Familie Oroschakoff oder Eine russische – europäische Geschichte, Berlin 2007.
Palmer, Alan: Metternich. Der Staatsmann Europas. Eine Biographie, Düsseldorf 1977.
Philippi, Hans: Das Königreich Württemberg im Spiegel der preußischen Gesandtschaftsberichte 1871–1914, in: Veröffentlichungen der Kommission für geschichtliche Landeskunde in Baden-Württemberg, Reihe B, Forschungen, 65. Band, Stuttgart 1972.
Pöthe, Angelika: Carl Alexander. Mäzen in Weimars „Silberner Zeit", Köln Weimar Wien 1998.
Raberg, Frank: Biographisches Handbuch der württembergischen Landtagsabgeordneten 1815–1933, Stuttgart 2001.
Russkie imperatory, nemeckie princessy-Dinastičeskie svjazi, čelovečeskie sud'by, Moskau 2002.
Sachs-Collignon, Jetta: Königin Olga von Württemberg. Historischer Roman, Mühlacker/Irdning 1991.
Sauer, Paul: Reformer auf dem Königsthron. Wilhelm I. von Württemberg, Stuttgart 1997.
Sauer, Paul: Regent mit mildem Zepter. König Karl von Württemberg, Stuttgart 1999.
Sauer, Paul: Wenn Liebe meinem Herzen fehlt, fehlt mir die ganze Welt. Herzogin Wera von Württemberg, Großfürstin von Russland 1854–1912, Filderstadt 2004.
Sauer, Paul: Württembergs letzter König. Das Leben Wilhelms II., Stuttgart 1994.
Schieder, Theodor: Staatensystem als Vormacht der Welt 1848–1918, in: Propyläen Geschichte Europas, Bd. 5, Frankfurt am Main 1992.
Schiemann, Theodor: Geschichte Russlands unter Kaiser Nikolaus I. in IV Bänden, Bd. IV, Vom Höhepunkt seiner Macht bis zum Zusammenbruch im Krimkriege 1840–1855, Berlin und Leipzig 1919.
Schiemann, Theodor: Russische Köpfe, Berlin 1916.
Schlaglichter der Weltgeschichte, Bonn Mannheim 1996.
Schoeppl, Heinrich-Ferdinand: Die Herzöge von Sachsen-Altenburg ehemals von Hildburghausen, Bozen 1917. Neu hrsg. v. H. J. B. Cannesbie, Altenburg 1992.
Schümann, Carl-Wolfgang: „Olga wohnt himmlisch". Studien zur Villa Berg in Stuttgart, in: Jahrbuch der Staatlichen Kunstsammlungen in Baden-Württemberg, Band 10, München/Berlin 1973, S. 54–87.
Schwabe, Klaus: Die Regierungen der deutschen Mittel- und Kleinstaaten: 1815–1933. Boppard am Rhein 1983.
Sementowski-Kurilo, Nikolai: Alexander I. Rausch und Einkehr einer Seele, Zürich 1939.
Sidorowa, Marina: Die Korrespondenz der Großfürstin Olga Nikolajewna mit ihren Brüdern, in: Olga – russische Großfürstin und württembergische Königin. Ein Leben zwischen höfischer Repräsentation, Politik und Wohlzäzigkeit, hrsg. v. Haus der heimat des Landes Baden-Württemberg, Stuttgart 2008.
Stoyanoff-Odoy, Martina: Die Großfürstin Helene von Russland und August Freiherr von Haxthausen. Zwei konservative Reformer im Zeitalter der russischen Bauernbefreiung, Wiesbaden 1991.
Straube, Fritz/Zeil, Wilhelm: Geschichte Russlands 1789–1861. Der Feudalismus in der Krise, Berlin 1978.
Thomsen, Sabine: Die württembergischen Königinnen. Charlotte, Mathilde, Katha-

rina, Pauline, Olga, Charlotte – ihr Leben und Wirken, Tübingen 2006.
Torke, Hans-Joachim (Hrsg.): Die russischen Zaren 1547–1917, München 1995.
Torke, Hans-Joachim (Hrsg.): Lexikon der Geschichte Russlands. Von den Anfängen bis zur Oktoberrevolution, München 1985.
Troyat, Henry: Zar Alexander II., Frankfurt am Main 1991.
Winkler, Martin: Zarenlegende. Glanz und Geheimnis um Alexander I., Berlin 1941.
Wittram, Reinhard: Bismarcks Rußlandpolitik nach der Reichsgründung, in: Historische Zeitschrift, Band 186, Heft 2, München Oktober 1958, S. 261–284.
Zar Alexander I. von Russland und das Königreich Württemberg. Familienbande, Staatspolitik und Auswanderung vor 200 Jahren, hrsg.v. Haus der Heimat des Landes Baden-Württemberg, Stuttgart 2006.
Zollner, Hans Leopold: Greif & Zarenadler. Aus zwei Jahrhunderten badisch-russischer Beziehungen, Karlsruhe 1981.

Personenregister

Bildnachweis

akg-images, Berlin: 177 l., 178 o., 179 o., 181, 188 o. und u.
A. Neugebauer: 187, 191, 192 u.
Bildarchiv Preußischer Kulturbesitz, Berlin: 189 r. und u., 190 (Maler Buchner)
http://commons.wikimedia.org: 180 l., 184 l. 189 l.
J. Röttjer: 179 u.
Klinikum Stuttgart – Olgahospital: 192 o.
Landesmuseum Württemberg (Fotos: Peter Frankenstein, Hendrik Zwietasch): 183 u., 186
Nach Detlef Jena, Katharina Pawlowna. Großfürstin von Russland – Königin von Württemberg. Regensburg, 2003: 182 o.
Nach Detlef Jena, Maria Pawlowna – Großherzogin an Weimars Musenhof. Regensburg, 1998: 185
Staatsarchiv der Russischen Föderation, Moskau: 178 u., 180 r.
ullstein bild: 177 r.
Württembergische Landesbibliothek: 184 r.
Yorck Project, Deutschland in Alten Ansichten: 182 u., 183 o.